Groß- und Außenhandels-management

1

Arbeitsbuch mit Lernsituationen

Lernfelder 1–4

Autoren
Hans-Peter von den Bergen · Christian Fritz · Clemens Kaesler
Ute Morgenstern · Michael Piek · Josef Schnettler
unter Mitarbeit der Verlagsredaktion

Cornelsen

Dieses Buch wurde erstellt unter Verwendung von Materialien von:
Senta Amann, Maria Auer, Volker Brettschneider, Wolfgang R. Diemer, Wolfgang Duschek, Bettina Glania, Sonja Hallstein, Hans-Peter Hrdina, Ludger Katt, Antje Kost, Wolfgang Metzen, Klaus Otte, Elena Pestel, Roswitha Pütz, Bernhard Rausch, Dieter Schütte, Alexander Siegmund, Claudia Simons-Kövér, Gisbert Weleda, Insa Wenke, Ralf Wimmers, Petra Zedler.

Verlagsredaktion: Sabine Schneider
Außenredaktion: Katja Müllenmeister, Hamburg
Bildredaktion: Gertha Maly
Covergestaltung: ROSENDAHL Berlin
Innenlayout: sofarobotnik GbR, Augsburg und München
Technische Umsetzung: PER MEDIEN & MARKETING GmbH, Braunschweig

www.cornelsen.de

1. Auflage, 3. Druck 2024

Druck: Livonia Print, Riga

ISBN 978-3-06-451783-7

PEFC
PEFC/12-31-006

PEFC zertifiziert
Dieses Produkt stammt aus nachhaltig bewirtschafteten Wäldern und kontrollierten Quellen.

www.pefc.de

Inhaltsverzeichnis

Das Modellunternehmen

bpk Bergisches Papierkontor GmbH

1 Unternehmensporträt ... 4
2 Gesellschaftsvertrag ... 5
3 Organigramm ... 6
4 Verzeichnis der Warengruppen/Sortimentsbeispiele ... 7
5 Auszug aus der Debitorenliste ... 8
6 Liste der Kreditoren ... 9
Allgemeine Geschäftsbedingungen ... 10

Lernsituationen **Lernfeld 1**

0 Ein Unternehmen kennenlernen ... 12
1 Eine Berufsausbildung beginnen ... 14
2 Arbeitszeitkonflikte in der Berufsausbildung erkennen und lösen ... 18
3 Einen Arbeitsvertrag bewerten ... 23
4 Die Gehaltsabrechnung lesen und verstehen ... 27
5 Tarifkonflikte verstehen ... 34
6 Betriebliche Mitbestimmung organisieren ... 37
7 Eine Betriebsanweisung erstellen ... 40
8 Grundlagen wirtschaftlichen Handelns verstehen ... 44
9 Leistungen des Großhandels erkunden ... 49
10 Einen geeigneten Standort für ein Unternehmen wählen ... 54
11 Organisationsformen von Unternehmen vergleichen ... 57
12 Unternehmensziele untersuchen ... 63
13 Vollmachten in einem Handelsbetrieb unterscheiden ... 66
14 Rechtsformen von Unternehmen vergleichen und auswählen ... 72
15 Nachhaltigkeit und Energieeffizienz ... 76
16 Das Ausbildungsunternehmen präsentieren ... 80

Lernsituationen **Lernfeld 2**

17 Rechts- und Geschäftsfähigkeit bewerten ... 88
18 Eigentum und Besitz unterscheiden ... 93
19 Rechtsgeschäfte unterscheiden ... 96
20 Nichtigkeit und Anfechtbarkeit von Rechtsgeschäften erkennen ... 100
21 Geschäftskorrespondenz regelkonform gestalten ... 103
22 Ein Verkaufsseminar bei der BPK GmbH besuchen ... 106
23 Einen Kaufvertrag abschließen I ... 127
24 Einen Kaufvertrag abschließen II ... 132
25 Datenschutz und Datensicherheit gewährleisten ... 136
26 Eine kurzfristige Finanzierungsentscheidung treffen ... 147
27 Allgemeine Geschäftsbedingungen (AGB) anwenden ... 151
28 Kaufvertragsarten unterscheiden ... 158
29 Leasingangebote vergleichen und bewerten ... 165
30 Ein Auslandsgeschäft abwickeln ... 168
31 Telephoning with a foreign customer ... 175

Lernsituationen **Lernfeld 3**

32 Den optimalen Bestellzeitpunkt bestimmen ... 180
33 Waren „Just in Time" beschaffen ... 188
34 Die optimale Bestellmenge ermitteln ... 191
35 Bezugsquellen und Bedarf ermitteln ... 196
36 Angebote vergleichen und bewerten ... 199
37 Importkalkulationen durchführen ... 207
38 Writing to a foreign supplier ... 216

Lernsituationen Lernfeld 4

39 Werteströme analysieren ... 220
40 Rechtliche Grundlagen der Buchführung beachten ... 224
41 Inventar und Bilanz erstellen und vergleichen ... 227
42 Die ersten Geschäftsvorfälle bearbeiten ... 236
43 Bilanzen und Bilanzkonten unterscheiden ... 244
44 Erfolge ermitteln ... 249
45 Einen Kontenrahmen in der Buchführung einsetzen ... 255
46 Belege identifizieren und buchen ... 258
47 Die Umsatzsteuer berücksichtigen ... 263
48 Wareneinkäufe buchen ... 275
49 Besonderheiten beim Wareneinkauf berücksichtigen ... 278
50 Warenverkäufe buchen ... 282
51 Besonderheiten beim Warenverkauf berücksichtigen ... 285
52 Warenbestandsveränderungen ermitteln und buchen ... 289
53 Zahlungsein- und -ausgänge kontrollieren ... 294
54 Ergebnisse von Geschäftsprozessen auswerten ... 299
55 Einen einfachen Jahresabschluss nach Belegen erstellen und auswerten ... 301
Bildquellenverzeichnis ... 309

1 Unternehmensporträt

bpk Bergisches Papierkontor GmbH

Die Papiergroßhandlung Bergisches Papierkontor GmbH ist geblieben, was sie seit 1870 ist: eine Großhandelsunternehmung mit weitreichenden Beziehungen zu Kunden im In- und Ausland und einem zuverlässigen Stamm von Lieferanten aus dem Bereich der Papierindustrie. Sitz des Unternehmens ist Wuppertal, im Städte-Dreieck Köln-Düsseldorf-Dortmund gelegen.

Für die stets nach soliden kaufmännischen Prinzipien geführte Papiergroßhandlung begann 2009 ein neuer Zeitabschnitt, denn in diesem Jahr hat Herr Dr. Peter Schönhauser die Geschäftsleitung übernommen. Herr Schönhauser arbeitet seitdem mit einem Team von weiteren 25 Mitarbeitern und drei Auszubildenden zusammen. Das Personal setzt sich teils aus erfahrenen und teils aus jüngeren Mitarbeitern zusammen, die nach dem Eindruck von Herrn Schönhauser mit viel Engagement und Motivation bei der Sache sind.

Das Unternehmen gliedert sich in die Abteilungen Einkauf, Verkauf, Lager/Versand und Allgemeine Verwaltung, wobei die letztgenannte Abteilung sehr verschiedene Tätigkeiten zusammenfasst. Eine Übersicht über wesentliche Firmendaten gibt die folgende Aufstellung.

Firma
Bergisches Papierkontor GmbH
Elberfelder Straße 85
42285 Wuppertal
Telefon: 0202 1236XX-0
Telefax: 0202 1236XX-1
E-Mail: info@bpkontor.dex
Internet: www.bpkontor.dex

Rechtsform
Gesellschaft mit beschränkter Haftung (GmbH)
Sitz: Wuppertal

Handelsregister
Amtsgericht Wuppertal
HRB 50086/314

Gesellschafter
Hubertus Oberberg
Rita Oberberg
Renate Roskamp

Geschäftsführer
Dr. Peter Schönhauser

Bankverbindungen
TopBank Wuppertal
Konto-Nr. 600 521 98
IBAN: DE24 1001 0700 0060 0521 98
BIC: TOPWU DE729

Vereinsbank Nordwest
Konto-Nr. 1800 64 303
IBAN:
DE28 9003 0300 0180 0643 03
BIC: VBNWDEFF XXX

Finanzamt
Wuppertal-Barmen
Unterdörnenstraße 96
42283 Wuppertal
Steuernummer 131/0878/678

Krankenkassen
Allgemeine Ortskrankenkasse Rheinland (AOK)
Bahnstr. 11
42327 Wuppertal

Barmer Ersatzkasse (BEK)
Geschwister-Scholl-Platz 9–11
42275 Wuppertal

Betriebsnummer für die Sozialversicherung
82 104 520

Umsatzsteuer ID-Nr.
DE 14577 7987

2 Gesellschaftsvertrag

§ 1 Firma und Sitz der Gesellschaft
(1) Die Firma der Gesellschaft lautet:
Bergisches Papierkontor
Großhandelsgesellschaft mit beschränkter Haftung
(2) Sitz der Gesellschaft ist Wuppertal.

§ 2 Gegenstand des Unternehmens
Gegenstand des Unternehmens ist der Handel mit Papieren und Folien jeder Art als Großhandelsunternehmen. Die Gesellschaft darf andere Unternehmen gleicher oder ähnlicher Art übernehmen, vertreten und sich an solchen beteiligen; sie darf auch Zweigniederlassungen errichten.

§ 3 Stammkapital
(1) Das Stammkapital der Gesellschaft beträgt 600.000 DM (in Worten: sechshunderttausend Deutsche Mark). Davon übernehmen:
a) Herr Hubertus Oberberg, Wuppertal, eine Stammeinlage von 300.000 DM
b) Frau Rita Oberberg, Wuppertal, eine Stammeinlage von 150.000 DM
c) Frau Renate Roskamp, geb. Oberberg, Lüdenscheid, eine Stammeinlage von 150.000 DM
(2) Die Gesellschafter leisten ihre Einlagen in Geld. Je 50 % der Stammeinlage sind sofort zur freien Verfügung der Gesellschaft einzuzahlen, die Restbeträge sind nach Aufforderung der Geschäftsführung zu leisten.

§ 4 Dauer der Gesellschaft, Geschäftsjahr, Kündigung
(1) Die Gesellschaft wird auf unbestimmte Zeit errichtet.
(2) Geschäftsjahr ist das Kalenderjahr.
(3) Jedem Gesellschafter steht ein Kündigungsrecht mit einjähriger Frist zum Jahresende zu.

§ 5 Organe der Gesellschaft
Die Organe der Gesellschaft sind
a) der Geschäftsführer,
b) die Gesellschaftsversammlung.

§ 6 Geschäftsführer
(1) Die Gesellschaft hat einen oder mehrere Geschäftsführer. Sind mehrere Geschäftsführer bestellt, so wird die Gesellschaft durch je zwei Geschäftsführer gemeinschaftlich vertreten.
(2) Zum Geschäftsführer wird bestellt:
Herr Hubertus Oberberg. Er ist von den Beschränkungen des § 181 BGB befreit.

§ 7 Gesellschafterversammlung und Stimmrecht
(1) Alljährlich findet innerhalb von 6 Monaten nach Schluss des vorangegangenen Rechnungsjahres eine ordentliche Gesellschafterversammlung statt.
Diese beschließt über die
- Feststellung des Jahresabschlusses für das vorangegangene Geschäftsjahr,
- Verwendung des Ergebnisses der Unternehmung,
- Entlastung der Geschäftsführer,
- Wahl eines eventuell zu bestellenden Abschlussprüfers.

(2) Je 1.000 DM eines Geschäftsanteils gewähren eine Stimme.

§ 8 Jahresabschluss
Innerhalb der ersten drei Monate nach Abschluss eines Geschäftsjahres hat die Geschäftsführung den Jahresabschluss und den Lagebericht aufzustellen und diese zusammen mit einem Vorschlag zur Ergebnisverwendung der ordentlichen Gesellschafterversammlung vorzulegen. Der Jahresabschluss ist nach den gesetzlichen Vorschriften und Gliederungen zu erstellen.

§ 9 Bekanntmachungen
Bekanntmachungen der Gesellschaft werden im Bundesanzeiger veröffentlicht.

Wuppertal, den 15.11.1995

H. Oberberg R. Oberberg R. Roskamp
Hubertus Oberberg Rita Oberberg Renate Roskamp

Änderung des Gesellschaftsvertrages § 6 (2) durch die Gesellschafterversammlung am 17. Mai 2009:
Zum Geschäftsführer ab dem 01. Juli 2009 wird Herr Dr. Peter Schönhauser bestellt und löst damit Herrn Hubertus Oberberg ab.

Wuppertal, den 17. Mai 2009

H. Oberberg R. Oberberg R. Roskamp
Hubertus Oberberg Rita Oberberg Renate Roskamp

Der Gesellschaftsvertrag samt Änderungen wurde von Rechtsanwalt und Notar Dr. Gregor Grüner, Wuppertal, notariell beglaubigt.

3 Organigramm

Ausbildungsbeauftragte:

Thea Trautmann

Sicherheitsbeauftragter:

Günther Wolf

Umweltbeauftragte:

Elisabeth Albrecht

Qualitätsbeauftragte:

Babette Finke

Datenschutzbeauftragter:

Manfred Deneke

Betriebsratsmitglieder:

Thea Trautmann, Andreas Krieger, Manfred Scherer

4 Verzeichnis der Warengruppen/ Sortimentsbeispiele

Warengruppe	Produktbeispiele aus dem Sortiment				
	Art.-Nr.	Produktbeschreibung	Nettopreis in € je Einheit	kleinste Verpackungsmenge	kleinste lieferbare Menge
01 Hochwertige Feinpapiere	10 231	BPK „Bankpost“-Qualität DIN-A4-Blätter, 80 g/m², hochfein, holzfrei, haderhaltig, weiß, matt, mit Wasserzeichen, im Wellpappkarton	500 Blatt 22,85 ab 5 Kartons 16,75	Karton à 500 Blatt	5 Kartons à 500 Blatt
	10 331	BPK „Bankpost“-Hüllen DIN-Lang-Hüllen, 110 x 220 mm, 110 g/m², hochfein, halbglatt, weiß, mit grauem Futter	1 000 Stück 66,00 ab 5 000 Stück 49,50	100 Stück	1 Karton mit 10 Original-kartons à 100 Stück
02 Kopierpapiere und Folien	20 142	BPK „Printomax“ Spezial-Kopierpapier in gehobener Qualität, Format DIN A4, 80 g/m², holzfrei, weiß, matt, für Laserdrucker und Kleinoffset geeignet	500 Blatt 5,85 ab 10 Kartons 4,70 ab 40 Kartons (1 Palette) 4,30	500 Blatt	1 Karton mit 5 x 500 Blatt
	20 221	Overheadfolie für Trockentonergeräte, antistatisch, glasklar, für Stapelverarbeitung, Format DIN A4	100 Folien 24,70 ab 5 Kartons 19,80 ab 10 Kartons 18,10	100 Folien	1 Karton mit 100 Folien
03 Büropapiere	30 211	BPK „Mattpost-Extra“ Qualitäts-Büropapier mit Wasserzeichen, Format DIN A4, 80 g/m², holzfrei, weiß, matt, hochgebleicht, für Laserdruck geeignet	500 Blatt 11,45 ab 5 Kartons 8,40	500 Blatt	1 Karton mit 10 x 500 Blatt
	30 321	BPK „Favorit-SM“ Büro-Offsetpapier für Kleinoffset, Format DIN A4, 80 g/m², holzfrei, weiß, matt	500 Blatt 5,70 ab 5 Kartons 4,60 ab 20 Kartons (1 Palette) 4,20	500 Blatt	1 Karton mit 5 000 Blatt
04 Großformatige Druckpapiere für das Druckereigewerbe	40 111	BPK „Prima-Offset-Professional“ Universal-Offsetpapier für Handzettel, Preislisten etc., Format 61 x 86 cm, fast holzfrei, weiß, matt, oberflächengeleimt, druckfertig vorgereift	500 Bogen 48,00 ab 3 000 Bogen 38,50 ab 10 000 Bogen (1 Palette) 35,20	500 Bogen	500 Bogen
	40 411	BPK „Phoenix-Ikono-Rex“ Qualitäts-Kunstdruckpapier aus chlorfrei gebleichtem Faserstoff, für Bildbände, Bildkalender, hochwertige Kunstdrucke etc., vierseitig rechtwinklig geschnitten, holzfrei, weiß, beidseitig matt, Format 63 x 88 cm, 135 g/m², Riesinhalt 250 Bogen	250 Bogen 57,30 ab 2 000 Bogen 46,20 ab 8 500 Bogen 44,95	250 Bogen	250 Bogen
05 Aktionsware	50 100	Bierdeckel, Gestaltung nach Kundenwünschen	Preise und Mengen auf Anfrage		
	50 200	Servietten, Gestaltung nach Kundenwünschen	Preise und Mengen auf Anfrage		

5 Auszug aus der Debitorenliste

Kd.-Nr.	Name, Anschrift	Telefon	Bankverbindung	Ansprech-partner
32 001	Tagesanzeiger Druck und Verlag Habichtweg 20 32049 Herford	Tel. 05221 79XX-1 Fax 05221 79XX-11	Herforder Kreisbank IBAN: DE23 4945 0121 0000 3333 75 BIC: HFKBDE99	Felix Selling
33 001	Druckzentrum Bielefeld GmbH & Co KG Am Stiehl 109 33604 Bielefeld	Tel. 0521 333XX-1 Fax 0521 333XX-4	Bielefeld-Bank IBAN: DE23 4866 0001 6789 1234 44 BIC: BIEBDE32XXX	Kurt Finkernagel
42 001	Drogerie AG Else-Lasker-Schüler-Straße 11 42107 Wuppertal	Tel. 0202 199XX-4 Fax 0202 199XX-10	HypoUnion Bank IBAN: DE49 6332 8535 0079 2003 41 BIC: HYUNDEBO894	Georg Schlüter
44 001	COPY SHOP Michael Tiemeier Haberlandstraße 4 44359 Dortmund	Tel. 0231 556XX-1 Fax 0231 556XX-9	Bank 3000 IBAN: DE78 2106 7845 0420 0067 99 BIC: 3000DENW672	Michael Tiemeier
45 001	Stadt Essen Beschaffungsamt Hinterm Rathaus 1 45239 Essen	Tel. 0201 165XX-0 Fax 0201 165XX-1	Essener Stadtbank IBAN: DE94 7823 9475 0012 0003 99 BIC: SBESDEBE3XX	Lisa Lippens
46 001	Druck und Copy GmbH Am Freistuhl 16 33100 Paderborn	Tel. 05254 123XX-0 Fax 05254 123XX-9	KK-Bank Paderborn IBAN: DE23 3200 6700 0303 0012 54 BIC: KKBADE12XYZ	Martina Schober
48 001	Klammer & Co Bürobedarf OHG Hansaring 108 48155 Münster	Tel. 0251 348XX-1 Fax 0251 348XX-5	Spar-Bank Münster IBAN: DE06 4003 0560 0000 1212 00 BIC: SPARBDEX	Heribert Tenhumberg
50 001	Tönnes Druckerei Stolzestraße 10 50674 Köln	Tel. 0221 143XX-0 Fax 0221 143XX-10	TEMPUS Bank IBAN: DE26 5543 7920 0240 0066 92 BIC: TEMPDE15XXX	Carla Berghaus
52 001	Hard- und Software GmbH Antonisberg 134 52076 Aachen	Tel. 0421 577XX-6 Fax 0421 577XX-11	Aachener Stadtbank IBAN: DE54 2000 6633 0000 2100 32 BIC: SBAADE25	Kurt Roß
53 001	Bürobedarf August GmbH August-Macke-Platz 5 53119 Bonn	Tel. 0228 9481XX-7 Fax 0228 9481XX-8	CVB IBAN: DE43 7102 8304 0404 0021 93 BIC: CVERDEELXXX	Helmut Scharff
54 001	BESKA GmbH Tauentzienstr. 60 10789 Berlin	Tel. 030 936XX-1 Fax 030 936XX-9	IKL Bank IBAN: DE35 1001 0700 0160 9233 09 BIC: IKLBDE10XXX	Konstantin Romanos
59 001	Verlagshaus Bücher OHG Buch- u. Offsetdruck Bachstraße 102 59077 Hamm	Tel. 02381 556XX-14 Fax 02381 556XX-11	Gemeinwohl Bank eG Hamm IBAN: DE71 1002 3003 4500 0000 01 BIC: GEWBHAMDE5Z	Bärbel Holterhoff
60 001	Bestprint Ltd. 12 Upper Woburn Place GB-London WC1H OHX	Tel. +44 171 34289XX-0 Fax +44 171 34592XX-111	TownBank of London SWIFT-Code (BIC): TBLOGB2L IBAN: GB77 TBLO 3300 0123 5034 66	Patricia Miller
61 001	Goed Reclame BV Maliestraat 2 NL-Utrecht 3581 SL	Tel. +31 30 23546XX Fax +31 30 23414XX	Betalenbank Utrecht SWIFT-Code (BIC): BETANL2U IBAN: NL44 0123 4567 8942 75	Harm Boesveld
62 001	Fun & celebration Ltd. 315 W 94th ST New York NY 10025-6829 USA	Tel. 001 221 38175XX Fax 001 221 35729XX	NWY City-Bank SWIFT-Code (BIC): NYCBUS33 account-number: 362514856	Jane Fielding

6 Liste der Kreditoren

Lief.-Nr.	Name, Anschrift	Telefon	Bankverbindung	Ansprech-partner
11 011	Freiburger Papier AG Käferweg 16 79110 Freiburg	Tel. 0761 1670XX-1 Fax 0761 1670XX-2	Gemeinwohl Bank eG Münster IBAN: DE71 3333 4545 6963 0022 25 BIC: GEWBMUEDE5Z	Daniel Weber
11 021	A. Abraham & Söhne GmbH & Co. KG Abrahamstraße 17 68305 Mannheim	Tel. 0621 9678XX-50 Fax 0621 9678XX-26	Neckar-Bank Mannheim IBAN: DE23 9999 6363 0000 3232 11 BIC: NECBDE123XX	Anna Bott
11 031	Allerweltspapiere AG Wildstraße 18 50859 Köln-Lövenich	Tel. 0221 78XX-10 Fax 0221 78XX-01	TEMPUS Bank IBAN: DE26 5543 7920 0006 0050 00 BIC: TEMPDE15XXX	Philipp Mommsen
11 041	Papierimporte GmbH & Co. KG Köhlerkoppel 1 22393 Hamburg	Tel. 040 4455XX-0 Fax 040 4455XX-7	Bankhaus Schwerzmann IBAN: DE90 0034 8452 7777 6633 12 BIC: BHSMDED1XXX	Ellen Dorn
11 051	Ozean Papier AG Quickbornweg 6 28755 Bremen	Tel. 0421 5XX-1 Fax 0421 5XX-7	TopBank Bremen IBAN: DE24 7856 4439 0714 9002 09 BIC: TOPBBRDE125	Christian Bärwinkel
11 061	Dresdener Papiermanufactur AG Hauptallee 50 01069 Dresden	Tel. 0351 47XX-0 Fax 0351 47XX-2	TopBank Dresden IBAN: DE34 8433 6600 3333 9002 09 BIC: TOPBDEBW842	Silvia Hoffmann
11 071	Augsburger Papierverede-lungsgesellschaft mbH Gumpelzhaimerstraße 3–5 86154 Augsburg	Tel. 0821 546XX-0 Fax 0351 546XX-10	Vereinsbank Südost IBAN: DE28 8210 6501 0013 1956 87 BIC: VBSODEAU467	Peter Obermayr
12 011	Hans Müller Feinpapiere AG Uhlandstraße 60 51429 Bergisch-Gladbach	Tel. 02202 123XX6 Fax 02054 123XX8	Rhein-Bank Köln IBAN: DE79 4905 5532 0240 8521 22 BIC: RBNKDEK1XXX	Klaus Orthmüller
21 011	Essener Papier KG Deipenbecktal 98 45289 Essen	Tel. 02054 123XX-0 Fax 02054 123XX-4	Essener Stadtbank IBAN: DE94 7823 9475 1289 0000 44 BIC: SBESDEBE3XX	Martina Schober
21 021	Heinz Schmied Folien GmbH Eupener Straße 18 32051 Herford	Tel. 05221 51XX-0 Fax 05221 51XX-535	Herforder Stadtbank IBAN: DE84 2222 3322 6540 1212 03 BIC: SBHERFDE232	Elisabeth Vermeer
31 011	Harald Dubb KG Gabelsbergerstraße 19 53119 Bonn	Tel. 0228 76XX-1 Fax 0228 76XX-2	TEMPUS Bank IBAN: DE26 5543 7920 0000 1550 75 BIC: TEMPDE15XXX	Ulrike Herrmann
31 021	Papier & Folien GmbH & Co. KG Niederkasseler Straße 29 40547 Düsseldorf	Tel. 0211 4754XX-1 Fax 0211 4754XX-9	Bank im Westen IBAN: DE40 0765 4002 0000 0240 12 BIC: WESTDEDD452	Janette Weskamp
31 511	Cellulosa & Papper AB Sten Sturegatan 23 SE-41 242 Göteborg	Tel +46 31 6349XX Fax +46 31 77346XX	Pengarbank Göteburg SWIFT-Code (BIC): PENGSESSGBG IBAN: SE44 7856 0045 0003 0021 5311	Sten Halström
31 611	Toronto Paper & Cellulose Inc. 15 Richmond Street East Toronto, Ontario M5C 1N2	Tel. 001 800 42534XX Fax 001 800 426484XX	Starbank Montreal SWIFT-Code (BIC): STARBMCAXXX Transit No. 23762-001 account number: 4 388 593	John Harris

Allgemeine Geschäftsbedingungen

bpk Bergisches Papierkontor GmbH

Die folgenden Bedingungen gelten für alle von und mit uns eingegangenen Rechtsgeschäfte; Abweichungen sind für uns nur bindend, wenn sie schriftlich vereinbart worden sind.

(1) Angebot/Auftragsbestätigung
Unsere Angebote sind freibleibend; maßgebend ist unsere schriftliche Auftragsbestätigung. Mündliche Absprachen und Nebenabreden bedürfen ebenfalls unserer schriftlichen Bestätigung.
Handelsübliche Abweichungen in der Menge, in den Maßen, in Färbung und Gewicht sind zulässig und berechtigen den Käufer nicht zu Beanstandungen.

(2) Lieferungsbedingungen
Lieferungen werden per Lkw oder Logistikdienstleister frei Haus durchgeführt; i.d.R. innerhalb von 48 Stunden. Wenn nichts anderes vereinbart wurde, behalten wir uns das Recht auf Teillieferung – sofern mehr als 50 % der Auftragsmenge sofort geliefert werden kann – ausdrücklich vor; Mehrkosten für den Auftraggeber entstehen dadurch nicht.
Eine Auftragsbestätigung erhält der Auftraggeber nur, wenn nicht innerhalb von 48 Stunden der gesamte Auftrag ausgeliefert werden kann.
Der Mindestauftragswert beträgt 500,00 €. Bei einem niedrigeren Rechnungsbetrag wird für die Lieferung ein pauschaler Zuschlag von 25,00 € in Rechnung gestellt.
Bei Lieferungen nach Orten, die nicht im gewöhnlichen Auslieferungsbereich liegen, müssen zu den Versandkosten Sonderregelungen getroffen werden. Der Käufer hat keinen Anspruch auf Frachtvergütung, wenn er die Ware abholt.
Die Ware wird in handelsüblicher Verpackung geliefert. Bei Sendungen mit einem Warenwert von bis zu 250,00 € ist eine Verpackungskosten-Pauschale in Höhe von 12,50 € vom Käufer zu tragen.
Wünscht der Käufer eine Schnellzustellung in weniger als 48 Stunden, so erfolgt diese über die Paketlinie unseres Logistikpartners DHL Express. Wir stellen dann die uns entstandenen Transportkosten gemäß jeweils gültiger Preistabelle von DHL Express in unsere Ausgangsrechnung mit ein.
Bei einer Auslieferung der Ware mit unseren eigenen Fahrzeugen tragen wir das Transportrisiko. In allen anderen Fällen reist die Ware auf Gefahr des Käufers. Bei Streckengeschäften geht das Transportrisiko mit der Verladung der Ware im Werk des Herstellers auf den Käufer über.

(3) Zahlungsbedingungen/Eigentumsvorbehalt
Unsere Rechnungen sind innerhalb von 30 Tagen nach Rechnungsdatum ohne Abzug bzw. innerhalb von 10 Tagen nach Rechnungsdatum mit 3 % Skonto zu bezahlen.
Erfolgt die Zahlung nicht innerhalb der genannten Frist, so sind wir berechtigt, Zinsen in Höhe von 5 % über dem Basiszinssatz der Europäischen Zentralbank (EZB) zu berechnen.

(4) Eigentumsvorbehalt
Die gelieferte Ware bleibt so lange unser Eigentum, bis der Käufer alle gegen ihn bestehenden Forderungen beglichen hat. Veräußert der Käufer die Ware, so tritt er schon jetzt die ihm aus dem Verkauf zustehende Forderung an uns ab.
Kommt der Käufer mit seinen Zahlungen in Verzug, so können wir jederzeit die Herausgabe der Ware verlangen, ohne vom Vertrag zurückzutreten.

(5) Lieferzeit/Lieferungsverzug
Wird ein verbindlich zugesagter Liefertermin von uns nicht eingehalten, so hat der Käufer das Recht, uns eine angemessene Nachfrist für die Lieferung zu setzen. Liefern wir auch innerhalb dieser Nachfrist nicht, dann kann der Käufer schriftlich seinen Rücktritt vom Kaufvertrag erklären; Schadenersatzansprüche stehen ihm nicht zu.

(6) Gewährleistungen bei mangelhafter Lieferung
Reklamationen können nur anerkannt werden, wenn sie bei offenen Mängeln innerhalb von 14 Tagen nach Erhalt der Ware und bei versteckten Mängeln unverzüglich, spätestens 14 Tage nach Entdeckung, schriftlich vorgenommen werden. Transportschäden sind sofort auf den Begleitpapieren festzuhalten. Soweit Gewährleistungsansprüche gegen uns bestehen, sind wir verpflichtet, gegen Rücknahme der beanstandeten Ware eine mangelfreie Ersatzlieferung vorzunehmen; weitergehende Gewährleistungsansprüche bestehen nicht. Ist allerdings auch die Ersatzlieferung mangelhaft, so hat der Käufer das Recht auf Preisminderung oder Rückgängigmachung des Vertrages.

(7) Erfüllungsort und Gerichtsstand
Erfüllungsort und Gerichtsstand für alle Ansprüche ist Wuppertal, soweit nicht zwingende gesetzliche Vorschriften dem entgegenstehen.

Wuppertal, Januar 20XX

LERNFELD 1

Das Unternehmen präsentieren und die eigene Rolle mitgestalten

LERNSITUATIONEN

0 Ein Unternehmen kennenlernen ... 12
1 Eine Berufsausbildung beginnen ... 14
2 Arbeitszeitkonflikte in der Berufsausbildung erkennen und lösen 18
3 Einen Arbeitsvertrag bewerten ... 23
4 Die Gehaltsabrechnung lesen und verstehen ... 27
5 Tarifkonflikte verstehen ... 34
6 Betriebliche Mitbestimmung organisieren ... 37
7 Eine Betriebsanweisung erstellen ... 40
8 Grundlagen wirtschaftlichen Handelns verstehen ... 44
9 Leistungen des Großhandels erkunden ... 49
10 Einen geeigneten Standort für ein Unternehmen wählen ... 54
11 Organisationsformen von Unternehmen vergleichen ... 57
12 Unternehmensziele untersuchen ... 63
13 Vollmachten in einem Handelsbetrieb unterscheiden ... 66
14 Rechtsformen von Unternehmen vergleichen und auswählen ... 72
15 Nachhaltigkeit und Energieeffizienz ... 76
16 Das Ausbildungsunternehmen präsentieren ... 80

Lernsituation 0
Ein Unternehmen kennenlernen

LERNSITUATION

In der Papiergroßhandlung BERGISCHES PAPIERKONTOR GmbH (kurz: BPK GmbH) beginnen die angehenden Kaufleute im Groß- und Außenhandelsmanagement ihre Ausbildung. Frau Trautmann, die Ansprechpartnerin der neuen Auszubildenden, hat ihnen als erstes das Organigramm der BPK GmbH (siehe S. 6) in die Hand gedrückt.
„Sie müssen möglichst schnell unsere Mitarbeiter und deren Aufgabenbereiche kennen lernen, damit Sie unser Unternehmen mit seinen vielfältigen innerbetrieblichen und außerbetrieblichen Beziehungen und Abläufen besser verstehen können.“, sagt sie.

bpk
Bergisches Papierkontor GmbH

ARBEITSAUFTRÄGE

Die BPK GmbH dient Ihnen während Ihrer Ausbildung als Modellunternehmen, mit dessen Hilfe viele fachliche Vorgänge und typische Abläufe simuliert werden.

1. Mithilfe der folgenden Leitfragen lernen auch Sie die BPK GmbH – Schritt für Schritt – kennen.
Lösen Sie die Fragen in Partnerarbeit. Nutzen Sie zur Beantwortung der Fragen das Arbeitsblatt auf der folgenden Seite. Vergleichen Sie Ihre Antworten mit den Antworten der Mitschüler.

1. Wie viele Mitarbeiter hat die BERGISCHES PAPIERKONTOR (BPK) GmbH?
2. Wie heißt der Geschäftsführer der BPK GmbH?
3. Wo ist der Sitz der Gesellschaft?
4. Wem gehört das Unternehmen?
5. Welche Warengruppen bietet die BPK GmbH an?
6. Wie heißt die Leiterin der Einkaufsabteilung?
7. In welchen Krankenkassen sind die Mitarbeiter versichert (Beispiele)?
8. Wie lautet die Umsatzsteuer-Ident-Nummer der BPK GmbH?
9. Wer beliefert die BPK GmbH mit Artikeln der Warengruppe 5? (Beispiel)

2. Vergleichen Sie die BPK GmbH mithilfe des folgenden Arbeitsblattes mit Ihrem Ausbildungsbetrieb.

3. **Präsentation Ihres Ausbildungsbetriebes:** Stellen Sie Ihren Ausbildungsbetrieb in der Klasse mit einer strukturierten und adressatengerechten Präsentation vor. Der Zeitrahmen richtet sich nach Absprache mit Ihrer Klassenlehrerin/Ihrem Klassenlehrer und den Mitschülern.
Wählen Sie zur Präsentation angemessene Medien (z. B. Plakat, PowerPoint®, Kurzfilm) und Inhalte aus, auch unter Beachtung des Urheberrechts.
Beachten Sie dazu auch die Tipps zur Erstellung einer Präsentation im LF1, Kapitel 8 Ihres Fachbuchs.

Arbeitsblatt 0.1

	BERGISCHES PAPIER KONTOR BPK GmbH	Ihr Ausbildungsbetrieb
Anzahl der Mitarbeiter		
Name des Geschäftsführers		
Sitz der Gesellschaft		
Gesellschafter		
Warengruppen		
Abteilungsleiterin Einkauf		(Abteilungsleiter Ihrer Ausbildungsabteilung)
Krankenkassen der Mitarbeiter (Beispiele)		
Gründungsjahr		
Umsatzsteuer-Ident-Nummer		
Lieferant der Warengruppe 5		(Typischer Lieferant Ihrer Ausbildungsabteilung)

Lernsituation 1
Eine Berufsausbildung beginnen

FK ▶ LF 1 Kap. 1.1–1.5

LERNSITUATION

Löschen | Antworten | An alle | Weiterleiten

Von: Michael Tiemeier, COPY SHOP
An: Thea Trautmann, Sachbearbeiterin Personal bei der BPK GmbH
Datum: 20.07.20XX
Betreff: Problem bei Ausbildungsstart Sarah Gross

Sehr geehrte Frau Trautmann,

wir bilden in unserem COPY SHOP zum ersten Mal aus und haben ein Problem. Sie kennen ja Sarah Gross, die bei Ihnen freundlicherweise ein Ferien-Praktikum absolvieren durfte. Der Ausbildungsvertrag, den wir mit Sarah geschlossen haben, wurde von der IHK wegen Verstoßes gegen das Berufsbildungsgesetz und das Jugendarbeitschutzgesetz nicht akzeptiert und an uns zurückgeschickt. Sarah Gross wird am 12.02. des kommenden Jahres 18 Jahre alt. Meines Wissens gelten die besagten Gesetze dann doch nicht mehr, oder?

Ich bin ein wenig ratlos und möchte gern die von Ihnen angebotene Hilfe in Ausbildungsfragen annehmen.

Mit freundlichen Grüßen

M. Tiemeier
COPY SHOP Dortmund

ARBEITSAUFTRAG

Überprüfen Sie den Ausbildungsvertrag hinsichtlich der geltenden Bestimmungen des Berufsbildungsgesetzes (BBiG) und des Jugendarbeitschutzgesetzes (JArbSchG).

Verstoß/Fehler	Gesetz	Verbesserung

Berufsausbildungsvertrag
(§§ 10, 11 Berufsbildungsgesetz - BBiG)

Zwischen dem/der Ausbildenden (Ausbildungsbetrieb) **und** ☐ **dem Auszubildenden** ☒ **der Auszubildenden**

Firmen-Ident-Nr.

Telefon-Nr. 0231 556XX-1

email

Anschrift des/der Ausbildenden
Copy Shop
Michael Tiemeier
Haberlandstr. 4
44359 Dortmund

UNGÜLTIG

Name, Vorname: Gross, Sarah
Straße, Haus-Nr.: Bahnhofstraße 8a
PLZ, Ort: 42327 Wuppertal
Geburtsdatum: 12. 02. 19XY Geburtsort: Wuppertal
Staatsangehörigkeit: deutsch Gesetzl. Vertreter: Eltern
Namen, Vornamen der gesetzlichen Vertreter: Gross, Margot und Hans
Straße, Haus-Nr.: Bahnhofstraße 8a
PLZ: 42327 Ort: Wuppertal Erstuntersuchung/Nachuntersuchung ☒

wird nachstehender Vertrag zur Ausbildung im Ausbildungsberuf [2]
Kauffrau im Groß- und Außenhandel

Einsatzgebiete/Sortimente oder weitere Spezialisierung
Fachrichtung Großhandel

Änderungen des wesentlichen Vertragsinhaltes sind vom Ausbildenden unverzüglich zur Eintragung in das Verzeichnis der Berufsausbildungsverhältnisse bei der Industrie- und Handelskammer anzuzeigen.

Die beigefügten Angaben zur sachlichen und zeitlichen Gliederung des Ausbildungsablaufs (Ausbildungsplan) sind Bestandteile dieses Vertrages.

A Die Ausbildungszeit beträgt nach der Ausbildungsordnung 48 Monate.
Die vorausgegangene Berufsbildung/Vorbildung:
Fachoberschulreife
wird mit Monaten angerechnet, bzw. es wird eine entsprechende Verkürzung beantragt.

Das Berufsausbildungsverhältnis beginnt am 01. 08. X1 und endet am 31. 07. X5

B Die Probezeit (§ 1 Nr. 2) beträgt 6 Monate

C Die Ausbildung findet vorbehaltlich der Regelung nach **D** (§ 3 Nr. 12) in
Wuppertal
und den mit dem Betriebssitz für die Ausbildung üblicherweise zusammenhängenden Bau-, Montage- und sonstigen Arbeitsstellen statt.

D Ausbildungsmaßnahmen außerhalb der Ausbildungsstätte (§ 3 Nr.12) (mit Zeitraumangabe)
insgesamt 4 Wochen Seminar Verkaufskunde und Verhandlungsführung

E Der/Die Ausbildende zahlt der/dem Auszubildenden eine angemessene Vergütung (§ 5); diese beträgt zur Zeit monatlich brutto:

in €

1. Ausbildungsjahr	2. Ausbildungsjahr	3. Ausbildungsjahr	4. Ausbildungsjahr
670,00	729,00	798,00	889,00

F Die tägliche Ausbildungszeit (§ 6 Nr. 1) beträgt 8,5 Stunden

G Der/Die Ausbildende gewährt dem/der Auszubildenden Urlaub nach den geltenden Bestimmungen. Es besteht ein Urlaubsanspruch auf

im Jahr	20X1	20X2	20X3	20X4	20X5
Werktage	10	24	24	24	14
Arbeitstage					

H Hinweise auf anzuwendende Tarifverträge und Betriebsvereinbarungen; sonstige Vereinbarungen
Wenn Frau Gross das Ausbildungsverhältnis vorzeitig kündigt, verpflichtet sie sich zur Zahlung eines Schadenersatzes in Höhe von 500,00 €.

J Die beigefügten Vertragsbedingungen werden anerkannt und sind Gegenstand dieses Vertrages.

Der/Die Ausbildende (Stempel, Unterschrift)
Copy Shop
Haberlandstr. 4
44359 Dortmund
Michael Tiemeier

Der/Die Auszubildende (Unterschrift)
Sarah Gross

Die gesetzlichen Vertreter des/der Auszubildenden (Unterschrift)

Arbeitsblatt 1.1 Berufsausbildung

Rechtliche Grundlagen der Berufsausbildung			
Die **Ausbildungsordnung** enthält Informationen über	.... legt die Inhalte für die Berufsschule fest und verteilt sie auf die drei Ausbildungsjahre.	Das **Jugendarbeitsschutzgesetz** gilt für alle Auszubildenden und Jugendlichen im Alter von .... Schutzbereiche sind: .... Beispiel: Arbeitszeit Beispiel: .... Beispiel: .... Beispiel: 16 Jahre: 27 Tage .... Beispiel:	Durch den **Ausbildungsvertrag** nach dem .... erhalten die Vertragsparteien Rechte und Pflichten Rechte des Auszubildenden: Pflichten des Auszubildenden:

Aufgaben

1

Welche Rechtsgrundlagen sind für das Berufsausbildungsverhältnis maßgebend? Welche weiteren Regelungen gelten in dem Bundesland, in dem Sie ausgebildet werden?

2

Nennen Sie Vorschriften des Jugendarbeitsschutzgesetzes, die für Sie persönlich von Bedeutung sind.

3

Nurcan ist 17 Jahre, Erika ist 18 Jahre und Tim ist 19 Jahre alt. Alle sind Auszubildende im 2. Ausbildungsjahr als Kauffrau/Kaufmann für Groß- und Außenhandelsmanagement. Beurteilen Sie, ob die folgenden Aussagen hinsichtlich des Jugendarbeitsschutzgesetzes richtig sind.

a) Nurcan muss 25 Arbeitstage Urlaub erhalten.
b) Erika unterliegt nicht mehr den Bestimmungen des Jugendarbeitsschutzgesetzes.
c) Tim hat dienstags 6 Stunden Berufsschulunterricht. Er ist an diesem Tag von der Arbeit freizustellen.
d) Erika darf auch samstags beschäftigt werden, wenn der gültige Tarifvertrag dies zulässt.
e) Nurcan soll heute bis 21 Uhr arbeiten.
f) Für Erika beginnt die Berufsschule um 9.30 Uhr. Der Ausbildende kann verlangen, dass sie bis 9.10 Uhr im Betrieb arbeitet, da der Weg bis zur Berufsschule nur 15 Minuten beträgt.
g) Die einzige Pause im Betrieb für alle drei Auszubildenden ist die Mittagspause von 45 Minuten Dauer.
h) Die Auszubildenden haben an einem Montag ihre schriftliche Abschlussprüfung. Sie sind am vorausgehenden Freitag von der Arbeit freizustellen.

4

Sie absolvieren zurzeit eine Berufsausbildung im dualen System.

a) Was bedeutet der Begriff „duales System“ konkret für Ihre Ausbildung?
b) Welche Vorteile versprechen Sie sich davon, dass Sie im dualen System ausgebildet werden?

5

Bei der Schnitzler Handels KG wurden neue Auszubildende zum/zur Kaufmann/Kauffrau für Groß- und Außenhandelsmanagement eingestellt. Beurteilen Sie bei den folgenden Alltagssituationen, ob die beteiligten Personen im Rahmen des gültigen Rechts handeln! Begründen Sie Ihre Ansicht und versuchen Sie, wenn möglich, entsprechende Rechte und Pflichten aus dem Ausbildungsverhältnis zuzuordnen.

a) Petra, 17 Jahre, soll den Betrieb kennenlernen und wird dabei für 14 Tage am Empfang eingesetzt. Sie beschwert sich bei ihrem Ausbilder, dass diese Tätigkeit nichts mit ihrer Ausbildung zur Kauffrau für Groß- und Außenhandelsmanagement zu tun habe.
b) Juliane, 20 Jahre, muss täglich helfen, die Büroräume zu putzen, da die Kosten für das bisher eingesetzte Reinigungsunternehmen eingespart werden sollen.
c) Stefan, 18 Jahre, und Hassan, 17 Jahre, besuchen beide die gleiche Berufsschulklasse und haben am Montag 5 Stunden und am Donnerstag 7 Stunden Unterricht. Der Ausbilder verlangt von seinen Auszubildenden, dass sie nach der Berufsschule in den Betrieb kommen.
d) Petra erzählt in der Berufsschule, wie hoch die durchschnittliche Gewinnspanne im Flacheisensortiment ist. Die Klassenkameraden stellen die Höhe in Zweifel. Zum nächsten Berufsschultag beweist Petra die Behauptung, indem sie die Kopie einer Einkaufsrechnung mitbringt.
e) Im zweiten Monat der Ausbildungszeit kündigt der Ausbildende dem Auszubildenden Wolfgang fristlos ohne Angabe von Gründen.
f) Irene ist mit ihrer Ausbildung zur Kauffrau für Groß- und Außenhandelsmanagement aufgrund der langen Wege zum Betrieb nicht besonders glücklich. Nach der Probezeit wird ihr eine Ausbildungsstelle im Reisebüro angeboten. Kann sie die Ausbildung beim Großhändler abbrechen?
g) Durch eigene Faulheit ist Bernd beim ersten Mal durch die Abschlussprüfung gefallen. Kann er bis zur nächsten Wiederholungsprüfung das Ausbildungsverhältnis fortsetzen?

6

Die Ausbildung von Jan Reimers dauert laut Ausbildungsvertrag vom 01.08.20X1 bis zum 31.07.20X4.

a) Nachdem Jan bereits die schriftliche Abschlussprüfung erfolgreich gemeistert hat, besteht er auch am 15. Juni 20X4 die praktische (mündliche) Abschlussprüfung. Wann endet für Jan die Ausbildung zum Kaufmann für Groß- und Außenhandelsmanagement offiziell?
b) Jan Reimers arbeitet in den folgenden Tagen nach seiner mündlichen Abschlussprüfung in seinem Ausbildungsbetrieb weiter, ohne dass die Geschäftsleitung mit ihm gesprochen hat. Am 24. Juni teilt der Geschäftsführer Jan mit, dass er zum Monatsende ausscheiden soll, da eine Weiterbeschäftigung nach Abschluss seiner Ausbildung nicht möglich sei. Ist am 30. Juni sein letzter Arbeitstag? Beurteilen Sie die Rechtslage.

Lernsituation 2
Arbeitszeitkonflikte in der Berufsausbildung erkennen und lösen

FK ▶ LF 1 Kap. 1.5

LERNSITUATION

Die ehemaligen Schulfreunde Frank und Tatjana sehen sich kaum noch, stattdessen berichten sie sich bei Gelegenheit gegenseitig in einem Internetforum über ihre aktuelle Situation.

ARBEITSAUFTRÄGE

1. Informieren Sie sich anhand der folgenden Fachtexte zu den betrieblichen Hintergründen für Mehrarbeit, flexible Arbeitszeiten und über die Rechte von Arbeitnehmern und Auszubildenden. Nutzen Sie außerdem die Informationen aus Ihrem Fachbuch (LF 1, Kap. 1.5). Fassen Sie Ihre Ergebnisse mithilfe des Arbeitsblattes 2.1 in Stichworten zusammen.
2. Entwickeln Sie eine Konfliktlösungsstrategie für Tatjana, um ihr ein Gespräch mit ihrem Ausbilder zu erleichtern.
3. Gestalten Sie ein Rollenspiel, in dem die Beteiligten konstruktiv mit dem Konflikt „Überstunden im Ausbildungsbetrieb" umgehen und eine gemeinsame Lösung oder einen Kompromiss finden. Nutzen Sie dazu die Rollenkarten auf S. 21.

Zur betrieblichen Notwendigkeit von **Flexibilisierung der Arbeitszeiten**

In jedem Unternehmen führen Einflüsse von außen und innerbetriebliche Veränderungen zu Schwankungen im Arbeitsaufkommen der einzelnen Mitarbeiter.

Der Unternehmer muss beispielsweise auf externe Einflüsse (Einflüsse von außen) flexibel reagieren und sich in diesen Fällen auf seine Mitarbeiter verlassen können. Ein typischer Fall ist die Abhängigkeit vieler Unternehmen vom Wetter. Bei einem Dachdeckerbetrieb ist das offensichtlich, aber auch z. B. Einzelhändler müssen auf Wetterveränderungen flexibel reagieren können. Sobald zum ersten Mal im Jahr die Sonne scheint, werden Grillgut und Grillzubehör gekauft, bei einer Hitzewelle im Hochsommer werden von den Kunden besonders viele Getränke nachgefragt. Das gleiche gilt für einen Wintereinbruch mit Tiefsttemperaturen, der im Textileinzelhandel genauso spürbar ist wie im Baumarkt bei der Nachfrage nach Streusalz sowie im Brennstofffachhandel bei der Nachfrage nach Brennholz und Briketts.

Einfacher vorherzusehen sind saisonale Einflüsse auf die Auftragslage: Karneval, Ostern und Weihnachten sind bekannte Termine, auf die man sich lange vorher einstellen kann, die jedoch grundsätzlich das Arbeitsaufkommen im Betrieb erhöhen. Das gleiche gilt für wiederkehrende Großereignisse wie die Olympischen Spiele oder Fußballwelt- oder Europameisterschaften.

Insbesondere im Groß- und Außenhandel und der exportierenden Industrie sind Einflüsse der Weltwirtschaft spürbar, die die Auftragslage in den Betrieben drastisch verändern können. So kann ein internationaler Großauftrag im technischen Anlagenbau das Arbeitsaufkommen in einem Industriebetrieb vervielfachen.

Im eigenen Land beeinflussen konjunkturelle Rahmenbedingungen wie z. B. die Arbeitslosigkeit die Nachfrage und damit die Auftragslage in größeren Unternehmen. Außerdem ist die Geldpolitik der Zentralbank, die letztlich das Zinsniveau bestimmt, mit verantwortlich für Nachfrageschwankungen. Ist das Zinsniveau niedrig, so können Konsumenten Kredite zu attraktiven Konditionen erhalten und fragen möglicherweise mehr Gebrauchsgüter nach. Ein niedriges Zinsniveau führt aber auch bei Unternehmen zu mehr Investitionen, sodass über diesen Umweg wiederum die Nachfrage nach Anlagegütern wie Fahrzeugen oder Ladenausstattungen steigt.

Aber auch innerhalb eines Betriebes kann es zu starken Schwankungen des Arbeitsaufkommens kommen, ohne Einflüsse von außen. Wenn Unternehmen sich zusammenschließen oder bestimmte Bereiche rationalisieren, dauert es immer eine gewisse Zeit, bis die neuen Organisationsstrukturen funktionieren. Die angestrebten Synergieeffekte (z. B. sich ideal ergänzende neue Abteilungen) treten erst nach einer „Einspielzeit“ auf.

Innerhalb der Abteilungen reicht schon eine Erkältungswelle unter den Mitarbeitern, um die Mehrarbeit der verbleibenden Kollegen zu erhöhen, Ähnliches gilt für eine nicht optimal organisierte Urlaubsplanung innerhalb der Abteilungen. Die vorgeschriebene regelmäßige Inventur sorgt ebenfalls für punktuell höhere Arbeitsbelastung im Betrieb. Letztlich reicht der Ausfall eines einzelnen Mitarbeiters durch Krankheit oder Arbeitsplatzwechsel, um für den direkten Mitarbeiter das Arbeitsaufkommen zu erhöhen.

Alle genannten Einflüsse auf den Arbeitsablauf im Unternehmen wirken sich als Schwankungen in der Auslastung eines Unternehmens aus. Arbeitnehmer spüren diese Schwankungen insbesondere in Form von notwendigen Überstunden, um den Betriebsablauf und damit den eigenen Arbeitsplatz nicht zu gefährden. Eine dauerhaft hohe Belastung der Arbeitnehmer durch Überstunden zeugt jedoch von einem starken Optimierungsbedarf des Betriebsablaufs.

(Quelle: Autorentext)

Überstundenabrechnung – Urteil stärkt Arbeitnehmer und Auszubildende

Pressemitteilung Nr. 12/2020

Bei nachweislich erbrachten und vom Arbeitgeber verfügten Überstunden muss der Arbeitnehmer einen Ausgleich erhalten, insbesondere wenn die Überstunden betrieblich notwendig waren.
In einem aktuellen Urteil wurden die Rechte der Arbeitnehmer und Auszubildenden beim Nachweis der Mehrarbeit gestärkt.

Lagerarbeiter musste Mehrarbeit nachweisen

Ein aktueller Fall mit einer Klage eines Lagerarbeiters gegen seinen Arbeitgeber auf Bezahlung der nachweisbaren Überstunden wurde in letzter Instanz für den Lagerarbeiter entschieden.
Der Arbeitsvertrag beinhaltete zwar eine grundsätzliche Vergütung von Mehrarbeit, jedoch unspezifisch formuliert hinsichtlich konkreter Abrechnung von Mehrarbeit.
Im vorliegenden Fall konnte der Arbeitnehmer nachweisen, dass die verfügte Mehrarbeit nicht während der regelmäßigen Arbeitszeit möglich war.
Der Arbeitgeber erklärte dem Gericht, dass Überstunden laut Arbeitsvertrag pauschal abgegolten werden und es keine betriebliche Notwendigkeit für die Mehrarbeit gab.
Im vorliegenden Fall reichte es allerdings aus, dass der Lagerarbeiter die Aufzeichnungen seiner Schichten mit entsprechenden Arbeitszeiten bereitstellte, um die Mehrarbeit nachzuweisen.
Somit hätte der Arbeitgeber einen Gegenbeweis vorlegen und die Überstunden entweder als nicht betriebsnotwendig oder als nicht geleistet dokumentieren müssen.

(Quelle: Autorentext)

EU-Gerichtshof: System zur Erfassung der Arbeitszeiten ist in jedem Unternehmen verpflichtend einzuführen

Wie der Europäische Gerichtshof in einer Pressemitteilung vom 14. Mai 2019 bekannt gibt, wird jeder Arbeitgeber in der EU verpflichtet, ein System zur Erfassung der täglichen Arbeitszeit aller Arbeitnehmer einzuführen.
Nach Ansicht des Gerichtshofes hat der Arbeitnehmer gegenüber dem Arbeitgeber die schwächere Position und muss folglich besonders geschützt werden. Mithilfe einer regelmäßigen Arbeitszeiterfassung kann nicht nur die tägliche Arbeitszeit jedes einzelnen Arbeitnehmers, sondern auch die Verteilung der Arbeitszeit und die Anzahl der geleisteten Überstunden präzise und verlässlich erfasst werden. Dies ist unbedingte Voraussetzung, um die Einhaltung der gesetzlichen Bestimmungen zu Höchstarbeitszeiten sowie täglichen und wöchentlichen Ruhezeiten durchzusetzen.
Das Arbeitszeiterfassungssystem bietet den Arbeitnehmern ein besonders wirksames Mittel, einfach zu objektiven und nachvollziehbaren Daten über die tatsächlich geleistete Arbeitszeit zu gelangen. Dies hilft den Arbeitnehmern beim Nachweis von Rechtsverstößen und ermöglicht es den zuständigen Kontrollbehörden und den nationalen Gerichten, die Beachtung der Arbeitnehmerrechte auch tatsächlich durchzusetzen.

(Quelle: Autorentext)

Relevante Auszüge aus Gesetzestexten

§ 17 Abs. 3 BBiG:

Eine über die vereinbarte regelmäßige tägliche Ausbildungszeit hinausgehende Beschäftigung ist besonders zu vergüten oder durch entsprechende Freizeit auszugleichen.

§ 8 Abs. 1 JArbSchG:

Jugendliche dürfen nicht mehr als acht Stunden täglich und nicht mehr als 40 Stunden wöchentlich beschäftigt werden.

§ 3 Arbeitszeitgesetz (ArbZG):

Die werktägliche Arbeitszeit der Arbeitnehmer darf acht Stunden nicht überschreiten. Sie kann auf bis zu zehn Stunden nur verlängert werden, wenn innerhalb von sechs Kalendermonaten oder innerhalb von 24 Wochen im Durchschnitt acht Stunden werktäglich nicht überschritten werden.

Tatjana 19 Jahre alt, Auszubildende bei der Logo GmbH

- macht 10–15 Überstunden pro Woche
- ist im zweiten Ausbildungsjahr
- früher interessierte sie sich für Fußball und spielte selbst in ihrer Freizeit, das ist jetzt zeitlich nicht mehr möglich
- die Leistungen in der Berufsschule werden stetig schlechter, weil sie keine Zeit zur Vorbereitung von Klassenarbeiten hat
- fühlt sich dauernd müde
- macht immer öfter Fehler im Betrieb, die sie so von sich selbst nicht kennt
- hat sich letztens kurz vor Feierabend an der Hand verletzt
- die Ausbildung macht keinen Spaß mehr wie zu Beginn und am liebsten würde sie kündigen, weiß aber keine Alternative

Herr Camillo, Geschäftsführer der Logo GmbH mit 12 Mitarbeitern

- verlangt von den Mitarbeitern grundsätzlich flexiblen Arbeitseinsatz
- steht unter Druck, weil sich ein neuer Konkurrent in der Nähe angesiedelt hat
- das Sortiment der Logo GmbH ist nicht mehr aktuell und der Umsatz ist rückläufig, wichtige Investitionen werden in den nächsten Wochen durchgeführt
- ein langjähriger Mitarbeiter ist vor einem halben Jahr ausgewandert, zwei weitere sind vor Kurzem in den vorzeitigen Ruhestand gegangen, seitdem sucht Herr Camillo passenden Ersatz, Vorstellungsgespräche stehen in den nächsten Tagen an
- ärgert sich darüber, dass die Mitarbeiter sich dauernd krank melden, und hat dafür kein Verständnis, weil das die Lage im Betrieb noch verschärft
- arbeitet selbst bis zu 70 Stunden pro Woche
- kennt alle Mitarbeiter persönlich
- wundert sich über Tatjanas schlechte schulische Leistungen

Arbeitsblatt 2.1 Erhöhtes Arbeitsaufkommen und Mehrarbeit im Betrieb

Gründe für ein erhöhtes Arbeitsaufkommen im Betrieb	
Einflüsse von außen	betriebsinterne Gründe

Gefahren für Mitarbeiter und Betrieb bei dauerhafter Mehrarbeit

Rechte der Mitarbeiter bei dauerhafter Mehrarbeit
Voraussetzungen:

Lernsituation 3
Einen Arbeitsvertrag bewerten

FK ▶ LF 1 Kap. 1.6

LERNSITUATION

In einem Ordner auf dem Dachboden ihrer Großeltern ist Cornelia Gruber auf einen alten Arbeitsvertrag ihres Großvaters gestoßen.

Herrn/~~Frau/Fräulein~~ **Willy Gruber, Poststraße 37, Bonn**
wird folgender Arbeitsvertrag geschlossen:

1.) Herr/~~Frau/Fräulein~~ **Willy Gruber**
geboren am: **29.3.1919** in: **Bonn-Endenich**
steht ab: **1.1.1954** als: **Buchhalter**
in einem Arbeitsverhältnis mit der VEREINIGUNG DER PAPIER-DRUCKEREIEN E.V., Bonn/Rhein.

2.) Eine Kündigung ist nur zum Ende des Kalender-Monats möglich und muss spätestens am Schluss des vorangegangenen Monats erfolgen.

3.) Das Arbeitsverhältnis kann von beiden Seiten ohne Einhaltung einer Kündigungsfrist gekündigt werden, wenn ein wichtiger Grund hierfür vorliegt.

4.) Die Arbeitszeit beträgt wöchentlich 48 Stunden, montags - freitags von 8.15 - 12.45 Uhr, 14.00 - 18.00 Uhr sonnabends von 8.00 - 13.30 Uhr.
Ein Anspruch auf Vergütung von Ueberstunden besteht nicht.

5.) Die Bezüge richten sich nach freier Vereinbarung von beiden Seiten und sind Jahresbezüge, die in 12 gleichbleibenden monatlichen Zahlungen postnumerando per ultimo eines jeden Monats zahlbar sind. Ein Anspruch auf besondere Urlaubs- oder Weihnachtsgelder besteht nicht.
Sie haben ein Jahresgehalt von DM **4680.--** brutto
Monatsgehalt von DM **390.--** brutto

6.) Anspruch auf Urlaub besteht nach 6 monatiger Beschäftigung. Ihr Urlaub beträgt **12** Arbeitstage für 1 Jahr Arbeitsleistung.

7.) Sie verpflichten sich, auch nach Beendigung eines Arbeitsverhältnisses mit der VEREINIGUNG DER PAPIERDRUCKEREIEN E.V. zum strengsten Stillschweigen gegenüber dritten Personen. Dieses Stillschweigen umfasst alle persönlichen und geschäftlichen Angelegenheiten, von denen Sie im Verlauf Ihrer Tätigkeit bei der VEREINIGUNG DER PAPIERDRUCKEREIEN E.V. Kenntnis bekommen haben.

8.) Aenderung und Ergänzung dieses Vertrages bedürfen zu ihrer Gültigkeit der schriftlichen Bestätigung, die auch einseitig erfolgen kann und wirksam wird, sobald von der anderen Seite innerhalb einer Frist von 10 Tagen kein Einspruch erfolgt.

Arbeitgeber:
VEREINIGUNG DER PAPIERDRUCKEREIEN E.V.

Arbeitnehmer:
Willy Gruber

Bonn / Rhein, den **1. Januar 1954**

ARBEITSAUFTRÄGE

1. Sammeln Sie Gründe dafür, warum Cornelia nach Lektüre des Vertrages einigermaßen erschüttert ist.
2. Ermitteln Sie mithilfe der entsprechenden Rechtsquellen (z. B. Tarifvertrag, Arbeitsschutzgesetze), wie ein Arbeitsvertrag mit einem 35-jährigen Buchhalter, der in einem Groß- und Außenhandelsunternehmen mit 25 Mitarbeitern tätig ist, heute aussehen könnte.

Arbeitsblatt 3.1 Der Arbeitsvertrag als rechtliche Grundlage für das Arbeitsverhältnis

Vertragspartner:

Nicht frei vereinbar:

Zu beachten bei Mitgliedern der Tarifvertragsparteien:

Weitere mögliche Regelungen durch Betriebsvereinbarungen (Beispiele):

Wesentliche Inhalte des Arbeitsvertrages:

Arbeitsblatt 3.2 Rechte und Pflichten des Arbeitnehmers aus dem Arbeitsvertrag

Recht	Bedeutung
	Der Arbeitnehmer wird für seine Arbeitsleistung angemessen entlohnt.
Urlaub	
Beschäftigung	
	Kein Arbeitnehmer darf aufgrund seines Geschlechtes, seiner Religion, seines Alters o. Ä. bevorzugt oder benachteiligt werden.
Fürsorge	
Entgeltfortzahlung	
	Persönliche Daten des Arbeitnehmers dürfen nicht ohne dessen Einwilligung an andere weitergegeben werden.
	Der Arbeitnehmer hat ein Anrecht auf eine schriftliche Beurteilung seiner Arbeitsleistung.

Pflicht	Bedeutung
Dienstleistung	
Befolgung von Anweisungen	
	Der Arbeitnehmer darf keine Betriebsinterna an andere weitergeben.
Wettbewerbsverbot	
keine Rufschädigung	

Aufgaben

1

Begründen Sie, warum Arbeitsverträge grundsätzlich schriftlich abgefasst werden sollten.

2

Erklären Sie, warum bei Arbeitsverträgen eine Vielzahl von gesetzlichen Regelungen beachtet werden muss, obwohl damit der Grundsatz der Vertragsfreiheit deutlich eingeschränkt ist. Welche Risiken sind damit für den Arbeitsmarkt verbunden?

3

Überlegen Sie, wieso es für den Arbeitnehmer wichtig ist, dass er aus seinem Arbeitsvertrag das Recht auf Beschäftigung ableiten kann.

4

Beurteilen Sie folgenden Fall zur Urlaubsgewährung aus dem Arbeitsvertrag:
Uwe Schneider möchte gern mit seinen Freunden, die allesamt an die Schulferien gebunden sind, einen gemeinsamen Urlaub machen. In seinem Betrieb sind jedoch die Arbeitskollegen und kolleginnen mit schulpflichtigen Kindern bevorrechtigt, den Urlaub in den Schulferien zu reservieren.

5

In Lernfeld 1, Kapitel 1.6 Ihres Fachbuches finden Sie mögliche Inhalte eines Arbeitsvertrages. Welche Inhalte enthält im Vergleich dazu Ihr Ausbildungsvertrag?

6

Neben den Inhalten aus dem Arbeitsvertrag können für den Arbeitnehmer weitere Bestimmungen im Rahmen einer Betriebsvereinbarung Gültigkeit besitzen.

a) Erläutern Sie, wie eine Betriebsvereinbarung zustande kommt.
b) Welche Regelungen können durch eine Betriebsvereinbarung getroffen werden? Nennen Sie drei.

7

In der Geschenkartikelgroßhandlung Presents GmbH ist die Auftragslage während des Geschäftsjahres stark schwankend. Zu Ostern, Weihnachten und Muttertag gibt es in jedem Jahr Auftragsspitzen.
Der Geschäftsführer der Presents GmbH möchte deswegen folgende Regelungen in die Betriebsvereinbarungen aufnehmen:

a) Zu auftragsschwachen Zeiten erklären sich die kaufmännischen Mitarbeiter bereit, auch branchen- und fachfremde Tätigkeiten zu übernehmen, dazu können folgende Tätigkeiten gehören:
   1) Übernahme der Pflege der Grünanlage der Presents GmbH anstelle des normalerweise beauftragten Gärtners
   2) Auslieferungsfahrten mit dem unternehmenseigenen Pkw-Kombi zu Stammkunden anstelle der normalerweise beauftragten Spedition.
   3) Teilnahme an Messen und Ausstellungen, um das Sortiment der Presents GmbH zu bewerben.
   4) Verlegung der Datenleitungen (unter Putz) für die neue EDV-Anlage, die im Laufe des Jahres geliefert wird.
   5) Mitarbeit in der Werkskantine bei anfallenden Arbeiten in der Küche.
b) Zu auftragsschwachen Zeiten erklären sich die Mitarbeiter bereit, unbezahlten Urlaub zu akzeptieren, dessen Dauer individuell festgelegt werden kann.
c) Zu besonders auftragsstarken Zeiten erklären sich die Mitarbeiter bereit, dem Betrieb auch sonntäglich dauerhaft zur Verfügung zu stehen.

Welche der genannten Regelungen können in einer Betriebsvereinbarung geregelt werden? Bei welchen liegt ein Verstoß gegen das Arbeitsrecht vor?

Lernsituation 4
Die Gehaltsabrechnung lesen und verstehen

FK ▶ LF1 Kap. 1.7

LERNSITUATION

Löschen | Antworten | An alle | Weiterleiten

Von: P. Schönhauser
An: Cornelia Gruber
Datum: 04.10.20XX
Betreff: Gehaltsabrechnung Frau Georgidou

Liebe Frau Gruber,

unsere Kollegin Frau Georgidou hat mich heute beiläufig auf eine geringe Differenz in ihrer Gehaltsabrechnung hingewiesen. Das könnte auf die Umstellung auf unser neues EDV-System in der Personalbuchhaltung zurückzuführen sein.

Prüfen Sie bitte auf der Grundlage unserer bereits aktualisierten und geprüften Personalstammdaten die Abrechnung von Frau Georgidou und finden Sie heraus, wie dort eine Differenz zur vorherigen Abrechnung zustande kommen konnte.

Viele Dank vorab!
P. Schönhauser

Auszug aus der Personalstammdatei:

Personal Nr. 302			
Name	Georgidou	**Konfession**	keine
Vorname	Dimitra	**Nationalität**	Griechenland
PLZ	42329	**Bruttogehalt**	2.430,00 €
Ort	Wuppertal	**VL**	26,00 €
Straße	Zur Waldesruh 4	**VL-Sparbetrag**	40,00 €
Telefon	0202 12679	**Weihnachtsgeld**	62,5 % des Monatsgehalts
Bankverbindung	TopBank Wuppertal	**Urlaubsgeld**	50,0 % des Monatsgehalts
IBAN	DE 24 1001 0700 0037 6648 98	**Steuerfreibetrag**	0,00
Krankenkasse	DAK (Zusatzbeitrag 1,5 %)	**Eintritt**	01.10.20XX
Geburtsdatum	12.01.1982	**Ausbildung**	Großhandelskauffrau
Familienstand	verheiratet	**Stelle**	Sachbearbeiterin Verkauf
Kinder	keine	**Gehaltsgruppe**	G5
Steuerklasse	III	**tägliche Arbeitszeit**	7,70 Stunden
		Urlaubstage	30 Werktage

ARBEITSAUFTRÄGE

1. Prüfen Sie die Entgeltabrechnung von Dimitra Georgidou (siehe nächste Seite) Schritt für Schritt auf mögliche Berechnungs- oder Ablesefehler.
   a) Wie hoch ist die von Ihnen ermittelte Differenz?
   b) Wie hoch ist der korrekte Auszahlungsbetrag?
2. Wodurch ist die Differenz zustande gekommen?

Gehaltsabrechnung

bpk Bergisches Papierkontor GmbH

Personalnummer: 302	**Abrechnung:** September 20XX

Dimitra Georgidou
Zur Waldesruh 4
42329 Wuppertal

Lohnsteuermerkmale

Steuerklasse	Kinderfreibetrag	Konf.
III	0	rk

Sozialversicherungsmerkmale

KV[1]	PV	RV	AV
14,6 %	3,05 %	18,6 %	2,4 %

[1] ohne Zusatzbeitrag; dieser beträgt bei der DAK 1,5 %.

	EUR
Monatsentgelt	2.430,00
+ Sonderzahlungen	–
+ vermögenswirksame Leistungen (AG-Anteil)	26,00
= sozialversichungspflichtiges Bruttoentgelt	2.456,00
– Steuerfreibetrag	–
= steuerpflichtiges Bruttoentgelt	2.456,00
– Lohnsteuer	68,83
– Solidaritätszuschlag	–
– Kirchensteuer	6,19
Summe steuerliche Abzüge	75,02
– Krankenversicherung	197,71
– Pflegeversicherung	37,45
– Rentenversicherung	228,41
– Arbeitslosenversicherung	29,47
Summe Sozialversicherungen	493,04
= Nettoentgelt	1.887,94
– VL-Sparbetrag (AG- + AN-Anteil)	52,00
– Vorschuss	–
Summe privater Abzüge	52,00
= **Nettoauszahlungsbetrag**	1.835,94

MONAT bis 2.474,99 €

Lohn/Gehalt bis	Steuerklasse	Lohnsteuer	ohne Kinderfreibetrag SolZ 5,5%	ohne Kinderfreibetrag Kirchensteuer 8%	ohne Kinderfreibetrag Kirchensteuer 9%	0,5 SolZ 5,5%	0,5 Kirchensteuer 8%	0,5 Kirchensteuer 9%	1,0 SolZ 5,5%	1,0 Kirchensteuer 8%	1,0 Kirchensteuer 9%
2.450,99	I	284,16	15,62	22,73	25,57	10,87	15,82	17,79	6,41	9,32	10,49
	II	240,25	13,21	19,22	21,62	8,60	12,51	14,07	0,00	6,23	7,01
	III	67,83	0,00	5,42	6,10	0,00	1,10	1,24	0,00	0,00	0,00
	IV	284,16	15,62	22,73	25,57	13,21	19,22	21,62	10,87	15,82	17,79
	V	552,66	30,39	44,21	49,73						
	VI	586,00	32,23	46,88	52,74						
2.453,99	I	284,83	15,66	22,78	25,63	10,91	15,87	17,85	6,44	9,38	10,55
	II	240,91	13,25	19,27	21,68	8,63	12,56	14,13	0,00	6,28	7,06
	III	68,33	0,00	5,46	6,14	0,00	1,14	1,28	0,00	0,00	0,00
	IV	284,83	15,66	22,78	25,63	13,25	19,28	21,69	10,91	15,87	17,85
	V	553,66	30,45	44,29	49,82						
	VI	587,00	32,28	46,96	52,83						
2.456,99	I	285,58	15,70	22,84	25,70	10,94	15,92	17,91	6,48	9,42	10,60
	II	241,58	13,28	19,32	21,74	8,67	12,62	14,19	0,00	6,32	7,11
	III	68,83	0,00	5,50	6,19	0,00	1,17	1,31	0,00	0,00	0,00
	IV	285,58	15,70	22,84	25,70	13,29	19,33	21,74	10,94	15,92	17,91
	V	554,50	30,49	44,36	49,90						
	VI	588,16	32,34	47,05	52,93						

Auszug: Rehm Monats-Lohnsteuertabelle 2019, Verlagsgruppe Hüthig Jehle Rehm, Heidelberg

Arbeitsblatt 4.1 Abzugsgrundlagen für eine Entgeltabrechnung

Recherchieren Sie die Werte für das aktuelle Kalenderjahr.

Abzüge I	Berechnung vom steuerpflichtigen Entgelt
▪ Lohnsteuer (LSt)	Grundfreibetrag = ________ € Spitzensteuersätze ab ________ € = ____ % ab ________ € = ____ %
▪ Solidaritätszuschlag (SolZ)	________ % der Lohnsteuer (bei ledigen Steuerpflichtigen ohne Kinderfreibeträge)
▪ Kirchensteuer (KiSt)	________ % (Bayern, BaWü) oder ________ % (alle anderen Bundesländer) der Lohnsteuer bei ledigen Kirchensteuerpflichtigen ohne Kinderfreibeträge

Abzüge II	Berechnung vom sozialversicherungspflichtigen Entgelt
▪ Krankenversicherung (KV)	Beitragssatz gesamt = ________ % Arbeitnehmer = ________ % Arbeitgeber = ________ % Beitragsbemessungsgrenze = ________ €
▪ Pflegeversicherung (PV)	Beitragssatz gesamt = ________ % [1] Arbeitnehmer = ________ % (Kinderlose über 23 Jahre zahlen einen Zuschlag von ________ %-Punkten) Arbeitgeber = ________ % Beitragsbemessungsgrenze = ________ €
▪ Rentenversicherung (RV)	Beitragssatz gesamt = ________ % Arbeitnehmer = ________ % Arbeitgeber = ________ % Beitragsbemessungsgrenzen: alte Bundesländer = ________ € neue Bundesländer = ________ €
▪ Arbeitslosenversicherung (AV)	Beitragssatz gesamt = ________ % Arbeitnehmer = ________ % Arbeitgeber = ________ % Beitragsbemessungsgrenzen: alte Bundesländer = ________ € neue Bundesländer = ________ €

[1] Ausnahmefall Sachsen, da dort der Buß- und Bettag als Feiertag nicht entfallen ist:

Beitragssatz gesamt = ________ %, Arbeitnehmer = ________ %

(ggf. ________ % - Punkte- Zuschlag für Kinderlose), Arbeitgeber ________ %

Arbeitsblatt 4.2 Sozialversicherungen im Überblick

	Wer ist Versicherungsträger?	Welche Leistungen zahlt der Versicherungsträger?	Wer zahlt wie viel Beitrag?	Wie hoch ist die Beitragsbemessungsgrenze?
Rentenversicherung				
Arbeitslosenversicherung				
Krankenversicherung				
Pflegeversicherung				
gesetzliche Unfallversicherung				

Aufgaben

1

Man unterteilt Personalaufwendungen in gesetzliche und freiwillige Personalaufwendungen.

a) Nennen Sie je vier Beispiele für
- gesetzliche Personalaufwendungen und
- freiwillige Personalaufwendungen.

b) Welchen Zweck haben freiwillige Personalaufwendungen?

2

Stellen Sie bei den unten stehenden Abzügen vom Bruttogehalt die Leistungen fest, die

1. vom Arbeitgeber allein,
2. anteilig vom Arbeitgeber und vom Arbeitnehmer,
3. vom Arbeitnehmer allein,
4. weder vom Arbeitgeber noch vom Arbeitnehmer zu tragen sind.

a) Lohnsteuer
b) Beitrag zur gesetzlichen Pflegeversicherung
c) Lebensversicherungsprämie
d) Beitrag zur gesetzlichen Unfallversicherung
e) Solidaritätszuschlag
f) private Altersvorsorge

3

a) Ordnen Sie den folgenden Fällen die richtige Steuerklasse zu.
b) Welche Alternativen bestehen für Ehegatten bei der Steuerklassenwahl?

Fall	Steuerklasse
allein verdienender, verheirateter Angestellter mit einem Kind	
unverheiratete Frau, 34 Jahre alt, mit einem Kind (wohnt bei der Mutter)	
berufstätiger Ehemann mit Ehefrau in Steuerklasse V	
verheirateter Angestellter mit vier Kindern und nicht berufstätiger Ehefrau für seinen genehmigten Nebenjob	

4

In einer einfachen Gehaltsabrechnung für Klaus Müller, einen unverheirateten, kirchensteuerpflichtigen und kinderlosen Arbeitnehmer, der 26 Jahre alt ist und in Nordrhein-Westfalen lebt und arbeitet, gelten im Oktober 2020 folgende Berechnungen (Steuerklasse I, Zusatzbeitrag Krankenkasse 0,9 %):

	Bruttogehalt		**2.400,00 €**
+	vermögenswirksame Leistungen (VL) des Arbeitgebers		13,00 €
+	Sonderzahlungen (z. B. Prämien oder Überstundenvergütung)		200,00 €
=	**Bruttoentgelt**		**2.613,00 €**
–	Lohnsteuer (LSt) lt. Lohnsteuertabelle		323,50 €
–	Solidaritätszuschlag (SolZ) lt. Lohnsteuertabelle		17,79 €
–	Kirchensteuer (KiSt) lt. Lohnsteuertabelle		29,11 €
–	Rentenversicherung	9,3 % des Bruttoentgelts	243,01 €
–	Arbeitslosenversicherung	1,2 % des Bruttoentgelts	27,79 €
–	Krankenversicherung	7,75 % des Bruttoentgelts	202,51 €
–	Pflegeversicherung	1,775 % des Bruttoentgelts	46,38 €
–	**Nettoentgelt**		**1.722,91 €**
–	vermögenswirksame Sparrate des Arbeitnehmers		40,00 €
=	**Auszahlungsbetrag**		**1.682,91 €**

a) Nennen Sie drei mögliche Bestandteile des Bruttoentgelts eines Gehaltsempfängers.
b) Welche gesetzlichen Pflichtabgaben sind von Gehaltsempfängern zu leisten?
c) Wie wird der Auszahlungsbetrag für einen Gehaltsempfänger ermittelt?
d) Wie hoch ist das Nettoentgelt von Klaus Müller in Prozent seines Bruttoentgelts?
e) Wie hoch sind die gesetzlichen Pflichtabgaben in Euro und in Prozent des Bruttoentgelts?

5

Die Personalkosten für Klaus Müller auf Basis der Gehaltsabrechnung aus Aufgabe 4 setzen sich für den Arbeitgeber wie folgt zusammen:

	Bruttogehalt	**2.400,00 €**
+	vermögenswirksame Leistungen (VL) des Arbeitgebers	13,00 €
+	Sonderzahlungen (z. B. Prämien oder Überstundenvergütung)	200,00 €
+	Arbeitgeberanteil zur Rentenversicherung	243,01 €
+	Arbeitgeberanteil zur Arbeitslosenversicherung	27,79 €
+	Arbeitgeberanteil zur Krankenversicherung	202,51 €
+	Arbeitgeberanteil zur Pflegeversicherung	39,85 €
=	**gesamte Personalkosten (aus dieser Gehaltsabrechnung)**	**3.126,16 €**

Berechnen Sie das Nettoentgelt in Prozent der Personalkostensumme unter Beachtung der Gehaltsabrechnung aus Aufgabe 4.

6

Hinweis: Lösen Sie die Aufgaben 6 und 7 mit den Beitragssätzen des aktuellen Kalenderjahres und unter Verwendung aktueller Steuerabzugstabellen oder mithilfe einer Internetrecherche auf www.bmf-steuerrechner.de.

Frau Maria Merzig, verheiratet, evangelisch, geboren am 17.04.1970, Steuerklasse IV, 1 Kinderfreibetrag, kein Steuerfreibetrag, wohnt und arbeitet in Berlin und verdient im Monat 2.200,00 €. Der Arbeitgeber zahlt zusätzlich 26,00 € vermögenswirksame Leistungen. Frau Merzig hat einen Bausparvertrag abgeschlossen, die monatliche Sparrate beträgt 40,00 €. Der Zusatzbeitrag der Krankenkasse beträgt 0,9 %

a) Erstellen Sie eine Gehaltsabrechnung für den Monat Februar 20XX für Frau Merzig.
b) Wie hoch ist das Nettoentgelt von Maria Merzig in Prozent ihres Bruttoentgelts?
c) Begründen Sie die unterschiedliche Höhe des Nettoentgelts in Prozent bei Klaus Müller (Aufgabe 4) und Maria Merzig.
d) Ermitteln Sie die Summe der Personalkosten für den Arbeitgeber aufgrund dieser Gehaltsabrechnung.
e) Geben Sie das Nettoentgelt von Frau Merzig in Prozent der Personalkosten des Arbeitgebers an.

7

Ermitteln Sie für Herrn Werner Klausen, verheiratet, evangelisch, geboren am 17.04.1979, 2 Kinder (10 und 8 Jahre alt) alle notwendigen Daten für eine vollständige Gehaltsabrechnung für den Abrechnungsmonat November 20XX (Erstellungsdatum = 30.11.20XX). Seine Ehefrau, römisch-katholisch, ist nicht berufstätig. Daten für die Gehaltsabrechnung für Herrn Klausen, der in Bonn wohnt und arbeitet, sind:

Monatsentgelt	3.600,00 €
Steuerfreibetrag/Monat	300,00 €
Vermögenswirksame Leistungen (VL) des Arbeitgebers	13,00 €
Überstundenvergütung	200,00 €
Vermögenswirksame Sparrate des Arbeitnehmers	40,00 €
Einbehaltung Barvorschuss	400,00 €
Zusatzbeitrag der Krankenkasse	1,0 %

a) Ergänzen Sie die fehlenden Ergebnisse:

1. die Steuerklasse des Arbeitnehmers = ...

2. die Anzahl der Kinderfreibeträge des Arbeitnehmers = ...

3.

Begriffe zur Entgeltabrechnung		**Beträge in €**
Sozialversicherungspflichtiges Bruttoentgelt		
Steuerpflichtiges Bruttoentgelt		
Lohnsteuer		
Solidaritätszuschlag		
Kirchensteuer		
Rentenversicherung	%	
Arbeitslosenversicherung	%	
Krankenversicherung	%	
Pflegeversicherung	%	
Summe gesetzliche Pflichtabgaben		
Nettoentgelt		
sonstige Abzüge		
Auszahlungsbetrag		

Lernsituation 5
Tarifkonflikte verstehen

FK ▶ LF1 Kap. 1.9

LERNSITUATION

Schon seit einigen Tagen beherrscht ein Thema die Pausengespräche bei der BPK GmbH: der laufende Tarifkonflikt zwischen Gewerkschaft und Arbeitgeberverband.
„Sag mal", fragt Cornelia Gruber ihren Azubi-Kollegen Kemal Öztürk, „davon habe ich noch nicht so viel mitbekommen. Worum geht es da genau? Und wenn gestreikt werden sollte, können wir Azubis dann auch streiken? Ich bin ja nicht in der Gewerkschaft. Bekomme ich trotzdem mehr Geld, wenn höhere Löhne ausgehandelt werden?" „Na", antwortet Kemal, „wozu gibt es denn das Internet? Schauen wir doch mal nach, was wir da finden."
Schon nach kurzer Suche stoßen Cornelia und Kemal auf passende Meldungen (siehe unten und auf der nächsten Seite). „Hm", meint Kemal stirnrunzelnd, „dann bin ich ja mal gespannt, wie das noch weitergeht!"

ARBEITSAUFTRÄGE

1. Lesen Sie zunächst die nachstehenden Meldungen und markieren Sie wichtige Textpassagen.
2. Beschreiben Sie den bisherigen Ablauf des Tarifkonfliktes zwischen der Gewerkschaft und dem Arbeitgeberverband.
3. Welche Forderungen hat die Gewerkschaft gestellt? Wie haben die Arbeitgeber darauf reagiert?
4. Wie könnte der weitere Verlauf des Tarifkonfliktes aussehen? Beschreiben Sie mögliche Alternativen.
5. Wie beantworten Sie Cornelias Frage, ob ein neuer Tarifvertrag auch für sie Gültigkeit hätte, obwohl sie selbst gar nicht Mitglied in der Gewerkschaft ist?

Gewerkschaft kündigt laufenden Tarifvertrag

Auf ihrer gestrigen Sitzung hat die Tarifkommission der Gewerkschaft die Kündigung des laufenden Entgelt-Tarifvertrages beschlossen.
Über konkrete Forderungen will die Tarifkommission in den nächsten Tagen beraten und diese Anfang Juni dem Arbeitgeberverband übermitteln. Die zweimonatige Friedenspflicht, während der Streiks verboten sind, endet am 01.08.20XX.
Ein Sprecher des Arbeitgeberverbandes appellierte an die Tarifkommission, die zum Teil sehr schwierige Situation der Großhandelsunternehmen im Tarifbezirk zu beachten und „Augenmaß bei der Formulierung von Forderungen" zu bewahren. Vor allem möchten die Arbeitgeber Abweichungen für einzelne Betriebe ermöglichen. „Mit einer Flexibilisierung wollen wir den Tarifabschluss an die unterschiedliche Lage jedes Betriebes anpassen", sagte ein Sprecher des Verbandes.
Es wird mit langwierigen Verhandlungen und Warnstreiks, möglicherweise sogar mit flächendeckenden und länger andauernden Arbeitsniederlegungen zu rechnen sein. Ob die Arbeitgeberseite daraufhin mit Aussperrungen ihrer Mitarbeiter reagieren wird, bleibt abzuwarten.

(Quelle: Autorentext)

Noch immer kein Ergebnis in den laufenden Tarifverhandlungen

Die Fronten im laufenden Tarifkonflikt erscheinen verhärtet. Auch in der zweiten Verhandlungsrunde konnten die Vertreter des Arbeitgeberverbandes und der Gewerkschaft keine Annäherung ihrer Positionen erzielen. Der Forderung der Gewerkschaft nach einer Anhebung der Entgelte um 5,0 % steht bislang ein Angebot der Gegenseite in Höhe von 2,0 % gegenüber.

„Das bisherige Angebot der Arbeitgeberseite ist vollkommen unzureichend. Hier müssen sich die Arbeitgeber noch ein ganz gewaltiges Stück bewegen", erklärte ein Sprecher der Gewerkschaft. Begleitet wurden die Verhandlungen von Warnstreiks in einzelnen Betrieben. Für jeweils vier Stunden legten die gewerkschaftlich organisierten Beschäftigten in etwa 80 Unternehmen des Tarifbezirkes die Arbeit nieder, um ihren Forderungen Nachdruck zu verleihen. Da auch Auszubildende von verbesserten Arbeitsbedingungen profitieren würden, dürfen sie sich an Warnstreiks ebenfalls beteiligen.

Neben einem deutlichen Plus bei den Einkommen fordert die Gewerkschaft ein tarifvertraglich gesichertes Recht auf zwei zusätzliche Tage Bildungsurlaub pro Jahr. Außerdem soll über eine

Verpflichtung der Arbeitgeber, Auszubildende nach der Ausbildung für mindestens ein Jahr zu übernehmen, verhandelt werden. Während die Arbeitgeber bei den Entgelten bereits Verhandlungsbereitschaft signalisiert haben, lehnen sie die weiteren Forderungen der Gewerkschaft bislang kategorisch ab. Nach einer einwöchigen Verhandlungspause sollen die Gespräche Anfang September fortgeführt werden.

(Quelle: Autorentext)

Arbeitskampf – Kommt jetzt der Schlichter?

Nachdem auch das dritte Treffen der Verhandlungsführer der Arbeitgeber und der Gewerkschaft im Tarifkonflikt ergebnislos verlief, stehen die Zeichen nun auf Streik. Die Gewerkschaft bereitet bereits eine Urabstimmung ihrer Mitglieder vor. Nur wenn sich die Mehrheit der befragten Gewerkschaftsmitglieder für einen Streik ausgesprochen hat, darf die Gewerkschaft zu einem unbefristeten Flächenstreik aufrufen.

Oder sollte es einem unabhängigen Schlichter doch noch gelingen, beide Seiten zu einer Annäherung zu bewegen? Gut informierte Kreise wollen erfahren haben, dass der Arbeitgeberverband bereits Kontakt zu einem ehemaligen Spitzenpolitiker aufgenommen hat.

(Quelle: Autorentext)

Arbeitsblatt 5.1 Tarifautonomie und Tarifverträge

Tarifautonomie bedeutet:	
Verhandlungspartner für Tarifverträge	
Arten von Tarifverträgen	
______________________ regelt:	Entgelttarifvertrag regelt:

Aufgaben

1

Begründen Sie, ob folgende Aussagen wahr oder falsch sind.

a) Der Tarifvertrag kommt auf Vermittlung staatlicher Stellen zustande.
b) Ein Manteltarifvertrag ist ein auf längere Sicht angelegter Tarifvertrag.
c) Gewerkschaften schließen ausschließlich mit Arbeitgeberverbänden Tarifverträge ab.
d) Rahmentarifverträge regeln u. a. Bewertungsgrundsätze für die Entlohnung.

2

Erkundigen Sie sich in Ihrem Unternehmen, ob die Arbeitsverträge an einen Tarifvertrag gebunden sind. An welchen?

3

Die Tarifparteien haben einen neuen Gehaltstarifvertrag ausgehandelt. Die Gehälter sollen um 2 % steigen. Überprüfen Sie, unter welchen Voraussetzungen die BPK GmbH nun ihren Mitarbeitern 2 % mehr Gehalt zahlen muss bzw. unter welchen Voraussetzungen die Mitarbeiter Anspruch auf eine 2%ige Gehaltssteigerung haben.

4

Ordnen Sie den folgenden Vereinbarungen je eine Aussage zum Arbeitsrecht zu.

a) Einzelarbeitsvertrag
b) Betriebsvereinbarung
c) Tarifvertrag

Aussagen zum Arbeitsrecht:

1. entsteht durch Vereinbarung zwischen Arbeitgeberverbänden und Gewerkschaften
2. entsteht durch eine Ministerverordnung basierend auf einem bereits bestehenden Gesetz
3. entsteht nach Antrag einer Tarifpartei durch die Erklärung des Bundesministers für Arbeit und Soziales
4. entsteht durch Vereinbarung zwischen Betriebsrat und Arbeitgeber, gilt für die Arbeitnehmer
5. entsteht durch einen Antrag des Arbeitgebers und durch die Annahme des Arbeitnehmers

Lernsituation 6
Betriebliche Mitbestimmung organisieren

FK ▶ LF1 Kap. 1.10

LERNSITUATION

bpk Bergisches Papierkontor GmbH

Einladung

zur Wahlversammlung zur Wahl des Betriebsrats
im Personalraum im Obergeschoss
am 14. März 20XX, 14:00 Uhr

Liebe Kolleginnen und Kollegen!

In diesem Jahr wird ein neuer Betriebsrat gewählt. Wir danken unseren langjährigen Betriebsratsmitgliedern für ihre Tätigkeit in den vergangenen vier Jahren. Sie haben sich entschlossen, für eine weitere Kandidatur nicht mehr zur Verfügung zu stehen. Wir freuen uns aber, dass sie andere Kolleginnen und Kollegen von einer Kandidatur überzeugen konnten.

Die Kandidatenliste für den nächsten Betriebsrat steht jetzt fest – Sie finden die Wahlvorschläge im Foyer der Kantine im EG. Am 14. März möchten sich diese Kandidaten in zwei Teams persönlich bei Ihnen vorstellen. Anschließend entscheiden Sie dann in geheimer Wahl, welchen Kollegen Sie Ihre Stimme geben wollen und wer somit Ihre Interessen in der BPK GmbH vertreten soll.

Tagesordnung:

1. Begrüßung und Feststellung der Tagesordnung
2. Genehmigung des letzten Protokolls
3. Vorstellung der Wahlkandidaten
4. Wahl des Betriebsrats

Es lädt ein:

Der Wahlvorstand

Zwei Teams stehen für den nächsten Betriebsrat der BPK GmbH zur Wahl. Auf der folgenden Seite stellen sie sich den Kolleginnen und Kollegen vor.

Wählt das 5er-Team

– denn 10 Augen sehen mehr –

Franz Seidlitz
Inge Schneider
Fritz Stoll
Elisabeth Albrecht
Jürgen Konrad

Mit uns wird alles besser, wir kümmern uns um Ihre Sorgen!

Wir stehen für:

- Gleitzeit
- Urlaub, wann immer Sie möchten
- sichere Arbeitsplätze
- Freitags ist grundsätzlich um 13 Uhr Feierabend!

Macht uns stark im Kampf gegen die Geschäftsführung – dann seid auch ihr stark!

Die 3

– jung, dynamisch, belastbar –

Angelika Wild
Manfred Deneke
Irene Schmitt

- Wir verstehen uns als Vermittler zwischen Ihren Interessen und den Zielen der Geschäftsführung.
- Wir kämpfen für Sie und damit für die BPK GmbH, denn wir alle sind die BPK GmbH!
- Wir führen die bewährte Arbeit des bisherigen Betriebsrates weiter!

Für eine starke BPK GmbH!

ARBEITSAUFTRÄGE

1. Informieren Sie sich über die Wahl und die Aufgaben des Betriebsrats, indem Sie folgende Fragen schriftlich beantworten:
   a) Aus wie vielen Personen besteht der Betriebsrat in der BPK GmbH?
   b) Wer kann den Betriebsrat wählen?
   c) Wer kann in den Betriebsrat gewählt werden?
   d) Wann und wie oft wird der Betriebsrat in einem Unternehmen gewählt?
   e) Welche Aufgaben hat der Betriebsrat?
   f) Welche Rechte hat der Betriebsrat im Betrieb?

2. Nachdem Sie sich nun allgemein über den Betriebsrat informiert haben, sind Sie in der Lage, die einzelnen Wahlversprechen der Kandidaten zu beurteilen. Welche Bewerber würden Sie als Mitarbeiter der BPK GmbH wählen? Begründen Sie Ihre Wahl.

3. Informieren Sie sich über die Wahl und die Aufgaben der Jugend- und Auszubildendenvertretung, indem Sie folgende Fragen schriftlich beantworten:
   a) Kann in der BPK GmbH eine Jugend- und Auszubildendenvertretung (JAV) gebildet werden?
   b) Wer wählt die JAV?
   c) Wer kann zur JAV gewählt werden?
   d) Wann und wie oft wird die JAV gewählt?
   e) Welche allgemeinen Aufgaben hat die JAV?

Arbeitsblatt 6.1 Betriebsrat

Jugend- und Auszubildendenvertretung ⇄ **Der Betriebsrat**

Wählen dürfen alle, ...

Gewählt werden dürfen alle, ...

....

Amtszeit: ....

Wahl

zulässig ab

....

Arbeitnehmern

Wählen dürfen alle Arbeitnehmer, die

....

....

Gewählt werden dürfen alle,

....

....

....

Amtszeit:

....

Rechte

Mitbestimmungsrechte

Mitwirkungsrechte

Unterrichtungsrecht

Lernsituation 7
Eine Betriebsanweisung erstellen

FK ▶ LF1 Kap. 1.12

LERNSITUATION

Kürzlich wurde bei der BPK GmbH eine fahrbare Hubarbeitsbühne, wie sie nebenstehend abgebildet ist, angeschafft. Damit es bei der Benutzung nicht zu Arbeitsunfällen kommen kann, muss für das neue Betriebsmittel eine Betriebsanweisung erstellt werden.

Herr Wolf hat auf dem entsprechenden Formblatt bereits einige Angaben eingetragen und bittet nun Cornelia Gruber und Kemal Öztürk, die Betriebsanweisung zu vervollständigen.

ARBEITSAUFTRÄGE

1. Informieren Sie sich mithilfe des Infoblatts über Inhalt und Zweck von Betriebsanweisungen für die korrekte Benutzung von Betriebsmitteln.
2. Helfen Sie Cornelia und Kemal bei ihrer Aufgabe. Vervollständigen Sie die noch fehlenden Angaben im Arbeitsblatt 7.1. Beraten Sie sich dazu mit Ihren Mitschülern oder fragen Sie ggf. bei dem Sicherheitsbeauftragten Ihres Ausbildungsbetriebes nach.
3. Wie kann erreicht werden, dass die Arbeitnehmer die Betriebsanweisungen der Betriebsmittel, mit denen sie arbeiten, auch tatsächlich beachten und korrekt umsetzen?
4. Wählen Sie eine Betriebsanweisung aus Ihrem Ausbildungsunternehmen aus und stellen Sie diese Ihren Mitschülern vor. Fragen Sie ggf. bei dem Sicherheitsbeauftragten Ihres Ausbildungsbetriebes nach.

Infoblatt:
Arbeitsschutz durch Betriebsanweisungen für Maschinen und andere Arbeitsmittel

Man kann die Sicherheit am Arbeitsplatz auf verschiedenen Ebenen betrachten. Auf der **betrieblichen Ebene** werden besondere Maßnahmen für jedes einzelne Unternehmen getroffen. Dabei müssen die Gegebenheiten vor Ort, die eingesetzten Arbeitsmittel, die Güter, mit denen die Arbeitnehmer umgehen, und besondere unternehmensspezifische Gefahren berücksichtigt werden.

Um aber eine Grundsicherheit für jeden Arbeitnehmer, unabhängig vom Arbeit gebenden Unternehmen, sicherzustellen, wurden bestimmte **Grundsätze der Arbeitssicherheit** durch Gesetze und Verordnungen geregelt. Die wichtigsten staatlichen **Vorgaben zur Arbeitssicherheit** sind:

Gesetze und Verordnungen zur Arbeitssicherheit (Auswahl)

Arbeitsstättenverordnung	Produktsicherheitsgesetz	Arbeitssicherheitsgesetz	Arbeitsschutzgesetz
Regelungen zur Sicherheit und zum Gesundheitsschutz in Arbeitsstätten	regelt Anforderungen an die Sicherheit von technischen Arbeitsmitteln	Gesetz über Betriebsärzte, Sicherheitsingenieure und andere Fachkräfte zur Arbeitssicherheit	allgemeine Grundsätze des Arbeitsschutzes

Unterstützend greifen die **Berufsgenossenschaften** ein, die den Unternehmen bei der Umsetzung der gesetzlichen Regelungen helfen bzw. diese überwachen. Die im Jahre 2014 erlassenen **Vorschriften der Deutschen Gesetzlichen Unfallversicherung (DGUV)** – älteren Kollegen noch als Berufsgenossenschaftliche Vorschriften (BGV) bzw. Unfallverhütungsvorschriften der Berufsgenossenschaft (UVV) bekannt – verpflichten einen Arbeitgeber beispielsweise dazu, in einer **Betriebsanweisung** schriftlich festzuhalten, was beim Einsatz von Maschinen und Geräten in seinem Betrieb zu beachten ist. So sollen Arbeitsunfälle oder andere Gefahren durch die Benutzung von Maschinen und anderen Arbeitsmitteln vermieden werden.

Um sicherzustellen, dass die Betriebsanweisungen alle notwendigen Informationen enthalten und von den Mitarbeitern leicht und zweifelsfrei verstanden werden können, haben die Berufsgenossenschaften ein einheitliches Gestaltungsmuster herausgegeben. Neben einer Festlegung für den **Anwendungsbereich** (hier im Beispiel „Arbeiten mit Elektrokettenzügen") soll die Betriebsanweisung den Arbeitnehmer auf typische Gefahren für Mensch und Umwelt bei der Benutzung des Betriebsmittels hinweisen. Die Vorschriften zu **Schutzmaßnahmen** und **Verhaltensregeln** haben für den Arbeitnehmer verpflichtende Wirkung. Eine Nichtbeachtung kann zu einer Abmahnung oder im Wiederholungsfall sogar zu einer Kündigung führen. Weiterhin wird in der Betriebsanweisung in wenigen Worten beschrieben, wie sich der Arbeitnehmer bei einer **Störung des Betriebsmittels** verhalten soll – z. B. Abschalten und Verständigung des Betriebsschlossers – und was er bei einem doch eingetretenen Unfall tun muss – z. B. welche Rettungsmaßnahmen er ergreifen soll.

BETRIEBSANWEISUNG

für Maschinen
Elektrokettenzüge

Verantwortlicher:
Arbeitsbereich:
Arbeitsplatz/Tätigkeit:

Anwendungsbereich

Diese Betriebsanweisung gilt für das Arbeiten mit Elektrokettenzügen.

Gefahren für Mensch und Umwelt

- Gefahren bestehen aufgrund herabstürzender Lasten und Gegenständen, ab- und umstürzender sowie herabfallender Gegenstände.
- Außerdem können Quetsch-, Scher- und Einzugstellen an Lastaufnahmemittel und Last vorhanden sein.

Schutzmaßnahmen und Verhaltensregeln

- Mit dem selbstständigen Arbeiten des Elektrozugs dürfen Personen betraut werden, welche eine angemessene Unterweisung erhalten haben.Sie müssen vom Unternehmer beauftragt sein.
- Nach Möglichkeit keine Transporte über Personen hinweg durchführen!
- Eine zusätzliche Unterweisung anhand der Betriebsvorschriften (betriebsinterne Regelungen) muss vorgenommen werden.
- die persönliche Schutzausrüstung ist zu benutzen (Schutzschuhe, ggf. Schutzhelm).
- Auf die Angaben über die Tragsähigkeit des Elektrozugs ist zu achten.

Verhalten bei Störungen

- Festgestellte Mängel sind sofort dem Vorgesetzten zu melden. Gegen Wiedereinschalten sichern. Reparaturen sind nur vom Fachpersonal vorzunehmen.

Verhalten bei Unfällen/Erste Hilfe

- Informieren Sie sich, wo Verbandmittel aufbewahrt werden.
- Denken Sie beie einem Unfall daran, nicht nur den Verletzten zu retten und Erste Hilfe zu leisten (Blutung stillen, verletzte Gliedmaßen ruhig stellen, Schock bekämpfen), sondern auch die Unfallstell abzusichern. Für die Erste Hilfe einen ausgebildeten Ersthelfer heranziehen.
- Lassen Sie auch kleinere Verletzungen sofort verbinden.
- Suchen Sie einen Durchgangsarzt auf, wenn aufgrund der Verletzung mit Arbeitsunfähigkeit zu rechnen ist.
- Melden Sie jeden Unfall unverzüglich Ihrem Vorgesetzen oder dessen Vertreter.
- Tel.:
- Achten Sie darauf, dass über jede Erste-Hilfe-Leistung Aufzeichnungen, z. B. in einem Verbandbuch, gemacht werden.

NOTRUF:
Ersthelfer in der Abteilung:
Frau/Herr:

Instandhaltung, Entsorgung

- Elektrozüge (Hebezeuge) müssen mindestens jährlich einer Prüfung durch einen Sachkundigen unterzogen werden. Die Prüfergebnisse sind in einem Prüfbuch einzutragen.
- Reparaturen dürfen nur von dazu beauftragten Personen durchgeführt werden.

Zusätzlich beachten

Erstellt:		Geprüft:		Genehmigt:		Seite:	1 von 2
Betriebsanweisung Nr.	000	Kurztitel:		Revision:	000	Gültig ab:	

Schließlich enthält die Betriebsanweisung noch sicherheitsrelevante Informationen zur Instandhaltung und Entsorgung des Betriebsmittels und droht ggf. Konsequenzen für den Fall der Nichtbeachtung der Hinweise an.

Alle Betriebsanweisungen sind regelmäßig zu überprüfen und durch den Unternehmer bzw. seinen Rechtsvertreter zu unterschreiben. Dies begründet eine persönliche Haftung des Arbeitgebers für fehlerhafte oder fehlende Angaben (sog. Organisationsverschulden). Eine Betriebsanweisung kann allerdings nicht eine regelmäßige Schulung der Mitarbeiter ersetzen.

Arbeitsblatt 7.1 Betriebsanweisung für fahrbare Hubarbeitsbühnen

Nummer:
Bearbeitungsstand:

BETRIEBSANWEISUNG

Betrieb:

Arbeitsplatz/Tätigkeitsbereich: **Verwenden von fahrbaren Hubarbeitsbühnen**

1. Gefahren für Mensch und Umwelt

- Die nicht sichere und falsche Aufstellung sind Ursachen für schwerste Unfälle.
- ______________________________
- ______________________________
  ____

2. Schutzmaßnahmen und Verhaltensregeln

- ______________________________
  ____
- Die Aufstellungsanleitung des Herstellers beachten.
- Die Grundplattform muss oftmals ausgerichtet werden. Die fest angebrachte Libelle gibt Hinweise auf die korrekte Lage.
- Die Hubarbeitsbühne nicht überlasten.
- Der Bereich unter schwenkbaren Arbeitsplattformen muss gesichert werden.
- ______________________________
  ____

3. Verhalten bei Störungen

- ______________________________

4. Verhalten bei Unfällen/Erste Hilfe

Notruf: 77

- ______________________________
- ______________________________

5. Instandhaltung, Entsorgung

- Vor jeder Inbetriebnahme Vorhandensein und Funktion von Funktion vom Sicherheits- und Schutzeinrichtungen überprüfen
- Reparaturen dürfen nur von hiermit beauftragten Personen durchgeführt werden.

6. Folgen der Nichtbeachtung

- Die Nichtbeachtung kann zu schwersten Unfällen führen. Arbeitsrechtliche juristische Folgen sind denkbar..

Datum:

Nächster Überprüfungstermin:

Unterschrift: Unternehmer/Geschäftsleitung

Aufgaben

1

Wie lange muss die Ruhezeit nach einem Arbeitstag mindestens sein?

2

Welche Regelung sieht der Gesetzgeber für die Pausenzeiten während eines Arbeitstages vor? Vergleichen Sie diese mit der Pausenregelung in Ihrem Ausbildungsbetrieb.

3

Begründen Sie die Notwendigkeit, den Arbeitgeber möglichst frühzeitig über eine Schwangerschaft zu informieren. Welche Maßnahmen muss der Arbeitgeber ergreifen? Inwiefern hilft es auch dem Arbeitgeber, frühzeitig zu wissen, dass eine Mitarbeiterin schwanger ist?

4

Wie lange vor und wie lange nach der Entbindung darf eine Frau nicht arbeiten?

5

Was versteht der Gesetzgeber unter einem Schwerbehinderten?

6

Welche Betriebe müssen schwerbehinderte Menschen beschäftigen und wie wird ein solcher Betrieb „bestraft“, wenn er dies nicht tut?

7

Welche Person bzw. Institution überwacht die Einhaltung des gesetzlichen Arbeitsschutzes in Ihrem Ausbildungsunternehmen?

8

Welche Inhalte hat eine Betriebsanweisung grundsätzlich?

9

Wählen Sie eine Betriebsanweisung aus Ihrem Ausbildungsunternehmen aus und stellen Sie diese Ihren Mitschülern vor.

10

In welchem Regelwerk finden Sie eine Vorschrift, die allgemein die Bereitstellung z. B. von Sicherheitsschuhen im Lagerbereich regelt?

a) in der Ausbildungsordnung
b) im Arbeitsschutzgesetz
c) im Arbeitsvertrag
d) in der Arbeitsstättenverordnung
e) im Arbeitssicherheitsgesetz

11

a) Welche Aufgaben nimmt die Berufsgenossenschaft im Rahmen des betrieblichen Arbeitsschutzes wahr?
b) Recherchieren Sie, welche Berufsgenossenschaft für Ihr Ausbildungsunternehmen zuständig ist.

12

Welche Bedeutung haben die folgenden Warnzeichen?

a) 
b) 
c) 
d) 

13

a) Beschreiben Sie die folgende Grafik mit eigenen Worten.
b) Wie viel Prozent der Arbeitsunfälle sind laut Grafik Wegeunfälle (Unfälle auf dem Weg zur Arbeit und zurück nach Hause)?
c) Wodurch könnte die Entwicklung der Arbeitsunfälle in den letzten 20 Jahren beeinflusst worden sein? Nennen Sie beispielhaft fünf Maßnahmen.

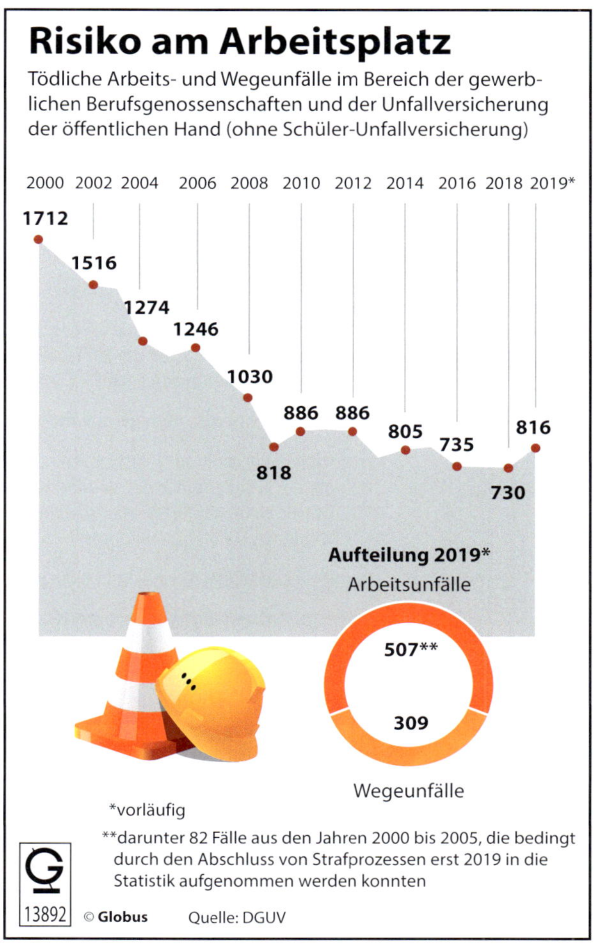

Lernsituation 8
Grundlagen wirtschaftlichen Handelns verstehen

FK ▶ LF 1 Kap. 2.1

LERNSITUATION

www.travelandwork.com/forum/

TRAVEL + WORK travel+work | Infos | Meine Reise | Buchen | **Mitglieder-Forum** | Kontakt

Abmelden

Costa

06. 03. 2017 18:45

Hi Steffi! Was hast du am Wochenende so gemacht - außer lange zu schlafen?

Steffi

19:13

Erstmal samstags vormittags arbeiten im Jeansshop - da hab ich die Stelle als Verkaufsaushilfe seit ein paar Wochen. Das macht Spaß, in dem Laden zu arbeiten - da sind ganz nette Kunden und ich verdiene ein bisschen dazu, sodass ich schon mal für mein travel&work in Kanada sparen kann.

Stell dir vor - beim Friseur hab ich gedacht: Die kenn ich doch, die Friseurin - klar, sie hat mich auch wiedererkannt, weil sie am Tag vorher bei uns im Jeansladen noch eine Hose gekauft hatte. Wir haben ganz nett gequatscht und sie sagte: Bis bald - dann wieder bei dir im Jeansladen!

Ich war Sonntag noch auf dem Rheinauen-Trödel und hab nach langer Verhandlung endlich eine coole 80er-Jahre-Handtasche bekommen - den Verkäufer hab ich von 50 Euro auf 30 runtergehandelt, ich denke, weil es kurz vor Schluss war und er die Tasche auch nicht mehr wieder mit nach Hause nehmen wollte.

Furchtbar sind die Busverbindungen am Wochenende bei uns! . Gefühlte Stunden stand ich gestern an der Bushaltestelle vor einem dieser Wahlplakate, wo groß draufsteht: „Wirtschaft geht uns alle an!" und dachte nur - bin ich froh, dass ich nichts mit Wirtschaft zu tun habe!!

Costa

19:32

Hab ich auch letztens gedacht - die Wirtschaft muss erstmal ohne mich auskommen, damit will ich auch nichts zu tun haben, da sollen sich mal besser die Manager drum kümmern.

Ach ja, du bist ja noch „Busfahrerin" - wann hast noch mal Führerscheinprüfung?

Ich hab mich jedenfalls mal wieder gewundert, beim Tanken, wusstest du, warum Benzin so teuer ist? Ich hab an der Zapfsäule so eine Grafik gesehen: Bei einem Benzinpreis von 1,50 Euro pro Liter zahle ich 89,4 Cent ans Finanzamt - ganz schön heftig.

Zum Friseur sollte ich auch mal wieder - ich sehe irgendwie zugewachsen aus ...

Ich hab übrigens auch mittlerweile einen Job - als Auslieferungsfahrer für meinen Onkel, der ein Erdbeerfeld in der Voreifel hat - da fahre ich samstags ganz früh morgens mit Onkels Lieferwagen die Ware zu den Einzelhändlern - so kann ich auch schon mal etwas verdienen für mein travel&work.

Weißt du schon, wie viel Geld du brauchst für Kanada?

Steffi

20:04

Nein, weiß ich noch nicht so genau - ich versuche mit 1.500 Euro so lange wie möglich dort zu bleiben.

Costa

20:22

Ich rechne anders - ich überleg mir, wie viel Geld ich brauche, um genau ein halbes Jahr zu bleiben.

ARBEITSAUFTRÄGE

Untersuchen Sie die Beiträge von Kosta und Steffi mithilfe folgender Fragestellungen:

1. Ordnen Sie die Aussagen von Steffi und Kosta den Wirtschaftseinheiten zu:
   a) private Haushalte
   b) Unternehmen
   c) Banken
   d) Staat
   e) Ausland

2. Welche Geld- bzw. Güterströme werden von Steffi und Kosta erwähnt?

3. Welche Produktionsfaktoren erkennen Sie in den Berichten von Kosta und Steffi?

4. Erklären Sie den einfachen Wirtschaftskreislauf anhand Steffis Friseurbesuch bzw. dem Jeanskauf der Friseurin.

5. Steffi war beim Friseur.
   a) Welches Bedürfnis steckt dahinter?
   b) Welchen Bedarf hat sie?
   c) Was hat sie schließlich nachgefragt?

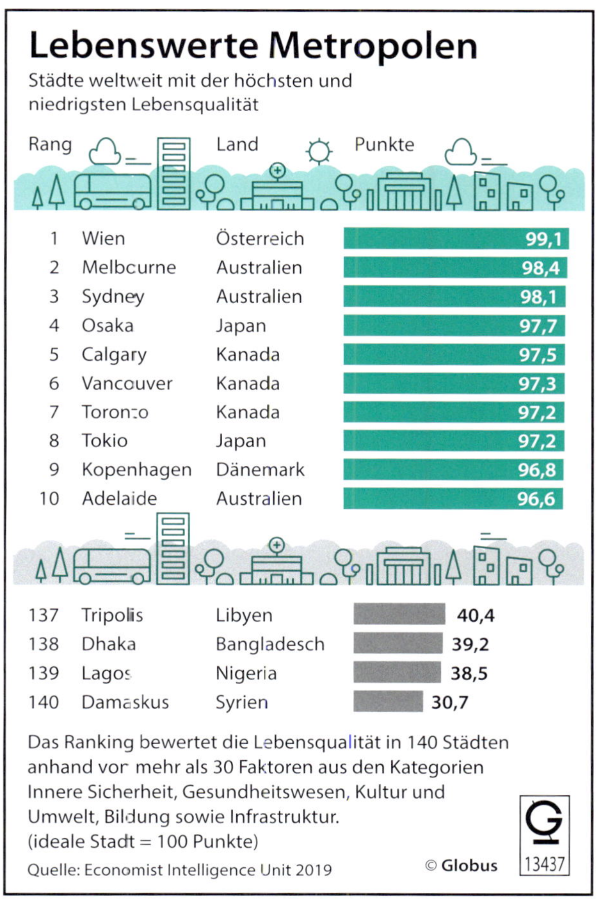

6. Ordnen Sie die folgenden Aussagen den entsprechenden Wirtschaftsstufen zu:
   a) Kostas Onkel betreibt eine Obstplantage.
   b) Steffi verkauft Jeans.
   c) Die Jeans werden in einem Werk in Indonesien hergestellt.
   d) Kosta hat einen Job als Auslieferungsfahrer.
   e) Die Friseurin beherrscht unterschiedlichste Haarschnitte.

7. „Angebot und Nachfrage bestimmen den Preis." Erklären Sie diese Aussage anhand Steffis Taschenkauf auf dem Stadtfest.

8. Nach welchen Prinzipien planen Steffi und Kosta ihren Auslandsaufenthalt in Kanada?

9. Sind Sie auch der Auffassung, dass Steffi und Kosta nichts mit Wirtschaft zu tun haben? Wenn nicht, dann schreiben Sie doch einfach einen Antwortbeitrag im Forum. Dabei können Sie sich an den vorherigen Fragen orientieren.

Arbeitsblatt 8.1 Wirtschaftskreislauf

Entscheiden Sie, ob die folgenden Aussagen auf den
a) einfachen Wirtschaftskreislauf,
b) erweiterten Wirtschaftskreislauf mit drei bzw. fünf Sektoren oder
c) auf keinen der beiden Wirtschaftskreisläufe zutreffen.

Kreuzen Sie zutreffende Aussagen an.

Aussagen	einfacher Wirtschaftskreislauf	erweiterter Wirtschaftskreislauf	keiner der beiden Wirtschaftskreisläufe
In diesem Wirtschaftskreislauf werden nur die Beziehungen zwischen Unternehmen und Haushalten dargestellt.	☐	☐	☐
Die Unternehmen zahlen Steuern.	☐	☐	☐
Die privaten Haushalte geben ihr gesamtes Einkommen für den Konsum aus.	☐	☐	☐
Die Banken geben Kredite an die Unternehmen.	☐	☐	☐
Der Staat zahlt Löhne und Gehälter an die privaten Haushalte.	☐	☐	☐
Eine Familie benötigt für den Hausbau einen Bankkredit.	☐	☐	☐
Dieser Wirtschaftskreislauf besteht aus den privaten Haushalten, den Unternehmen und dem Staat.	☐	☐	☐
Die privaten Haushalte erhalten Transferzahlungen.	☐	☐	☐
Die Unternehmen erhalten nur Konsumausgaben.	☐	☐	☐
Ein Auszubildender schließt einen Sparvertrag bei seiner Sparkasse ab.	☐	☐	☐
Die privaten Haushalte stellen den Unternehmen Arbeit, Boden und Kapital zur Verfügung.	☐	☐	☐
Das Ausland erhält von den Unternehmen Waren und Dienstleistungen.	☐	☐	☐
Die privaten Haushalte erhalten vom Staat Subventionen.	☐	☐	☐

Arbeitsblatt 8.2 Wirtschaftliche Güter

Ein mittelständisches Unternehmen stellt Gartengeräte für private Kunden her. Daneben vertreibt es auch hochwertige Gartenmöbel. Die Hobbygärtner genießen den Aufenthalt draußen an der frischen Luft. Liebevoll pflegen und bewässern sie Bäume und Sträucher und züchten Gemüse und Obst für den Eigenbedarf. Als neues Angebot bietet das Unternehmen seit Kurzem auch Wochenendkurse für Hobbygärtner an. Ein weiterer Kunde des Unternehmens ist ein Landgasthaus ganz in der Nähe. Es hat seinen Biergarten mit neuen Gartenmöbeln ausgestattet.

Übertragen Sie die im Text angesprochenen Beispiele für Güter in die Tabelle. Kreuzen Sie dann die jeweils zutreffenden Güterarten an.

	Freies Gut	Wirtschaftliches Gut	Sachgut	Dienstleistung	Gebrauchsgut	Verbrauchsgut	Konsumgut	Produktionsgut
Gartengeräte für private Kunden		X	X		X		X	

Aufgaben

1

Der unten stehende, unvollständig abgebildete einfache Wirtschaftskreislauf stellt Güter- und Geldströme zwischen den einzelnen Wirtschaftseinheiten dar.

a) Ordnen Sie folgende Begriffe richtig zu und tragen Sie diese in die Felder der Skizze ein:
Güterstrom – Unternehmen – Boden, Arbeit, Kapital – private Haushalte – Geldstrom – Konsumausgaben

b) Vier der folgenden sechs Situationen beschreiben die wirtschaftlichen Beziehungen zwischen Unternehmen und den privaten Haushalten. Welche sind das? Tragen Sie die entsprechenden Ziffern in das Schema ein.
1) Die BPK GmbH überweist einem Mitarbeiter 500,00 € Umsatzprämie.
2) Der Geschäftsführer der BPK GmbH bringt seinen Geschäftswagen zur Inspektion in die Autowerkstatt.
3) Der Geschäftsführer überweist die Kfz-Steuer für die Geschäftsfahrzeuge an das Finanzamt.
4) Ein Kunde kauft beim COPY Shop Kopierpapier.
5) Der Kunde bezahlt mit Kreditkarte.
6) Für Inventurarbeiten werden drei zusätzliche Aushilfskräfte beschäftigt.

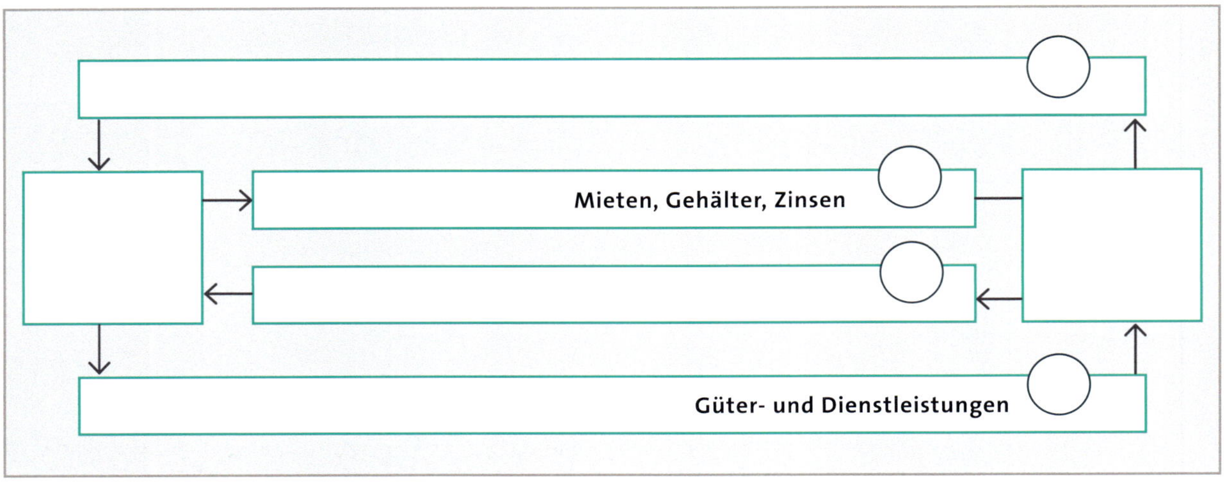

2

Erläutern Sie die Bedeutung des Sparens der privaten Haushalte für den erweiterten Wirtschaftskreislauf.

3

Zeigen Sie, inwieweit auch der erweiterte Wirtschaftskreislauf Modellcharakter besitzt.

4

Erläutern Sie die Umverteilungsfunktion des Staates im erweiterten Wirtschaftskreislauf.

5

Ein Metallbaumeister, der über ein Lager mit Metallteilen verfügt, erhält einen Auftrag: Er soll 20 Feuerschalen fertigen. Begründen Sie, nach welchem ökonomischen Prinzip er die Feuerschalen fertigen wird.

6

Ein Fuhrunternehmer verfügt über 10 Lkws. Klären Sie am Beispiel Benzin und Kilometerleistung, wie er seine Lkws
a) nach dem Maximalprinzip und
b) nach dem Minimalprinzip
fahren lassen kann.

7

Ordnen Sie zu, in welchem der folgenden Beispiele es sich um
1) Bedürfnisse, 2) Bedarf oder 3) Nachfrage handelt und begründen Sie.

a) Herr Wurzel wünscht sich seit Langem eine Urlaubsreise rund um die Welt. Leider fehlt ihm dazu das nötige Kleingeld.
b) Der 10-jährige Peter möchte seine Modelleisenbahnlandschaft vergrößern und bekommt dafür von seinem Onkel, der sich mit den Preisen heute nicht mehr auskennt, 50,00 € geschenkt.
c) Frau Lange geht in ein Schuhgeschäft, entdeckt ein geniales Paar Schuhe, probiert es an, geht zur Kasse und bezahlt die 199,00 €.
d) Der 18-jährige Marcus borgt sich von seiner Freundin Annabell Geld für einen Kinobesuch am Wochenende.
e) Die 17-jährige Maria braucht dringend einen neuen DVD-Player, hat aber wie so oft kein Geld mehr und findet auch niemanden mehr zum Anpumpen.
f) Frau Baumbach steht an der Kasse der WERE Supermarkt OHG. In ihrem Korb befinden sich 1 kg Biokartoffeln und zwei Päckchen Edeltofu. Sie hat schon ihre Kreditkarte zum Bezahlen gezückt.

Lernsituation 9
Leistungen des Großhandels erkunden

FK ▶ LF 1 Kap. 2.3 bis 2.5

LERNSITUATION

Michael Tiemeier ist mit seinem COPY SHOP in Dortmund langjähriger, zufriedener Kunde bei der Bergischen Papierkontor GmbH (BPK GmbH). Zurzeit wird im COPY SHOP der Praktikant David Temmen eingearbeitet. Er plant, eine kaufmännische Ausbildung zu machen, weiß aber noch nicht in welchem Bereich.

David Temmen hat sich bisher bei der Bedienung der Geräte und beim Kassieren bewährt und soll nun auch die Warenannahme bearbeiten. David brennt eine Frage unter den Nägeln: „Warum kaufen wir eigentlich immer noch beim Großhändler BPK? Da werden doch die Produkte nur verteuert! Haben Sie schon einmal darüber nachgedacht, direkt beim Papierhersteller zu kaufen – da könnte man sicher eine Menge Geld sparen!“

Michael Tiemeier zeigt David die aktuelle Lieferung der BPK GmbH. Es handelt sich um hochwertiges Kopierpapier des Herstellers Cellulosa & Papper AB aus Göteborg, Schweden. Er schlägt David Folgendes vor: „Schau mal, hier steht die Telefonnummer des Herstellers auf der Verpackung: +46 31 634909. Wie wäre es, wenn du gleich mal dort anrufst und fragst, was eine mengenmäßig typische Lieferung an uns kostet? Du kannst doch sicher ganz gut Englisch? Dann rechne bitte gleich den Betrag von schwedischen Kronen in Euro um. Und bitte vergiss nicht, auch noch andere Angebote einzuholen, damit wir die Preise vergleichen können.“

Nachdem David mehrere Papierhersteller angerufen hat, spricht er Michael Tiemeier erneut an: „Ich glaube, ich bin auf dem Holzweg: Bei Cellulosa & Papper AB aus Göteborg ist der Versand viel teurer als der Warenwert. Die anderen Hersteller liefern gar nicht an Copy-Shops, weil wir viel zu geringe Mengen abnehmen.“

Am Abend schreibt David Temmen seinem alten Freund Simon Huber, Azubi beim Großhändler SEM, eine E-Mail.

Löschen | Antworten | An alle | Weiterleiten

Von: David Temmen
An: Simon Huber
Datum: 15.09.20XX
Betreff: Frage zum Großhandel

Grüß dich, Simon,

Ich hatte heute bei uns im COPY SHOP einen stressigen Tag. Eigentlich wollte ich nur für den Laden Geld sparen, indem wir den Großhändler umgehen und direkt beim Hersteller kaufen. Das endete in vielen Telefonaten und viel Rechnerei. Alles in allem war das eine überflüssige Aktion, weil ich feststellen musste, dass der Großhändler uns schon eine Menge Arbeit abnimmt.

Du machst doch die Ausbildung im Großhandel bei SEM Printshop. Erklär mir doch mal bitte, wofür der Großhandel genau gut ist. Einen kleinen Einblick hatte ich ja heute schon …

Bis bald, David.

ARBEITSAUFTRÄGE

1. Informieren Sie sich anhand der Informationen aus Ihrem Fachbuch zu den Funktionen des Großhandels.
2. Welche der recherchierten Großhandelsfunktionen erkennen Sie in der Pressemitteilung des FL-Inkshop (auf der nächsten Seite) wieder?
3. Fassen Sie Ihre Rechercheergebnisse in den Arbeitsblättern 9.1 und 9.2 zusammen.
4. Nutzen Sie Ihre Erkenntnisse aus der Zusammenfassung der Rechercheergebnisse, um eine E-Mail an David Temmen zu schreiben.

FL Inkshop – Großhändler jetzt global am Start

Ein regionaler Händler liefert global: Aus dem Rheinland rund um den Globus – Druckerpatronen, Druckertinte und Toner für den Einzelhandel

Trotz fortschreitender Digitalisierung werden täglich Druckerpatronen und Toner benötigt, sowohl in Unternehmen als auch für den Heimgebrauch. Insbesondere hochwertige Tinte für Fotodrucker liegt voll im Trend, das Betrachten von Fotos auf hochwertigem Fotopapier ist offenbar unersetzlich. Farblich ansprechend gestaltete Dokumente oder Plakate lassen sich genauso wenig durch digitale Darstellungen ersetzen.

Die konstante Nachfrage an hochwertigen Tinten- und Tonerprodukten hat das bisher regional agierende Unternehmen FL Inkshop motiviert, dank internationaler Lieferbeziehungen nun auch international zu verkaufen.

FL Inkshop beliefert Einzelhändler mit einem tiefen Sortiment an Nachfülltinten, Druckerpatronen und Toner für alle Druckerhersteller, auch für bereits nicht mehr hergestellte Modelle. Beliefert wird der FL Inkshop zu gleichen Teilen von europäischen und asiatischen Herstellern, die die hohen Qualitätsansprüche des FL Inkshop nachhaltig zertifizieren müssen. Nur so ist es möglich, den Kunden eine langfristig gleichbleibende, hohe Qualität anzubieten.

Die erweiterten Lagerkapazitäten bieten die Möglichkeit, Einzelhändlern immer bedarfsgerechte und kaufmännisch sinnvolle Bezugsgrößen anzubieten. Das gilt sowohl für relativ kleine Bestellmengen als auch für Sondermengen für Verkaufsaktionen der Einzelhandelskunden. Dazu ist der FL Inkshop in der Lage, kurzfristig von mehreren Herstellern große Liefermengen abzurufen.

Als besondere Stärke gilt jedoch die besonders große Auswahl in sehr hoher Qualität, sowohl von Originalherstellern als auch bei der Eigenmarke „FRI-INK".

Großhandel bedeutet beim FL Inkshop nicht nur die Stellung in der Handelskette, sondern gibt auch einen Hinweis auf die erheblichen Lagerkapazitäten. Die grundsätzlich qualitätssichernd klimatisierte Lagerfläche von 7.000 qm beherbergt mehr als 250.000 Tintenprodukte, was sowohl eine hohe Liefersicherheit als auch schnelle Belieferung in bedarfsgerechten Mengen garantiert.

Die Verkaufsmitarbeiter beraten immer kompetent und zuverlässig, nur so lässt sich eine umfassende Garantie für die Passform und Verwendbarkeit der Tintenprodukte realisieren. Für die Mitarbeiter ist eine dauerhafte Qualitätskontrolle nicht nur bei den Lieferanten, sondern auch aus den Rückmeldungen der Kunden das A und O.

Die außerordentliche Kundenorientierung der FL Inkshop zeigt sich nicht nur bei der Qualitätskontrolle, sondern auch bei kostenloser Expresslieferung und dem besonders langen Zahlungsziel von 90 Tagen. Außerdem können die Einzelhandelskunden immer sicher sein, dass der FL Inkshop auch kurzfristig auf neue Trends reagiert und somit immer aktuelle Produkte für neue Bedürfnisse liefern kann.

(Quelle: Autorentext)

Arbeitsblatt 9.1 Funktionen des Großhandels I

Aufgabe/Funktion des Großhandels	Erklärung	Beispiel aus der Pressemitteilung des FL Inkshop
Raumüberbrückungs-funktion		

Arbeitsblatt 9.2 Funktionen des Großhandels II

Aufgabe/Funktion des Großhandels	Erklärung	Beispiel aus der Pressemitteilung des FL Inkshop

Aufgaben

1

Recherchieren Sie Leistungen des Großhandels in Ihrem Ausbildungsunternehmen. Welche der Leistungen sind in Ihrem Ausbildungsunternehmen besonders ausgeprägt?
Stellen Sie das Ergebnis Ihrer Recherche mit einem kurzen Vortrag in der Klasse vor.

2

Die folgende Abbildung zeigt das Modell eines Großhandelsunternehmens. Ordnen Sie die nachfolgenden Aktivitäten den Pfeilen der Abbildung zu.

Aktivitäten in einer Großhandlung:

( ) Verkauf von Waren
( ) Überweisung von Gewerbesteuern
( ) Gewinnauszahlung an die Eigentümer des Unternehmens
( ) Überziehung des Kontokorrentkredites
( ) Transportauftrag an eine Spedition
( ) Zinszahlung an einen Darlehensgeber
( ) Einstellung eines Lagerarbeiters
( ) Darlehensaufnahme bei der Hausbank
( ) Banküberweisung an Warenlieferer
( ) Tilgung einer Hypothek
( ) Subventionszahlung für Investitionen
( ) Internetrecherche zur Abfallentsorgung
( ) Banküberweisung eines Kunden
( ) Kauf einer Verpackungsmaschine
( ) Kapitalzuführung durch die Inhaber
( ) Erwerb eines Fahrzeuges
( ) Abgabe einer Steuererklärung
( ) Serviceleistungen für einen Kunden

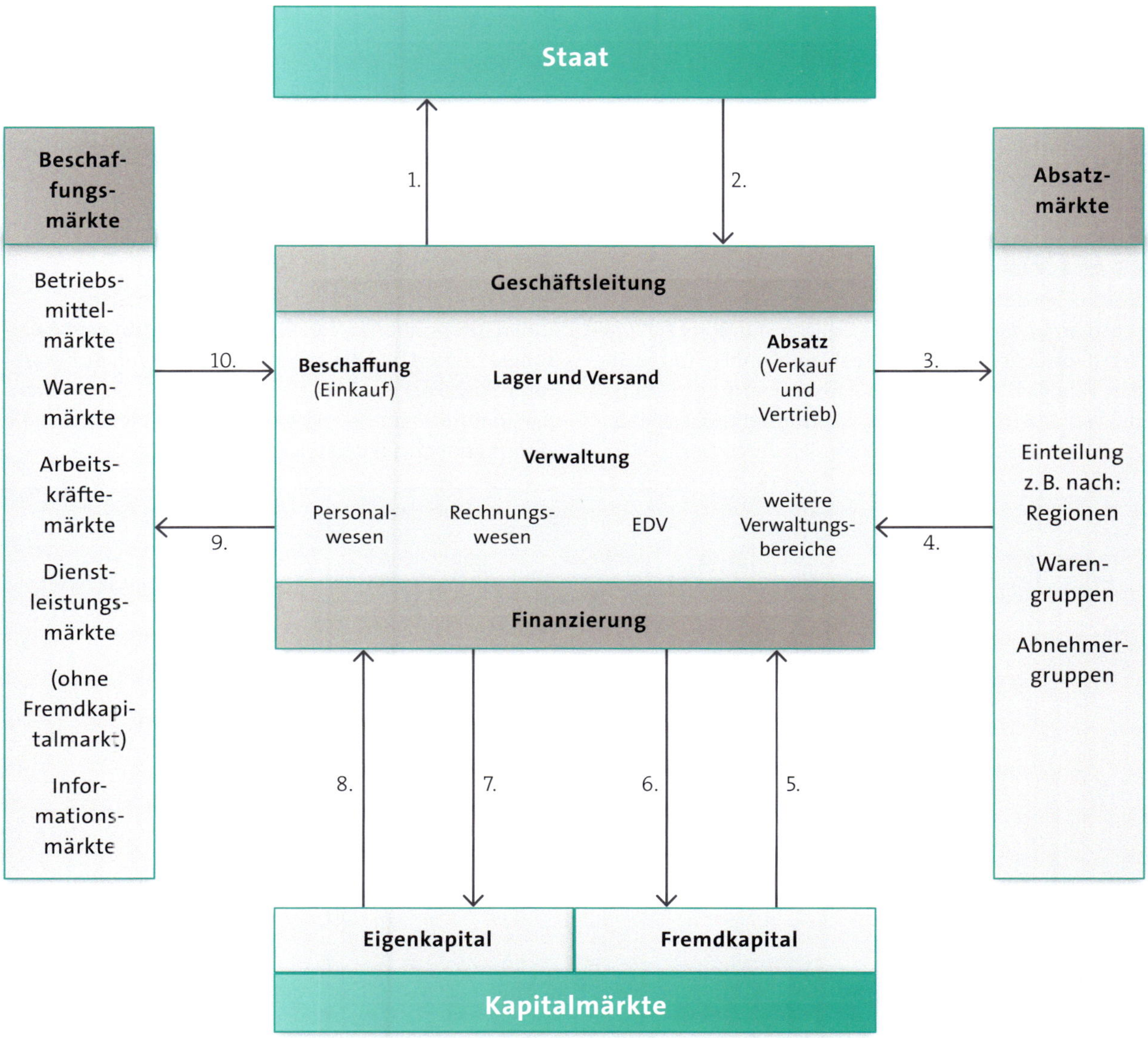

Lernsituation 10
Einen geeigneten Standort für ein Unternehmen wählen

FK ▶ LF 1 Kap. 2.6

LERNSITUATION

Die tritt & fit GmbH ist eine Fahrradgroßhandlung, die sich auf den Handel mit qualitativ hochwertigen und hochpreisigen, originellen Fahrrädern für den Freizeitbereich spezialisiert hat. Der Hauptsitz des Unternehmens befindet sich in Bremen. Zusätzlich hat die tritt & fit GmbH in Düsseldorf noch eine Vertriebsniederlassung. Die tritt & fit GmbH verkauft die Fahrräder ausschließlich an den Facheinzelhandel. Das Vertriebsgebiet beschränkt sich dabei im Wesentlichen auf den jeweiligen Ballungsraum, in dem sich der Hauptsitz bzw. die Vertriebsniederlassung befindet. Aktuell sind das die Ballungsräume Bremen/Bremerhaven und Rhein-Ruhr (siehe Karte S. 56).

Die tritt & fit GmbH möchte ihr Vertriebsgebiet erweitern und eine weitere Niederlassung in Süddeutschland eröffnen. Auch hier soll das Vertriebsgebiet auf einen entsprechenden Ballungsraum begrenzt werden. Zur Auswahl stehen die Ballungsräume Stuttgart und München. Die Geschäftsführung der tritt & fit GmbH geht davon aus, dass die Errichtungs- und Betriebskosten der neuen Vertriebsniederlassung an beiden potenziellen Standorten weitgehend gleich sein werden. Das gilt auch für die Infrastruktur und Verkehrsanbindung.

Begriffserläuterung Ballungsraum:
Teilregion, die bestimmte Anforderungen bezüglich Einwohnerzahl und Bevölkerungsdichte erfüllt. Die Einwohnerzahl beträgt mindestens 1 Mio., die Bevölkerungsdichte mindestens 1.000 Einwohner pro km², im Ballungsraumkern sogar 1.500 Ew./km². Die durchschnittliche Bevölkerungsdichte in Deutschland liegt bei etwa 230 Ew./km². Ballungsräume haben den Vorteil, dass hier viele potenzielle Kunden auf einem relativ kleinen Gebiet konzentriert sind.

ARBEITSAUFTRAG

Vergleichen Sie die Eignung der beiden Ballungsräume Stuttgart und München als mögliche Standorte für eine Vertriebsniederlassung der tritt & fit GmbH. Führen Sie den Vergleich mithilfe eines Punktbewertungsverfahrens unter Berücksichtigung von mindestens drei und höchstens fünf Bewertungskriterien durch. Berücksichtigen Sie dabei nur Bewertungskriterien, zu denen Ihnen Informationen vorliegen. Die Auswahl der Bewertungskriterien und die Zuordnung der Gewichtungsfaktoren sowie der Punktwerte sind zu begründen. Nutzen Sie für die Punktbewertung die folgende Tabelle und die Informationen auf den folgenden Seiten.

		Ballungsraum Stuttgart		Ballungsraum München	
Bewertungskriterium	**Gewichtungsfaktor**	**Punktwert**	**gewichteter Punktwert**	**Punktwert**	**gewichteter Punktwert**
Summe	100				
Summe/100					

Das Punktbewertungsverfahren (Scoringmodell)

Bei der Standortbewertung mit einem Punktbewertungsverfahren gehen Sie wie folgt vor:

Schritt 1: Legen Sie die Bewertungskriterien fest.

Schritt 2: Ordnen Sie jedem einzelnen Bewertungskriterium Gewichtungsfaktoren zu. Durch die Gewichtungsfaktoren wird die Bedeutung des jeweiligen Kriteriums für die Standortbewertung ausgedrückt. Die Summe aller Gewichtungsfaktoren muss genau 100 ergeben.

Schritt 3: Für jedes Bewertungskriterium wird die Standortqualität durch einen Punktwert ausgedrückt. Dazu verwenden Sie die folgende Bewertungsskala mit fünf Punktwerten:

sehr schlecht	schlecht	mittel	gut	sehr gut
1	2	3	4	5

Schritt 4: Die Punktwerte werden mit Gewichtungsfaktoren multipliziert und die Produkte addiert.

Schritt 5: Teilen Sie die Summe durch 100.

Das Ergebnis ist ein Punktwert zwischen 1 und 5, der entsprechend der oberen Bewertungsskala die Standortqualität wiedergibt.

Beispiel

Bewertungs-kriterien	Gewichtungs-faktor	Punktwert	Gewichtungsfaktor x Punktwert
Kriterium 1	30	2	60
Kriterium 2	10	4	40
Kriterium 3	40	2	80
Kriterium 4	5	5	25
Kriterium 5	15	3	45
Summen	100		250

Teilt man die Summe 250 durch 100, so erhält man für den Standort den Punktwert 2,5. Gemäß der Bewertugsskala läge die Standortqualität damit zwischen schlecht und mittel.

Informationen zu den beiden möglichen Standorten

Verbraucherumfrage
Basis: Deutschsprachige Bevölkerung ab 14 Jahren

	Basis		Raum Stuttgart		Raum München	
	Mio.	% vert.	Mio.	% vert.	Mio	% vert.
Basis	70,51	100,0	2,06	100,0	2,37	100,0
Qualitätsbewusstsein – Einstellungen/Meinungen: stimme voll, weitgehend zu						
Für besondere Qualität gebe ich gern mehr aus	48,73	69,1	1,30	63,2	1,83	76,9
Manchmal leiste ich mir ganz bewusst die beste Qualität	45,79	65,0	1,24	60,2	1,69	71,1
Freizeitbeschäftigung: Rad fahren						
besonders gern	11,05	15,7	0,24	11,8	0,43	18,1
gern	27,20	38,6	0,76	37,0	1,09	46,0
mindestens gern	38,25	54,2	1,01	48,8	1,52	64,1

	Raum Stuttgart	Raum München
GfK Kaufkraftindex	Der Indexwert reicht von durchschnittlich bis sehr hoch, er ist überwiegend hoch.	Der Indexwert reicht von durchschnittlich bis sehr hoch, er ist überwiegend sehr hoch.

Begriffserläuterung Kaufkraft:
Mit Kaufkraft ist hier das in privaten Haushalten für Konsumzwecke verfügbare Einkommen gemeint.

Lernsituation 11
Organisationsformen von Unternehmen vergleichen

FK ▶ LF 1 Kap. 3

LERNSITUATION

In der Autoland GmbH, einem alteingesessenen Groß- und Einzelhändler für Pkw-Ersatz- und Zubehörteile, steht ein Generationswechsel in der Geschäftsführung bevor. Der Hauptgesellschafter und Geschäftsführer, Herr Otto Murschall, möchte altersbedingt aufhören und die Geschäftsführung an seinen Schwiegersohn Harald Nolte übergeben, der derzeit seinem Schwiegervater beratend zur Seite steht. Gleichzeitig soll dieser Generationswechsel zum Anlass genommen werden, den Betrieb umzustrukturieren, um effektiver und erfolgreicher zu arbeiten. Die bisherige Aufbauorganisation der Autoland GmbH weist diverse Schwächen auf, gleichzeitig scheinen besondere Stärken von Mitarbeitern nicht zum Tragen zu kommen.
Für die innerbetriebliche Umstrukturierung zieht Herr Murschall den Unternehmensberater Herrn Marold von der Unternehmensberatung Marold & Partner zu Rate.

Marold & Partner Unternehmensberatung

Gesprächsprotokoll

Gesprächspartner:

Herr Murschall, Geschäftsführer der Autoland GmbH, und Herr Marold

Gesprächsinhalt:

Übergabe der Geschäftsführung vom Inhaber der Autoland GmbH, Herrn Murschall, an seinen Schwiegersohn, Herrn Nolte, und Umstellung der innerbetrieblichen Organisationsstruktur

Zu den verschiedenen Instanzen werden personell und sachlich folgende Angaben gemacht:

Geschäftsleitung: Herr Murschall ist alleiniger Geschäftsführer. Er vertritt die Firma nach außen – wobei sein Verhandlungsgeschick hervorzuheben ist – und kümmert sich „väterlich“ um seine Mitarbeiter.

Berater der Geschäftsleitung: Herr Nolte hat vor einem Jahr sein Studium der Betriebswirtschaft erfolgreich abgeschlossen. Er bringt insbesondere für den Absatzbereich neue Ideen mit in den Betrieb, allerdings wird er von den Mitarbeitern bisher noch nicht besonders akzeptiert. In ihren Augen ist er noch immer der „Schwiegersohn“. Es kam auch schon zu unschönen Szenen mit Frau Rotter, die die rechte Hand von Herrn Murschall ist. Herr Nolte wollte ihr einen Schreibauftrag erteilen, so wie es Herr Murschall auch tut, diesen hat sie aber nicht ausgeführt.

...

...2...

Verwaltung: Frau Rotter führt die Abteilung Verwaltung, die die Aufgabenbereiche Disposition, Rechnungswesen und Personal bearbeitet. Zusätzlich ist sie noch die rechte Hand vom Chef und erledigt für ihn das Tagesgeschäft. Frau Rotter ist sehr erfahren in ihrem Bereich, lediglich in personalwirtschaftlichen Dingen kann sie Frau Gentsch fachlich nicht „das Wasser reichen“. Frau Gentsch ist eine junge Mitarbeiterin, die eine Ausbildung zur Europasekretärin absolviert hat.

Lager/Teileverkauf Großkunden/Teileverkauf Privatkunden: Diese drei Abteilungen werden von den Herren Özkaya, Schmitz und Pietsch geführt. Bisher haben die drei Herren ihre Abteilungen so geführt, dass es keine Klagen gab. Seit dem letzten Betriebsausflug scheint es aber ein Kommunikationsproblem zwischen den dreien zu geben. Die Mitarbeiter klagen über fehlende Teile, sodass eilige Aufträge an Großkunden nicht bearbeitet werden konnten, es kommt immer wieder zu Lieferengpässen.

Um zukünftige Verzögerungen zu vermeiden, nutzt Herr Schmitz als Leiter der Abteilung Teileverkauf Großkunden sein Weisungsrecht gegenüber den Lagerarbeitern und fordert die benötigten Teile direkt aus dem Lager an, um wenigstens sein „Tagessoll“ zu erfüllen – die verärgerten Kunden interessieren ihn dabei sehr wenig. Herr Özkaya als Leiter des Lagers klagt wiederum darüber, dass sein Lager z. T. überfüllt ist und langsam aus dem Ruder läuft. Angestrebte Lagerkennzahlen können nicht mehr erreicht werden, weil Herr Schmitz dazwischenfunkt. Des Weiteren klagt Herr Özkaya, dass Herr Pietsch als verantwortlicher Leiter im Teileverkauf Privatkunden Sonderaktionen fährt, die im Lager zu Engpässen führen, worunter auch wieder der Teileverkauf Großkunden zu leiden hat.

Ersatzteilverkauf: Herr Fleck und Frau Pagel leiten eigentlich gemeinsam die Abteilungen Ersatzteil- und Zubehörverkauf. Die jeweiligen Verkäufer können bei Fragen, z. B. zur maximalen Rabatthöhe, sowohl Frau Pagel als auch Herrn Fleck fragen. Für beide ist eine enge Abstimmung dieser beiden Abteilungen eine Selbstverständlichkeit.

Zubehörverkauf: Frau Pagel hat ein interessantes Angebot von einem bekannten Zulieferer der Automobilindustrie erhalten, das sie in Anspruch nehmen wird. Zum nächsten Ersten wird sie das Unternehmen verlassen.

gez. Marold

21. Oktober 20XX

ARBEITSAUFTRÄGE

1. Erarbeiten Sie mithilfe der angegebenen Informationen die Merkmale des derzeitigen Leitungssystems der Autoland GmbH und stellen Sie dieses in einem Organigramm dar.
2. Überlegen Sie vor dem Hintergrund der anstehenden Veränderungen, welches Leitungssystem Sie der Autoland GmbH empfehlen würden.
   a) Erarbeiten Sie hierzu vorab eine Übersicht über die Stärken und Schwächen der Mitarbeiter (Arbeitsblatt 11.1).
   b) Stellen Sie das bisherige und das von Ihnen empfohlene Leitungssystem vergleichend gegenüber (Arbeitsblatt 11.2).
   c) Stellen Sie Ihr Leitungssystem ebenfalls in einem Organigramm dar.
3. Stellen Sie Ihre Entscheidungen der Klasse vor.

Arbeitsblatt 11.1 Stärken- und Schwächen-Analyse der Mitarbeiter

Mitarbeiter	Stärken	Schwächen
Herr Murschall		
Herr Nolte		
Frau Rotter		
Frau Gentsch		
Herr Schmitz		
Herr Özkaya		
Herr Pietsch		
Herr Fleck		
Frau Pagel		

Arbeitsblatt 11.2 Merkmale der Unternehmensorganisation

derzeitiges Leitungssystem	Merkmale

empfohlenes Leitungssystem	Begründung

Arbeitsblatt 11.3 Leitungssysteme

Einliniensystem				
	Je nach Funktion oder Aufgabe kann der Mitarbeiter verschiedene Vorgesetzte haben. Der Mitarbeiter erhält Weisungen von demjenigen Vorgesetzten, der über das entsprechende Fachwissen verfügt.			
Skizze	Skizze	Skizze	Skizze 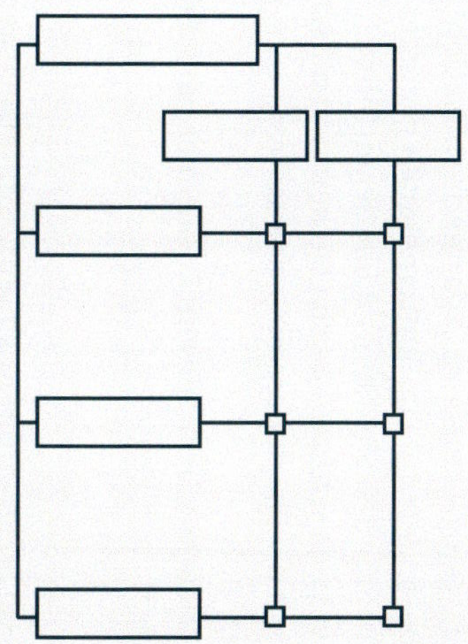	Skizze

Aufgaben

1

Unterscheiden Sie Einliniensystem und Mehrliniensystem. Welche Vor- bzw. Nachteile sprechen für oder gegen das jeweilige System?

2

Erläutern Sie den Begriff Stablinienorganisation. Welche Abteilungen sind als Stäbe besonders geeignet? Begründen Sie Ihre Antwort.

3

Die Organisationsform „Spartenorganisation" ist insbesondere für Großunternehmen geeignet.

a) Begründen Sie dies und überlegen Sie sich, welche Voraussetzungen noch gegeben sein müssen, damit die Spartenorganisation sinnvoll zum Tragen kommt.
b) Erläutern Sie in diesem Zusammenhang den Begriff Profitcenter.

4

Fragen Sie in Ihrem Ausbildungsunternehmen nach einem Organigramm. Stellen Sie anhand dessen fest,

a) nach welchem Weisungssystem Ihr Ausbildungsbetrieb organisiert ist,
b) in welchen Abteilungen Sie voraussichtlich ausgebildet werden und wer jeweils (dann) Ihr Vorgesetzter ist.

5

Erarbeiten Sie für die BPK GmbH eine Alternative zu der auf Seite 6 dargestellten Organisationsstruktur. Erstellen Sie hierzu eine Skizze, in der alle Stellen und Weisungsbefugnisse abgebildet sind.
Stellen Sie Ihren Vorschlag in einer kurzen Präsentation Ihrer Klasse vor. Begründen Sie Ihre Alternative hinsichtlich der Vor- und Nachteile, die sich durch eine Umstrukturierung ergeben können.

6

Die Braunschweiger Papiergroßhandlung Maier GmbH beschäftigt 2 Geschäftsführer, eine Sekretärin, 5 Abteilungsleiter, 13 Sachbearbeiter, 2 Reisende und 6 Arbeiter. Gehandelt werden 4 verschiedene Warengruppen (WG): WG 1: Kopierpapiere, WG 2: Feinpapiere, WG 3: Druckpapiere und WG 4: Folien.
Den Geschäftsführern Michael Stellter und Bernd Krause, die zusammen die Geschäftsleitung der GmbH bilden, wird das Geschäftsführersekretariat mit Frau Müller zugeordnet. Die Abteilung Einkauf, die von Frau Seiters geleitet wird, beschäftigt 2 Sachbearbeiter: Herrn Willer, der den Einkauf von Kopierpapieren und Feinpapieren abwickelt, und Frau Kresser, die Druckpapiere und Folien beschafft.
Die Abteilung Verkauf, geleitet von Herrn Schlichtig, ist nach Regionen organisiert. 4 Sachbearbeiter sind jeweils für alle Kunden ihres Verkaufsbezirkes zuständig: Region Nord: Frau Kränzel, Region West: Frau Lichert, Region Ost: Herr Kraus und Region Süd: Herr Krabbe. Ebenfalls dem Verkaufsleiter, Herrn Schlichtig, direkt unterstellt sind die Reisenden Herr Schreier (Bezirke Nord und West) sowie Herr Käufers (Bezirke Ost und Süd).
In der Abteilung Lager, die von Herrn Jacobs geleitet wird, werden drei Lagerarbeiter (die Herren Esser, Weidner und Schumacher) und drei Kraftfahrer (die Herren Meisner, Woller und Abel) beschäftigt.
Im Rechnungswesen, Leiter Herr Krommes, sind die Aufgabengebiete wie folgt verteilt: Finanzbuchhaltung und Jahresabschluss (Frau Maler), Debitoren- und Kreditorenbuchhaltung einschließlich Mahnwesen (Frau Allers), Kosten- und Leistungsrechnung (Herr Reiners).
In der Abteilung Allgemeine Verwaltung/Personal, geleitet von Frau Miro, befindet sich die Poststelle, die von Frau Flechters besetzt ist. Herr Probst ist für die Datenverarbeitung in allen Unternehmensbereichen zuständig. Frau Klose erstellt die Lohn- und Gehaltsabrechnungen für alle Mitarbeiter und Herr Richmann erledigt die allgemeine Personalverwaltung.

a) Erstellen Sie für die Papiergroßhandlung Maier GmbH ein Organigramm.
b) Welche Mitarbeiter sind Angestellte und welche Mitarbeiter sind Arbeiter?
c) Wie viele Hierarchiestufen werden in dieser GmbH unterschieden?

Lernsituation 12
Unternehmensziele untersuchen

FK ▶ LF 1 Kap. 4

LERNSITUATION

Als BeraterIn der Unternehmensführung der High-Paper GmbH haben Sie zusammen mit Ihrem Team die Aufgabe übernommen, einen neuen Zielkatalog für Ihr Unternehmen zu erarbeiten. Dieser Zielkatalog soll nach Vorgabe der Unternehmensführung alle Ziele beinhalten, die die HighPaper GmbH kurz- bzw. langfristig in allen Bereichen des Unternehmens verwirklichen soll.

Grundsätzlich gilt, dass Umweltschutz und Nachhaltigkeit genauso wie Kundenorientierung in das Unternehmensleitbild verankert werden.

Daten der HighPaper GmbH:

Warengruppen	Umsatz in Prozent	Branchendurchschnitt
Fein-, Druckpapiere	74,26	60
Verpackungsmaterial Papier (recyclebar)	6,93	30
Verpackungsmaterial Kunststoff (PVC Einweg)	10,89	5
Sonstiges	7,92	5

Umsatz:	Prozent	Branchendurchschnitt
Gesamtumsatz	100	100
Lagergeschäft (Lieferung ab eigenem Lager an den Kunden)	64	35
Streckengeschäft (Lieferung direkt vom Hersteller an den Kunden)	36	65
Inland	99,5	60
Ausland	0,5	40

Kennzahlen:	HighPaper	Branchendurchschnitt
Gewinn	1.450.000 €	5.850.000 €
Umsatz je Mitarbeiter	180.000 €	220.000 €

Sonstiges:

- Die HighPaper GmbH lässt von einer Agentur ein neues Logo entwickeln, welches bei der kompletten externen und internen Kommunikation, auf der Sicherheitskleidung im Lager, den Lkws und den Oberhemden der Außendienstmitarbeiter verwendet wird.
- Im abgelaufenen Geschäftsjahr wurden sozialen Einrichtungen Spenden in Höhe von insgesamt 10.000 € bereitgestellt.
- Von 15 Auszubildenden wurden drei nach Abschluss ihrer Ausbildung in ein befristetes Arbeitsverhältnis übernommen.
- Die Zahl der Mitarbeiter wurde im abgelaufenen Geschäftsjahr um 10 Prozent verringert.
- Der Anteil der recyclingfähigen Waren wurde um 22 Prozent erhöht.
- Die betriebseigene Kindertagesstätte wurde geschlossen.

ARBEITSAUFTRÄGE

1. Erarbeiten Sie in Ihrem Team unter Berücksichtigung der angegebenen Daten und der allgemeinen Anforderungen bei Zielbildungen einen Zielkatalog, der folgende Ziele beinhalten soll:
   - Sachziele
   - Formalziele
   - ökologische Ziele
   - soziale Ziele
2. Bilden Sie eine Zielhierarchie für Ihren Zielkatalog.
3. Stellen Sie Ihr Ergebnis in der Klasse vor.

Arbeitsblatt 12.1 Arten von Unternehmenszielen

ökologische Ziele

z.B.

Sachziele

z.B.

soziale Ziele

z.B.

Formalziele

z.B.

Aufgaben

1

In einem Großhandelsunternehmen werden für zwei aufeinanderfolgende Geschäftsjahre folgende Werte ermittelt:

	1. Jahr	2. Jahr
	Euro	Euro
Gesamtumsatz	1.800.000	2.100.000
Wareneinsatz	400.000	460.000
Personalkosten	600.000	680.000
weitere Kosten - davon Zinsaufwendungen	300.000 100.000	440.000 150.000
Eigenkapital	2.500.000	2.800.000
Gesamtkapital	4.500.000	5.800.000

a) Berechnen Sie aufgrund der Angaben oben geeignete Kennzahlen, um die ökonomische Zielerreichung des Unternehmens in den beiden Jahren beurteilen zu können.
b) Vergleichen Sie die Ergebnisse der beiden Jahre.
c) Ziehen Sie aus Ihren Ergebnissen Rückschlüsse auf die wirtschaftliche Entwicklung des Unternehmens: Welche Kennzahlen entwickeln sich zufriedenstellend, welche sollten optimiert werden?
d) Machen Sie Vorschläge, um die in b) festgestellten Fehlentwicklungen zu überwinden.

2

Weitere mögliche Ziele, die von Unternehmen verfolgt werden können:

1	Identitätsziele (Eigenbild der Unternehmung nach innen)
2	Imageziele (Eigenbild der Unternehmung nach außen)
3	Sicherheitsziele
4	Machtziele
5	soziale Ziele
6	ökologische Ziele

Ordnen Sie die Ziffern der oben stehenden Ziele den nachfolgend beschriebenen Maßnahmen zu.

( ) Zur Verbesserung des Betriebsklimas werden regelmäßig Betriebsausflüge im Auftrag der Geschäftsleitung organisiert und vom Unternehmen bezahlt.
( ) Um den eigenen Marktanteil stetig auszuweiten, wird versucht, kleinere Konkurrenten auf dem Absatzmarkt aufzukaufen.
( ) Ein Unternehmen konzentriert seine Werbemaßnahmen auf den Motorsport (z. B. Formel 1).
( ) Zur Vermeidung der Illiquidität (Zahlungsunfähigkeit) werden auf den Bankkonten immer erhebliche, sofort verfügbare Guthaben gehalten.
( ) Um den Reinheitsgrad des Abwassers zu erhöhen, wird eine weitere Reinigungsstufe in die unternehmenseigene Kläranlage eingebaut.
( ) Eine Werbeagentur wird beauftragt, ein neues, dynamisch wirkendes Firmenlogo (für Briefköpfe, Produktverpackungen, Werbung usw.) zu entwickeln.
( ) Investitionen aller Art (neue Maschinen, Gebäude usw.) werden nur am Stammsitz des Unternehmens durchgeführt.
( ) Wertverluste im Unternehmensvermögen (z. B. wegen Abnutzung, technischen Fortschritts) werden durch Ersatzinvestitionen stetig ausgeglichen.
( ) Das Unternehmen spendet regelmäßig größere Geldbeträge an eine politische Partei.
( ) In regelmäßig abgehaltenen Besprechungen werden die Mitarbeiter aufgefordert, Verbesserungsvorschläge zu machen.
( ) Alle Mitarbeiter mit Kundenkontakten werden regelmäßig geschult (Auftreten, Verhalten, Freundlichkeit usw.).

3

Erläutern Sie, warum es für ein Unternehmen nicht ausreicht, sich ausschließlich auf die Erreichung von ökonomischen Zielen zu beschränken.

4

Nennen Sie Beispiele für konkrete Maßnahmen, die in Ihrem Ausbildungsunternehmen ergriffen wurden, um soziale und ökologische Zielsetzungen zu erreichen.

5

Beschreiben Sie jeweils zwei Beispiele für einen Zielkonflikt, Zielharmonie und Indifferenz von Zielen.

Lernsituation 13
Vollmachten in einem Handelsbetrieb unterscheiden

FK ▶ LF 1 Kap. 5

LERNSITUATION

Die Taylor & Penton Limited betreibt in Großbritannien ein großes Filialnetz an Cash-and-carry-Märkten für Büro- und Schreibbedarf. Im Zuge einer europaweiten Expansionsstrategie eröffnet die T & P Ltd. in Kürze einen ersten Markt in Wuppertal, dem weitere Märkte im kompletten Bundesgebiet folgen sollen.

Das Personal für den Wuppertaler Markt ist bereits ausgewählt, allerdings muss noch die Frage der Vollmachten geklärt werden.

Für folgende Angestellte des Cash-and-carry-Marktes in Wuppertal soll eine sinnvolle Vollmacht festgelegt werden.

Name	Abteilung	regelmäßige Tätigkeiten
Wilfried Heinsberg	Warenannahme und Lager	Warenannahme an der Laderampe, Prüfung der Lieferscheine, Sichtprüfung der gelieferten Ware
Michael Hagedorn	Lagerist	Einlagern der Ware ins Hochregallager, Kommissionierung von größeren Kundenaufträgen, Hilfe bei der Beladung der Kundenfahrzeuge
Dorothee Schnitzler	Sachbearbeiterin	Erfassung der Lieferscheine, Rechnungsverfolgung
Reiner Dieckmann	studentische Aushilfe	arbeitet stundenweise in unterschiedlichen Bereichen des Marktes
Gülsüm Altintop		Geschäftsführerin des neuen Cash-and-carry-Marktes
Außerdem soll die Vollmacht für die Verantwortlichen des Deutschland-Geschäfts der T & P geklärt werden:		
Josef Walenciak, Margarete Weiland, Karla Strupp-Wilhelm	vertreten die Taylor & Penton Ltd. in Deutschland und sind verantwortlich für alle weiteren zu eröffnenden C-&-C-Märkte und deren Mitarbeiter	

ARBEITSAUFTRAG

Nutzen Sie für Ihre Entscheidung folgenden Auszug aus dem HGB und das anschließende Arbeitsblatt 13.1.

Handelsgesetzbuch – Fünfter Abschnitt: Prokura und Handlungsvollmacht

§ 48 HGB

(1) Die Prokura kann nur von dem Inhaber des Handelsgeschäfts oder seinem gesetzlichen Vertreter und nur mittels ausdrücklicher Erklärung erteilt werden.

(2) Die Erteilung kann an mehrere Personen gemeinschaftlich erfolgen (Gesamtprokura).

§ 49 HGB

(1) Die Prokura ermächtigt zu allen Arten von gerichtlichen und außergerichtlichen Geschäften und Rechtshandlungen, die der Betrieb eines Handelsgewerbes mit sich bringt.

(2) Zur Veräußerung und Belastung von Grundstücken ist der Prokurist nur ermächtigt, wenn ihm diese Befugnis besonders erteilt ist.

§ 50 HGB

(1) Eine Beschränkung des Umfangs der Prokura ist Dritten gegenüber unwirksam.

(2) Dies gilt insbesondere von der Beschränkung, dass die Prokura nur für gewisse Geschäfte oder gewisse Arten von Geschäften oder nur unter gewissen Umständen oder für eine gewisse Zeit oder an einzelnen Orten ausgeübt werden soll.

(3) Eine Beschränkung der Prokura auf den Betrieb einer von mehreren Niederlassungen des Geschäftsinhabers ist Dritten gegenüber nur wirksam, wenn die Niederlassungen unter verschiedenen Firmen betrieben werden. Eine Verschiedenheit der Firmen im Sinne dieser Vorschrift wird auch dadurch begründet, dass für eine Zweigniederlassung der Firma ein Zusatz beigefügt wird, der sie als Firma der Zweigniederlassung bezeichnet.

§ 51 HGB

Der Prokurist hat in der Weise zu zeichnen, dass er der Firma seinen Namen mit einem die Prokura andeutenden Zusatz beifügt.

§ 52 HGB

(1) Die Prokura ist ohne Rücksicht auf das der Erteilung zugrunde liegende Rechtsverhältnis jederzeit widerruflich, unbeschadet des Anspruchs auf die vertragsmäßige Vergütung.

(2) Die Prokura ist nicht übertragbar.

(3) Die Prokura erlischt nicht durch den Tod des Inhabers des Handelsgeschäfts.

§ 53 HGB

(1) Die Erteilung der Prokura ist von dem Inhaber des Handelsgeschäfts zur Eintragung in das Handelsregister anzumelden. Ist die Prokura als Gesamtprokura erteilt, so muss auch dies zur Eintragung angemeldet werden.

(2) Das Erlöschen der Prokura ist in gleicher Weise wie die Erteilung zur Eintragung anzumelden.

§ 54 HGB

(1) Ist jemand ohne Erteilung der Prokura zum Betrieb eines Handelsgewerbes oder zur Vornahme einer bestimmten zu einem Handelsgewerbe gehörigen Art von Geschäften oder zur Vornahme einzelner zu einem Handelsgewerbe gehöriger Geschäfte ermächtigt, so erstreckt sich die Vollmacht (Handlungsvollmacht) auf alle Geschäfte und Rechtshandlungen, die der Betrieb eines derartigen Handelsgewerbes oder die Vornahme derartiger Geschäfte gewöhnlich mit sich bringt.

(2) Zur Veräußerung oder Belastung von Grundstücken, zur Eingehung von Wechselverbindlichkeiten, zur Aufnahme von Darlehen und zur Prozessführung ist der Handlungsbevollmächtigte nur ermächtigt, wenn ihm eine solche Befugnis besonders erteilt ist.

(3) Sonstige Beschränkungen der Handlungsvollmacht braucht ein Dritter nur dann gegen sich gelten zu lassen, wenn er sie kannte oder kennen musste.

§ 55 HGB

(1) Die Vorschriften des § 54 finden auch Anwendung auf Handlungsbevollmächtigte, die Handelsvertreter sind oder die als Handlungsgehilfen damit betraut sind, außerhalb des Betriebs des Prinzipals Geschäfte in dessen Namen abzuschließen.

(2) Die ihnen erteilte Vollmacht zum Abschluss von Geschäften bevollmächtigt sie nicht, abgeschlossene Verträge zu ändern, insbesondere Zahlungsfristen zu gewähren.

(3) Zur Annahme von Zahlungen sind sie nur berechtigt, wenn sie dazu bevollmächtigt sind.

(4) Sie gelten als ermächtigt, die Anzeige von Mängeln einer Ware, die Erklärung, dass eine Ware zur Verfügung gestellt werde, sowie ähnliche Erklärungen, durch die ein Dritter seine Rechte aus mangelhafter Leistung geltend macht oder sie vorbehält, entgegenzunehmen; sie können die dem Unternehmer (Prinzipal) zustehenden Rechte auf Sicherung des Beweises geltend machen.

§ 56 HGB

Wer in einem Laden oder in einem offenen Warenlager angestellt ist, gilt als ermächtigt zu Verkäufen und Empfangnahmen, die in einem derartigen Laden oder Warenlager gewöhnlich geschehen.

§ 57 HGB

Der Handlungsbevollmächtigte hat sich bei der Zeichnung jedes eine Prokura andeutenden Zusatzes zu enthalten; er hat mit einem das Vollmachtsverhältnis ausdrückenden Zusatz zu zeichnen.

§ 58 HGB

Der Handlungsbevollmächtigte kann ohne Zustimmung des Inhabers des Handelsgeschäfts seine Handlungsvollmacht auf einen anderen nicht übertragen.

Arbeitsblatt 13.1 Übersicht über die Vollmachten

Mitarbeiter/Vorgänge	Vollmacht	Unterschrift	Befugnisse	Begründung
Wilfried Heinsberg, Warenannahme und Lager				
Michael Hagedorn, Lagerist				
Dorothee Schnitzler, Sachbearbeiterin				
Reiner Dieckmann, studentische Aushilfe; wird gebeten, einmalig Postwertzeichen für den Betrieb zu kaufen				
Gülsüm Altintop, Geschäftsführerin des neuen C&C-Marktes				
Josef Walenciak, Margarete Weiland, Karla Strupp-Wilhelm				

Arbeitsblatt 13.2 Grundlagen des HGB

Kaufmannsbegriff nach HGB

....	Kannkaufmann	....
Beispiel:	Beispiel:	Handelsgesellschaften mit eigener Rechtspersönlichkeit Beispiel: AG, GmbH

Handelsregister

= ....

....

↓

Zweck

= ....

....

↓

Wirkung der Eintragung

.... **(rechtsbezeugende Wirkung)**	**konstitutive Wirkung** ....(..)...........
=	= ....
Beispiel:	**Beispiel:** ....

Arbeitsblatt 13.3 Firma

Firma

= ....

....

Arten der Firma			
Personenfirma	....	....	....
	abgeleitet vom Gegenstand des Unternehmens		
Beispiel:	Beispiel:	Beispiel: Coca-Cola European Partners Deutschland GmbH	Beispiel:

Firmengrundsätze	
	Die Firma darf nicht irreführend sein, sie muss den tatsächlichen Rechtsverhältnissen entsprechen.
Firmenklarheit	
Firmenbeständigkeit	
	Ein Kaufmann darf für sein Handelsgeschäft nur eine Firma führen.

Aufgaben

1

Frau Seifert ist kaufmännische Angestellte in einem mittelständischen Unternehmen. Ist sie Kaufmann im Sinne des HGB?

2

Welche Kaufmannseigenschaft setzt die Rechtsform Ihres Ausbildungsbetriebes voraus?

3

Der begeisterte Video-Fan Max Paulsen gründet einen Video-Shop. Er ist Chef, Einkäufer, Verkäufer und Buchhalter in einer Person und wickelt seine Geschäfte zunächst in seiner Wohnung ab. Seine Kopien bezieht er von der Video-GmbH.

a) Max möchte bei seiner Hausbank ein Firmenkonto eröffnen. Begründen Sie, ob das möglich ist.
b) Welche Informationen kann die Hausbank aus dem Handelsregister über den Antragsteller entnehmen?
c) Max nennt seine Firma „Video-Shop, e. K." Erklären Sie den Begriff der Firma und begründen Sie das Interesse von Max an einem Firmennamen.
d) Ist der gewählte Firmenname rechtlich zulässig?
e) Unterscheiden Sie am Beispiel der beteiligten Firmen zwischen deklaratorischer und konstitutiver Wirkung von Handelsregistereintragungen.

4

Erläutern Sie, warum Kaufleute im Handelsregister eingetragen sein müssen.

5

Welche Kaufmannsart liegt jeweils vor?

a) Schweinemastbetrieb Lüdeking KG
b) Portikus GmbH
c) Rheinische Metallbau OHG, Jahresumsatz 5 Millionen Euro
d) Trödelhändler Brisnick e. K., Jahresumsatz 25.000 Euro

6

Welche Firmenart liegt in folgenden Fällen vor?

1. Personenfirma
2. Sachfirma
3. Mischfirma
4. Fantasiefirma

a) Weller e. Kfr.
b) Logistik OHG
c) Gewürzvertrieb Ahmad e. K.
d) Schulbuchvertrieb KG
e) Modeschmuckgroßhandel GmbH
f) Haushaltswaren Jähnichen e. Kfr.
g) Early Bird GmbH
h) Bonner Delikatessen OHG
i) Schmelzer Hotelzubehör AG
j) Holger Heimbach KG
k) Sternenstaub AG

7

Welcher Firmengrundsatz ist jeweils angesprochen?

a) Die Firma darf keine falschen Angaben über Art und Umfang des Unternehmens machen.
b) Ein Kaufmann muss seine Firma am Ort der Niederlassung ins Handelsregister eintragen lassen.
c) Die Firma muss sich deutlich von den anderen Firmen am Ort der Niederlassung unterscheiden.
d) Bei einem Wechsel des Inhabers darf die bisherige Firma beibehalten werden.

8

Lösen Sie die folgenden Fälle.

a) Herr Blume ernennt seine langjährige treue Angestellte Frau Kerner zur Prokuristin und lässt eine entsprechende Eintragung im Handelsregister vornehmen. Welche Geschäfte darf Frau Kerner jetzt abschließen?
b) Frau Kerner ist als Prokuristin der Firma Sport Blume e. K. im Handelsregister eingetragen. Während einer Geschäftsreise von Herrn Blume verkauft sie ein Grundstück der Firma und erteilt Frau Lindner, einer weiteren Angestellten, Prokura. Hat Frau Kerner im Rahmen ihrer Vollmacht gehandelt?
c) Im Vertrag von Frau Kerner ist festgehalten, dass sie Einkäufe im Wert von bis zu 100.000 € tätigen darf. Dennoch kauft sie Waren im Wert von 500.000 €. Muss Herr Blume die Waren annehmen und den Lieferanten bezahlen?
d) Am 10. März reicht es Herrn Blume und er entzieht Frau Kerner die Prokura. Die Handelsregisterlöschung erfolgt am 20. März. Am 11. März unterschreibt Frau Kerner einen Kaufvertrag. Muss Herr Blume die Waren annehmen und den Lieferanten bezahlen?
e) Herr Görlach und Herr Schopphoff verfügen über eine Gesamtprokura der Hans Weller e. K. Herr Görlach kauft ohne die Zustimmung von Herrn Schopphoff ein neues Geschäftslokal. Ist ein wirksamer Kaufvertrag zustande gekommen?
f) Herr Müller ist Prokurist der Mühlhausen KG, Filiale Erkrath. Aufgrund eines besonders günstigen Angebotes bestellt er Waren für die Filialen Haan und Hilden gleich mit. Hat Herr Müller im Rahmen seiner Prokura gehandelt?

Lernsituation 14

Rechtsformen von Unternehmen vergleichen und auswählen

FK ▶ LF 1 Kap. 6

LERNSITUATION

Auf einem Klassentreffen der ehemaligen 10. Klasse treffen Sie Ihren damaligen Mitschüler Peter Stromburg wieder. Sie erzählen ihm von Ihren Erfahrungen als Azubi im Groß- und Außenhandel und wie schwierig es war, einen Ausbildungsplatz zu bekommen. Peter berichtet dagegen von seiner „Karriere", die völlig anders verläuft: „Vor ein paar Jahren habe ich angefangen, bei Ebay bedruckte T-Shirts zu versteigern. Zu Beginn waren meine Kunden Leute, die ein Geburtstagsgeschenk brauchten, dann auch immer mehr Kegelklubs, die für ihre Touren Motto-Shirts bestellten. Offenbar hatte ich ein ganz gutes Händchen für die Qualität der Ware und mittlerweile kann ich mich vor Aufträgen kaum retten. Zu meinen Kunden zählen inzwischen sogar Unternehmen, die für Aktionstage T-Shirts bestellen. Meine private Wohnung ist jetzt viel zu klein, um die ganze Ware zu lagern und den Versand abzuwickeln – irgendwas muss sich dringend ändern!"
Spontan sagen Sie Peter fachmännische Hilfe zu. Dazu benötigen Sie jedoch detaillierte Informationen zu Peters bisherigem „Powerseller-Unternehmen". Einige Tage später erhalten Sie folgende E-Mail:

Löschen | Antworten | An alle | Weiterleiten

Von: Peter Stromburg
An: fabfour@gmy.de
Datum: 25.10.20XX
Betreff: Powerseller-Shop

Hallo, alter Freund!

Hier sind ein paar Informationen zu meinem Powerseller-Online-Shop:

- Verkäufe pro Jahr für ca. 270.000 €
- Einkäufe pro Jahr für ca. 120.000 €
- Kosten für Bedruckung und Versandmaterial ca. 100.000 €
- Mittlerweile habe ich mir „für alle Fälle" 30.000 € zusammengespart.

Und nun meine Fragen:

1. Ich möchte gern ein Ladenlokal (mit angeschlossenem Lager) eröffnen – dafür brauche ich natürlich einen tollen Namen! Kann ich mir irgendetwas ausdenken oder wie funktioniert das?
2. Welche „Gesellschaft" gründe ich eigentlich mit dem Ladenlokal? Bin ich automatisch eine OHG oder Ähnliches?
3. Muss ich das Geschäft irgendwo zusätzlich anmelden (einen Gewerbeschein habe ich schon)?
4. Wie funktioniert das, wenn ich noch einen (oder mehrere) Partner mit ins Geschäft nehmen möchte? Bleibe ich dann trotzdem der Chef?

Vielen Dank schon mal für deine Hilfe!!!!!!

Peter

ARBEITSAUFTRÄGE

Wie versprochen, sollten Sie sich Zeit nehmen, um Peter Stromburg ausführlich und fachkundig zu beraten.

1. Erstellen Sie für Peter eine Übersicht, die alle für ihn sinnvollen Wahlmöglichkeiten einer passenden Rechtsform für sein Unternehmen beinhaltet.
2. Welche Rechtsform würden Sie Peter empfehlen? Begründen Sie Ihre Empfehlung ausführlich. Ihr Sitznachbar hilft Ihnen sicher dabei!
3. Was muss Peter bei der Wahl der Firma beachten?

Arbeitsblatt 14.1 Wahl der Rechtsform I

	Einzelunternehmen	....	GbR	....
Typus	---------		Personengesellschaft	
Firma	mit Zusatz „e. K."			
Gründung (Gesellschaftsvertrag, Personen)				
Mindestkapital				
Geschäftsführung		Unternehmer allein, stiller Gesellschafter ist nicht beteiligt		
Haftung			Gesellschafter haften mit dem Gesellschafts- und ihrem Privatvermögen	
Organe	---------	--------	---------	---------

Arbeitsblatt 14.2 Wahl der Rechtsform II

	....	haftungsbeschränkte Unternehmergesellschaft (UG)	....	Aktiengesellschaft (AG)
Typus				
Firma				
Gründung (Gesellschaftsvertrag, Personen)			- notariell beurkundeter Gesellschaftsvertrag - mindestens eine Person - Eintrag ins HR	
Mindestkapital				
Geschäftsführung				
Haftung				
Organe	---------			

Aufgaben

1

Das Warenhaus Kaufgut GmbH wurde bis vor wenigen Jahren in der Rechtsform einer OHG geführt.

a) Nennen Sie zwei Gründe, die zur Umwandlung der OHG in die GmbH geführt haben könnten.
b) Beschreiben Sie vier Unterschiede der beiden Rechtsformen.

2

Erläutern Sie die Voraussetzungen zur Gründung

a) der GmbH,
b) der AG.

3

In einer Aktiengesellschaft gibt es mehrere sogenannte Organe.

a) Nennen Sie diese Organe.
b) Beschreiben Sie die Funktionen dieser Organe und ihre Beziehungen zueinander.

4

Erläutern Sie je zwei Vor- und zwei Nachteile der Kapitalgesellschaften gegenüber den Personengesellschaften.

5

Josef Kranz, Andreas Fiedler und Volker Müller aus Chemnitz vereinbaren als alleinige Gesellschafter die Gründung eines Fachgeschäftes für Autoersatzteile und Zubehör. Jeder Gesellschafter leistet eine Kapitaleinlage in Höhe von 80.000,00 €. Josef Kranz übernimmt den Einkauf und Andreas Fiedler den Verkauf. Für die kaufmännische Verwaltung ist Volker Müller zuständig. Alle erklären sich bereit, unbeschränkt – auch mit ihrem Privatvermögen – zu haften. Im Gesellschaftsvertrag wird vereinbart, dass für die Geschäftsführungs- und Vertretungsbefugnisse die gesetzlichen Regelungen gelten.

a) Stellen Sie fest, welche Firmierung den Vorstellungen der Gesellschafter und den handelsrechtlichen Vorschriften entspricht.
   1. Kranz & Fiedler KG
   2. Kranz, Fiedler & Müller OHG
   3. Autoteile Kranz
   4. Kranz, Fiedler & Müller GmbH
   5. Kranz & Co.

b) Andreas Fiedler hat für das Unternehmen einen Darlehensvertrag abgeschlossen, ohne die beiden Mitgesellschafter zu fragen. Als diese Kenntnis davon erlangen, stellen sie fest, dass die Konditionen sehr ungünstig sind. Sie sind mit dem Vertrag nicht einverstanden. Prüfen Sie, ob der Darlehensvertrag rechtswirksam ist.
   1. Der Darlehensvertrag ist unwirksam, da Fiedler nur gemeinsam mit den anderen Gesellschaftern gewöhnliche und außergewöhnliche Geschäfte tätigen kann.
   2. Der Darlehensvertrag ist unwirksam, da Fiedler seine Geschäftsführungsbefugnis überschritten und damit gegen seine Gesellschafterpflichten verstoßen hat.
   3. Der Darlehensvertrag ist wirksam. Er kann aber angefochten werden, da Fiedler zur Vertretung des Unternehmens nur gemeinschaftlich mit den beiden anderen Gesellschaftern berechtigt ist.
   4. Der Darlehensvertrag ist wirksam, da jeder Gesellschafter einzeln zur Vertretung der Gesellschaft ermächtigt ist.
   5. Der Darlehensvertrag ist wirksam. Allerdings wird nur Fiedler aus dem Darlehensvertrag verpflichtet, da die beiden anderen Gesellschafter nichts von dem Rechtsgeschäft wussten.

6

Rasch, Ludwig, Beller und Unterberg sind Gesellschafter der Rasch OHG. Im abgelaufenen Geschäftsjahr wurde ein Gewinn in Höhe von 500.000,00 € erwirtschaftet. Die Einlagen wurden wie folgt voll erbracht:

Rasch: 230.000,00 €
Ludwig: 430.000,00 €
Beller: 350.000,00 €
Unterberg: 190.000,00 €

a) Verteilen Sie den Gewinn entsprechend den gesetzlichen Vorgaben.
b) Verteilen Sie den Gewinn unter der Annahme, dass die Gesellschafter 5 % Verzinsung auf ihre Einlage erhalten und der Rest im Verhältnis 4:3:2:1 verteilt wird.

7

Die Gesellschafter Schwarzer, Vogel und Meyer sind die Gesellschafter einer OHG, wobei Schwarzer mit 100.000,00 €, Vogel mit 50.000,00 € und Meyer mit 75.000,00 € beteiligt ist. Der Gewinn des abgelaufenen Geschäftsjahres beträgt 50.000,00 €. Laut Gesellschaftsvertrag erhält Vogel für besondere Leistungen vorab 5.000,00 €, der Rest wird im Verhältnis der Kapitaleinlagen auf die Gesellschafter aufgeteilt. Teilen Sie jedem Gesellschafter seinen Anteil zu.

Lernsituation 15
Nachhaltigkeit und Energieeffizienz

FK ▶ LF 1 Kap. 7

LERNSITUATION

Löschen | Antworten | An alle | Weiterleiten

Von: Peter Schönhauser
An: alle Mitarbeiter
Datum: 10.09.20XX
Betreff: Steigende Energiekosten – Vorschläge für Sparmaßnahmen?

Liebe Mitarbeiter,

am Wochenende habe ich bei der jährlichen Tagung der „KMU" (kleine und mittelständische Unternehmen) mit den Kollegen List von der BESKA GmbH und Peters von den Fly Bike Werken über anstehende Steigerungen der Energiekosten gesprochen. Die daraus resultierenden steigenden Handlungskosten möchten wir nicht als Preissteigerungen an die Kunden weitergeben, sondern versuchen, die Kostensteigerungen durch Sparmaßnahmen abzufedern. Wir haben dazu eine kleine Arbeitsgruppe gegründet, um uns über sinnvolle Energiesparmaßnahmen auszutauschen. Dazu werden wir uns in der nächsten Woche nochmals treffen, um erste Ergebnisse und Erfahrungen zu präsentieren.

Bitte schauen Sie in Ihren Abteilungen, am Arbeitsplatz und auch in den Sozialräumen nach Möglichkeiten, Energie zu sparen. Ein paar Infos zum Energiesparen habe ich angefügt – möglicherweise lässt sich davon bei uns etwas umsetzen.

Vielen Dank vorab für Ihre Mithilfe

Peter Schönhauser

ARBEITSAUFTRAG

Informieren Sie sich anhand der folgenden Fachtexte zu den Energie-Einsparmöglichkeiten rund um den Arbeitsplatz. Fassen Sie Ihre Ergebnisse mithilfe des Arbeitsblattes 15.1 zusammen.

Trend zu Homeoffice und Videokonferenzen dank neuer Technologien spart Energie

Aktuell verstärkt sich bei Tätigkeiten im Verwaltungs- und Verkaufsbereich der Trend zu Homeoffice und Videokonferenzen. Unternehmen prüfen in diesem Zusammenhang strategische Möglichkeiten der Einbindung in den Betriebsablauf.
Immer häufiger lassen sich Verrichtungen und Arbeitsabläufe ohne die Präsenz der Teilnehmer gestalten. Kurze Absprachen, Nachfragen oder simple Produktbeschreibungen können inzwischen problemlos über Videokonferenzen geklärt werden. Dank Ausbau des schnellen Internets und moderner Software sparen Mitarbeiter nicht nur Zeit, sondern insbesondere durch die Vermeidung von nicht notwendigen Wegen und Reisen auch erheblich und nachhaltig Energie. Möglicherweise wirkt sich diese Entwicklung schon kurzfristig positiv auf den CO_2-Ausstoß der Fahrzeugflotten aus.

(Quelle: Autorentext)

Ressourcen schonen durch energieeffiziente Arbeitsplätze

Jeder Arbeitsplatz bietet reichlich Potenzial zur Energieeinsparung, ohne dass das Wohlbefinden der Mitarbeiter oder die Arbeitsqualität darunter leiden muss. Oftmals kann durch einfache organisatorische Maßnahmen die Energieeffizienz von Arbeitsplätzen erheblich gesteigert werden. Die wesentlichen Schauplätze sind hierbei die Beleuchtung, energieeffiziente Geräte und die Temperierung des Arbeitsplatzes. Je weniger Energie für künstliches Licht, für Heizung oder Kühlung verwendet wird, desto wirtschaftlicher ist der Arbeitsplatz.

„Licht von links" kennen wir bereits aus Schul-Klassenräumen als vorteilhaft, sodass Rechtshänder beim Schreiben nicht der Schatten der eigenen Hand stört. Daraus lässt sich ableiten, dass Tageslicht effizient genutzt werden sollte – möglichst unter Berücksichtigung der Schreibhand des Mitarbeiters. Es ist sicher nicht möglich, grundsätzlich alle Arbeitsplätze in Fensternähe zu platzieren, sodass bei Büroarbeitsplätzen prinzipiell auf eine gleichmäßige Ausleuchtung geachtet werden muss, damit das Lesen sowohl von Papierdokumenten als auch von Computermonitoren nicht zu anstrengend wird. Moderne Beleuchtungskonzepte mit Energiesparlampen der letzten Generation können das gewährleisten, auch die „Farbe" des Lichts ist mittlerweile bei vielen Energiesparlampen ähnlich der Glühbirne. Somit gibt es außer der problematischen Entsorgung von Energiesparlampen keine schlagkräftigen Argumente mehr für die Verwendung einer klassischen Glühbirne, denn bekanntermaßen verbraucht eine Glühlampe die meiste Energie für Wärme anstelle von Lichtausbeute. Einfache Maßnahmen zur Verbesserung der Ausleuchtung des Arbeitsplatzes haben nur indirekt mit der Lichtquelle zu tun: Möglichst helle Wände reflektieren das Licht und eine regelmäßige Reinigung der Lampen oder Lampenschirme steigert die Lichtausbeute. Moderne Beleuchtungstechnik arbeitet mit Vorschaltelektronik, sodass der Anlaufstrom beim Einschalten zu vernachlässigen ist und die Lampen auch für kurze Zeit ausgeschaltet werden sollten, um Strom zu sparen – z. B. mittels Bewegungsmeldern in Fluren oder Sozialräumen.

Ein weiterer wesentlicher Schauplatz beim Stromsparen sind die technischen Geräte am Arbeitsplatz und in den Sozialräumen. Manche Geräte verbrauchen Strom, obwohl sie ausgeschaltet sind, wenn sie noch mit dem Stromnetz verbunden sind. Um diese Geräte aufzuspüren gibt es kleine vorschaltbare Messgeräte, sodass Leerlaufverluste zuverlässig identifiziert werden können. Genauso interessant ist der Stand-by-Betrieb nicht genutzter Geräte. Ein einfaches Gerät kann durchaus 20W verbrauchen, was je nach Stromanbieter bis zu 30,00 € Stromkosten pro Jahr verursachen kann. Eine einfache, abschaltbare Steckerleiste oder die Trennung vom Stromnetz hilft bei der Vermeidung von unnötigen Leerlaufverlusten.

Bei der Anschaffung von neuen Geräten ist es mittlerweile problemlos möglich, anhand der Angaben über Energieverbrauchsklassen besonders energieeffiziente Geräte auszusuchen.

Nicht an jedem Arbeitsplatz ist ein vollwertiges PC-System erforderlich, sodass bei einer Neuanschaffung ein Notebook bzw. Laptop interessant sein kann, denn solche Geräte verbrauchen gegenüber einem PC-System ca. 70 % weniger Strom. Grundsätzlich haben alle Betriebssysteme Energiesparoptionen, die Rechner auch bei kurzfristigem Nichtgebrauch in einen Energiesparmodus schalten, der den Stromverbrauch um ca. 50 Watt senken kann. Moderne Monitore erfassen die Helligkeit der Umgebung und regeln die Bildschirmhelligkeit stromsparend automatisch.

Bei Neuanschaffungen von Druckern ist es eine Überlegung wert, ob jeder Mitarbeiter einen eigenen Drucker benötigt oder ob möglicherweise ein Netzwerk zum Drucken genutzt und ein Drucker von mehreren Mitarbeitern genutzt werden kann.

Letztlich ist die Temperierung der Arbeitsplätze ein Schauplatz, bei dem ein hohes Energiesparpotenzial liegt. Ein angenehmes Raumklima zu gewährleisten erfordert ein geringes Maß an Engagement der Mitarbeiter. So sollte im Winter einmal stündlich gelüftet werden mittels „Stoßlüftung". Wenn möglichst viele Fenster gleichzeitig für wenige Minuten geöffnet werden, strömt schnell frische, kühle Luft in die Räume und warme, verbrauchte Luft entweicht. Zum wirtschaftlichen Heizen zählt auch eine maßvolle Nachtabsenkung der Raumtemperatur, denn komplettes Abschalten der Heizung über Nacht führt zu extremem Energieverbrauch beim Wiederanfahren der Heizung am nächsten Morgen. Bei vollklimatisierten Räumen sollten dagegen die Fenster nicht geöffnet werden, denn moderne Klimaanlagen versorgen die Räume mit frischer Luft, sodass geöffnete Fenster den Energieverbrauch der Klimaanlage unnötig erhöhen würden.

Letztlich ist es für jeden Betrieb, aber auch für private Haushalte interessant, einen Vergleich der Anbieterpreise für Strom und Erdgas vorzunehmen und möglicherweise den Anbieter zu wechseln. Dabei wird deutlich, dass Strom aus regenerativen Energiequellen nicht unbedingt teurer sein muss als herkömmlich erzeugter Strom. So kann jeder Verbraucher an der „Energiewende" mitarbeiten und unter Umständen dabei erhebliche Kosten einsparen.

Quelle: Autorentext

Arbeitsblatt 15.1 Energieeffizienz des Unternehmens erhöhen

Wichtigste Ansatzpunkte am Arbeitsplatz:

Sofortmaßnahmen ohne erheblichen Zeitbedarf oder Investitionen am Arbeitsplatz:

Maßnahmen mit geringem Zeitaufwand oder geringem Investitionsvolumen am Arbeitsplatz:

Strategische, langfristig angelegte Maßnahmen:

Aufgaben

1

Erläutern Sie die politische Zielbestimmung „sustainable development".

2

Beurteilen Sie die Entwicklung des Anteils erneuerbarer Energien an der Stromerzeugung. Halten Sie die öffentliche Förderung für sinnvoll?

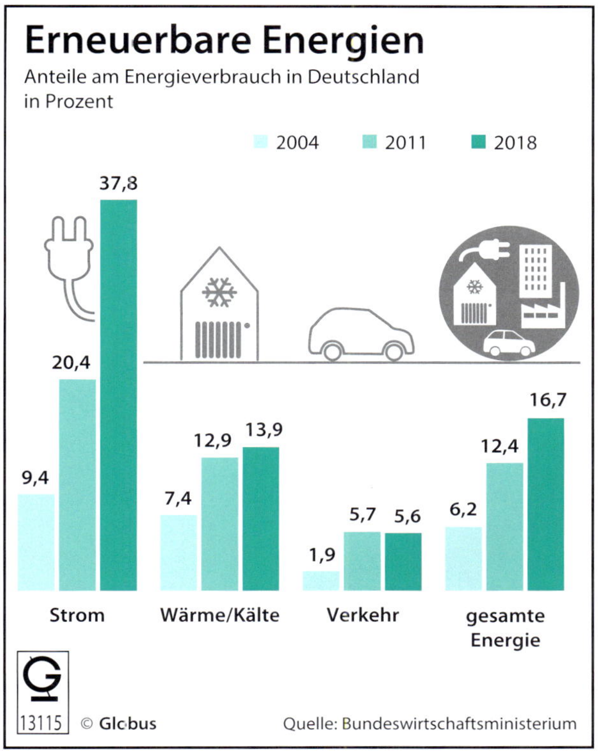

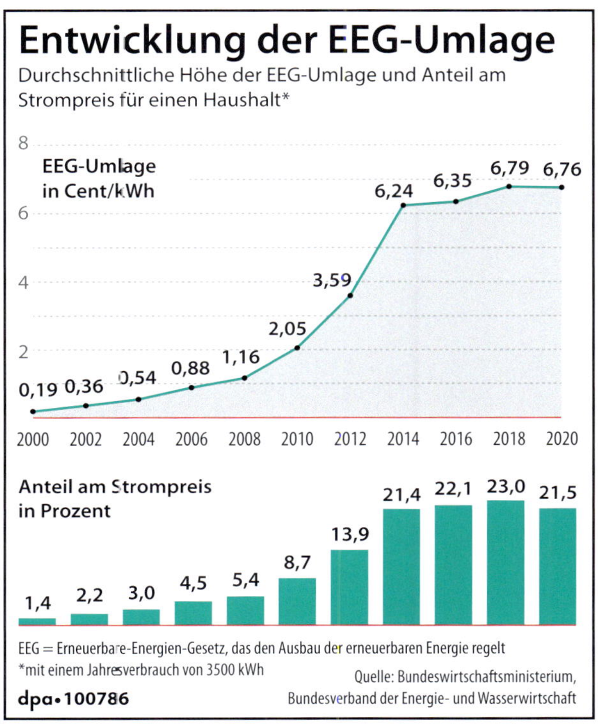

3

Welche Anteile des Strompreises sind staatlich geregelt?

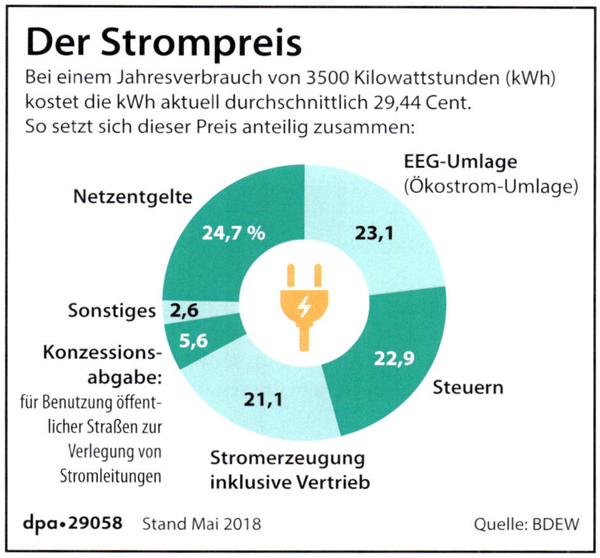

4

In welchen Ländern arbeitet ein besonders hoher Anteil der Mitarbeiter von zu Hause? Welche Gründe können zu den unterschiedlichen Anteilen im EU-Vergleich führen?

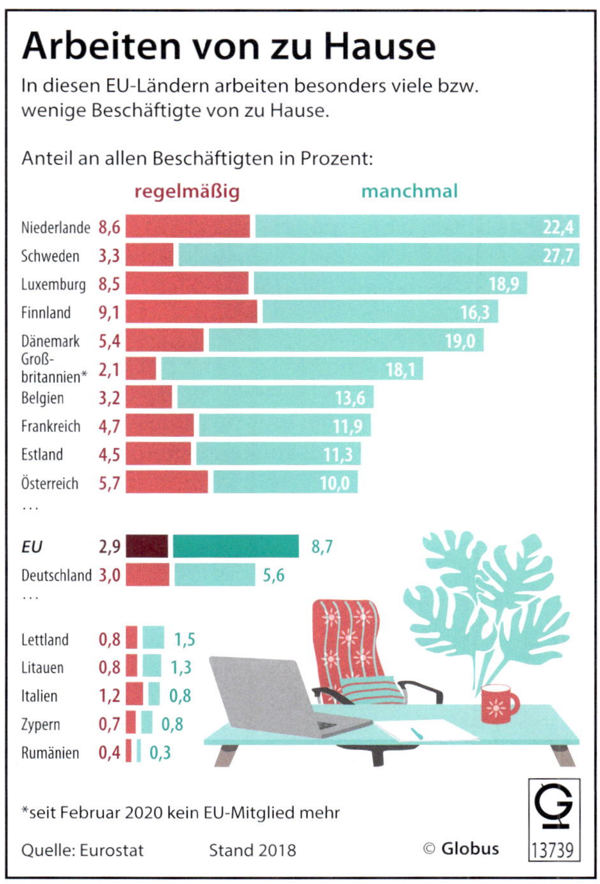

Lernsituation 16
Das Ausbildungsunternehmen präsentieren

FK ▶ LF 1 Kap. 8

LERNSITUATION

Löschen | Antworten | An alle | Weiterleiten

Von: Ihrem Ausbildungsunternehmen
An: alle Auszubildenden
Datum:
Betreff: Erstellen einer Präsentation

Liebe Auszubildende,

Sie haben nun die ersten Wochen in Ihrer Ausbildung hinter sich. Um Ihren Ausbildungsbetrieb besser kennen zu lernen und Erfahrungen mit anderen Auszubildenden auszutauschen, bitten wir Sie, eine Präsentation mit dem Thema „Mein Ausbildungsbetrieb" zu erstellen. Es kann sich dabei um eine PowerPoint-Präsentation oder um eine andere geeignete Präsentationsform handeln.

Die Präsentation soll als Diskussionsgrundlage dienen und es anderen Auszubildenden (Ihren Zuhörern) ermöglichen, Ihr Ausbildungsunternehmen und Ihre Rolle im Betrieb mit der eigenen Ausbildungssituation zu vergleichen, um Unterschiede und Gemeinsamkeiten herausarbeiten zu können.

Die inhaltlichen Schwerpunkte Ihrer Präsentation bestimmen Sie selbst. Die Vortragszeit sollte 15 Minuten nicht überschreiten.

Wir freuen uns auf Ihren Vortrag!

ARBEITSAUFTRAG

Erstellen Sie eine Unternehmenspräsentation Ihres Ausbildungsbetriebs.

a) Nutzen Sie die Strukturhilfen zur Auswahl Ihrer inhaltlichen Schwerpunkte und ergänzen Sie jeweils Ihre eigenen Ideen (Arbeitsblätter 16.1 und 16.2). Beschaffen Sie sich die notwendigen Informationen.
b) Formulieren Sie allgemeine Regeln zur Erstellung einer Präsentation (Arbeitsblatt 16.3). Berücksichtigen Sie dabei auch den Informationstext zu PowerPoint-Präsentationen auf der folgenden Seite.
c) Bereiten Sie den freien Vortrag Ihrer Präsentation vor. Notieren Sie sich dazu zunächst fünf Regeln, auf die Sie bei der Vorbereitung achten wollen.
d) Im Anschluss an den Vortrag soll die Präsentation von den Zuhörern bewertet werden. Erstellen Sie dazu gemeinsam einen Bewertungsbogen (Arbeitsblatt 16.4) und geben Sie dem Vortragenden ein Feedback.

Studie beweist: PowerPoint kann peinlich sein

Die meisten Vorträge verärgern das Publikum – auch durch schlechte Folien

***Washington/Berlin.* Gibt es ein größeres Folterinstrument als PowerPoint-Folien? Glaubt man einer neuen amerikanischen Studie, dann nicht. Die Präsentationssoftware aus dem Hause Microsoft hält einige Gemeinheiten für Zuhörer bereit.**

Welche Botschaft soll der Vortrag versenden? An welche Zielgruppe? Welche Inhalte werden transportiert? Diese Frage stellen sich offenbar zu wenige, bevor sie auf das Publikum losgelassen werden. Eine Studie fand heraus: Power- Point-Präsentationen mangelt es an Struktur, der „rote Faden" fehlt. „Es werden Folien erstellt, aber niemand weiß, wo der Vortragende gerade steht und was er sagen will. So wirr wie die Folien ist häufig der Vortrag. Die Zuhörer schalten ab", so Michael Fort, Leiter der Studie.

Demnach stören sich 45 Prozent der befragten Zuhörer an zu langen Sätzen, 33 Prozent an zu kleiner Schrift, 17 Prozent an völlig überfrachteten Diagrammen und gar 58 Prozent an fatalen Griffen in die Trickkiste von PowerPoint. „Nichtssagende Animationen, fliegende Texte und Grafiken. Das ist kindisch. Eine Grafik darf höchstens fliegen und flimmern, wenn ich damit eine klare Botschaft versende. Ansonsten ist das eher peinlich", so Studienleiter Fort.

„Viele Folien sind mit Bildern und bunten Animationen voll. Nur eines, dafür aber ein gutes Bild ist manchmal mehr. Dass bei Bildern die Quelle anzugeben ist, versteht sich von selbst", betont Fort. Außerdem kritisieren die Befragten, dass zu viele unterschiedliche Farben verwendet werden und Texte daher häufig schlecht lesbar sind. Die Kombination aus blauer und roter Farbe ist besonders schlimm.

Der Forscher empfiehlt: Weniger ist manchmal mehr

„Was außerdem absolut unprofessionell ist, sind seitenweise Fließtexte auf Folien. Der Zuhörer liest die Texte und hört nicht mehr zu. Daher sollten auf Folien nur Schlagworte und auf keinen Fall ganze Texte stehen. Als Regel kann man sich merken: Maximal sieben Gliederungspunkte und maximal neun Zeilen pro Folie", erklärt Fort. „Auch die Schriftgröße spielt eine Rolle. Überschriften sollten mindestens 24 pt und Inhaltstexte mindestens 20 pt groß sein, damit diese vom Zuschauer gut gelesen werden können", so Experte Fort. Zudem sei ein einheitliches Foliendesign Pflicht. „Gerade Unternehmen sollten ein eigenes Layout als Vorlage für Folien haben. Dazu gehört auch, dass das Logo des Unternehmens in der Präsentation verwendet wird und die gewählten Farben zum Logo passen. Alles andere wirkt unprofessionell", rät der Forscher.

PowerPoint selbst sei nur ein Hilfsmittel. Es kommt auf den Inhalt an. Der muss logisch und verständlich sein. „Daher macht sich der gute Vortragende vorher einen Plan und bastelt erst dann Folien", empfiehlt Fort.

Quelle: Autorentext

Arbeitsblatt 16.1 Strukturhilfen

Inhaltliche Schwerpunkte der Präsentation „Mein Ausbildungsunternehmen"

Schwerpunkt: Unternehmensgeschichte	
Wann und von wem wurde das Unternehmen gegründet? Wie heißt das Unternehmen (Firma)? Wem gehört das Unternehmen?	

Schwerpunkt: Leistungsspektrum und Unternehmensziele	
Was wird im Unternehmen hergestellt? ökonomische Ziele soziale Ziele	

Schwerpunkt: Das Unternehmen im gesamtwirtschaftlichen Kontext	
Zu welchem Wirtschaftssektor gehört das Unternehmen? Welcher Branche ist es zuzuordnen? Welchen Standort/welche Standorte gibt es?	

Arbeitsblatt 16.2 Strukturhilfen (Fortsetzung)

Schwerpunkt: Strukturen und Prozesse	
Wie ist das Unternehmen organisiert?	
Welche Abteilungen/Instanzen gibt es?	
Wie viele Mitarbeiterinnen und Mitarbeiter sind beschäftigt?	

Schwerpunkt: Meine Rolle als Auszubildende(r)	
Wer ist meine Ausbilderin/ mein Ausbilder, wer meine Vorgesetzte/ mein Vorgesetzter?	
Welche Abteilung werde ich durchlaufen? Welche Ansprechpartner gibt es dort?	
Was gefällt mir besonders gut? Was wird eine besondere Herausforderung?	

Schwerpunkt: ______________________________	

Arbeitsblatt 16.3 Kriterien zur Präsentationsgestaltung

Welche Fehler können bei der Erstellung einer Präsentation gemacht werden?	Formulieren Sie entsprechende Regeln, um die Fehler zu vermeiden
fehlende Struktur	– auf „roten Faden“ und einheitliche Gestaltung achten, – Folien klar gliedern und mit Überschriften versehen
zu lange Sätze, Fließtexte	
schlechte Sicht, zu kleine Schrift	

Arbeitsblatt 16.4 Bewertungsbogen

Thema:	Präsentator/-in:

		++	+	–	––	
Inhalt	vollständig, sachlich richtig, angemessene Gewichtung von Haupt- und Nebenpunkten					unvollständig, sachliche Fehler, wichtige Punkte zu kurz, nebensächliche Punkte zu ausführlich
Struktur	roter Faden erkennbar, zielgerichtet, schlüssige Argumentation					roter Faden nicht erkennbar, Ziel nicht klar, sprunghaft in der Argumentation
Zuhörer-orientierung	Interesse der Zuhörer geweckt, spricht Zuhörer an					Nutzen für die Zuhörer nicht erkennbar, langweilig, unpassende Beispiele
Sprechweise						
Sprechtempo						
Sprache						
Blcikkontakt						
Gestik/ Haltung						
Visualisierung						
Medien						

Gesamteindruck:	**Verbesserungsvorschläge** (Ziele für die nächste Präsentation):

Aufgaben

1

Denken Sie an Ihre bevorstehende Präsentation.

a) Formulieren Sie in einem Satz Ihr Präsentationsziel möglichst konkret.

b) Versetzen Sie sich in die Rolle der Zuhörer. Überlegen Sie: Wenn ich in der Haut meiner Zuhörer stecken würde,
- was würde mich interessieren,
- was würde mich überzeugen,
- was würde mich begeistern?

c) Legen Sie nach dem folgenden Muster eine Tabelle an.

Hiervon will ich überzeugen	Auswirkungen auf die Zuhörer	Nutzen für die Zuhörer	So formuliere ich es
...	...	...	...
...	...	...	...

2

Wählen Sie aus einer aktuellen Tageszeitung eine Überschrift als Präsentationsthema aus. Erschließen Sie dieses Thema mithilfe des 5-Fragen-Konzepts.

3

Sie möchten ein Foto von einer bekannten Schauspielerin in einer öffentlichen Präsentation verwenden. Was müssen Sie hierbei beachten?

4

Was macht eine Person falsch, wenn folgende Sprichwörter während eines Vortrags auf sie zutreffen?

Aussage	Fehler
Die Zähne nicht auseinander kriegen	
Du kannst mir den Buckel runterrutschen.	
Jemandem die kalte Schulter zeigen	
Jemanden im Auge behalten	

5

Betrachten Sie das nebenstehende Bild. Welche körpersprachlichen Signale sendet die dargestellte Person aus? Beschreiben Sie die Gesamtwirkung, die von dieser Person ausgeht.

LERNFELD 2

Aufträge kundenorientiert bearbeiten

LERNSITUATIONEN

17 Rechts- und Geschäftsfähigkeit bewerten ... 88
18 Eigentum und Besitz unterscheiden ... 93
19 Rechtsgeschäfte unterscheiden ... 96
20 Nichtigkeit und Anfechtbarkeit von Rechtsgeschäften erkennen 100
21 Geschäftskorrespondenz regelkonform gestalten ... 103
22 Ein Verkaufsseminar bei der BPK GmbH besuchen ... 106
23 Einen Kaufvertrag abschließen I ... 127
24 Einen Kaufvertrag abschließen II ... 132
25 Datenschutz und Datensicherheit gewährleisten ... 136
26 Eine kurzfristige Finanzierungsentscheidung treffen ... 147
27 Allgemeine Geschäftsbedingungen (AGB) anwenden ... 151
28 Kaufvertragsarten unterscheiden ... 158
29 Leasingangebote vergleichen und bewerten ... 165
30 Ein Auslandsgeschäft abwickeln ... 168
31 Telephoning with a foreign customer ... 175

Lernsituation 17
Rechts- und Geschäftsfähigkeit bewerten

FK ► LF 2 Kap. 1.2

LERNSITUATION

Nach einem langen Arbeitstag kommt Cornelia Gruber völlig geschafft nach Hause. Sie freut sich auf ein leckeres Abendessen im Kreis der Familie. Außerdem hat sie auf der Arbeit wieder jede Menge Neues erlebt und brennt darauf, ihrer Familie alles zu erzählen. Aber leider ist die Stimmung getrübt und zu Wort kommt Cornelia auch nicht. Ihr 16-jähriger Bruder Julian hat sich von dem Geld, das er mit Zeitungsaustragen verdient hat, heimlich ein Mofa gekauft und seinen Eltern heute vorgeführt. Vorher hat er noch die Drosseln, die die Geschwindigkeit begrenzen, entfernt und entsorgt, sodass er auch richtig Gas geben kann.

Während Vater Gruber eher verärgert darüber ist, dass Julian so viel Geld für ein Mofa ausgegeben hat, sieht Frau Gruber ihren Sohn bereits verunglückt im Krankenhaus. Die Eltern sind sich aber einig, dass Julian das Mofa auf gar keinen Fall behalten darf. Julian ist damit nicht einverstanden. Er will sein neues Mofa nicht mehr hergeben und hat sich wütend in seinem Zimmer eingeschlossen.

ARBEITSAUFTRAG

Klären Sie die Rechtslage und verfassen Sie für Cornelias Eltern ein Schreiben an den Händler, im dem Sie ihm Ihre Forderungen verdeutlichen.

Arbeitsblatt 17.1 Rechtsfähigkeit

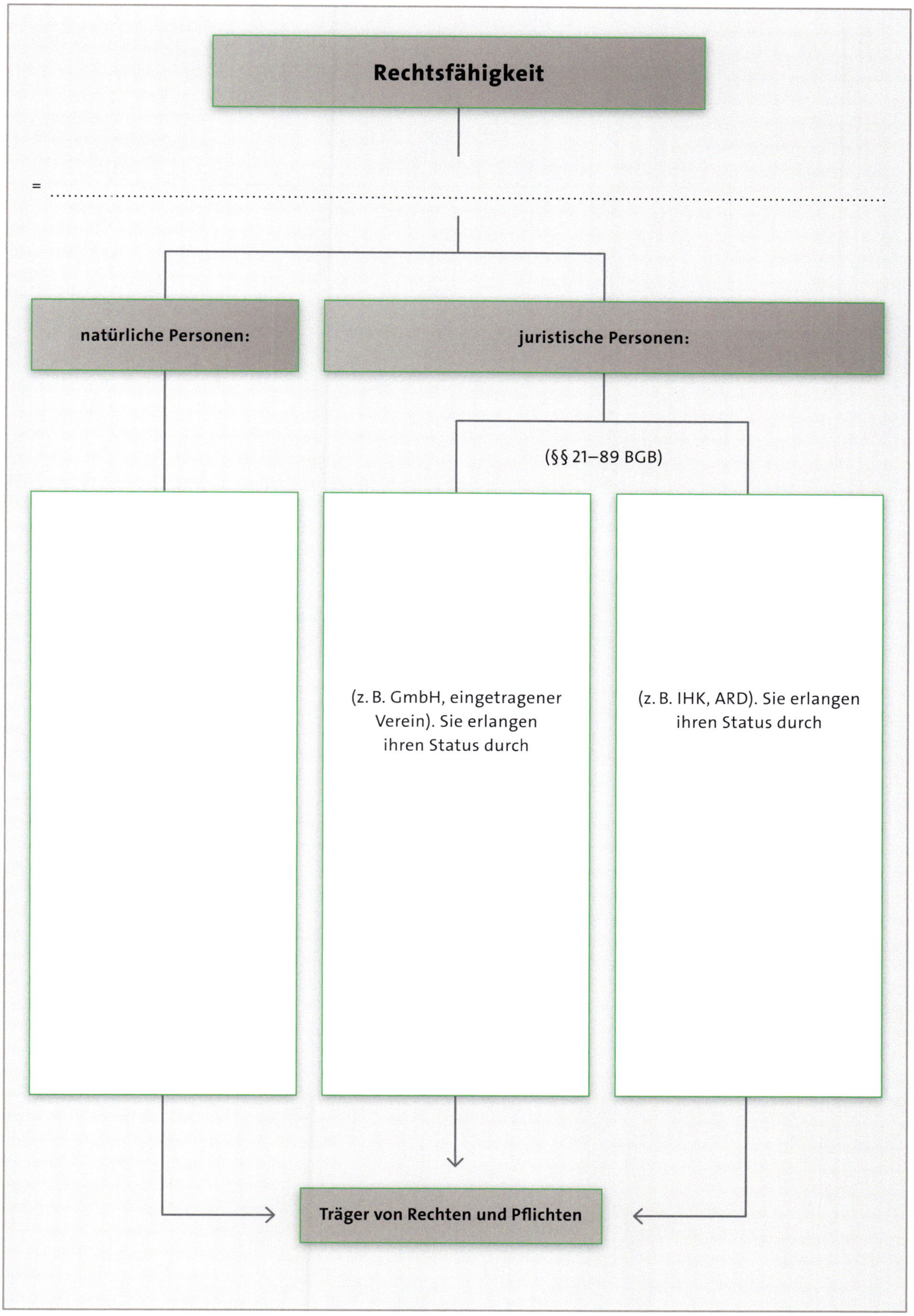

Arbeitsblatt 17.2 Geschäftsfähigkeit

Rechtssubjekt (natürliche Person)

Geschäftsunfähigkeit	beschränkte Geschäftsfähigkeit	volle Geschäftsfähigkeit

rechtliche Wirkung

Aufgaben

1

In welchem Maße sind die folgenden Rechtssubjekte rechts- bzw. geschäftsfähig?

a) eine Gesellschaft mit beschränkter Haftung
b) ein eingetragener Verein
c) ein sechs Jahre altes Kind
d) ein 17-jähriger Auszubildender
e) ein ungeborenes Kind
f) ein unter Drogen stehender Erwachsener
g) ein Hund

2

Geben Sie an, ob es sich um natürliche oder juristische Personen des öffentlichen oder des privaten Rechts handelt:

a) Kegelklub "Alle Neune e.V."
b) Siemens AG
c) Ärztekammer Westfalen-Lippe
d) Deutsche Rentenversicherung Bund
e) Mitteldeutscher Rundfunk
f) Evangelische Kirche Hessen/Nassau
g) AOK
h) Bergbauberufsgenossenschaft

3

Drei Monate nach der Geburt von Jan stirbt die vermögende Tante Helena und vermacht Jan ihr ganzes Vermögen (zwei große Wohnhäuser und 650.000,00 €).
Kann Jan Erbe werden? Begründen Sie Ihre Meinung.

4

Der 17-jährige Christoph kauft ohne das Wissen seiner Eltern einen neuen Fernseher. Der Gesamtpreis beträgt 1.300,00 €.
Ist der Kaufabschluss rechtsgültig?

5

Kann Heiko, 17 Jahre, das Geschäft seiner Mutter, die vor Kurzem einen Herzinfarkt erlitten hat, in voller Alleinverantwortung übernehmen? (Begründung!)

6

Heiko entschließt sich nach einiger Zeit, mit dem verdienten Geld aus dem Geschäft ein Ferienhaus auf Mallorca zu kaufen, und schließt einen entsprechenden Kaufvertrag ab.
Überprüfen Sie die Gültigkeit dieses Kaufvertrages und begründen Sie Ihre Entscheidung.

7

Dürfen minderjährige Auszubildende selbstständig verkaufen? Begründen Sie dies anhand des Gesetzes.

8

Eine Fünfjährige kauft sich zwei Tüten Gummibären. Die Eltern verlangen, dass der Süßwarenhändler diese zurücknimmt. Nehmen Sie Stellung zu diesem Sachverhalt.

9

Kann der beschränkt Geschäftsfähige in folgenden Fällen nur mit einer Zustimmung des gesetzlichen Vertreters Geschäfte abschließen? Begründen Sie anhand des Gesetzes.

a) Ein Jugendlicher erwirbt von seinem Taschengeld eine DVD.
b) Ein Jugendlicher nimmt eine Schenkung an, die ihn zu nichts verpflichtet.
c) In einem Kreditinstitut fragt ein Jugendlicher nach einem Darlehen für ein Schlagzeug.
d) Ein Jugendlicher möchte von seinem Taschengeld an einem Tauchkurs teilnehmen.
e) In seinem Ausbildungsbetrieb verkauft ein Jugendlicher einer Kundin Waren im Wert von 1.500,00 €.

10

Lösen Sie folgende Fälle zur Geschäftsfähigkeit, indem Sie Umfang der Geschäftsfähigkeit, Personenkreis, Rechtswirkung und mögliche Ausnahmen prüfen:

a) Die dauerhaft psychisch kranke Fr. Magert lässt sich in einem Fahrradgeschäft beraten und will anschließend ein Fahrrad kaufen. Ist das Rechtsgeschäft wirksam?
b) Der 17-jährige Tommy will im Reisebüro eine Flugreise nach Las Vegas für 2.000,00 € buchen. Ist die Flugbuchung rechtswirksam?
c) Frau Müller schickt ihren dreijährigen Sohn Björn mit abgezähltem Geld und einem Einkaufszettel in ein Lebensmittelgeschäft. Auf dem Zettel steht, dass der Junge einen Liter Milch kaufen soll. Darf der Verkäufer Björn die Milch verkaufen?
d) Der 16-jährige Sirco will zwei Geschenke annehmen: 800,00 € Bargeld und einen nicht mehr fahrtüchtigen Pkw. Seine Eltern sind davon nicht begeistert und verbieten ihm die Annahme der Geschenke. Dürfen die Eltern ihrem Sohn die Geschenke verweigern?

11

Die sechsjährige Madeleine kauft ohne Wissen der Eltern im benachbarten Schreibwarengeschäft von ihrem Taschengeld ein Malbuch und benutzt dieses. Die Eltern sind mit dem Kauf des Malbuches nicht einverstanden und verlangen vom Einzelhändler die Herausgabe des Kaufpreises. Muss der Einzelhändler unter Beachtung der gesetzlichen Bestimmungen das Buch zurücknehmen und den Kaufpreis erstatten?

Nehmen Sie zu den folgenden Aussagen Stellung:

a) Nein, denn das Buch ist bereits bemalt worden und daher nicht mehr verkäuflich.
b) Nein, mit sechs Jahren ist das Mädchen beschränkt geschäftsfähig. Sie kann im Rahmen des Taschengeldes ohne Einwilligung der Erziehungsberechtigten rechtswirksam Rechtsgeschäfte abschließen.
c) Nein, denn die Eltern hätten im Rahmen ihrer Sorgfaltspflicht verhindern müssen, dass das Kind alleine das Schreibwarengeschäft aufsucht.
d) Ja, denn es ist kein Kaufvertrag abgeschlossen worden.
e) Ja, denn erst ab sieben Jahren ist man geschäftsfähig.
f) Ja, denn Kinder unter sieben Jahren sind noch nicht rechtsfähig.

12

Ordnen Sie den folgenden Aussagen zur Geschäftsfähigkeit die entsprechenden Paragrafen im BGB zu.

a) Die 16-jährige Tanja Schick kauft ohne Wissen ihrer Mutter von ihren Ersparnissen ein Mofa für 700,00 €.
b) Der 62-jährige Max Fröhlich schenkt seinem zwölfjährigen Enkel Peer ohne Einwilligung der Eltern einen CD-Player.
c) Die sechsjährige Pauline kauft ein Spielzeugauto. Sie zahlt mit dem Geld, das ihr ihre Eltern als Taschengeld überlassen haben.
d) Der sechsjährige Marcus kauft am Kiosk mit abgezähltem Geld eine Zeitschrift. Der Verkäufer weiß, dass Marcus im Auftrag des Vaters handelt.

13

Entscheiden Sie, ob folgende Aussagen richtig oder falsch sind:

a) Bei einem beschränkt Geschäftsfähigen sind die eigenen Willenserklärungen schwebend unwirksam.
b) Schwebend unwirksam bedeutet, dass ein Vertrag nicht zustande gekommen ist.
c) Bei einem Sechsjährigen sind die eigenen Willenserklärungen nichtig.
d) Die Nichtigkeit einer Willenserklärung bedeutet, dass kein Rechtsgeschäft zustande kommt.

14

Patrick Adler lebt in einer großen Familie. Dazu gehören seine Eltern Hans und Marina Adler, seine beiden jüngeren Geschwister Maja (14 Jahre) und Robert (6 Jahre) sowie Opa Walter Adler. In der vorigen Woche gab es viele Diskussionen in der Familie. Patrick geht in Gedanken die Ereignisse nochmals durch:

a) Opa Walter verkündete beim Abendbrot, dass er in seinem Testament sein ganzes Vermögen seinem Golden Retriever vermachen will.
b) Maja bekam von den Eltern 120,00 €, um Schulbücher zu kaufen. Sie hat dies getan, behielt aber, da zwei Bücher nicht vorrätig waren, 59,00 € übrig. Von diesem Geld kaufte sie zwei DVDs für die Eltern, die sie ihnen zum Hochzeitstag schenken will.
c) Robert kaufte im Auftrag der Mutter eine Packung Eier in der Good Buy GmbH. Auf dem Heimweg stürzte er mit seinem Rad, die Eier gingen dabei alle zu Bruch.
d) Maja bekam von Opa Walter zum Geburtstag 50,00 € geschenkt.
e) Robert tauschte seine vier nagelneuen Matchbox-Autos gegen eine angebissene Milchschnitte mit seinem Freund Igor (5 Jahre).

1. Untersuchen Sie die Ereignisse in der Familie Adler auf ihre rechtliche Wirksamkeit, arbeiten Sie dazu mit dem BGB. Begründen Sie Ihre Antwort mit den Rechtsnormen des BGB.
2. Finden Sie Beispiele aus Ihrem familiären Umfeld, in denen deutlich wird, dass bestimmte Willenserklärungen und Rechtshandlungen vom Alter abhängig sind.

Lernsituation 18
Eigentum und Besitz unterscheiden

FK ► LF 2 Kap. 1.5

LERNSITUATION

In der BPK GmbH hat man schon seit Längerem über eine Erweiterung des Fuhrparks nachgedacht. In der letzten Diskussionsrunde entschloss sich die Geschäftsleitung, einen Kleintransporter käuflich zu erwerben. Nach langer Suche hat die BPK GmbH ein echtes „Schnäppchen" gemacht. Der Transporter ist in einem ausgezeichneten Zustand und wirkt bis auf den Tachostand wie neu. Der abgebildete Kaufvertrag für den Fahrzeugverkauf zeigt die Vertragspartner, Konditionen, und Zahlungsvereinbarungen.

Der Kleintransporter wurde bereits abgeholt und steht auf dem Hof der BPK GmbH. Die Bezahlung des Kleintransporters erfolgt vereinbarungsgemäß erst in 30 Tagen.

Eine Woche nach Kauf flattert der BPK GmbH ein Schreiben aus dem Sekretariat des Insolvenzverwalters Schüller ins Haus:

Sehr geehrte Damen und Herren,

die Auto-Center Hildebrand GmbH ist seit dem 21.04.20XX zahlungsunfähig. Als zuständiger Insolvenzverwalter möchten wir Sie darum bitten, den noch nicht bezahlten Kleintransporter Mercedes 316 CDI Sprinter, Fahrgestellnummer 0987654, herauszugeben, um ihn in die Insolvenzmasse zu überführen. Für eine Terminabsprache stehen wir gerne zur Verfügung.

Kaufvertrag für den Fahrzeugverkauf

Der Verkäufer

Auto-Center Hildebrand GmbH
Anrede — Vor- & Nachname / Firmenname inkl. Gesellschaftsform

26121 Oldenburg, Alleenstr. 54
vollständige Anschrift (PLZ, Ort - Straße, Hausnummer - ggf. Land)

Telefon: 0441 8976XX5 — Mobiltelefon: — eMail-Adresse:
Geburtsdatum: — Geburtsort: — Beruf/Gewerbe:

veräußert an den Käufer

Bergisches Papierkontor GmbH
Anrede — Vor- & Nachname / Firmenname inkl. Gesellschaftsform

Elberfelder Str. 85, 42285 Wuppertal
vollständige Anschrift (PLZ, Ort - Straße, Hausnummer - ggf. Land)

Telefon: 0202 1236XX-0 — Mobiltelefon: — eMail-Adresse: Papiergroßhandlung
Geburtsdatum: — Geburtsort: — Beruf/Gewerbe:

zu den nachfolgenden Konditionen folgendes Kraftfahrzeug:

Fahrzeug - Hersteller, Modell, Ausführung usw. Mercedes 316 CDI Sprinter		Leistung (kw / PS) lt. Fahrzeugbrief 115	Farbe silbergrau
Fahrgestellnummer 0987654	(letztes) amtl. Kennzeichen OL-K-345	Hubraum lt. Fahrzeugbrief 2.685	Anzahl der Türen (o. siehe Feld Fzg.)
Fahrzeugart Kastenwagen Hochdach	Gesamtfahrleistung	Anzahl der Vorbesitzer 1	nächste Hauptuntersuchung (HU) 20XX
Datum der Erstzulassung 2010	Fahrleistung lt. Tacho 21345	zul. Gesamtgewicht 5.500	nächste Abgasuntersuchung (AU) 20XX

Sonderausstattung und Zuberhör:

Zahlungsvereinbarungen	alle Beträge in € (EUR)
kein Umsatzsteuerausweis möglich, § 25a UStG (Differenzbesteuerung) - **Kaufpreis:**	
Umsatzsteuer ausweisbar (Regelbesteuerung) - **(netto) Kaufpreis:**	**10.000,00**
19% **Ust.:**	**1.900,00**
Gesamtbetrag:	**11.900,00**
Gesamtbetrag in Worten:	

Art und Umfang von bekannten Unfallschäden:

Das Fahrzeug wurde als Taxi/Miet-/Fahrschulwagen genutzt:	Ja	☐	/ Nein	☒
Es handelt sich um ein EU-Import/Reimport Fahrzeug:	Ja	☐	/ Nein	☒
Das Fahrzeug wird finanziert bzw. geleast (siehe Unterlagen):	Ja	☐	/ Nein	☒

Besondere Vereinbarungen:

Beide Vertragsparteien bestätigen, eine schriftliche Ausfertigung des Vertrags erhalten zu haben. - Sofern es sich beim Verkäufer nicht um eine juristische Person des öffentlichen Rechts oder einen Unternehmer in Ausübung seiner gewerblichen oder selbstständigen Tätigkeit handelt, wird der Vertragsgegenstand unter Ausschluss jeglicher Sachmängelhaftung verkauft.

Oldenburg, 20.04.20XX — *Wildefeld* — *Peter Schönhauser*
Ort, Datum — Unterschrift Verkäufer — Unterschrift Käufer

Dr. Schönhauser ist wenig begeistert über das Schreiben. Diesen günstigen Wagen möchte er gern behalten, zumal die Suche nach einem passenden Transporter aufwendig genug war. Natürlich kann sich ein Autohändler kaum halten, wenn er Autos zu solchen Preisen verkauft, aber das kann doch nicht das Problem der BPK GmbH sein!

ARBEITSAUFTRAG

Klären Sie mithilfe der Rechtsnormen des BGB die Eigentumsverhältnisse an dem Kleintransporter. Bestimmen Sie dabei die Rechte und Pflichten, welche die BPK GmbH aus dem vorliegenden Vertrag bezüglich des Kleintransporters hat.

Verfassen Sie ein Schreiben an das Büro des Insolvenzverwalters Schüller, in dem Sie über die rechtliche Situation aufklären.

Arbeitsblatt 18.1 Eigentum und Besitz

Besitz	Eigentum
Definition: .... §	**Definition:** .... § ....

Eigentumsübertragung

bei beweglichen Sachen	bei unbeweglichen Sachen
durch: .... §	durch: .... § ....

Merke:

Die .... ist für die Eigentumsübertragung nicht erforderlich!

Gutgläubiger Erwerb

Erklärung: ....

....

....

§ ....

Voraussetzungen:

....

....

Aufgaben

1

Klären Sie mithilfe der Rechtsnormen des BGB, wer Eigentümer und wer Besitzer ist:

a) Im Ladengeschäft der Südwest AG nimmt Angelina Schick einen für ihre Tochter Tanja gedachten MP3-Player aus dem Regal.
b) Frau Schick geht zur Kasse, zahlt den Kaufpreis, nimmt den MP3-Player und geht.
c) Herr Walter findet im Stadtpark die Uhr von Frau Pflaume und hebt sie auf.
d) Herr Wendelin – Geschäftsführer der Hopfen und Malz Brauerei – sitzt in seinem Stammlokal und trinkt Bier aus seiner Brauerei, das ihm in einem verzierten Maßkrug vom Wirt gereicht wird.

2

Bestimmen Sie, wer in den folgenden Fällen Eigentümer und wer Besitzer ist:

a) Karin wohnt in einer Wohngemeinschaft zur Untermiete.
b) Der Sachbearbeiter des Einkaufs darf mit dem Firmenwagen des Prokuristen fahren.
c) Zwei zehnjährige Jungen finden eine Geldbörse, ohne sie zum Fundbüro zu bringen.
d) Peter verleiht sein Fahrrad an Andreas.
e) Andreas verkauft Peters Fahrrad an seinen Kumpel Bernd.
f) Der Hausmeister wohnt zur Miete in dem Zwölffamilienhaus des Unternehmers.
g) Ede verkauft gestohlene Ware an einen Kunden, der die Ware sofort bezahlt und mitnimmt.
h) Ein Möbelhaus liefert der Familie Baumann eine neue Schrankwand. Die Bezahlung erfolgt vereinbarungsgemäß eine Woche später.

3

Unterscheiden Sie in den nachfolgenden Fällen jeweils getrennt für Person 1 (P1) und Person 2 (P2), ob diese

1. Eigentümer und gleichzeitig Besitzer,
2. Eigentümer, aber nicht Besitzer,
3. Besitzer, aber nicht Eigentümer,
4. weder Besitzer noch Eigentümer

sind.

a) Sie (P1) leihen sich von einem Mitschüler (P2) eine CD aus.
b) Herr Schmitz (P1) hat von Herrn Lippert (P2) eine 2-Zimmer-Wohnung gemietet.
c) Sie (P1) kaufen sich beim Händler (P2) ein neues Fahrrad und zahlen bar.

4

Kennzeichnen Sie folgende Aussagen mit richtig oder falsch:

a) Eigentümer einer Sache wird man durch Einigung und Bezahlung.
b) Besitz ist die tatsächliche Gewalt über eine Sache.
c) Gutgläubiger Erwerb ist bei gestohlenen Sachen möglich.

5

Die BPK GmbH beabsichtigt, zur Erweiterung ihrer Lagerkapazitäten ein angrenzendes Grundstück zu kaufen. Stellen Sie dar, welche Gemeinsamkeiten der Kauf des Kleintransporters und der Kauf eines Grundstückes aufweisen und welche Unterschiede es gibt.

	Kleintransporter	**Grundstück**
Gemeinsamkeiten		
Unterschiede		

Tabelle zu Aufg. 5

Lernsituation 19
Rechtsgeschäfte unterscheiden

FK ► LF 2 Kap. 1.6

LERNSITUATION

Im Kassenbereich eines großen Fliesengroßhändlers werden Sie Zeuge des folgenden Gespräches:

Kunde (Handwerker): Guten Tag, da habe ich ja heute besonders viel Glück. Zum einen hatten Sie noch diesen Fliesenkleber, meine letzte Tube hat nämlich der Azubi beim Üben verbraucht, zum anderen hatte ich mit einem viel höheren Preis gerechnet. Da nehm ich doch direkt 20 Tuben mit.

Verkäufer: Guten Tag, das freut mich für Sie. Wir haben diesen Kleber eigentlich aber immer auf Lager.

Der Verkäufer fährt mit dem Handscanner über das Etikett. In der Anzeige der Kasse erscheint aber nicht der ausgezeichnete Preis in Höhe von 9,90 €, sondern ein Preis von 39,90 €.

Verkäufer (schaut verwundert): Oh, der Kleber ist wohl falsch ausgezeichnet worden. Der tatsächliche Preis beträgt 39,90 €.

Kunde (aufgebracht): Das glaube ich jetzt nicht! Schauen Sie selbst, an dem Regal mit dem Kleber steht ganz deutlich der Preis von 9,90 €. Zu diesem Preis müssen Sie mir den Kleber auch verkaufen! Auf etwas anderes lasse ich mich auf keinen Fall ein ...!

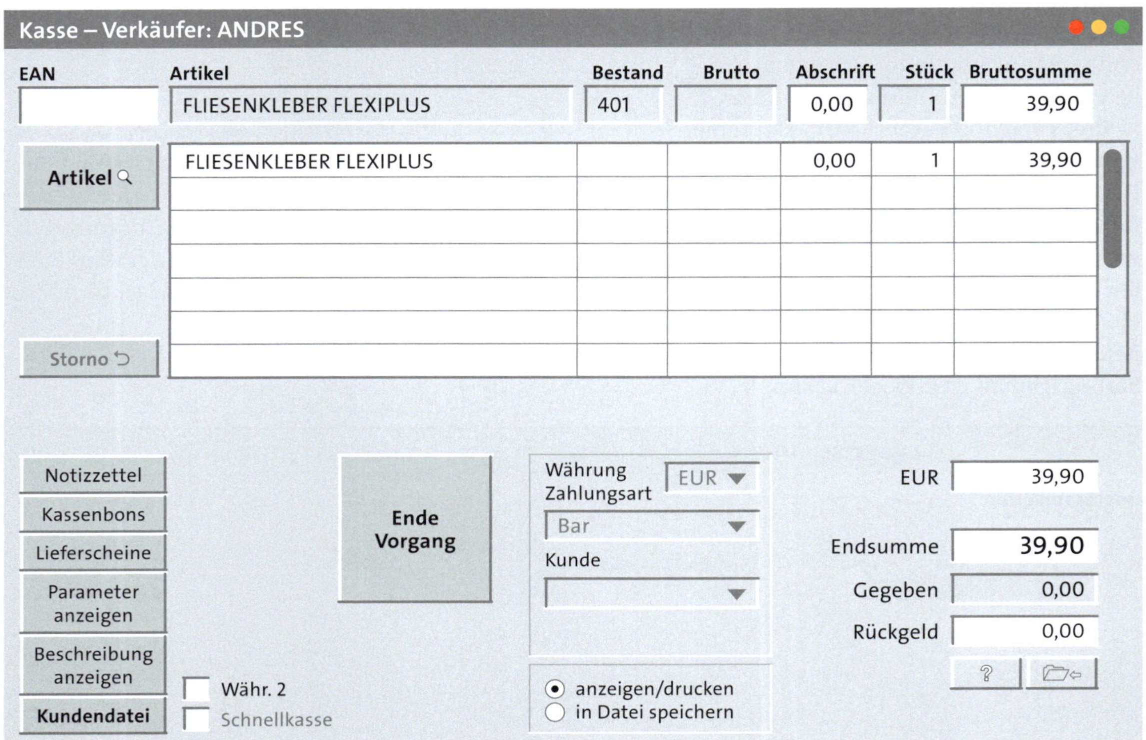

ARBEITSAUFTRAG

Beurteilen Sie die Rechtslage für das vorliegende Verkaufsgespräch aus der Sicht des Fliesengroßhändlers und halten Sie Ihr Ergebnis schriftlich fest. Begründen Sie Ihre Ausarbeitung mithilfe des Fachbuches.

Arbeitsblatt 19.1 Unterscheidung von Rechtsgeschäften

… nach der Anzahl der Beteiligten

……………………………………………………………

……………………………………………………………

……………………………………………………………

……………………………………………………………

Beispiel: ……………………………………………

Für das Zustandekommen ist nur eine Willenserklärung notwendig.

a) Die Willenserklärung ist empfangsbedürftig

Beispiel: ……………………………………………

b) ……………………………………………………

……………………………………………………

Beispiel: Testament

… nach der rechtlichen Stellung der Vertragspartner

Kein Vertragspartner ist Kaufmann.

Beispiel: …………………………………

……………………………………………………………

einseitiges Handelsgeschäft

……………………………………………………………

……………………………………………………………

Beispiel: ……………………………………………

……………………………………………………………

……………………………………………………………

Beispiel: Die BPK GmbH verkauft Papier an einen Ihrer Kunden.

… nach dem Zeitpunkt der Leistung

Verpflichtungsgeschäft

……………………………………………………………

……………………………………………………………

……………………………………………………………

……………………………………………………………

……………………………………………………………

Beispiel: ……………………………………………

Erfüllungsgeschäft

……………………………………………………………

……………………………………………………………

……………………………………………………………

……………………………………………………………

Beispiel: ……………………………………………

Arbeitsblatt 19.2 Vertragsfreiheit

Vertragsfreiheit		**Einschränkung der Vertragsfreiheit durch**	
Abschlussfreiheit		Abschlusszwang	
Inhalts-/Gestaltungsfreiheit		zwingende rechtliche Vorschriften	
Formfreiheit		**Formvorschriften**	– Schriftform – öffentliche Beglaubigung – notarielle Beurkundung

Aufgaben

1

Um welche Art von Rechtsgeschäften handelt es sich?

Rechtsgeschäft	einseitiges Rechtsgeschäft	zweiseitiges Rechtsgeschäft	nicht empfangsbedürftige Willenserklärung	empfangsbedürftige Willenserklärung
Mietvertrag	☐	☐	☐	☐
Testament	☐	☐	☐	☐
Kündigung	☐	☐	☐	☐
Kaufvertrag	☐	☐	☐	☐

2

Aus welchem Grund hat der Gesetzgeber für verschiedene Rechtsgeschäfte Formvorschriften verankert?

3

Welche Formvorschriften sind für folgende Rechtsgeschäfte vorgeschrieben? Suchen Sie die jeweiligen rechtlichen Grundlagen.

a) Kaufvertrag über ein Auto
b) Kaufvertrag über eine Eigentumswohnung
c) Vermietung einer Eigentumswohnung
d) Verpachtung eines Grundstückes
e) Bürgschaftserklärung eines Kaufmannes
f) Bürgschaftserklärung einer Privatperson
g) Aufsetzen eines Testaments einer Privatperson

4

Kreuzen Sie die gesetzlich vorgeschriebene Form für das jeweilige Rechtsgeschäft an.

Rechtsgeschäft	formfrei	Schriftform	öffentliche Beglaubigung	notarielle Beurkundung
1. Frau Putzig kauft ihren Geschirrspüler auf Raten.	☐	☐	☐	☐
2. Karl Protz bezahlt sein neues Motorrad bar.	☐	☐	☐	☐
3. Bauer Kohl verkauft einen Acker an seinen Nachbarn.	☐	☐	☐	☐
4. Martin Stift schließt einen Ausbildungsvertrag ab.	☐	☐	☐	☐
5. Onkel Ludwig setzt sein Testament auf.	☐	☐	☐	☐
6. Frau Schenker verspricht, dass sie ihrem Neffen zu seinem 18. Geburtstag 10.000,00 € schenken wird.	☐	☐	☐	☐

5

Überprüfen Sie im Rahmen der Vertragsfreiheit folgende Fälle und begründen Sie Ihre Ansicht mit den Aspekten Abschlussfreiheit und Abschlusszwang.

a) Herr Schmolke interessiert sich für einen Kerzenständer. Der Verkäufer weigert sich aber, Herrn Schmolke den Kerzenständer zu verkaufen, mit der Begründung, dass dies sein letztes Exemplar sei. Ist das Verhalten des Verkäufers rechtens?
b) Ein Apotheker weigert sich, Herrn Schmolke das von ihm benötigte Insulin zu verkaufen.
Ist das Verhalten des Verkäufers rechtens?
c) Herr Schmolke möchte die Wohnung von Herrn Lippert mieten. Dieser weigert sich, an Herrn Schmolke zu vermieten, da dieser Raucher ist. Ist das Verhalten des Vermieters rechtens?
d) Herr Schmolke hat ein eigenes Haus gekauft und möchte den Wasseranschluss anmelden. Die Stadtwerke weigern sich, Herrn Schmolke als Kunden anzunehmen. Ist das Verhalten der Stadtwerke rechtens?

6

Um welche Vertragsart handelt es sich in den folgenden Fällen?

a) Susanne besorgt sich in der Videothek ein paar DVD's für einen gemütlichen Abend zu Hause.
b) Hannes möchte einen Kuchen backen. Leider hat er nicht genug Eier im Haus. Seine Nachbarin hilft ihm mit drei Eiern aus. Nach seinem nächsten Einkauf gibt Hannes ihr drei Eier zurück.
c) Frau Schönenberg lässt in der Werkstatt ihres Vertrauens einige Kratzer an ihrem Auto ausbessern.
d) Simon verdient sich durch Zeitungsaustragen ein bisschen Geld zu seinem Taschengeld dazu.
e) Bauer Mairhofer überlässt seinem Nachbarn einen Acker. Der Nachbar baut darauf Zuckerrüben an und verkauft sie an die örtliche Zuckerraffinerie.
f) Sascha fliegt nach Abschluss seiner Ausbildung für zwei Wochen nach Mallorca.
g) Herr Voigt besorgt sich am Kiosk die aktuelle Tageszeitung.
h) Für eine Party bekommt Anja von ihrer Freundin Elke ein todschickes Top.

7

Stellen Sie jeweils den wesentlichen Unterschied zwischen folgenden Verträgen heraus:

a) Miet- und Darlehensvertrag
b) Miet- und Pachtvertrag
c) Miet- und Leihvertrag
d) Werk- und Kaufvertrag
e) Werk- und Dienstvertrag

Lernsituation 20
Nichtigkeit und Anfechtbarkeit von Rechtsgeschäften erkennen

FK ▶ LF 2 Kap. 1.8

LERNSITUATION

In der Verkaufsabteilung der BPK GmbH: Der Verkaufssachbearbeiter Fritz Stoll wundert sich über den Inhalt der folgenden E-Mail-Bestellung von Heribert Tenhumberg, Einkäufer bei Klammer & Co. Bürobedarf. Herr Tenhumberg ist sonst nicht an solch großen Mengen „Mattpost-Extra" interessiert. Der Auszubildende Thomas Wolfen wird von Herrn Stoll beauftragt, die Bestellung weiter zu bearbeiten, jedoch vorher nochmals mithilfe des Verzeichnisses der Warengruppen inhaltlich zu überprüfen.

Löschen | Antworten | An alle | Weiterleiten

Von: Klammer & Co. Bürobedarf, Heribert Tenhumberg
An: fritz.stoll@BPKontor.dex
Datum: 15.10.20XX
Betreff: Bestellung

Sehr geehrter Herr Stoll,

vielen Dank für Ihr äußerst günstiges Angebot über 10 000 Blatt „Mattpost Extra". Aufgrund des besonders attraktiven Preises ab 5 Kartons nehme ich gleich ein paar Kartons mehr als geplant. Meine Bestellung lautet:

30 000 Blatt (6 Kartons) BPK „Mattpost-Extra"
Qualitäts-Büropapier mit Wasserzeichen
Format DIN A4, 80 g/m²
500 Blatt 11,45 €
ab 5 Kartons 4,80 €

Den Rechnungsbetrag von 288,00 € zzgl. Umsatzsteuer werde ich wie gewohnt mit einem Zahlungsziel von 30 Tagen netto überweisen.

Mit freundlichen Grüßen

Heribert Tenhumberg

Klammer & Co. Bürobedarf
Hansaring 108 · 48155 Münster
Tel. (02 51) 348XX-1 · Fax (02 51) 348XX-5

Vorangegangene E-Mail

Von: fritz.stoll@BPKontor.dex
Datum: 14.10.20XX
An: Klammer & Co. Bürobedarf, Heribert Tenhumberg
Betreff: Angebot

Sehr geehrter Herr Tenhumberg,

vielen Dank für Ihre Anfrage über 10.000 Blatt „Mattpost Extra". Wir können Ihnen das Papier zu unseren gewohnt günstigen Konditionen anbieten:

10.000 Blatt (2 Kartons) BPK „Mattpost-Extra"
Qualitätsbüropapier mit Wasserzeichen
Format DIN A4, 80 g/qm
500 Blatt 11,45 €
ab 5 Kartons 4,80 €

Ich hoffe, dass Ihnen das Angebot zusagt, und freue mich über Ihre Bestellung.

Mit freundlichen Grüßen

Fritz Stoll

BPK GmbH

Arbeitsblatt 20.1 Nichtigkeit und Anfechtbarkeit von Rechtsgeschäften

Nichtige Rechtsgeschäfte = ...

Bezeichnung	**§**	**Beispiel**
		Kaufvertrag wird zu Unterrichtszwecken „geschlossen“
Scheingeschäft	§ 117 BGB	
Formmangel		
	§ 138 BGB	
		Geschäftsunfähiger kauft Bonbons
		beschränkt Geschäftsfähiger kauft gegen den Willen der Erziehungsberechtigten einen DVD-Player
	§ 105 II BGB	

Anfechtbare Rechtsgeschäfte = ...

Anfechtungsgründe

Irrtum

- **Eigenschaftsirrtum:**
  § .... BGB
- **Erklärungsirrtum:**
  § .... BGB
- **Inhaltsirrtum:**
  § .... BGB
- ....
  § 120 BGB

Anfechtungsfrist:

....

arglistige Täuschung

§ .... BGB

Anfechtungsfrist:

....

....

widerrechtliche Drohung

§ .... BGB

Anfechtungsfrist:

....

....

Aufgaben

1

Aus welchem Grund ist das Rechtsgeschäft anfechtbar?

a) Ein Verkäufer verkauft versehentlich einen Heckscheibenwischer für 8,80 € statt für 18,80 €.
b) Eine Auszubildende notiert bei der Entgegennahme einer Bestellung eine falsche Bestellmenge.
c) Eine Verkäuferin verkauft unabsichtlich eine Imitation als echten Goldschmuck.
d) Ein Jugendlicher verkauft seinem Freund eine schon mehrfach abgespielte DVD als neu.
e) Ein Hausierer zwingt eine ältere Frau zum Kauf von zehn Postkarten für 29,00 €.

2

Aus welchem Grund ist das Rechtsgeschäft nichtig?

a) Ein Sechsjähriger kauft nach der Schule einen Schokoriegel.
b) Ein stark angetrunkener Kunde kauft ein Navigationsgerät.
c) Eine 13-Jährige kauft gegen den Willen ihrer Eltern ein Handy für 100,00 €.
d) Ein Kunde hat für 45,00 € Zündkerzen gekauft. Er lässt sich eine Quittung über 98,00 € ausstellen.
e) Ein über sein reparaturanfälliges Fahrzeug verärgerter Kunde sagt: „Die Karre können Sie geschenkt haben."
f) Ein 15-jähriger kauft eine Flasche Champagner.
g) Ein Abteilungsleiter kauft eine Ferienwohnung ohne notarielle Beurkundung des Vertrages.
h) Eine 18-jährige kauft einen gebrauchten Pkw auf Raten zu deutlich überhöhten Zinskonditionen.

3

Rechtsgeschäft	gültig	nichtig	anfechtbar	Begründung
a) Klaus Ziegler sagt während eines Verkaufsgesprächs zu einem Kunden: „Diese Bohrmaschine von Posch bekommen Sie bei uns wirklich für einen Appel und ein Ei." Der Kunde möchte daraufhin mit einem Apfel und einem Ei bezahlen.	☐	☐	☐	
b) Die 4-jährige Lucca verkauft ihren Puppenwagen für 5,00 €.	☐	☐	☐	
c) Regina Pech kauft einen Gebrauchtwagen. Bei der ersten Inspektion stellt die Werkstatt fest, dass es sich um einen Unfallwagen handelt. Im schriftlichen Kaufvertrag wurde das Fahrzeug als unfallfrei erklärt.	☐	☐	☐	
d) Frau Pingel tippt ihr Testament, damit es gut lesbar ist, auf dem PC, druckt es aus und unterschreibt es eigenhändig.	☐	☐	☐	
e) Kunde Maus kauft einen PC ohne schriftlichen Vertrag. Nach 3 Monaten stellt sich heraus, dass er für seine Zwecke einen viel zu kleinen Arbeitsspeicher gewählt hat.	☐	☐	☐	
f) Der Verkäufer Ziegler versendet an einen Kunden ein schriftliches Angebot für Schlagbohrmaschinen. Versehentlich schreibt er als Angebotspreis 255,99 € statt 299,55 €.	☐	☐	☐	

Lernsituation 21

Geschäftskorrespondenz regelkonform gestalten

FK ▶ LF 2 Kap. 2

LERNSITUATION

Die Ausbildungsbeauftragte Frau Trautmann legt sehr viel Wert auf eine gute Schulung und Einarbeitung der Auszubildenden. Heute möchte sie mit Ihnen über geschäftliche E-Mails sprechen. Dafür legt Sie Ihnen folgenden E-Mail-Wechsel vor, den sie von Frau Finke aus dem Einkauf erhalten hat.

Löschen | Antworten | An alle | Weiterleiten

Von: babette.finke@BPkontor.dex
An: thea.trautmann@BPkontor.dex
Datum: Mittwoch, 24. Februar 20XX 13:03
CC: peter.schoenhauser@BPkontor.dex
Betreff: Kopierpapier :-(

Hallo Frau Trautmann,

so geht das nicht! Gerade habe ich das Angebot der Firma Allerweltspapiere AG bzgl. des Kopierpapiers gelesen. Das Angebot ist gut. Aber was ist das für eine Anfrage-Mail, die wir an die Allerweltspapiere AG geschickt haben? Wer ist schmusekaetzchen@hotmail.comx? Und was in aller Welt bedeutet „LG"?

Mit freundlichen Grüßen

Babette Finke

Vorangegangene E-Mail

> **Von:** mommsen@allerweltspapiere-ag.dex
> **An:** mail@BPkontor.dex, schmusekaetzchen@hotmail.comx
> **Datum:** Dienstag, 24. Februar 20XX 12:23
> **Betreff:** Kopierpapier :-(
>
> Sehr geehrte Damen und Herren,
>
> leider konnten wir unser Angebot nicht an einen Mitarbeiter persönlich adressieren, da in Ihrer E-Mail kein Absender steht. Aufgrund unserer langjährigen Geschäftsbeziehung unterbreiten wir Ihnen trotz der ungewöhnlichen E-Mail-Adresse gerne ein Angebot.
>
> Bitte entschuldigen Sie, dass die Angebotserstellung so lange gedauert hat. Ihre E-Mail war im Spamordner gelandet und wir haben diese nur zufällig entdeckt.
>
> Wir hoffen, Ihnen sagt unser Angebot im Anhang zu.
>
> Mit freundlichen Grüßen
>
> Allerweltspapiere AG
>
> Philipp Mommsen
> (Vertrieb)

>> **Von:** schmusekaetzchen@hotmail.comx
>> **An:** mommsen@allerweltspapiere-ag.dex
>> **Datum:** Dienstag, 17. Februar 20XX 15:45
>> **Betreff:** Kopierpapier :-(
>>
>> bitte erstellen sie ein angebot über 5 paletten kopierpapier.
>>
>> LG BPK GmbH

ARBEITSAUFTRÄGE

1. Lesen Sie nachfolgenden Informationstext zur DIN 5008 und listen Sie die Fehler, die der Verfasser der E-Mail gemacht hat, auf.
2. Verfassen Sie einen E-Mail-Text, der den Richtlinien einer geschäftlichen E-Mail nach DIN 5008 entspricht. Berücksichtigen Sie dabei auch inhaltliche Aspekte der Angebotsanfrage.

E-Mails schreiben nach DIN 5008

Die DIN 5008 gilt auch für das Schreiben von E-Mails, wenn es um geschäftliche Kontakte geht. Denn auch mit einer E-Mail möchten Sie beim Empfänger einen positiven Eindruck machen. Allerdings sind beim Schreiben von geschäftlichen E-Mails ein paar Besonderheiten zu beachten.

„Gut ankommen“ hat eine doppelte Bedeutung. Auf der einen Seite soll die E-Mail zeitgemäß wirken und verständlich sein. Auf der anderen Seite sollen die Mails auch wirklich beim gewünschten Empfänger ankommen. Dabei ist die Auswahl der E-Mail-Adresse häufig schon der erste wichtige Schritt. E-Mail-Adressen sollten den Empfänger auf einen Blick erkennen lassen, wer die E-Mail verfasst hat. Denn eine E-Mail von einer unseriös wirkenden E-Mail-Adresse kann vom Empfänger als Spam betrachtet und gar nicht erst öffnet werden. E-Mails mit Absender wie super-man89@hotmail.de bleiben meistens ohnehin direkt im Spam-Filter hängen und erreichen so nie ihren Empfänger.

Richten Sie sich ggf. eine private E-Mail-Adresse und eine E-Mail-Adresse für „offizielle“ Anlässe ein. In Unternehmen erhalten die Mitarbeiter in der Regel eine E-Mail-Adresse, wie z. B. Frau Babette Finke: babette.finke@BPkontor.dex. Wenn Sie sich eine „offizielle“ E-Mail-Adresse einrichten, sollte sie sich z. B. aus Vorname und Nachname zusammensetzen, damit der Empfänger direkt weiß, wer die E-Mail verfasst hat.

E-Mails können gleichzeitig an mehrere Empfänger verschickt werden. Sie können dabei auswählen, ob die E-Mail an alle E-Mail-Adressen für alle Empfänger sichtbar (CC) oder nicht sichtbar (BCC) verschickt wird.

Bestandteile einer E-Mail
Neben dem Betreff gehören in E-Mails als feste Bestandteile eine Anrede sowie der E-Mail-Text und ein Gruß.

Da der **Betreff** für die Bearbeitung und die Verwaltung der E-Mail eine zentrale Bedeutung hat, ist diese Angabe zwingend erforderlich. Die Auswahl eines aussagekräftigen Betreffs erleichtert außerdem die Arbeit des Empfängers. Der Betreff sollte daher möglichst kurz und präzise formuliert werden, damit er schnell vom Empfänger erfasst werden kann. E-Mails können so zügiger und effektiver bearbeitet und „wiedergefunden“ werden.

Auch sollte pro Mail nur ein Thema angesprochen werden. Der Empfänger kann das Thema direkt bearbeiten oder ggf. an eine andere Person weiterleiten.

Die **Anrede** wird durch eine Leerzeile, wie bei einem Geschäftsbrief, vom übrigen Text getrennt.

Auch bei geschäftlichen E-Mails gilt es, die Regeln der deutschen Rechtschreibung zu beachten, d. h., dass nicht alle Wörter kleingeschrieben und ohne Satzzeichen aneinandergereiht werden dürfen. Verwenden Sie auch nur Abkürzungen, die Sie auch in einem gewöhnlichen Brief schreiben, und verzichten Sie auf Smileys.

Verfassen Sie Ihren **E-Mail-Text** als Fließtext, da Umbrüche durch die Software des Empfängers gesteuert werden. Hat Ihr E-Mail-Text mehrere Absätze, trennen Sie diese Absätze durch eine Leerzeile.

Zum **Abschluss** einer E-Mail gehören immer ein Gruß sowie Ihr vollständiger Name, ggf. Ihre Position sowie Ihre Durchwahl im Unternehmen. Diese Angaben erleichtern es dem Empfänger der E-Mail, sich bei Rückfragen direkt an Sie zu wenden. Die Absender-Informationen können Sie in einer elektronischen Signatur Ihres E-Mail-Programms festlegen. Sie müssen sie dann nicht immer jedes Mal neu eingeben. Manchmal ist es auch sinnvoll, unterschiedliche **Signaturen** zu verwenden, eine private und eine geschäftliche, wie z. B.:

Mit freundlichen Grüßen

Philipp Mommsen

Allerweltspapiere AG
(Vertrieb)

Wildstraße 18, 50859 Köln-Lövenich
Tel. 0221 78XX-10, Fax 0221 78XX-01
E-Mail: info@allerweltspapier-ag.dex
Geschäftsführerin: Gertha Brüggemann
Handelsregister: AG Hamburg, HRB 30016/111

E-Mail-Anhänge
Sie können Ihrer E-Mail auch Anlagen, die hier Anhänge heißen, hinzufügen. Wichtige Informationen, von denen Sie möchten, dass sie der Empfänger nicht verändern kann, wie z. B. eine Rechnung, sollten im PDF-Format verschickt werden.

(Quelle: Autorentext)

Arbeitsblatt 21.1 Anschriften nach DIN 5008

Erstellen Sie aus den folgenden Informationen ein korrektes Anschriftenfeld.

a) Italien, Via San Pietro 22–24, Sig. Maletti, Sella SA, 10121 Torino

Bergisches Papierkontor GmbH – Elberfelder Str. 85 – 42285 Wuppertal

b) Wolfgang Krause, 26133 Oldenburg, Cloppenburger Str. 450, Bitte nachsenden!, Druckerei & Design, Herrn

Bergisches Papierkontor GmbH – Elberfelder Str. 85 – 42285 Wuppertal

c) Sonja Magnus, 50679 Köln, Regenbogenstraße 1, Frau, Einschreiben

Bergisches Papierkontor GmbH – Elberfelder Str. 85 – 42285 Wuppertal

d) 44866 Bochum, Personalabteilung, Büchersendung, Lohrheidestr.72, Frikawerke GmbH & Co KG, Wenn unzustellbar, bitte mit neuer Anschrift zurück

Bergisches Papierkontor GmbH – Elberfelder Str. 85 – 42285 Wuppertal

Aufgaben

1

Erstellen Sie sich eine persönliche Geschäftsbriefvorlage mit Ihren persönlichen Angaben. Nutzen Sie dazu die Geschäftsbriefvorlage der Bergisches Papierkontor GmbH aus der Fachkunde, Seite 135 und passen Sie die Daten an.

2

Welche Regeln gelten für die geschäftliche E-Mail-Kommunikation? Erstellen Sie eine Checkliste.

3

Welche Inhalte sollte eine E-Mail-Signatur haben? Entwickeln Sie eine Signatur für Frau Trautmann.

4

Richten Sie sich eine E-Mail-Adresse (z. B. vorname.nachname@anbieter.de) ein. Recherchieren Sie, wie bei Ihrem Anbieter eine Signatur eingerichtet werden kann. Erstellen Sie eine Signatur, die Sie zukünftig für Ihre „offizielle“ Korrespondenz (z. B. bei Bewerbungen oder mit der Schule) nutzen.

5

Worin unterscheiden sich die Angaben CC und BCC bei einer E-Mail? Wann sollte welche Verteilerangabe verwendet werden?

Lernsituation 22
Ein Verkaufsseminar bei der BPK GmbH besuchen

FK ▶ LF 2 Kap. 3

LERNSITUATION

Löschen | Antworten | An alle | Weiterleiten

Von: P. Schönhauser
An: Abt. Verkauf
Datum: 27.01.20XX
Betreff: Verkaufsseminar

Liebe Kolleginnen und Kollegen aus der Abteilung Verkauf,

wie ich Ihnen vor Kurzem bereits mitgeteilt habe, werden wir in den nächsten Wochen für Sie ein Verkaufsseminar durchführen. Nach langer Suche bin ich auf eine Unternehmensberatung gestoßen, die sich auf die Schulung von Personal im Verkaufsbereich spezialisiert hat.

Diese Unternehmensberatung konnte mich von ihrem Konzept voll und ganz überzeugen, auch Nachfragen bei anderen Großhandelsunternehmen konnten diesen positiven Eindruck nur bestätigen. Anbei nun das Schulungsprogramm für das Verkaufsseminar. Bitte informieren Sie die Mitarbeiter aus Ihrer Abteilung.

P. Schönhauser

UB Unternehmensberatung

Verkaufsseminar

Schulungsprogramm

Kommunikation
Die Grundlage für erfolgreiches Verkaufen

„Erste Hilfe“ beim Telefonieren

Das Verkaufsgespräch
Grundlage des Erfolges im Großhandel

1. Begrüßung – 15 Sekunden entscheiden
2. Bedarfsermittlung – einen „Eisberg“ entdecken
3. Argumentation – mit guten Gründen überzeugen
4. Preisnennung – den Wert ins richtige Licht rücken
5. Kundeneinwände – wichtige Wegweiser erkennen
6. Ergänzungsangebote – da war doch noch was?
7. Serviceleistungen – was wir können, können nicht alle!
8. Verabschiedung – nun noch einen guten Schluss!

Kommunikation: Die Grundlage für erfolgreiches Verkaufen

„Gestern Nachmittag kam ein Stammkunde zu uns, um Werkzeug zu mieten: ein großer, kräftiger Herr mit auffallend großen Händen. Er fragte nach einem Werkzeug, mit dem man problemlos Äpfel pflücken kann, die so hoch oben im Baum hängen, dass man sie aus dem Stand heraus nicht erreicht. Wir überlegten gemeinsam, welches Werkzeug aus unserem weit gefächerten Angebot geeignet sein könnte. Ich empfahl ihm unsere klappbare Spezialleiter, die man stufenweise ausziehen kann, um höhere Regionen seines Apfelbaums zu erreichen.

Drei Tage später kam er ohne die Leiter in unseren Laden zurück. Von Weitem sah ich, dass er einen verbundenen Arm in einer Schlinge trug. Für mich war klar, dass er sicherlich von der Leiter gefallen war und sich den Arm gebrochen hatte. Ich hielt ihm die Tür auf und bot ihm einen Stuhl an – er lachte und sagte, ich könne mir nicht vorstellen, was passiert sei! Nachdem die Äpfel erfolgreich geerntet waren, wollte er nämlich seine Familie mit einem selbstgebackenen Apfelkuchen überraschen. Das misslang ihm aber gründlich, weil er den Kuchen im Backofen vergaß und zu spät versuchte, den Kuchen mit bloßen Fingern aus dem Ofen zu ziehen. Dabei verbrannte er sich die rechte Handfläche so sehr, dass er ärztlich behandelt werden musste und nun den Verband trägt.

Jedenfalls lachte er herzlich über sein Missgeschick und bat mich, ihm beim Ausladen der gemieteten Leiter zu helfen, denn diese ist so schwer, dass man sie mit einer Hand nicht tragen kann. Das tat ich gern und war überrascht, als er für unser Team einen großen Eimer mit frisch geernteten Äpfeln bereithielt. Er sagte, er wolle uns etwas Gutes tun, weil er mit der Fachkompetenz und der Beratung in unserem Haus sehr zufrieden sei."

ARBEITSAUFTRAG

Partnerarbeit: Erzählen Sie Ihrem Nachbarn die oben stehende Geschichte und benutzen Sie dazu eine sinnvolle Gestik.

a) Unterstreichen Sie alle Teile der Geschichte, die man mit Gestik unterstützen kann.
b) Diskutieren Sie kurz mit Ihrem Partner darüber.
c) Stellen Sie daraufhin Ihre gemeinsame Version der Klasse vor.

Arbeitsblatt 22.1 Nonverbale Kommunikation

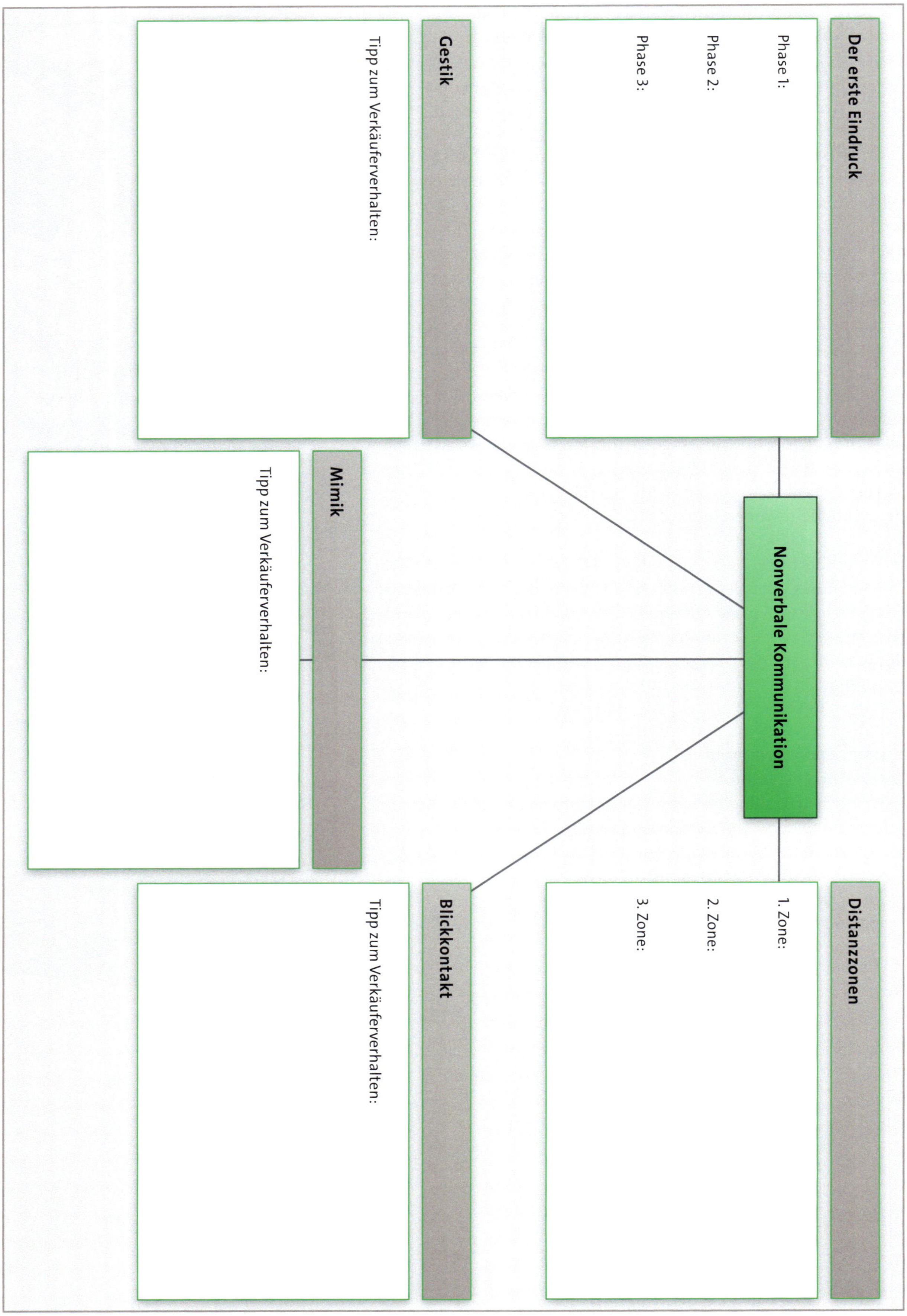

Aufgaben

1

Stellen Sie folgende Aussagen vor der Klasse ohne Worte dar. Verraten Sie aber Ihren Mitschülern nicht, welche Aussage Sie darstellen, denn das müssen sie natürlich erraten:

a) Das freut mich!
b) So geht das aber nicht!
c) Das bezweifle ich!
d) Ich bin völlig erschöpft.
e) Ich stehe unter Zeitdruck.
f) Gut gemacht!
g) Er/sie ist völlig ausgeflippt!
h) Ich bin fassungslos!
i) Das weiß ich nicht.
j) (eigene Ideen)

2

Erklären Sie kurz mit eigenen Worten, wie der Ablauf des ersten Eindrucks vonstattengeht.

3

Wie sollten Sie sich während des Verkaufsgesprächs hinsichtlich der unterschiedlichen Distanzzonen verhalten?

4

Wie würden Sie folgende Signale der Körpersprache deuten?

a) Hände in den Hosentaschen
b) verschränkte Arme
c) Sitzen auf der vorderen Stuhlkante
d) mit den Fingern trommeln
e) Augenbrauen anheben
f) schlaffer Händedruck

5

Nur ein geringer Prozentsatz aller Menschen sind so gute Lügner, dass sie nicht verräterische Körpersignale aussenden.

An welcher Mimik und Gestik erkennen Sie

a) einen verdächtigen Kunden im Verkaufsraum, der einen Diebstahl begehen will?
b) einen kaufbereiten Kunden, der das ausgestellte Modell einer Bohrmaschine testet?
c) eine kritische Kundin, der die Duftrichtung des Parfums nicht zusagt?
d) einen angriffslustigen Kunden, der ein Streitgespräch über den Preis sucht?
e) eine unsichere Kundin, die eine ausführliche Beratung wünscht?

6

Experimentieren Sie mit Ihrer Betonung und auch mit Ihrer Lautstärke. Versuchen Sie, folgende Sätze möglichst häufig in unterschiedlicher Betonung und Lautstärke vorzulesen.

a) Als mein Wecker heute Morgen klingelte, merkte ich, dass ich noch furchtbar müde war!
b) Ein Tag ohne Lächeln ist ein verlorener Tag.
c) We can do it!
d) Haben Sie noch einen Moment Zeit?
e) Sie müssen schon noch warten, noch sind Sie nicht dran!
f) Sie sind noch nicht an der Reihe!
g) Wünschen Sie Bedienung?
h) An welche Preislage haben Sie denn gedacht?
i) Das wird schwierig werden, diese Ware zu besorgen!
j) Darf ich Ihnen irgendetwas zeigen?
k) Wir führen aber nur diesen Artikel.
l) Ich kann Ihnen leider nur diesen Artikel anbieten.

7

Sie sind heute zum Telefondienst bei der Service-Hotline eingeteilt. In den schriftlichen Anweisungen zum Telefonieren heißt es: „Nehmen Sie Telefongespräche entgegen mit einem Lächeln in der Stimme!"
Erklären Sie, was das bedeutet.

Rollenspiel

Führen Sie mit wechselnden Teilnehmern folgende Rollenspiele durch. Die am Rollenspiel nicht Beteiligten beobachten die jeweilige Situation systematisch mithilfe des Beobachtungsbogens auf der folgenden Seite.

Rollenkarten:

1. Situation:

Sie möchten beim Einwohnermeldeamt Ihren neuen Personalausweis abholen. Nach einer Stunde Wartezeit ruft die Verwaltungsangestellte Sie herein. Die Gebühr für den Ausweis ist ohne Ihr Wissen teurer geworden, daher haben Sie nicht genug Geld dabei.

Rolle I: verzagter Azubi (m/w)
Rolle II: Verwaltungsangestellte(r)
Ziel: Versuchen Sie eine praktikable Lösung der Situation zu finden.

2. Situation:

Vor Ihrer Stammdiskothek steht ein neuer Sicherheitsbeauftragter, der Sie nicht kennt. Er hat die Anweisung, niemanden hereinzulassen, der behauptet, Stammgast zu sein.

Rolle I: überraschter Stammgast (m/w)
Rolle II: Sicherheitsbeauftragte(r)
Ziel: Versuchen Sie eine praktikable Lösung der Situation zu finden.

3. Situation:

Als Ihnen im italienischen Eissalon Ihr Eisbecher „Magnum" serviert wird, stolpert der Servierer und das Eis landet auf Ihrer Hose.

Rolle I: bestürzter Gast (m/w)
Rolle II: Servierer(in) im Eissalon
Ziel: Versuchen Sie eine praktikable Lösung der Situation zu finden.

4. Situation:

Im Parkhaus warten Sie schon einige Minuten auf einen Parkplatz, der Ihnen dann, obwohl Sie den Blinker gesetzt haben, von einer selbstbewussten Sportwagenfahrerin weggeschnappt wird.

Rolle I: ehrlicher „Einparker" (m/w)
Rolle II: Sportwagenfahrerin
Ziel: Versuchen Sie eine praktikable Lösung der Situation zu finden.

Rollenspiel (Beobachtungsbogen)

Beobachtungsbogen Teil I: Die verbalen Bausteine der Sprache				
	zu leise	angemessen	zu laut	Bemerkung
Lautstärke				
	zu schnell	angemessen	zu langsam	Bemerkung
Tempo				
	übertrieben	angemessen	monoton	Bemerkung
Betonung				
	zu lange Sätze	angemessen	zu kurze Sätze	Bemerkung
Satzbau				
	ungeklärte Fachbegriffe	angemessen	zu wenig Fachbegriffe	Bemerkung
Fachbegriffe				

Beobachtungsbogen Teil II: Die nonverbalen Bausteine der Sprache				
	zu wenig	angemessen	übertrieben	Bemerkung
Blickkontakt				
	zu wenig	angemessen	zu viel	Bemerkung
Mimik				
	übertrieben	angemessen	zu wenig	Bemerkung
Gestik				
	zu nah	angemessen	zu weit	Bemerkung
Distanz				

„Erste Hilfe" beim Telefonieren

LERNSITUATION

In der Verkaufsabteilung des Reifengroßhändlers Kiesling GmbH klingelt das Telefon. Die Mitarbeiterin Frau Breuer nimmt das Gespräch an.

Auszug aus dem Telefongespräch

Verkäuferin: Breuer!
Kunde: Entschuldigen Sie bitte, bin ich hier nicht mit dem Reifengroßhandel Kiesling verbunden?
Verkäuferin: Doch, da sind Sie bei mir schon richtig.
Kunde: Sie haben mir vor Kurzem doch so ein Angebot mit stark reduzierten Preisen für alle Winterreifen geschickt, nicht wahr?
Verkäuferin: Ja, ich glaube schon, allerdings galt das doch nur für Continental Reifen, oder?
Kunde: Aber in dem Angebot stand doch, dass Sie alle Winterreifen im Preis gesenkt haben!
Verkäuferin: Das kann ich Ihnen nicht sagen, ich bin hier nur für den Versand zuständig.
Kunde: Oh, das wusste ich nicht, können Sie mich dann bitte mit dem entsprechenden Mitarbeiter verbinden?
Verkäuferin: Da müssten Sie sich an die Zentrale wenden, ich habe die entsprechenden Nummern nicht vorliegen.
Kunde: ...

ARBEITSAUFTRÄGE

1. Notieren Sie stichwortartig die Fehler der Verkäuferin.
2. Formulieren Sie einen Verbesserungsvorschlag in wörtlicher Rede.
3. Stellen Sie Ihren Verbesserungsvorschlag im Rollenspiel vor.

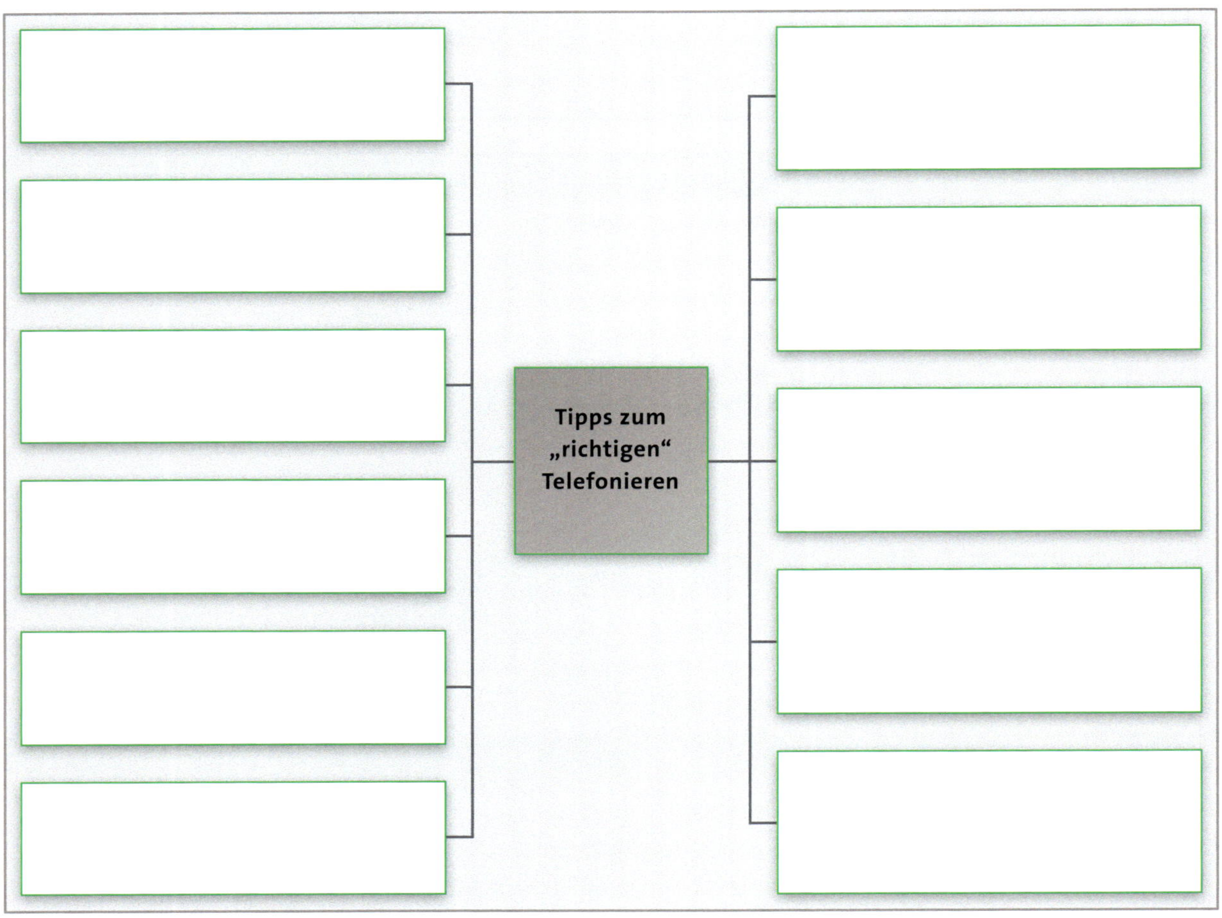

Aufgaben

1

Beschreiben Sie, welche Regeln bzw. Verhaltensweisen Sie am Telefon in Ihrem Ausbildungsbetrieb befolgen sollten.

2

Ihr Chef hat Ihnen aufgetragen, keine Preise am Telefon bekanntzugeben. Worin sehen Sie einen möglichen Grund für diese Anweisung?

3

Entwickeln Sie für jede Aussage eines Verkäufers im Rahmen eines Telefongesprächs einen Verbesserungsvorschlag.

Aussage des Verkäufers	Verbesserungsvorschlag
Wer ist da?	
Worum geht es?	
Da sind Sie in der falschen Abteilung gelandet!	
Ich kann Ihnen nicht helfen!	
Da müssen Sie später noch einmal anrufen!	
Welches Angebot? Ich weiß nichts von einem Angebot.	

Begrüßung: 15 Sekunden entscheiden

LERNSITUATION

Im Elektrogroßhandel Bell

Am Morgen des 15. Oktober betritt der Elektromeister Özgür Kenarci die Elektrogroßhandlung Bell, um neues Material für eine Reihe von Kundenaufträgen zu kaufen. Der Verkäufer sitzt hinter der Theke und telefoniert. Er beobachtet, wie sich Herr Kenarci schon längere Zeit mit einem Artikel beschäftigt, reagiert aber nicht und telefoniert in aller Ruhe weiter. Auch als Herr Kenarci sichtlich ungeduldig wird, telefoniert der Verkäufer immer noch weiter. Als dann Herr Kenarci kopfschüttelnd das Geschäft verlässt, ist der Verkäufer doch ein wenig verwundert.

ARBEITSAUFTRÄGE

1. Notieren Sie stichwortartig die Fehler des Verkäufers.
2. Formulieren Sie einen Verbesserungsvorschlag.

Aufgaben

1

Der Kunde gibt durch bestimmte Signale zu erkennen, dass er angesprochen werden möchte.
Nennen Sie diese Signale.

2

Formulieren Sie in wörtlicher Rede die Ansprache des Kunden in den zwei aufgeführten Situationen.

a) Der Kunde schaut sich hilfesuchend um.
b) Die Stammkundin Beate Simons beschäftigt sich seit ein paar Minuten sehr intensiv mit einer Ware.

3

Formulieren Sie fünf Beispiele, wie Sie Kunden in Ihrem Ausbildungsbetrieb gezielt über die Ware ansprechen können.

4

Notieren Sie in der nachfolgenden Verkaufssituation die Folgen aus der Verhaltensweise des Verkäufers bezüglich der Kontaktaufnahme mit dem Kunden.
Formulieren Sie anschließend eine bessere Kontaktaufnahme.

a) Der Kunde Martin Lange betritt den Fahrradgroßhandel Enkler e. K. und geht gezielt auf den Verkäufer Wolfgang Meyer zu, der gerade mit dem Einräumen von Waren beschäftigt ist.
Kunde: „Guten Tag, können Sie mir weiterhelfen?“
Verkäufer: „Wie jedermann erkennen kann, bin ich zurzeit beschäftigt. Kommen Sie in einer halben Stunde noch mal wieder!“
b) Zwei Kundinnen beschäftigen sich intensiv mit einer Ware. Ein Verkäufer wendet sich an die Kundinnen und fragt: „Kann ich Ihnen helfen?“ Eine der Kundinnen antwortet: „Nein danke, wir kommen schon zurecht.“

Bedarfsermittlung: Einen „Eisberg“ entdecken

LERNSITUATION

In einem Sanitärgroßhandel geht ein Verkäufer lächelnd auf eine Kundin zu und begrüßt sie freundlich.

Auszug aus dem Verkaufsgespräch

Verkäufer: Guten Tag, wie kann ich Ihnen helfen?
Kundin: Guten Tag, der Sanitärbetrieb Fromberg schickt mich, ich soll mir bei Ihnen mein neues Bad aussuchen.
Verkäufer: Ja gern! Haben Sie schon an etwas Bestimmtes gedacht?
Kundin: Eigentlich nicht! Ich wollte mich gern mal umsehen und schauen, was Sie so haben!
Verkäufer: Möchten Sie ein modernes Bad?
Kundin: Das weiß ich noch nicht!
Verkäufer: Wie wäre es mit einem Bad im Landhausstil?
Kundin: Ich weiß nicht!
Verkäufer: Soll es denn eine bestimmte Farbe haben?
Kundin: Ich müsste mir die Sachen mal ansehen!
Verkäufer: Möchten Sie gern eine Badewanne?
Kundin: Das kommt darauf an ...

ARBEITSAUFTRÄGE

1. Notieren Sie stichwortartig die Fehler des Verkäufers.
2. Formulieren Sie einen Verbesserungsvorschlag in wörtlicher Rede.

Frageform	Beispiel	Anwendungsmöglichkeiten
offene Fragen		
	„Wollen Sie, dass ich Ihnen das Gerät nochmals vorführe?“	

Aufgaben

1

Erläutern Sie den Unterschied zwischen offenen und geschlossenen Fragen.

2

Notieren Sie die Vorteile der indirekten Bedarfsermittlung gegenüber der direkten Bedarfsermittlung.

3

Bieten Sie Ihrem Tischnachbarn eine Ware aus Ihrer Branche in einem kurzen Rollenspiel als „Testangebot“ an.

Argumentation: Mit guten Gründen überzeugen

LERNSITUATION

Im Reifengroßhandel Kiesling versucht eine Verkäuferin, den Autohändler Claasen von den neu eingetroffenen Reifen zu überzeugen.

Auszug aus dem Verkaufsgespräch

Verkäuferin: ... insbesondere der Reifenwulst und die Karkasse sind neu entwickelt worden und sehr gut. Die Karkasse besteht nun aus Rayon. Auch der Cap und die Base des Laufstreifens sind neu und nun viel besser. Alle Hochgeschwindigkeitsreifen besitzen nun auch eine Nylonabdeckung ...

Informationen

- Der **Cap** sorgt für die Haftung auf allen Straßenoberflächen. Er gibt Abriebfestigkeit und Fahrstabilität.
- Die **Base** verringert den Rollwiderstand und dämpft die Stoßübertragung auf die Karkasse.
- Der **Reifenwulst** hat die Aufgabe, den festen Sitz des Reifens auf der Felge zu gewährleisten. Um eine Längenänderung des Reifens am Felgenumfang auszuschließen, sind im Wulst mehrere Drahtkerne eingearbeitet. Bei schlauchlosen Reifen dichtet der Reifenwulst zudem das eingeschlossene Luftvolumen gegen die Umgebung ab.
- Die **Karkasse**, gespannt durch den Innendruck, bildet das tragende Gerüst eines Reifens. Sie besteht aus mehreren Gewebeunterlagen, die ohne gegenseitige Berührung in Gummi eingebettet werden. Als Gewebematerialen verwendet man Kord, Kunstseide, Polyamidfasern und Stahl.
- Die **Nylonabdeckung** (2 Lagen) ist eine Sicherheitsbandage für Hochgeschwindigkeitsreifen.

ARBEITSAUFTRÄGE

1. Notieren Sie stichwortartig die Fehler der Verkäuferin.
2. Formulieren Sie einen Verbesserungsvorschlag in wörtlicher Rede. Berücksichtigen Sie dabei die vorliegenden Informationen.

Vorgehensweise bei der Verkaufsargumentation

	1. Schritt: Warenmerkmal	2. Schritt: Warenvorteil	3. Schritt: Kundennutzen
Erläuterung			
Beispiel			

Aufgaben

1

Kreuzen Sie an: Welche der folgenden Verkäuferaussagen beschreiben
- ein Warenmerkmal?
- einen Warenvorteil?

Verkäuferaussage	Warenmerkmal	Warenvorteil
a) Dieser Sunblocker hat den Lichtschutzfaktor 50.	☐	☐
b) Der Sunblocker erhöht die Eigenschutzzeit der Haut um das 50-fache.	☐	☐
c) Der Sunblocker schützt die empfindlichen Hautpartien der Lippen und um die Augen.	☐	☐
d) Der Sunblocker ist ein wirksamer Schutz vor intensiver Sonnenbestrahlung.	☐	☐

2

Ein Hersteller von Schreibgeräten gibt folgende Produktinformationen zu einem Tintenkugelschreiber:
- Hightech-Leichtlaufspitze mit hohem Schreibkomfort
- Linienbreite ca. 0,4 mm
- dokumentenecht
- großer Tintenvorrat
- Tintenstand durch Sichtfenster kontrollierbar
- Tintensteuerung mit konstantem Tintenfluss bis zum letzten Tropfen
- gleichmäßige Schreibleistung
- wischfest
- Griffprofil

a) Welche Grundregel der Verkaufsargumentation wird von dem Verkäufer bei den unten stehenden Aussagen nicht beachtet?
b) Formulieren Sie jeweils einen Verbesserungsvorschlag.

Verkäuferaussage	Grundregel	Verbesserungsvorschlag
Der Tintenroller hat eine Hightech-Spitze.		
Durch den konstanten Tintenfluss haben Sie eine gute Schreibleistung.		
Mit dem Tintenvorrat kommen Sie unendlich lange aus.		
Durch das Griffprofil kann der Tintenroller nicht so leicht aus den Fingern rutschen.		
Der Tintenroller hat ein Sichtfenster. Dadurch kann man den Tintenstand kontrollieren.		

Preisnennung: Den Wert ins richtige Licht rücken

LERNSITUATION

In einem Sanitärgroßhandel führt ein Verkäufer schon seit längerer Zeit ein Verkaufsgespräch mit einem Kunden. Dieser interessiert sich für eine komplette Badausstattung. Zurzeit stehen sie vor einer exklusiven Duschabtrennung, der Kunde scheint recht interessiert.

Auszug aus dem Verkaufsgespräch

Käufer: Was kostet diese Duschabtrennung?
Verkäufer: Oh, die ist ziemlich teuer, die kostet 2.490,00 €!
Käufer: Ja, das ist wirklich ganz schön teuer.
Verkäufer: Wie man es nimmt – die anderen sind sogar noch teurer.
Käufer: Ach so.
Verkäufer: Soll ich Ihnen mal die billigen Duschabtrennungen zeigen?
Käufer: Ich habe leider wenig Zeit.
Verkäufer: Die teuren Duschabtrennungen haben immer eine bessere Qualität – ist doch klar. Was wollen Sie denn jetzt?
Käufer: Oh, schon so spät, ich komme morgen noch mal wieder. Ich muss das alles noch einmal mit meinem Installateur besprechen. Auf Wiedersehen.

ARBEITSAUFTRÄGE

1. Notieren Sie stichwortartig die Fehler des Verkäufers.
2. Formulieren Sie einen Verbesserungsvorschlag in wörtlicher Rede.

Aufgaben

1

Nehmen Sie kurz Stellung zu folgender Aussage: „Die Qualität ist noch da, wenn der Preis längst vergessen ist.“

2

Warum sollte man nicht grundsätzlich von einem hohen Preis auf eine hohe Warenqualität schließen?

3

Ergänzen Sie folgende Aussagen mit anderen Begriffen für „teuer“ und „billig“:

a) Das Schuhspezialgeschäft „Schuh-Klick“ hat .... Preise.

b) Im Fabrik-Direktverkauf gibt es .... Kleidung.

c) Fußballmanager Kalli Winter verbrachte die Sommerpause auf einer .... Motorjacht an der Küste von Florida.

d) Mein geiziger Bruder sucht sich immer die .... Last-Minute-Reisen aus.

e) Eine Weltumseglung mit der „Flying Goddess“ ist für Manager ....

f) Die Straßencafés an der Berliner Friedrichstraße verlangen .... Preise.

g) Die Gemahlin von Konsul Klein hat ihren .... Ring verlegt.

Arbeitsblatt 22.2 Den Preis in das Verkaufsgespräch einbinden

Kundenfrage: **Was kostet dieser ... ?** (Bitte fügen Sie einen beliebigen Artikel aus Ihrem Ausbildungssortiment ein.)

Methode zur Einbindung des Preises	Merkmale/ Besonderheiten	Beispiel in wörtlicher Rede
1.		
2.		
3.		

Kundeneinwände: Wichtige Wegweiser erkennen

LERNSITUATION

In einem Verkaufsgespräch interessiert sich ein Kunde für einen Tintenstrahldrucker der Marke PH-Fast-Print 3000. Nach einer ausführlichen Beratung durch den Verkäufer äußert der Kunde folgende Einwände:

Auszug aus dem Verkaufsgespräch

Verkäufer: ...

Käufer: Die Tintenstrahlpatronen des Druckers halten doch nicht lange und sind außerdem auch sehr teuer in der Ersatzbeschaffung.

Verkäufer: Das können Sie so nicht sagen! Die Patrone hält recht lange und Qualität hat halt ihren Preis.

Käufer: ...

ARBEITSAUFTRÄGE

1. Notieren Sie stichwortartig die Fehler des Verkäufers.
2. Formulieren Sie einen Verbesserungsvorschlag in wörtlicher Rede.
3. Verbessern Sie die Antworten der Verkäufer, indem Sie die Methoden der Einwandbehandlung anwenden.

Kundeneinwand	Antwort des Verkäufers	Ihre Antwort
Das Obst sieht aber nicht besonders frisch aus.	Ach was, das wurde heute Morgen frisch angeliefert! Wirklich, heute Morgen!	
Für so einen Ramsch würde ich nicht so viel Geld ausgeben!	Sie sind der erste Kunde, der diese Ware als Ramsch bezeichnet. Die geht weg wie warme Semmeln!	
Ist die Ware wirklich aktuell?	Glauben Sie mir, topaktuell – wirklich „in“ heutzutage!	
Hat dieses Gerät sonst noch Vorteile?	Das Gerät ist super, da gibt es gar keinen Zweifel!	
Das Teil ist ganz schön, aber eigentlich wollten wir nicht so viel ausgeben.	Ich kann Ihnen auch eine Billigware geben! Ob Sie aber damit glücklich werden?	
Meine Kunden sind wirklich zu jung für so ein langweiliges Muster!	Ich weiß nicht, was Sie für Vorstellungen haben – aber langweilig ist dieses Muster keinesfalls.	
Ich weiß nicht, ob Sie als Lehrling schon genug von einer Hi-Fi-Anlage verstehen, um mich zu überzeugen!	Na bitte, erlauben Sie mal, mein Chef hat vollstes Vertrauen zu mir. Der weiß, was ich leiste!	

Arbeitsblatt 22.3 Kundeneinwände behandeln

Einwände gegen die Ware **Beispiele:**	**Einwände gegen den Preis** **Beispiele:**
• .... • .... •	• .... • .... • ....
Einwände gegen das Geschäft **Beispiele:**	**Einwände gegen den Verkäufer** **Beispiele:**
• .... • .... •	• .... • .... • ....

ARBEITSAUFTRÄGE

1. Erläutern Sie kurz die aufgeführten Methoden.
2. Formulieren Sie zu jedem Kundeneinwand und zu jeder Methode je ein Beispiel aus Ihrem Ausbildungssortiment.

Methoden der Einwandbehandlung	Beispiel
Ja-aber-Methode Erläuterung:	Einwand des Kunden: Ihre Antwort:
Rückfragemethode Erläuterung:	Einwand des Kunden: Ihre Antwort:

Ergänzungsangebote: Da war doch noch was?

LERNSITUATION

In der Autoland GmbH, einem Groß- und Einzelhändler für Pkw-Ersatzteile und Zubehör, hat der Verkäufer einem Kunden gerade einen Satz Alufelgen zum Preis von 1.200,00 € verkauft.

Auszug aus dem Verkaufsgespräch

Verkäufer: Da haben Sie eine tolle Wahl getroffen. Ihr Auto wird mit diesen Felgen genau den sportlichen Charakter erhalten, den Sie sich gewünscht haben.

Kunde: Ja, die Felgen entsprechen genau dem, was ich mir vorgestellt habe. Wissen Sie, ich bin ja ein ziemlicher Auto-Verrückter, ich wasche und poliere mein Fahrzeug fast täglich und Alufelgen sehen ja nur dann wirklich gut aus, wenn sie richtig schön sauber sind, nicht wahr?

Verkäufer: Da haben Sie völlig recht.

Kunde: Mal sehen, ob ich die Felgen in Zukunft so schön sauber halten kann.

Verkäufer: Darf es sonst noch etwas sein?

Kunde: Nein, vielen Dank! ...

ARBEITSAUFTRÄGE

1. Notieren Sie stichwortartig die Fehler des Verkäufers.
2. Formulieren Sie einen Verbesserungsvorschlag in wörtlicher Rede.

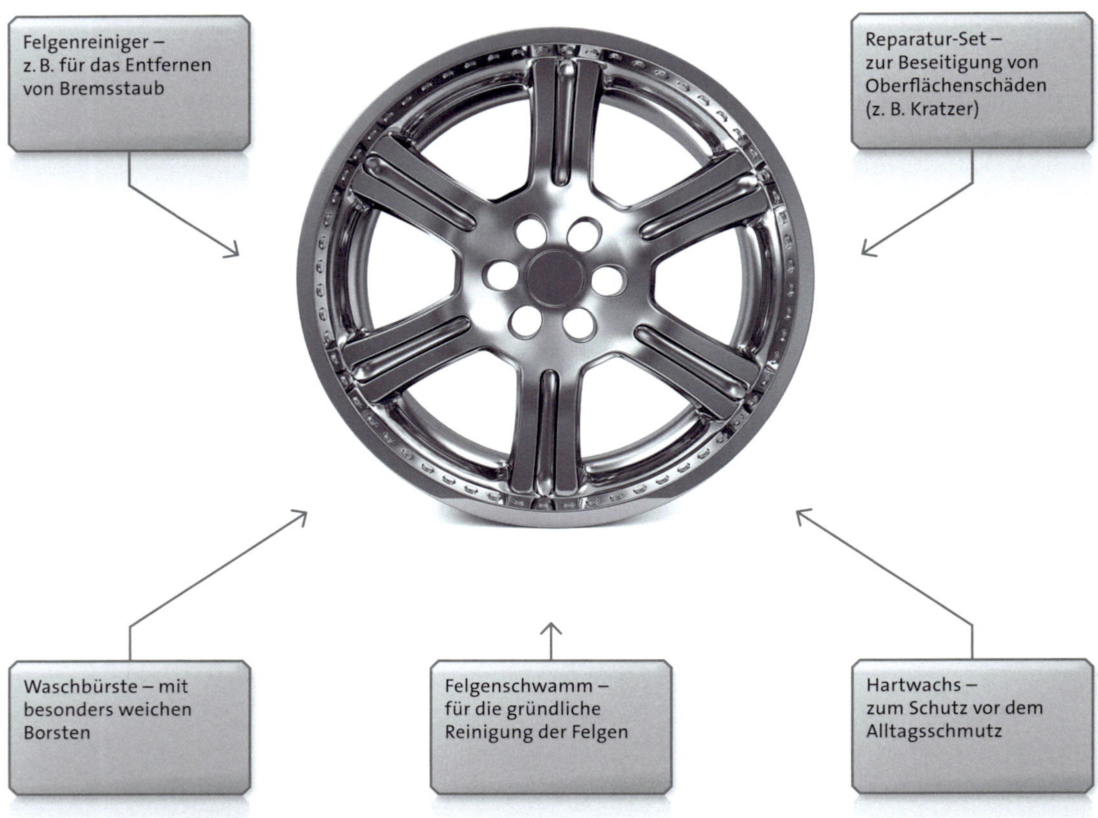

Aufgaben

1

Wählen Sie insgesamt acht Artikel aus Ihrem Ausbildungssortiment aus. Nennen Sie für vier Artikel einen notwendigen Ergänzungsartikel und für vier Artikel einen sinnvollen Ergänzungsartikel.

Hauptartikel	notwendiger Ergänzungsartikel	Hauptartikel	sinnvoller Ergänzungsartikel
•	•	•	•
•	•	•	•
•	•	•	•
•	•	•	•

2

Finden Sie für folgende Hauptartikel einen Ergänzungsartikel, formulieren Sie das Ergänzungsangebot in wörtlicher Rede und entscheiden Sie, welche Art von Ergänzungsangebot vorliegt.

Hauptartikel	Welchen Ergänzungsartikel bieten Sie an?	Wie formulieren Sie Ihr Ergänzungsangebot? (wörtliche Rede)	Welche Art von Ergänzungsangebot liegt vor?		
			notwendig	sinnvoll	verdeckt
mobiles Navi			☐	☐	☐
Dachbox			☐	☐	☐
Winterreifen			☐	☐	☐
Kindersitz			☐	☐	☐
Fahrrad			☐	☐	☐

Serviceleistungen: Was wir können, können nicht alle!

LERNSITUATION

In der Autoland GmbH hat der Verkäufer einer Kundin gerade einen Satz Winterreifen und passende Stahlfelgen zu einem sehr günstigen Preis verkauft.

Auszug aus dem Verkaufsgespräch

Verkäufer: Dann sind Sie ja für den Winter bestens gerüstet.

Kundin: Ja, das stimmt. Die Montage der Reifen ist doch sicherlich auch nicht so kompliziert, oder?

Verkäufer: Nein, die Montage ist kein Problem. Wenn man ein wenig geschickt ist, hat man alle vier Reifen in einer halben Stunde gewechselt.

Kundin: Dann muss ich ja nur noch einen Platz für meine Sommerreifen finden. Kann ich die Reifen eigentlich draußen in meinem Garten lagern? Ich habe weder einen Keller noch eine Garage.

Verkäufer: Oh, besser nicht. Am besten lagern Sie die Reifen im Dunkeln und liegend. Sonst verringern Sie die Lebensdauer der Reifen ganz entscheidend.

Kundin: Oh je, dann muss ich mir was einfallen lassen. ...

ARBEITSAUFTRÄGE

1. Notieren Sie stichwortartig die Fehler des Verkäufers.
2. Formulieren Sie einen Verbesserungsvorschlag in wörtlicher Rede.

Aufgaben

1

Welche sinnvollen Serviceleistungen kann die Autoland GmbH beim Verkauf folgender Produkte anbieten?

Produkt	Sinnvolle Serviceleistungen
Winterreifen	
Fahrradträger	
Dachbox	
Freisprecheinrichtung	
Motoröl	
Batterie	

2

Die Geschäftsleitung der Autoreparaturwerkstatt Murschall OHG überlegt, einen Hol- und Bringservice für ihre Kunden anzubieten. Welche Vor- und Nachteile bringt eine solche Serviceleistung mit sich?

Vorteile eines Hol- und Bringservices	Nachteile eines Hol- und Bringservices

3

Welche informationsbezogenen Serviceleistungen bietet Ihr Ausbildungsbetrieb an?

Verabschiedung: Nun noch einen guten Schluss!

LERNSITUATION

In der Zubehörabteilung der Autoland GmbH kauft ein 18-jähriger ein Pflegeset im Wert von 25,00 € für sein erstes Auto. Nach der Beratung kassiert der Verkäufer.

Auszug aus dem Verkaufsgespräch

Verkäufer: So, das macht dann 25,00 €. Wie möchten Sie zahlen?
Kunde: Ich möchte bar bezahlen. Bitte sehr, hier sind 50,00 €.
Verkäufer: Hast du es nicht kleiner? So langsam geht mir nämlich das Wechselgeld aus!
Kunde: Nein, tut mir leid, habe ich nicht!
Verkäufer: Na, da kann man wohl nichts machen. So, hier ist Ihr Wechselgeld. Bitte sehr! Brauchen Sie 'ne Tüte?
Kunde: Ja, danke, das wäre sehr freundlich.
Verkäufer: So, bitte sehr, der Herr. Ihr Pflegeset. Und beehren Sie uns bald wieder!

ARBEITSAUFTRÄGE

1. Notieren Sie stichwortartig die Fehler des Verkäufers.
2. Formulieren Sie einen Verbesserungsvorschlag in wörtlicher Rede.

Aufgabe

Verabschieden Sie die Kunden der gegebenen Fallsituation entsprechend. Formulieren Sie in wörtlicher Rede.

Fallsituation	Ihre Verabschiedung in wörtlicher Rede
a) Ein Kunde kauft einen neuen Dachkoffer für die anstehende Ferienreise nach Spanien.	
b) Eine Kundin kauft für den anstehenden Winter Frostschutz und Türenteiser.	
c) Ein Stammkunde, Herr Schuster, kauft für seinen Pkw neue Winterreifen.	
d) Ein Kunde kauft zum zwanzigsten Geburtstag seines Sohnes einen Satz Alufelgen als Geschenk ein.	
e) Ein Kunde kauft kurz vor Geschäftsschluss fünf Liter Motoröl.	
f) Eine Kundin kauft am 22. Dezember ein mobiles Navigationsgerät als Geschenk.	

Lernsituation 23
Einen Kaufvertrag abschließen I

FK ▶ LF 2 Kap. 4.1 bis 4.5

LERNSITUATION

In der Verkaufsabteilung der BPK GmbH geht bei Anna Voss folgende Anfrage eines bisher unbekannten Kunden, des Copy-Max Centers e. K. aus Solingen, ein.

COPY-MAX
Center e. K.

Düsseldorfer Str. 10
42697 Solingen
Tel. 0212-2 83 59XX-0
Fax 0212-2 83 59XX-15
E-Mail info@copymax-sol.dex

COPY-MAX Center e. K. I Düsseldorfer Str. 10 I 42697 Solingen

Bergisches Papierkontor GmbH
Elberfelder Str. 85
42285 Wuppertal

Posteingang am 15.11.20XX

Ihre Zeichen/Nachricht vom	Unsere Zeichen/Nachricht vom	Telefon, Name	Datum
	MBlu	0212 28359XX-11	13.11.20XX

Anfrage

Sehr geehrte Damen und Herren,

wir eröffnen im kommenden Monat unseren Copyshop in bester Innenstadtlage in Solingen und sind auf der Suche nach Lieferanten für hochwertiges Kopierpapier.

Bitte unterbreiten Sie uns ein entsprechendes Angebot, das neben dem Preis auch Rabatte, Liefer- und Zahlungsbedingungen enthalten sollte.

Mit freundlichen Grüßen

Copy-Max Center e. K.

Maximilian Blume
Maximilian Blume

Copy-Max Center e. K.
Düsseldorfer Str. 10
42697 Solingen

Telefon 0212-2 83 59XX-0
Telefax 0212-2 83 59XX-15
E-Mail info@copymax-sol.dex

Bankverbindung
Stadtbank Solingen
BIC: STABSODE33XXX
IBAN: DE76 3425 0000 0023 9492 21

Handelsregister
Amtsgericht Solingen
HRA 124590

Geschäftsführer
Maximilian Blume

ARBEITSAUFTRÄGE

1. Erläutern Sie, welche Überlegungen vor Abgabe eines Angebotes durch die BPK GmbH angestellt werden müssen. Nutzen Sie hierfür die Übersicht auf der folgenden Seite.
2. Erstellen Sie ein schriftliches Angebot. Nutzen Sie dazu das Verzeichnis der Warengruppen, die allgemeinen Geschäftsbedingungen der BPK GmbH und beachten Sie die Vorgaben der DIN 5008.

Fragen zur Prüfung vor der Abgabe eines Angebotes	
Lieferwilligkeit	**Lieferfähigkeit**

Nach sechs Tagen geht folgende Bestellung per Brief ein:

COPY-MAX
Center e. K.

Düsseldorfer Str. 10 · 42697 Solingen
Tel. 0212-2 83 59XX-0
Fax 0212-2 83 59XX-15
E-Mail info@copymax-sol.dex

COPY-MAX Center e. K. | Düsseldorfer Str. 10 | 42697 Solingen

Bergisches Papierkontor GmbH
Elberfelder Str. 85
42285 Wuppertal

Posteingang am 21.11.20XX

Ihre Zeichen/Nachricht vom	Unsere Zeichen/Nachricht vom	Telefon, Name	Datum
	MBlu	0212 28359XX-11	20.11.20XX

Bestellung

Sehr geehrte Damen und Herren,

vielen Dank für Ihr Angebot.

Wir bestellen entsprechend Ihrem Angebot 2 Paletten BPK „Printomax“ zum Preis von 4,30 € je 500 Blatt.

Bitte senden Sie uns eine Auftragsbestätigung zu.

Mit freundlichen Grüßen

Copy-Max Center e. K.

Maximilian Blume
Maximilian Blume

ARBEITSAUFTRÄGE

3. Erstellen Sie eine Auftragsbestätigung, den Lieferschein und die Rechnung für den Vorgang. Nutzen Sie die Vorlagen auf der nächsten Seite.

4. Entwerfen Sie ein Ablaufschema, das den Vorgang in allen Teilschritten von der Anfrage bis zur Bezahlung abbildet. Erklären Sie Ihrem Nachbarn dieses Schema.

Bergisches Papierkontor GmbH . Elberfelder Straße 85 · 42285 Wuppertal

bpk Bergisches Papierkontor GmbH

Lieferschein Nr. 66921

Bearbeiter	Kundennummer	Ihre Bestellung Nr.	vom	Versanddatum 22.11.20XX
Versandart/Freivermerk Lkw/frei Haus		Verpackungsart		

Pos.-Nr.	Artikel-Nr.	Warenbezeichnung	Menge	Mengeneinheit
		Ware erhalten		
		Ort, Datum, Unterschrift		

Bergisches Papierkontor GmbH . Elberfelder Straße 85 · 42285 Wuppertal

bpk Bergisches Papierkontor GmbH

Rechnung Nr. 10301

Bearbeiter	Kundennummer	Ihre Bestellung Nr.	vom	Rechn. Datum 22.11.20XX
Versandart/Freivermerk		Verpackungsart	geliefert am	

Pos.-Nr.	Artikel-Nr.	Warenbezeichnung	Menge	Preis/Einheit €	Gesamtpreis €
		Nettorechnungsbetrag			
		+ 19 % Umsatzsteuer			
		Bruttorechnungsbetrag			

Bitte überweisen Sie unter Angabe der Rechnungsnummer

Euro	bis	oder Euro	bis

Arbeitsblatt 23.1 Schriftstücke bei der Auftragsabwicklung

Welche Schriftstücke werden nachfolgend beschrieben?

Bezeichnung	Inhalt des Schriftstückes
	Mit diesem Schriftstück fordert der Verkäufer den Käufer auf, den vereinbarten Kaufpreis zu zahlen.
	Dieses Schriftstück begleitet die Ware zum Käufer; es listet unter anderem auf, welche Waren diese Lieferung beinhaltet.
	Mit diesem Schriftstück fragt der Käufer unverbindlich den Verkäufer, ob und ggf. unter welchen Bedingungen dieser eine Ware zu liefern bereit wäre.
	Dieses Schriftstück erstellt der Käufer, wenn er bereit ist, eine Ware beim Verkäufer zu kaufen.
	Der Verkäufer teilt dem Käufer mit, dass er die Waren liefern wird.
	Hiermit teilt der Verkäufer dem Käufer mit, unter welchen Bedingungen er bereit ist, eine bestimmte Ware an den Käufer zu liefern.

Tragen Sie die Schriftstückart in der richtigen Reihenfolge ein und kennzeichnen Sie durch einen Pfeil, wer das Schriftstück jeweils erhält.

	Schriftstücke in der richtigen Reihenfolge	
Verkäufer (BPK GmbH)	1.	Käufer (Copy-Max Center e. K.)
	2.	
	3.	
	4.	
	5.	
	6.	

Aufgaben

1

In einem Schaufenster ist ein Kleid mit 198,00 € ausgezeichnet. Ist der Verkäufer an diesen Preis gebunden, wenn es sich um einen Auszeichnungsfehler handelt und das Kleid eigentlich 298,00 € kostet?

2

Nachdem ein Hersteller eine Preisliste an Kunden verschickt hat, stellt er fest, dass es sich nicht um die aktuelle Preisliste, sondern um die des Vorjahres handelt. Bis wann muss er sein Angebot widerrufen?

3

Stellen Sie fest, ob es sich in folgenden Fällen um rechtswirksame Angebote handelt:

a) Schaufensterauslage
b) zugesendete Ware ohne Aufforderung
c) Vorlage von Ware in einem Geschäft

4

In einem Katalog werden drei Bücher für insgesamt 19,00 € angeboten. Ein Kunde bestellt die Bücher zu 17,00 €.

a) Kommt ein Kaufvertrag zustande?
b) Wie ist die Sachlage, wenn die Bücher zu 17,00 € geliefert werden?

5

Ein Großhandelsunternehmen bestellt auf ein bis zum 30. Juni gültiges Angebot eines Lieferers erst am 4. Juli, da sich der zuständige Sachbearbeiter im Krankenhaus befand. Ist der Lieferer an sein Angebot gebunden?

6

Wie lange ist der Anbietende an seinen Antrag gebunden? Wie kann man die Gebundenheit an sein Angebot ausschließen?

7

Entscheiden Sie in den vorliegenden Fällen, ob ein Kaufvertrag zustande gekommen ist. Worin bestehen jeweils die gegenseitigen Pflichten?

a) Frau Müller legt im Supermarkt „Good Buy“ 1 kg kernlose Weintrauben in ihren Einkaufskorb. Außerdem lässt sie sich an der Käsetheke 300 g Schweizer Käse abwiegen. Anschließend geht sie zur Kasse und bezahlt.
b) Sabine Ganser, Vertriebsmitarbeiterin eines Fahrradgroßhändlers, bietet Herrn Baumann im Fahrradeinzelhandel Uwe Klein e. K. telefonisch einen Restposten von zehn Stück des Sondermodells City Glide Summer zum Preis von 179,00 € an. Herr Baumann erklärt, er sei damit einverstanden.
c) Beatrice Schmächtig entdeckt im Modehaus „Condor“, in dem sie Stammkundin ist, ein Sommerkostüm zum Preis von 249,00 €. Sie probiert es an und es gefällt ihr so gut, dass sie es erwerben will. Da sie ihren Kontostand kennt, vereinbart sie mit der Inhaberin zunächst nur eine Anzahlung von 100,00 € und verspricht, den Rest zum Ersten des nächsten Monats zu bezahlen. Das Kostüm nimmt sie gleich mit nach Hause.

8

Entscheiden Sie, ob in den folgenden Fällen ein gültiger Kaufvertrag zwischen der BPK GmbH (Verkäufer) und der Paper GmbH (Käufer) abgeschlossen wurde.

Fall	Willenserklärungen	Kaufvertrag ist	
		zustande gekommen	nicht zustande gekommen
A	Die Paper GmbH bestellt, die BPK GmbH liefert die bestellten Artikel sofort.	☐	☐
B	Die Paper GmbH sendet eine Anfrage, die BPK GmbH eine Auftragsbestätigung.	☐	☐
C	Die BPK GmbH macht ein verbindliches Angebot; die Paper GmbH bestellt zu einem geringeren Preis.	☐	☐
D	Die BPK GmbH liefert eine unbestellte Ware an die Paper GmbH. Diese veräußert die Ware an einen Dritten.	☐	☐
E	Die BPK GmbH macht ein freibleibendes (unverbindliches) Angebot; die Paper GmbH bestellt sofort.	☐	☐
F	Die BPK GmbH macht telefonisch ein gültiges Angebot; die Paper GmbH bestellt schriftlich 2 Tage später.	☐	☐
G	Die Paper GmbH bestellt, die BPK GmbH sendet eine Auftragsbestätigung.	☐	☐
H	Die BPK GmbH macht der Paper GmbH ein schriftliches verbindliches Sonderangebot. 5 Tage später liefert die BPK GmbH die Ware an die Paper GmbH aus. Die Paper GmbH überweist den Rechnungsbetrag sofort.	☐	☐

Lernsituation 24
Einen Kaufvertrag abschließen II

FK ► LF 2 Kap. 4.1 bis 4.5

LERNSITUATION

In der Verkaufsabteilung der BPK GmbH sind heute, am 15.11.20XX, die folgenden Bestellungen eingegangen.

Löschen | Antworten | An alle | Weiterleiten

Von: Verlagshaus Bücher OHG
An: fritz.stoll@BPKontor.dex
Datum: 14.11.20XX, 16.35 Uhr
Betreff: Bestellung

Sehr geehrter Herr Stoll,

herzlichen Dank für Ihr verbindliches Angebot vom 6.11.20XX.

Hiermit bestellen wir 3.000 Bögen Ihres Artikels Nr. 40411 zum Preis von 46,20 € pro 250 Bögen.
Da wir eine Serie von hochwertigen Kunstbänden planen, erwarten wir allererste Qualität.

Bitte teilen Sie uns mit, wann wir mit der Lieferung rechnen können.

Mit freundlichen Grüßen

B. Holterhoff

Verlagshaus Bücher OHG
Buch und Offsetdruck
Bachstr. 102 · 59077 Hamm
Tel: 02381 556XX-14 · Fax: 02381 556XX-11
E-Mail: baerbel.holterhoff@bücherverlag-hamm.dex

Bürobedarf August GmbH

Bürobedarf August GmbH · August-Macke-Platz 5 · 53119 Bonn

Bergisches Papierkontor GmbH
z. H. Herrn Stoll
Elberfelder Str. 85
42285 Wuppertal

Posteingang am 15.11.20XX

Ihre Zeichen/Nachricht vom	Unsere Zeichen/Nachricht vom	Telefon, Name	Datum
	Hsch/boab	0228 9481XX-7	13.11.20XX

Bestellung

Sehr geehrter Herr Stoll,

hiermit bestellen wir aufgrund Ihres gestern bei uns eingetroffenen verbindlichen Angebotes 5 Kartons Feinpapier BPK „Bankpost“-Qualität, 100 g/qm zum Preis von 16,75 € pro Karton.

Wir bitten um zügige Lieferung.

Mit freundlichen Grüßen

Bürobedarf August GmbH

i. A. Scharff

Helmut Scharff

DROGERIE AG
DROGERIE AG · ELSE-LASKER-SCHÜLER-STR. 11 · 42107 WUPPERTAL

Drogerie AG · Else-Lasker-Schüler-Str. 11 · 42107 Wuppertal

Bergisches Papierkontor GmbH
Elberfelder Str. 85
42285 Wuppertal

Posteingang am 15.11.20XX

Ihre Zeichen/Ihre Nachricht vom	Unsere Zeichen/unsere Nachricht vom	Telefon, Name	Datum
	gsch/bbil	0202 199XX-04 Georg Schlüter	14.11.20XX

Bestellung Nr. 101b

Sehr geehrte Damen und Herren,

vielen Dank für Ihr verbindliches Angebot. Wir bestellen hiermit:
4 x Echt Bütten Briefkassette, Jugendstil Design, zum Preis von 24,25 €/St.
4 x Echt Bütten Briefkassette, Barock Design, zum Preis von 28,00 €/St.

Sollten sich die Briefkassetten gut verkaufen, werden wir bei der nächsten Bestellung eine größere Menge ordern.

Mit freundlichen Grüßen

i. A. G. Schlüter

G. Schlüter

Auszug aus der Preisliste der BPK:

Preisliste

bpk Bergisches Papierkontor GmbH

Artikel Nr.	Bezeichnung	Standard-preise (€)	Mengenstaffelpreise (€)		
			ab 5 Stck.	ab 10 Stck.	ab 20 Stck.
10111	Echt Bütten Briefkassette 100 Blatt DIN A4, 100 Hüllen DIN C6, 114 x 162 mm, mit grauem Futter, halbmatt, Jugendstil-Design	33,45	26,75	25,50	24,25
10112	Echt Bütten Briefkassette 100 Blatt DIN A4, 100 Hüllen DIN lang, 100 x 220 mm, mit grauem Futter, halbmatt, Barock-Motiv	40,00	32,00	30,00	28,00

ARBEITSAUFTRÄGE

1. Begründen Sie, ob durch die Bestellungen jeweils ein Kaufvertrag zustande gekommen ist.
2. Entscheiden Sie, wie die BPK GmbH auf die jeweiligen Bestellungen reagieren sollte. Bedenken Sie dabei, dass es sich einerseits um langjährige und gute Kunden handelt, die nicht vor den Kopf gestoßen werden sollten, die BPK GmbH andererseits aber auch nichts zu verschenken hat.
3. Verfassen Sie entsprechende Schreiben an die jeweiligen Kunden.

FOLGESITUATION

Die BPK GmbH erhält eine Anfrage von ihrem Kunden bestprint Ltd. aus Großbritannien. Dieser wünscht ein Angebot über 500 Bögen hochwertiges Kunstdruckpapier. Da weder die Ansprechpartnerin Frau Miller noch ein anderer Mitarbeiter der bestprint Ltd. deutsch spricht, ist das Angebot in englischer Sprache zu erstellen.

bestprint

bestprint Ltd. · 12 Upper Woburn Place · GB-London WC1H OHX

Bergisches Papierkontor GmbH
Elberfelder Str. 85
42285 Wuppertal

Posteingang am 15.11.20XX

Date 13 November 20XX

Dear Mr Stoll

Enquiry

We urgently need 500 sheets of high quality glossy paper, standard size, for delivery by the end of this week.

Could you please send us an offer for this quantity and confirm the delivery date?

We are looking forward to hearing from you.

Best regards

Patricia Miller

Patricia Miller
Purchasing Manager

Required vocabulary:	
Kunstdruckpapier	glossy paper
Kunstdruck	art print
Bildband	illustrated book
DIN-Format	standard paper-size
holzfrei	woodfree
chlorfrei gebleicht	produced without chlorine bleaching
rechtwinklig geschnitten	square cut
Faserstoff (bei Papier und Zellstoff)	pulp
druckfertig	ready for printing
frei Haus	delivered duty paid

ARBEITSAUFTRAG

Erstellen Sie das gewünschte Angebot unter Berücksichtigung der Artikelliste der BPK GmbH (Seite 7). Beachten Sie außerdem die Vorgaben zur englischsprachigen Geschäftskorrespondenz im Fachbuch.

Arbeitsblatt 24.1 Die Pflichten der Kaufvertragspartner

Die Pflichten der Kaufvertragspartner

Mit dem

Abschluss des Kaufvertrages durch
.... und ....

verpflichten sich

der Verkäufer

Verpflichtungsgeschäft

der Käufer

die ordnungsgemäß gelieferte Ware

Die Vertragspartner erfüllen ihre Vertragspflicht durch

Erfüllungsgeschäft

←→

Der Käufer wird durch Einigung und Übergabe .... der Ware.

Lernsituation 25
Datenschutz und Datensicherheit gewährleisten

FK ▶ LF 2 Kap. 4.6.4

LERNSITUATION

Herr Seidlitz kommt völlig aufgelöst ins Büro der BPK GmbH. Er hält eine ausgedruckte E-Mail in der Hand und ist ratlos: Was soll ich jetzt machen?! Ich würde mir niemals Kinderpornos ansehen und schon gar nicht über das Internet verbreiten! Der Computer ist gesperrt und ich muss noch dringend einige Anfragen versenden!

Frau Wild beruhigt ihn: Franz, jetzt reg Dich nicht auf. Das muss ein Irrtum sein.

Frau Finke kommt auf eine Tasse Kaffee im Büro vorbei: Stimmt etwas nicht, Herr Seidlitz?

Frau Wild: Gut, dass Sie kommen, Sie als unsere EDV-Expertin können uns vielleicht mit dieser Mail weiterhelfen.

Löschen | Antworten | An alle | Weiterleiten

Von:	bundespolizei@komissariat-12.dex
An:	einkauf@BPkontor.dex
Datum:	13. März 20XX 10.05 Uhr
Betreff:	Ihr Computer wurde gesperrt!
Anhang:	Ueberweisung.exe

Sehr geehrter Herr Seidlitz,

von Ihrem Computer aus wurden Seiten mit kinderpornografischen Inhalten über das Internet verbreitet. Daher wurde Ihr Computer gesperrt.

Um diese Sperre des Computers aufzuheben, sind Sie verpflichtet, eine Strafe von 100 € zu zahlen.

Bitte führen Sie die Überweisung per Paysafecard durch. Bitte geben Sie hier Ihren erworbenen Code ein und drücken Sie anschließend auf OK. (Sollte das System einen Fehler melden, dann öffnen Sie bitte den Anhang.)

100 € Paysafecard Code: [ ] OK

Falls Sie der Zahlung nicht nachkommen, dann wird die Festplatte Ihres PCs gelöscht.

Mit freundlichen Grüßen

Manfred Müller
Bundespolizei

Frau Finke: Herr Seidlitz, machen Sie sich mal keine Sorgen. Eigentlich sollten solche E-Mails das Sicherheitssystem der BPK GmbH gar nicht überwinden, aber es kommt immer wieder einmal vor, dass sich eine durchmogelt. Und Sie sind bestimmt nicht der Einzige, der schon einmal eine solche Mail bekommen hat. Schicken Sie ruhig alle Mails, die Ihnen merkwürdig vorkommen, an mich weiter oder rufen Sie mich gleich an. Hier handelt es sich bestimmt um einen Fall von Internetbetrug.

Herr Seidlitz: Sind Sie sicher? Der Absender ist doch die Bundespolizei!

Frau Finke: Das sollen Sie glauben! Aber es gibt eindeutige Hinweise, dass diese Mail nicht von der Polizei stammt. Ich habe bereits einige Informationen zu solchen Betrügereien und allgemein zum Thema Internetsicherheit zusammengestellt und eingescannt (siehe nachfolgende Seiten). Gerne schicke ich diese im Mailverteiler an Sie und alle Kolleginnen und Kollegen und warne, dass zurzeit wieder einmal Cyber-Kriminelle ihr Unwesen treiben, und wie man sich vor ihnen schützen kann.

ARBEITSAUFTRÄGE

1. Wie bewerten Sie die E-Mail an Herrn Seidlitz? Welche Anzeichen gibt es, dass es sich hier um einen Betrugsversuch handelt? Erstellen Sie eine Liste mit allem, was Ihnen an der Mail auffällt.
2. Werten Sie die nachfolgenden Zeitungsartikel zu diesem Thema aus. Nutzen Sie hierfür die Arbeitsblätter 25.1 und 25.2 und recherchieren Sie gegebenenfalls Ihnen unbekannte Begriffe im Internet (z. B. www.bsi-fuer-buerger.de, www.klicksafe.de).

Viren, Würmer und Trojaner – Immer mehr Gefahren rund ums Internet

Interview mit Herbert Rößler, einem Experten für Internetsicherheit, über die Gefahren rund um das Internet und wie Sie sich am besten schützen können.

Herr Rößler, Sie sind schon seit vielen Jahren Experte für Viren, Würmer, Trojaner – digitale Schadprogramme. Vor 20 Jahren war das sicher noch kein Thema?
Rößler: Das kann man so nicht sagen. Damals hat ein Mitarbeiter beispielsweise auf der Toilette eine Diskette gefunden, legte sie ins Laufwerk und infizierte die Rechner. Heute braucht es keine grob fahrlässigen Mitarbeiter mehr, da die Rechner keine abgeschlossenen Systeme mehr sind, sondern sich über das Internet ständig mit der Außenwelt verbinden.

Viren, Würmer, Trojaner – Es wird vor vielen Gefahren gewarnt. Gibt es überhaupt Unterschiede?
Rößler: Allerdings. Ein Virus ist ein Computerprogramm, das sich in andere Computerprogramme einschleust und sich selbst vermehrt. Man kann es sich so vorstellen: Ein Grippeerreger schwächt den Menschen, ein Computervirus die IT-Umgebung eines Betriebs. Viren sind ausführbare Codes, also kleine Programme. Sie können harmlos sein, aber auch sehr gefährlich. Grundsätzlich unterscheidet man drei Typen von Viren: Programmviren, die einzelne Programmdateien infizieren und sich beim Starten der verseuchten Anwendung weiterverbreiten. Bootsektorviren, die zwar seltener sind, aber auch gefährlicher, da sie sich in dem Bereich der Festplatte festsetzen, die für das Starten des Computers erforderlich sind. Der Computer kann im schlimmsten Fall überhaupt nicht mehr hochgefahren werden. Gefährlich sind auch Makroviren: Sie sind beispielsweise in Word- und Excel-Dateien zu finden und können sich unbemerkt während der Bearbeitung der Tabellenkalkulations- oder Textdateien im System verbreiten. Viren können – je nach Art – Software, Betriebssystem oder Hardware manipulieren und zu mehr oder minder gravierenden Störungen führen. Sie verursachen jährlich Schäden in Milliardenhöhe. Ein Wurm ähnelt in vielerlei Hinsicht einem Virus, breitet sich allerdings, nachdem er einmal ausgeführt wurde, selbstständig über Netzwerke oder Wechselmedien (wie z.B. USB-Sticks) aus. Er verbraucht Ressourcen auf dem infizierten Computer und überlastet Programme. Der PC arbeitet dann insgesamt wesentlich langsamer. Würmer können auch Veränderungen am System vornehmen, ohne dass der Anwender sie bemerkt. Somit kann er sie auch nicht kontrollieren. Würmer entstanden zeitlich nach den Viren und verursachen heute durch ihre größere Aggressivität deutlich mehr Schäden und Kosten als Viren.
Mit dem Namen trojanisches Pferd werden Programme bezeichnet, die nur vordergründig nützlich sind, im Hintergrund aber versteckte Funktionen ausführen, beispielsweise Passwörter ausspionieren. Häufig tarnen sich Würmer in Form von Trojanern, z.B. als „Wichtiges_Dokument.exe", damit der Nutzer die Datei auch öffnet.

Wie verbreiten sich denn Viren, Trojaner oder Würmer?
Rößler: Viren verbreiten sich meist über E-Mail-Anhänge, Würmer über Netzwerke. Im Wurm selbst finden sich häufig wiederum andere Schaddateien wie Viren. Webseiten und Internettauschbörsen und USB-Sticks sind häufig gefährdet.

Wie kann man sich Ihrer Meinung nach am besten schützen?
Rößler: Naja. Wie immer gilt: Vorsicht ist besser als Nachsicht. Darum aktualisieren Sie Ihre Programme regelmäßig und halten Sie mit Updates ihr Betriebssystem immer auf dem neuesten Stand. Eine große Gefahr besteht auch, wenn man für verschiedene Dienste, wie E-Mail, eBay- oder Amazon-Konten das gleiche einfache Passwort wählt. Daher verwenden Sie unterschiedliche Passwörter für unterschiedliche Seiten (wie E-Mail, Online-Banking oder soziale Netzwerke) und ändern Sie sie regelmäßig. Ein Passwort sollte aus mindestens acht, (besser mehr) Stellen bestehen und keine Namen enthalten. Am sichersten sind Passwörter, die sowohl aus groß- und kleingeschriebenen Buchstaben, als auch aus Ziffern und Sonderzeichen (?!%+€@) bestehen.

Das hört sich aber kompliziert an. Wie kann man sich denn solche Passwörter merken?
Rößler: Am einfachsten kann man sich ein Passwort merken, indem man sich einen Satz oder eine Geschichte dazu ausdenkt bzw. indem man das Passwort passend zur Geschichte wählt. Ein mögliches Passwort könnte z.B. sein: InmCjMu8U@H. Es besteht aus großen und kleinen Buchstaben, Ziffern und sogar mit dem „@" aus einem Sonderzeichen. Und der Satz, mit dem ich mir das komplizierte Passwort merken kann, könnte zum Beispiel lauten: „Ich nutzte meinen Computer jeden Morgen um 8 Uhr @ Home". Nicht schwer, oder?

Was ist mit einer Firewall? Wie schützt sie das System?
Rößler: Eine Firewall ist ein aus Hardware- und Software bestehendes Schutzsystem, das es erlaubt, ungestört aus dem betrieblichen oder privaten Computernetz (LAN) auf das öffentliche Netz zuzugreifen. Häufig ist in einem Router bereits eine Firewall eingerichtet. Ab Windows 7 steht automatisch eine „Personal Firewall“ zur Verfügung. Achten Sie darauf, dass Sie diese Firewall in den Systemeinstellungen nicht deaktivieren (abschalten).

Was halten sie von Virenscannern? Und was mache ich, wenn ich mir trotzdem ein Schadprogramm eingefangen habe?
Rößler: Virenscanner sind eine wunderbare Erfindung, um sich vor Viren, Würmern und Trojanern zu schützen! Allerdings nur dann, wenn sie regelmäßig aktualisiert werden. Außerdem sollte man mit dem Virenscanner regelmäßig alle Verzeichnisse überprüfen, um ggf. bereits infizierte Dateien zu finden und zu entfernen. Wenn sich Schadprogramme auf einem Computer eingenistet haben, ist es häufig schwierig sie wieder vollständig zu entfernen. Virenscanner erkennen die Schadsoftware zwar häufig, sie können sie aber oft nicht vollständig entfernen. Nachdem das Schadprogramm identifiziert ist, kann man z. B. mit einem anderen, nicht infizierten Computer im Internet nach Informationen zu diesem Schadprogramm suchen. Häufig haben andere Benutzer ein ähnliches Problem. Recherchieren Sie auf vertrauenswürdigen Seiten nach einer Lösung (wie z. B. den Bürger-Seiten des Bundesamts für Sicherheit in der Informationstechnik www.buerger-cert.de und https://www.bsi-fuer-buerger.de). Häufig kann man mithilfe von speziellen bootfähigen CDs (erhältlich bei den Herstellern von Anti-Viren-Software) den PC ohne Windows starten und die Schadsoftware entfernen. Danach sollte man den PC erneut mit einem Virenscanner überprüfen. Ist der PC immer noch infiziert, muss er häufig komplett neu aufgesetzt werden. Sollte Ihnen das alles zu kompliziert klingen, dann scheuen Sie sich nicht, professionelle Hilfe in Anspruch zu nehmen.

Aber mein Handy kann doch keinen Virus bekommen, oder?
Die meisten mobilen Geräte wie z. B. Smartphones und Tablets sind „kleine Computer“ und mit einer Internetverbindung ausgestattet. Daher sind sie zunehmend auch Ziele von SMS-Trojanern, Werbeprogrammen und anderen Schadprogrammen, wie z. B. Programmen, die SMS abfangen, die mTANs für das Online-Banking enthalten. Besonders gefährdet sind mobile Geräte mit einem Android-Betriebssystem, da Android im Gegensatz zu Apples iOS ein offenes Betriebssystem ist. Bei mobilen Geräten gilt besonders: Gehen Sie sorgfältig mit Ihren Zugangsdaten um. Deaktivieren Sie drahtlose Schnittstellen, wie WLAN und Bluetooth, wenn Sie sie nicht benötigen. Nutzen Sie öffentliche Hotspots (WLAN-Zugang zum Beispiel in Cafés) mit besonderer Vorsicht. Installieren Sie Apps nur aus vertrauenswürdigen Quellen und seien Sie vorsichtig bei der Gewährung von Rechten. Führen Sie regelmäßig Sicherheitsupdates durch. Auch Virenschutzprogramme können helfen, Ihre mobilen Geräte zu schützen.

Neben den bekannten Schadprogrammen, den Viren, Würmern oder Trojanern, gibt es noch eine Vielzahl von weiteren Möglichkeiten, Unternehmen oder Privatpersonen durch Internetbetrug zu schädigen. Welche Betrugsmaschen gibt es und wie kann man sich am besten schützen?
Rößler: Zum Beispiel versuchen Kriminelle mithilfe von Schadsoftware den Computer lahmzulegen und den Nutzer um ein Lösegeld zu erpressen. Hierzu gehört z. B. der BKA-Trojaner: Der Empfänger erhält eine Mail mit dem Logo des Bundeskriminalamtes oder der Bundespolizei. Es wird ihm vorgeworfen, kinderpornografische Inhalte verbreitet, also eine Straftat begangen zu haben. In der E-Mail wird mitgeteilt, dass der Empfänger eine Strafgebühr per Prepaidkarte bezahlen soll, um den PC zu entsperren. Das Sperren des Computers erfolgt dann durch einen Trojaner, der sich auf dem PC installiert, sobald ein Anhang der E-Mail geöffnet oder auf den Link geklickt wird. Besonders problematisch ist, dass neben dem Schadprogramm auch tatsächlich echte kinderpornografische Bilder auf dem Rechner verbreitet werden. Sollten Sie von einer solchen Erpressung betroffen sein, dann sollten Sie auf keinen Fall auf den Erpressungsversuch eingehen und den Betrag bezahlen, sondern die Polizei über die versuchte Erpressung informieren.

Woran kann ich erkennen, ob ein E-Mail-Anhang schädlich ist?
Rößler: Das ist nicht immer einfach. Ein Beispiel: Sie haben ein Bild im Anhang. Das Bild heißt foto.jpg. Völlig harmlos. Denken Sie. Dahinter versteckt sich aber ein Virus. Das sehen Sie, wenn Sie sich den ganzen Namen anschauen: Bild.jpg.vbs. Bei der Endung .vbs oder .exe wäre ich vorsichtig. Wenn Sie das vermeintlich harmlose Bild öffnen, installiert sich stattdessen ein schädliches Programm im Hintergrund. Außerdem sollten Sie bei E-Mails hellhörig werden, in denen Sie aufgefordert werden, auf einen Link zu klicken und anschließend Ihre Zugangsdaten wie Benutzernamen und Passwörter einzugeben. Diese E-Mails werden Phishing-Mails genannt. Klickt der Nutzer auf den Link, gelangt er z. B. nicht auf die echte Seite seiner Bank oder seines E-Mail-Anbieters, sondern auf eine von Internetbetrügern nachgebaute Internetseite. Der Nutzer gibt dort seine persönlichen Daten ein und die Betrüger haben ab sofort Zugriff auf Bankkonto oder E-Mail-Postfächer. Aber nicht nur per E-Mail kann man Opfer eines Phishing-Angriffs werden, sondern häufig

werden auch Nachrichten per Instant-Messenger wie z.B. Skype zu diesen Zwecken missbraucht. Daher sollte man nur auf Verlinkungen klicken, deren Absender vertrauenswürdig ist. Bei unbekannten Absendern oder ungewöhnlichen Absendern gilt: Erst den Inhalt scannen, dann den Inhalt öffnen.

Angenommen, ein Krimineller klaut mein Bankpasswort und plündert mein Konto. Das Geld bekomme ich doch von meiner Bank erstattet?
Rößler: Leider nein. Dazu kann ich Ihnen von einer kleinen Firma berichten, die neulich genau dieses Problem hatte: Ein Krimineller hat mit einem Trojaner, den er per E-Mail verschickte, Zugriff auf das Firmenkonto erhalten. Nach ausgiebiger Shoppingtour war das Bankkonto leer. Die Bank musste den Schaden nicht ersetzen, denn der Mitarbeiter hätte die E-Mail als Fälschung erkennen müssen. Sie enthielt deutliche sprachliche Fehler. In diesem Fall: Pech gehabt. Die Firma ist für ihre IT-Sicherheit verantwortlich, hätte einen Virenschutz und eine Firewall einsetzen sowie ihre Mitarbeiter für solche Gefahren sensibilisieren müssen.

Ist das Verbreiten von Schadprogrammen nicht verboten?
Rößler: Es ist sogar strafbar und kann mit Freiheitsstrafen geahndet werden. Trotzdem: Als Unternehmer kann ich mit dem Anwalt drohen so viel ich will, die Ermittlungen nach den Betrügern sind leider meist schwierig, da sie häufig nicht leicht zu identifizieren bzw. zu bestrafen sind, vor allem dann nicht, wenn sie ihren Sitz im Ausland haben oder ihre Identität geschickt verschleiern. Den Schaden habe ich als Unternehmen und muss ihn häufig mit einem enormen zeitlichen Aufwand bzw. mit professioneller Hilfe beheben lassen.

Und wie sieht es mit Onlineshopping aus? Auf was sollte man hier achten?
Rößler: Unseriöse Firmen bieten Waren zu besonders günstigen Preisen an. Dabei handelt es sich nicht selten um gefälschte oder gestohlene Waren. Oder der Kunde wird um Vorkasse gebeten und die Ware wird nach Zahlung nicht versandt. Kaufen Sie also nur auf vertrauenswürdigen Seiten ein. Sehen Sie sich z.B. das Impressum an oder googeln Sie den Firmennamen. Nicht selten haben andere Kunden ebenfalls schlechte Erfahrung mit Anbietern gemacht und kommunizieren ihr Beispiel im Internet. Außerdem sollte der Onlineshop unterschiedliche Zahlungsmöglichkeiten anbieten und nicht nur per Vorkasse verkaufen. Achten Sie darauf dass der Onlineshop mit einem Gütesiegel wie z.B. „Trusted Shops“ ausgezeichnet ist. Hier kann man relativ sicher davon ausgehen, dass es sich um einen „seriösen Online-Shop“ handelt. Vorsichtig sollten Sie auch dann sein, wenn Ihnen etwas kostenfrei oder als Geschenk angeboten wird. Nicht selten lauern dahinter Abofallen, die sich anschließend als Kostenfallen entpuppen.

Aber nicht nur bei Onlineshoppingtouren kann man „Opfer des Internets“ werden. In sozialen Netzwerken kommt es immer wieder zu Cyber-Mobbing-Attacken. Eben noch die große Liebe wird die Exfreundin kurze Zeit später verbal oder auch mit zweideutigen Bildern angegriffen. Oder der Täter nutzt ein Pseudonym, um seinen Opfern zum Beispiel Homosexualität vorzuwerfen und sie damit zu attackieren. Tausend andere Nutzer können die Angriffe verfolgen und kommentieren. Was raten Sie Opfern von Cyber-Mobbing und wie kann man sich davor schützen?
Rößler: Zunächst sollten Sie nicht auf die Attacken reagieren, um die Täter nicht zu provozieren. Vertrauen Sie sich Freunden an, um nicht alleine mit der Situationen fertigwerden zu müssen. Sammeln Sie Beweismaterial, um ggf. Anzeige erstatten zu können. Außerdem können Sie z.B. Benutzer, die sie belästigen oder beleidigen „blockieren oder entfernen“. Sie können dann Ihre Einträge nicht mehr mit „gefällt mir“ markieren oder kommentieren. Auch in anderen Plattformen oder Chat-Foren gibt es die Möglichkeit, Personen zu sperren oder aus dem Chat zu entfernen. Wenden Sie sich ggf. an den Anbieter der Seiten. Wenn das alles nichts hilft, dann löschen Sie notfalls Ihren Account auf der betreffenden Plattform. Zum Schutz vor Mobbingattacken sollte man möglichst wenig persönliche Daten preisgeben. Außerdem sollte man sich überlegen, welche Fotos oder Videos man postet, um möglichst keine Angriffspunkte für negative Beiträge zu bieten. So gehören z.B. Fotos in Badekleidung nicht ins Internet. Überprüfen Sie regelmäßig ihre Privatsphären- sowie Kontoeinstellungen in sozialen Netzwerken.

In letzter Zeit liest man häufig, dass Konten in sozialen Netzwerken oder E-Mail-Konten von Hackern „gekapert“ – also von unberechtigten Dritten missbraucht – werden. Wie kann man sich hiervor schützen?
Rößler: Auch hier gilt wieder: Verwenden Sie auf unterschiedlichen Seiten auch unterschiedliche und sichere Passwörter. Sichern Sie Ihre Accounts außerdem über die Sicherheitseinstellungen, indem Sie z.B. Anmeldebenachrichtigungen aktivieren. Wenn Ihr Account z.B. von einem bisher nicht verwendeten Gerät geöffnet wird, dann erhalten Sie eine Benachrichtigungsmail.

Quelle: Autorentext

Angriffe aus dem Internet – Die Bedrohung für Firmen wächst

Viele Firmen sind nur unzureichend auf digitale Gefahren vorbereitet und vor Angriffen geschützt. Insbesondere Privatpersonen sowie kleine und mittelständische Unternehmen unterschätzen Cyberattacken. Ein erfolgreicher Angriff aus dem Netz kann nicht nur für das Unternehmen, sondern auch für seine Kunden böse Folgen haben.

Professionelle Banden, die quer über die Welt verstreut sind, erpressen Unternehmen, indem sie z. B. deren Webseiten blockieren. „Angreifer haben unsere Website für 16 Stunden lahmgelegt: Sie haben sie durch eine riesige Anzahl an Aufrufen überlastet und dadurch den Server zum Zusammenbrechen gebracht", berichtete neulich der Firmenchef eines Onlinehändlers, der nicht genannt werden möchte.

Neben solchen Angriffen auf Webseiten gehören auch Wirtschaftsspionage und das Ausspähen von Kundendateien zu den Zielen von Internetbetrügern. Wie aber kann es Kriminellen gelingen, in ein Firmennetz einzudringen? Zum Beispiel werden Software-Updates vergessen, unsichere bzw. immer wieder gleiche Passwörter genutzt oder private USB-Sticks im Firmennetzwerk verwendet, die mit einem Trojaner oder einem gefährlichen Virus infiziert sind. Mitarbeiter stellen dabei leider ein hohes Risiko dar. Daher ist eine aktive Aufklärung über mögliche Gefahren ein wichtiger Weg, um das Unternehmen vor Cyberangriffen zu schützen.

Aber nicht nur der Schutz von PCs und Servern am Arbeitsplatz, sondern auch „mobile Sicherheit" spielt für viele Firmen eine immer wichtigere Rolle. Häufig können Mitarbeiter ihre eigenen Smartphones, Tablet-Computer oder Notebooks mit ins Büro bringen und dort nutzen. Arbeiten sie auf ihren privaten Geräten auch mit Firmendaten, können durch die eigenen Anwendungen oder Spiele Sicherheitslücken im Unternehmen entstehen. Sind die privaten Programme infiziert, werden Spionage und Datendiebstahl möglich. Hier sollten Unternehmen, die neben dienstlichen auch private Geräte zur beruflichen Kommunikation zulassen, ihre Mitarbeiter besonders informieren und auf mobile Sicherheit achten.

Und wenn Ihnen eine E-Mail oder eine Fehlernachricht „komisch" vorkommt, dann sollten Sie zunächst einmal Ruhe bewahren und mit Ihrem Systemadministrator sprechen. Mit ihm können Sie dann entscheiden, ob Sie z. B. per Telefon Kontakt zum Versender der Mail aufnehmen und nachfragen, um was für einen Anhang es sich handelt. Es gibt viele Beispiele für Unternehmen, in denen eine per E-Mail versandte Rechnung unachtsam geöffnet und archiviert wurde und sich dabei ein bösartiger Virus eingenistet hat. Unternehmen sollten bei Angriffen auf ihren Webseiten, bei Wirtschaftsspionage sowie Verdacht auf Ausspähung von Kundendaten professionellen Rat von Spezialisten einholen.

Aber nicht nur Schadprogramme können großen Schaden anrichten. Immer wieder werden auch Firmen Opfer von „Cyber-Mobbing". Angebliche Kunden nutzen Fanseiten oder Blogs, um einfach „Stunk" zu machen. Nicht selten jedoch haben Kunden berechtigte Kritik. Hier gilt es mit Fingerspitzengefühl herauszufinden, ob Kunden einfach nur motzen wollen oder ob es sich um ernst gemeinte Kritik handelt. Haben Kunden berechtigte Kritik an einem Produkt oder einer Dienstleistung, dann sollte das Unternehmen auf jeden Fall möglichst schnell auf den Eintrag reagieren. Denn sonst riskiert es, dass andere Nutzer die negative Bemerkung „liken" und somit das Image des Unternehmens über das Netz ganz schnell negativ beeinflusst wird. Bei einem solchen Sturm der Entrüstung (Shitstorm) werden häufig neben der vielleicht berechtigten Kritik auch zahlreiche unsachliche Bemerkungen ins Netz gestellt. Sie machen eine sinnvolle Diskussion unmöglich. Daher ist es für Unternehmen sehr schwierig, auf negative Kritiken in sozialen Netzwerken, in Blogs oder auf Firmen-Webseiten zu reagieren. Versuchen Sie also bei berechtigter Kritik mit einer schnellen persönlichen Antwort – keiner Standardantwort – auf das Problem des Kunden einzugehen. Bieten Sie ihre Hilfe an und/oder kommen sie dem Kunden großzügig entgegen. Der Kunde wird Ihre Reaktion zu schätzen wissen und Sie können auf positives „Liken" hoffen. Sollte es sich bei der Kritik nur um „Schmähkritik" handeln, dann sollten Unternehmen sie zumindest gut beobachten und überlegen, wie sie darauf reagieren können. Ein Löschen des Eintrags oder der Fanseite bringt in der Regel nicht den gewünschten Erfolg. „Das Internet vergisst nie", und gelöschte Beiträge können an anderer Stelle von Dritten erneut ins Internet gestellt werden. Dann ist das Unternehmen jedoch nicht mehr Herr der Lage und kann nicht mehr auf die Kritik reagieren.

Quelle: Autorentext

Arbeitsblatt 25.1 Bedrohung im Internet und Schutzmaßnahmen

Bedrohung	Erklärung	Schutzmaßnahmen	Mögliche Reaktion bei Infizierung / Erste Hilfe
Viren			
Würmer			
Trojaner/ trojanische Pferde			
Digitale Erpressung			
Phishing			

Arbeitsblatt 25.2 Bedrohung im Internet und Schutzmaßnahmen (Fortsetzung)

Bedrohung	Erklärung	Schutzmaßnahmen	Mögliche Reaktion bei Infizierung / Erste Hilfe
Falsche Online-shops			
Abofallen			
Cyber-Mobbing			
Angriffe auf Websites von Unternehmen			
Wirtschaftsspionage/Ausspähen von Kundendaten			
Schadsoftware und Spionageangriffe in mobilen Endgeräten			

FOLGESITUATION

Da die EDV der BPK GmbH ziemlich veraltet ist, wurden für alle Mitarbeiterinnen und Mitarbeiter neue PCs beschafft und zusätzlich noch einige Business-Tablets für unterwegs. Frau Finke beauftragt Cornelia Gruber damit, den Installationsprozess der PCs durch den Techniker, Herrn Müller der Firma PC-Schnell-Und-Gut zu begleiten.

Am Tag der Installation müssen die Mitarbeiterinnen und Mitarbeiter der Abteilung ihre Arbeit unterbrechen und ihren Arbeitsplatz räumen. Als Herr Müller mit den Vorarbeiten fertig ist und einen neuen Rechner installiert hat, startet plötzlich der Drucker und es werden mehrere Gehaltsabrechnungen für Mitarbeiterinnen und Mitarbeiter aller Unternehmensebenen – von der Geschäftsführung bis zur Produktion – gedruckt. Sowohl Herr Müller als auch Cornelia Gruber stutzen, als sie Einblick in die Unterlagen bekommen ...

Zufällig kommt der Leiter der Abteilung Verwaltung, Herr Deneke, herein und sieht die ausgedruckten Gehaltsabrechnungen. Schnell nimmt er die Unterlagen an sich und bittet Cornelia sofort um ein Gespräch.

Herr Deneke: Frau Gruber, wissen Sie, warum die Gehaltsabrechnungen ausgedruckt wurden, und hat Herr Müller diese Ausdrucke etwa gesehen?

Cornelia: Ich weiß auch nicht genau, wie das passieren konnte, plötzlich hat der Drucker einfach angefangen zu drucken. Ich glaube, Herr Müller hat die Unterlagen zwar gesehen, aber nicht genau gelesen.

Herr Deneke: Das sind nämlich ganz sensible Daten, die darf kein Unbefugter sehen. Ich glaube, Ihnen wäre es auch nicht recht, wenn jeder weiß, was Sie verdienen.

Cornelia: Das stimmt, aber was sind denn genau sensible Daten?

Herr Deneke: Ich gebe Ihnen mal die EU-DSGVO, da steht alles drin. Es wäre schön, wenn Sie für alle Mitarbeiterinnen und Mitarbeiter eine Übersicht machen könnten, was in der EU-DSGVO steht und welche Rechte und Pflichten alle hier haben, denn darüber sollte jeder Bescheid wissen. Bitte berücksichtigen Sie dabei auch, dass unsere Daten mittlerweile nicht mehr nur auf eigenen Servern liegen, sondern die Mitarbeiterinnen und Mitarbeiter der Abteilungen Einkauf und Allgemeine Verwaltung eine Cloud benutzen, damit sie auch unterwegs mit ihren Business-Tablets einfach auf wichtige Informationen zugreifen können.

Cornelia: Das mache ich sofort.

ARBEITSAUFTRÄGE

1. Helfen Sie Cornelia Gruber bei der Erstellung der Übersicht. Lesen Sie dazu den Auszug aus der Datenschutz-Grundverordnung (EU-DSGVO) auf der nachfolgenden Seite und recherchieren Sie im Internet. Die folgenden Fragen helfen Ihnen, die Übersicht zu strukturieren:
   a) Was sind personenbezogene Daten?
   b) Was muss geschützt werden?
   c) Wann dürfen Daten erhoben und genutzt werden?
   d) Wo findet bei der BPK GmbH die Speicherung von personenbezogenen Daten statt?
2. Was sollte die BPK GmbH bei der Übergabe von Tablets an ihre Mitarbeiterinnen und Mitarbeiter in Bezug auf die private Nutzung regeln? Welche Nutzungsvereinbarung kennen Sie aus Ihrem Umfeld und welche Bedingungen sind darin geregelt?
3. Die Geschäftsleitung der BPK GmbH zieht in Erwägung, einen Online-Shop zu implementieren. Was muss sie in Bezug auf die EU-DSGVO berücksichtigen?

DSGVO 2016/679 (Auszug)

Art. 1 DSGVO Gegenstand und Ziele

(1) Diese Verordnung enthält Vorschriften zum Schutz natürlicher Personen bei der Verarbeitung personenbezogener Daten und zum freien Verkehr solcher Daten.

(2) Diese Verordnung schützt die Grundrechte und Grundfreiheiten natürlicher Personen und insbesondere deren Recht auf Schutz personenbezogener Daten.

(3) Der freie Verkehr personenbezogener Daten in der Union darf aus Gründen des Schutzes natürlicher Personen bei der Verarbeitung personenbezogener Daten weder eingeschränkt noch verboten werden.

Art. 4 DSGVO Begriffsbestimmungen

Im Sinne dieser Verordnung bezeichnet der Ausdruck:

(1) „personenbezogene Daten" alle Informationen, die sich auf eine identifizierte oder identifizierbare natürliche Person (im Folgenden „betroffene Person") beziehen; als identifizierbar wird eine natürliche Person angesehen, die direkt oder indirekt, insbesondere mittels Zuordnung zu einer Kennung wie einem Namen, zu einer Kennnummer, zu Standortdaten, zu einer Online-Kennung oder zu einem oder mehreren besonderen Merkmalen identifiziert werden kann, die Ausdruck der physischen, physiologischen, genetischen, psychischen, wirtschaftlichen, kulturellen oder sozialen Identität dieser natürlichen Person sind;

(2) „Verarbeitung" jeden mit oder ohne Hilfe automatisierter Verfahren ausgeführten Vorgang oder jede solche Vorgangsreihe im Zusammenhang mit personenbezogenen Daten wie das Erheben, das Erfassen, die Organisation, das Ordnen, die Speicherung, die Anpassung oder Veränderung, das Auslesen, das Abfragen, die Verwendung, die Offenlegung durch Übermittlung, Verbreitung oder eine andere Form der Bereitstellung, den Abgleich oder die Verknüpfung, die Einschränkung, das Löschen oder die Vernichtung; [...]

(5) „Einwilligung" der betroffenen Person jede freiwillig für den bestimmten Fall, in informierter Weise und unmissverständlich abgegebene Willensbekundung in Form einer Erklärung oder einer sonstigen eindeutigen bestätigenden Handlung, mit der die betroffene Person zu verstehen gibt, dass sie mit der Verarbeitung der sie betreffenden personenbezogenen Daten einverstanden ist; [...]

(7) „Gesundheitsdaten" personenbezogene Daten, die sich auf die körperliche oder geistige Gesundheit einer natürlichen Person, einschließlich der Erbringung von Gesundheitsdienstleistungen, beziehen und aus denen Informationen über deren Gesundheitszustand hervorgehen;

Art. 12 DSGVO Transparente Information, Kommunikation und Modalitäten für die Ausübung der Rechte der betroffenen Person

(1) Der Verantwortliche trifft geeignete Maßnahmen, um der betroffenen Person alle Informationen gemäß den Artikeln 13 und 14 und alle Mitteilungen gemäß den Artikeln 15 bis 22 und Artikel 34, die sich auf die Verarbeitung beziehen, in präziser, transparenter, verständlicher und leicht zugänglicher Form in einer klaren und einfachen Sprache zu übermitteln; dies gilt insbesondere für Informationen, die sich speziell an Kinder richten. Die Übermittlung der Informationen erfolgt schriftlich oder in anderer Form, gegebenenfalls auch elektronisch. Falls von der betroffenen Person verlangt, kann die Information mündlich erteilt werden, sofern die Identität der betroffenen Person in anderer Form nachgewiesen wurde.

Art. 13 DSGVO Informationspflicht bei Erhebung von personenbezogenen Daten bei der betroffenen Person

(1) Werden personenbezogene Daten bei der betroffenen Person erhoben, so teilt der Verantwortliche der betroffenen Person zum Zeitpunkt der Erhebung dieser Daten Folgendes mit:

a) den Namen und die Kontaktdaten des Verantwortlichen sowie gegebenenfalls seines Vertreters; [...]

c) die Zwecke, für die die personenbezogenen Daten verarbeitet werden sollen, sowie die Rechtsgrundlage für die Verarbeitung;

(2) Zusätzlich zu den Informationen gemäß Absatz 1 stellt der Verantwortliche der betroffenen Person zum Zeitpunkt der Erhebung dieser Daten folgende weitere Informationen zur Verfügung, die notwendig sind, um eine faire und transparente Verarbeitung zu gewährleisten:

a) die Dauer, für die die personenbezogenen Daten gespeichert werden oder, falls dies nicht möglich ist, die Kriterien für die Festlegung dieser Dauer;

b) das Bestehen eines Rechts auf Auskunft seitens des Verantwortlichen über die betreffenden personenbezogenen Daten sowie auf Berichtigung oder Löschung oder auf Einschränkung der Verarbeitung oder eines Widerspruchsrechts gegen die Verarbeitung sowie des Rechts auf Datenübertragbarkeit;

c) wenn die Verarbeitung auf Artikel 6 Absatz 1 Buchstabe a oder Artikel 9 Absatz 2 Buchstabe a beruht, das Bestehen eines Rechts, die Einwilligung jederzeit zu widerrufen, ohne dass die Rechtmäßigkeit der aufgrund der Einwilligung bis zum Widerruf erfolgten Verarbeitung berührt wird;

d) das Bestehen eines Beschwerderechts bei einer Aufsichtsbehörde;

Art. 17 DSGVO Recht auf Löschung („Recht auf Vergessenwerden")

(1) Die betroffene Person hat das Recht, von dem Verantwortlichen zu verlangen, dass sie betreffende personenbezogene Daten unverzüglich gelöscht werden, und der Verantwortliche ist verpflichtet, personenbezogene Daten unverzüglich zu löschen, sofern einer der folgenden Gründe zutrifft:

a) Die personenbezogenen Daten sind für die Zwecke, für die sie erhoben oder auf sonstige Weise verarbeitet wurden, nicht mehr notwendig.

b) Die betroffene Person widerruft ihre Einwilligung, auf die sich die Verarbeitung gemäß Artikel 6 Absatz 1 Buchstabe a oder Artikel 9 Absatz 2 Buchstabe a stützte, und es fehlt an einer anderweitigen Rechtsgrundlage für die Verarbeitung.

c) Die betroffene Person legt gemäß Artikel 21 Absatz 1 Widerspruch gegen die Verarbeitung ein und es liegen keine vorrangigen berechtigten Gründe für die Verarbeitung vor, oder die betroffene Person legt gemäß Artikel 21 Absatz 2 Widerspruch gegen die Verarbeitung ein.

d) Die personenbezogenen Daten wurden unrechtmäßig verarbeitet. [...]

(2) Hat der Verantwortliche die personenbezogenen Daten öffentlich gemacht und ist er gemäß Absatz 1 zu deren Löschung verpflichtet, so trifft er unter Berücksichtigung der verfügbaren Technologie und der Implementierungskosten angemessene Maßnahmen, auch technischer Art, um für die Datenverarbeitung Verantwortliche, die die personenbezogenen Daten verarbeiten, darüber zu informieren, dass eine betroffene Person von ihnen die Löschung aller Links zu diesen personenbezogenen Daten oder von Kopien oder Replikationen dieser personenbezogenen Daten verlangt hat.

Art. 25 DSGVO Datenschutz durch Technikgestaltung und durch datenschutzfreundliche Voreinstellungen

(1) Unter Berücksichtigung des Stands der Technik, der Implementierungskosten und der Art, des Umfangs, der Umstände und der Zwecke der Verarbeitung sowie der unterschiedlichen Eintrittswahrscheinlichkeit und Schwere der mit der Verarbeitung verbundenen Risiken für die Rechte und Freiheiten natürlicher Personen trifft der Verantwortliche sowohl zum Zeitpunkt der Festlegung der Mittel für die Verarbeitung als auch zum Zeitpunkt der eigentlichen Verarbeitung geeignete technische und organisatorische Maßnahmen – wie z. B. Pseudonymisierung –, die dafür ausgelegt sind, die Datenschutzgrundsätze wie etwa Datenminimierung wirksam umzusetzen und die notwendigen Garantien in die Verarbeitung aufzunehmen, um den Anforderungen dieser Verordnung zu genügen und die Rechte der betroffenen Personen zu schützen.

(2) Der Verantwortliche trifft geeignete technische und organisatorische Maßnahmen, die sicherstellen, dass durch Voreinstellung nur personenbezogene Daten, deren Verarbeitung für den jeweiligen bestimmten Verarbeitungszweck erforderlich ist, verarbeitet werden. Diese Verpflichtung gilt für die Menge der erhobenen personenbezogenen Daten, den Umfang ihrer Verarbeitung, ihre Speicherfrist und ihre Zugänglichkeit. Solche Maßnahmen müssen insbesondere sicherstellen, dass personenbezogene Daten durch Voreinstellungen nicht ohne Eingreifen der Person einer unbestimmten Zahl von natürlichen Personen zugänglich gemacht werden.

Art. 37 DSGVO Benennung eines Datenschutzbeauftragten

(1) Der Verantwortliche und der Auftragsverarbeiter benennen auf jeden Fall einen Datenschutzbeauftragten, wenn

1. die Kerntätigkeit des Verantwortlichen oder des Auftragsverarbeiters in der Durchführung von Verarbeitungsvorgängen besteht, welche aufgrund ihrer Art, ihres Umfangs und/oder ihrer Zwecke eine umfangreiche regelmäßige und systematische Überwachung von betroffenen Personen erforderlich machen, oder
2. die Kerntätigkeit des Verantwortlichen oder des Auftragsverarbeiters in der umfangreichen Verarbeitung besonderer Kategorien von Daten gemäß Artikel 9 oder von personenbezogenen Daten über strafrechtliche Verurteilungen und Straftaten gemäß Artikel 10 besteht.

(2) Eine Unternehmensgruppe darf einen gemeinsamen Datenschutzbeauftragten ernennen, sofern von jeder Niederlassung aus der Datenschutzbeauftragte leicht erreicht werden kann.

(3) Der Datenschutzbeauftragte wird auf der Grundlage seiner beruflichen Qualifikation und insbesondere des Fachwissens benannt, das er auf dem Gebiet des Datenschutzrechts und der Datenschutzpraxis besitzt, sowie auf der Grundlage seiner Fähigkeit zur Erfüllung der in Artikel 39 genannten Aufgaben.

(4) Der Datenschutzbeauftragte kann Beschäftigter des Verantwortlichen oder des Auftragsverarbeiters sein oder seine Aufgaben auf der Grundlage eines Dienstleistungsvertrags erfüllen.

(5) Der Verantwortliche oder der Auftragsverarbeiter veröffentlicht die Kontaktdaten des Datenschutzbeauftragten und teilt diese Daten der Aufsichtsbehörde mit.

§ 38 BDSG Datenschutzbeauftragte nichtöffentlicher Stellen

(1) Ergänzend zu Artikel 37 Absatz 1 Buchstabe b und c der Verordnung (EU) 2016/679 benennen der Verantwortliche und der Auftragsverarbeiter eine Datenschutzbeauftragte oder einen Datenschutzbeauftragten, soweit sie in der Regel mindestens zehn Personen ständig mit der automatisierten Verarbeitung personenbezogener Daten beschäftigen.

(2) Nehmen der Verantwortliche oder der Auftragsverarbeiter Verarbeitungen vor, die einer Datenschutz-Folgenabschätzung nach Artikel 35 der Verordnung (EU) 2016/679 unterliegen, oder verarbeiten sie personenbezogene Daten geschäftsmäßig zum Zweck der Übermittlung, der anonymisierten Übermittlung oder für Zwecke der Markt- oder Meinungsforschung, haben sie unabhängig von der Anzahl der mit der Verarbeitung beschäftigten Personen eine Datenschutzbeauftragte oder einen Datenschutzbeauftragten zu benennen.

Art. 39 DSGVO Aufgaben des Datenschutzbeauftragten

(1) Dem Datenschutzbeauftragten obliegen zumindest folgende Aufgaben:

1. Unterrichtung und Beratung des Verantwortlichen oder des Auftragsverarbeiters und der Beschäftigten, die Verarbeitungen durchführen, hinsichtlich ihrer Pflichten nach dieser Verordnung sowie nach sonstigen Datenschutzvorschriften der Union bzw. der Mitgliedstaaten;
2. Überwachung der Einhaltung dieser Verordnung, anderer Datenschutzvorschriften der Union bzw. der Mitgliedstaaten sowie der Strategien des Verantwortlichen oder des Auftragsverarbeiters für den Schutz personenbezogener Daten einschließlich der Zuweisung von Zuständigkeiten, der Sensibilisierung und Schulung der an den Verarbeitungsvorgängen beteiligten Mitarbeiter und der diesbezüglichen Überprüfungen;
3. Zusammenarbeit mit der Aufsichtsbehörde

Aufgaben

1

Herr Krieger erhält von dem kanadischen Lieferanten Toronto Paper & Cellulose Inc. eine Mail mit einer aktuellen Produktliste in Form einer Excel-Datei. Er wundert sich zwar, dass die Mail von george.plitt@ tpc.biz kommt – der Lieferant nutzt für gewöhnlich die E-Mail-Endung @tpc.com und trotz enger Lieferantenbeziehungen hat er mit einem George Plitt zuvor noch nicht gesprochen – den E-Mail-Anhang mit der Bezeichnung components_TPC.xlsx.exe öffnet er dennoch ...
Durch das Öffnen des Anhangs hat sich ein trojanisches Pferd installiert, das sich Zutritt auf den internen Bereich der BPK GmbH verschafft hat. Unter anderem konnten so 5.000,00 € von einem Firmenkonto gestohlen werden, die aber zum Glück von der Hausbank der BPK GmbH erstattet wurden.
Die Geschäftsführung und die Abteilungsleitungen der BPK GmbH benutzen das einheitliche Passwort papier2.

a) Diskutieren Sie, ob die Bank den Betrag hätte erstatten müssen.
b) Unterbreiten Sie Vorschläge zur Erhöhung der Passwortsicherheit.
c) Diskutieren Sie, inwieweit Dateiname und Anhang hätten stutzig werden lassen müssen.

2

Soziale Netzwerke werden durch Fotos erst richtig spannend. Doch wie sieht es mit der Veröffentlichung von Bildern im Internet aus?

a) Recherchieren Sie zum Recht am eigenen Bild. Erstellen Sie eine Übersicht, wann man welche Fotos im Internet veröffentlichen darf.
b) Was kann man bei einem Verstoß gegen das Recht am eigenen Bild tun?

3

Beantworten Sie die Fragen zum Datenschutz in folgenden Fällen, die bei der BPK GmbH schon einmal aufgetreten sind und begründen Sie ihre Antworten.

Fall 1: Frau Trautmann aus der Personalabteilung hat aufgeräumt und mehrere Aktenordner in den Papiercontainer hinter dem Bürogebäude geworfen.

a) Verstößt sie dadurch gegen die EU-DSGVO?
b) Wie hätte sie sich besser verhalten, um nicht mit der EU-DSGVO in Konflikt zu kommen?

Fall 2: Karl Kaufmann, ein ehemaliger Auszubildender der BPK GmbH, der nicht übernommen wurde, wird von seinem Freund, einem Finanzmakler gebeten, eine Liste mit Namen und Adressen ehemaliger Kollegen zu erstellen, damit er sie zu Werbezwecken anschreiben kann. Karl Kaufmann soll hierfür 200,00 € erhalten.

a) Unterliegt die Liste dem Datenschutz?
b) Verstößt Karl Kaufmann gegen das Datengeheimnis, wenn er der Bitte nachkommt?
c) Unter welchen Voraussetzungen könnte Karl Kaufmann die Liste weitergeben?

Fall 3: Babette Finke, derzeitige Datenschutzbeauftragte bei der BPK GmbH, soll zusätzliche Aufgaben im Controlling übernehmen. Die Geschäftsleitung ist der Meinung, dass sie die Aufgabe der Datenschutzbeauftragten nicht mehr auszuführen braucht, da der Aufwand ohnehin zu groß und mit zu hohen Kosten verbunden sei. Alle Mitarbeiter sollten in Zukunft selbstständig auf die Einhaltung des Datenschutzes achten.

a) Muss aufgrund der Mitarbeiterzahl eine besondere Datenschutzmaßnahme getroffen werden und wenn ja, welche?
b) Wann muss ein Datenschutzbeauftragter eingesetzt werden?
c) Welche Bestimmungen sind bzgl. eines Datenschutzbeauftragten zu beachten?
d) Welche Aufgaben hat ein Datenschutzbeauftragter? Nennen Sie Beispiele.

Fall 4: Frau Trautmann, die Mitarbeiterin der Personalabteilung, wurde von einem Mitarbeiter des Verkaufs gebeten, einen Eintrag in der Personalakte zu korrigieren und einen anderen ganz zu löschen. Sie ist sich unsicher, ob sie Änderungen oder Löschungen auf Veranlassung des Mitarbeiters überhaupt vornehmen darf und ob das nicht gegen das Datenschutzgesetz verstößt. Erklären Sie ausführlich die Rechte des betroffenen Mitarbeiters. Ziehen Sie dazu die Artikel 12–17 der EU-DSGVO hinzu.

Fall 5: Ein langjähriger Kunde der BPK GmbH hat bisher immer einen Newsletter per E-Mail und die neuen Kataloge sowie weitere Angebote per Post erhalten. Nun erhält die BPK GmbH ein Schreiben vom Kunden, in dem er mitteilt, dass er keinen Newsletter mehr wünscht und auch alle seine persönlichen Daten gelöscht werden sollen. Wie muss sie sich in so einem Fall laut EU-DSGVO verhalten?

4

Kreuzen Sie an, welche Rechte eine Person hat, deren Daten gespeichert wurden.

a)	Recht auf Auskunft und Einsichtnahme	☐
b)	Recht auf Benachrichtigung	☐
c)	Recht auf Löschung	☐
d)	Recht auf Schadenersatz	☐
e)	Recht auf Berichtigung falscher Daten	☐

Lernsituation 26

FK ▶ LF 2 Kap. 5.1

Eine kurzfristige Finanzierungsentscheidung treffen

LERNSITUATION

Cornelia Gruber ist zurzeit in der Buchhaltung der BPK GmbH eingesetzt. Sie findet folgende Belege auf Ihrem Schreibtisch zur Bearbeitung. Sie ist sich unschlüssig, ob Sie die Rechnung überweisen oder lieber noch abwarten soll.

PAPIER & FOLIEN GMBH & CO. KG

P&F Papier & Folien

P & F Gmbh & Co. KG, Niederkasseler Str. 29, 40547 Düsseldorf
Bergisches Papierkontor GmbH
Buchhaltung
Elberfelder Str. 85
42285 Wuppertal

Name: Janette Weskamp
Telefon: 0211 4754XX-1
E-Mail: j.weskamp@p-und-f.dex

Bankverbindung:
Bank im Westen
IBAN: DE40 0765 4002 0000 0240 12
BIC: WESTDEDD452

Datum: 12.03.20XX

Rechnung-Nr.: 02/20XX

Für die Ausführung Ihrer Bestellung Nr. 312 stellen wir Ihnen folgende Positionen in Rechnung:

Menge/ Stück	Artikelbezeichnung	Einzelpreis in €	Gesamtpreis in €
100	Karton Overheadfolie für alle Kopiergeräte, Format DIN A4, matt	12,90	1.290,00
300	Karton Overheadfolie für Farbkopierer, Format DIN A4, glasklar	22,08	6.624,00
	Nettogesamtwert in €		7.914,00
	+ 19 % Umsatzsteuer in €		1.503,66
	Gesamtpreis brutto in €		**9.417,66**

Zahlungsbedingungen 8 Tage 2 % Skonto oder 60 Tage Ziel.

Mit freundlichen Grüßen
Vertrieb

Janette Weskamp

Janette Weskamp

TopBank WUPPERTAL

Kontoauszug **EUR-Konto**

IBAN	Kontonummer	erstellt am	Auszug	Blatt
DE24 1001 0700 0060 0521 98	600 521 98	13.03.20XX	28	1

Vorgang

Goed Reclame BV	*Buchungstag* 15.03.20XX	*Wert* 13.03.20XX	500,00 –
Bergisches Papierkontor GmbH Elberfelder Straße 85 42285 Wuppertal		*alter Saldo*	**12.043,72 Haben**
		neuer Saldo	**11.543,72 Haben**

TopBank WUPPERTAL

TopBank Wuppertal • PF 20 02 • 42111 Wuppertal
Bergisches Papierkontor GmbH
Buchhaltung
Elberfelder Straße 85
42285 Wuppertal

Ihre Ansprechpartnerin: Elisabeth Lange
Telefon: 0203 2815XX-88
Telefax: 0203 2815XX-89
E-Mail: e.lange@TopBank.dex

Datum: 12.03.20XX

Ihr neues Cash-Konto

Sehr geehrte Damen und Herren,

wir haben Ihnen wie besprochen ein Cash-Konto eingerichtet, auf dem Sie Ihre überschüssigen Liquiditätsreserven gewinnbringend anlegen können. Als langjährigem Kunden bieten wir Ihnen hierfür einen Zinssatz von 1,5 % p. a. an.

Sie bleiben völlig flexibel, denn Sie können Ihr Guthaben ohne Kündigungsfrist wieder abrufen.

Mit freundlichen Grüßen

Elisabeth Lange

Elisabeth Lange

ARBEITSAUFTRÄGE

1. Helfen Sie Cornelia, indem Sie die Höhe der Ersparnis bei vorzeitiger Zahlung ermitteln.
2. Ermitteln Sie den Zinsgewinn, wenn man das Kapital auf dem Cash-Konto anlegen würde, statt unter Ausnutzung des Skontos zu bezahlen.
3. Erklären Sie Cornelia, inwiefern der Lieferant durch seine Zahlungsbedingungen einen Kredit anbietet.

Arbeitsblatt 26.1 Lieferantenkredit

Die Bergisches Papierkontor GmbH hat die folgende Eingangsrechnung erhalten:

Dresdener Papiermanufaktur AG

Dresdener Papiermanufaktur AG | Hauptallee 50 | 01069 Dresden

Bergisches Papierkontor GmbH
Elberfelder Straße 85
42285 Wuppertal

Rechnung Nr. 664

Kundennummer:	Rechnungs-Nr.:	Bei Zahlung bitte angeben!	Rechnungsdatum
K 11	664		01.04.20XX
Ihre Bestellung Nr.:		Lieferschein:	Lieferdatum:
78		664	01.04.20XX

Artikel-Nr.	Warenbezeichnung	Menge in Karton á 500 Blatt	Einzelpreis in €	Gesamtpreis in €
44500	Bankpost, Qualität DIN-A4-Blätter, 80 mg²	2000	10,20	20.400,00
		– 12,5 % Rabatt		2.550,00
		= Warenwert		17.850,00
		+ Transportkosten		500,00
		= Nettorechnungsbetrag		18.350,00
		+ 19 % Umsatzsteuer		3.486,50
		= Bruttorechnungsbetrag		**21.836,50**

Der Rechnungsbetrag ist innerhalb von 45 Tagen fällig. Bei Zahlung innerhalb von 10 Tagen gewähren wir auf den Warenwert 2,5 % Skonto.

Während der Skontofrist befindet sich das Kontokorrentkonto der Bergisches Papierkontor GmbH im Kreditbereich. Die Sollzinsen würden 9 % betragen. Ermitteln Sie den Finanzierungserfolg bei kreditfinanzierter Skontoausnutzung.

Begriffe	Formeln	Berechnungen und Ergebnisse
Nettoskonto	· Skontosatz in %	
Überweisungsbetrag	Bruttorechnungsbetrag –	
Lieferantenkreditfrist	Zahlungsziel –	
Bankzinsen	$\frac{\text{Überweisungsbetrag} \cdot \quad \cdot}{100 \cdot 360}$	
Finanzierungserfolg	Nettoskonto –	
Effektive Verzinsung des Lieferantenkredits	$\frac{\cdot 360 \cdot 100}{\cdot \text{Lieferantenkreditfrist}}$	

Aufgaben

1

Zum 30. 06. muss die Tönnes Druckerei entscheiden, ob eine fällige Eingangsrechnung der BPK GmbH unter Abzug des Skontos überwiesen werden soll.

bpk Bergisches Papierkontor GmbH

Bergisches Papierkontor GmbH • Elberfelder Straße 85 • 42285 Wuppertal

Tönnes Druckerei
Stolzestraße 10
50674 Köln

Rechnung Nr. 12292

Bearbeiter	Kundennummer	Ihre Bestellung Nr.	vom	Rechn. Datum
Kozan	33001	330-27	19.06.20XX	22. 06. 20XX
Versandart/Freivermerk		**Verpackungsart**	**geliefert am**	
Lkw/frei Haus		Karton auf Palette	20.06.20XX	

Pos.-Nr.	Artikel-Nr.	Warenbezeichnung	Menge	Preis/Einheit €	Gesamtpreis €
1	40111	„Prima-Offset Professional“	10 000 Bogen	35,20	704,00
2	40411	„Phoenix-Ikono-Rex“	10 000 Bogen	44,95	1.798,00
		= Nettorechnungsbetrag			2.502,00
		+ 19 % Umsatzsteuer			475,38
		Bruttorechnungsbetrag			**2.977,38**

Der Rechnungsbetrag ist zahlbar innerhalb von 8 Tagen unter Abzug von 3 % Skonto. Das Zahlungsziel beträgt 30 Tage.

a) Wie hoch ist der mögliche Überweisungsbetrag unter Abzug von 3 % Skonto?
b) Berechnen Sie die effektive Verzinsung des Lieferantenkredits.
c) Welche Entscheidung sollte die Tönnes Druckerei hinsichtlich des Rechnungsausgleichs treffen?

2

Die Klammer & Co Bürobedarf OHG erhält eine Rechnung über 11.900,00 € brutto mit folgenden Zahlungsbedingungen: „Zahlbar innerhalb von 6 Wochen ohne Abzug, innerhalb von 14 Tagen werden 2 % Skonto gewährt.“

a) Die Klammer & Co Bürobedarf OHG könnte die 2 % Skonto nur zulasten ihres Kontokorrentkredits (15 % p.a.) in Anspruch nehmen. Entscheiden Sie, ob sich die Ausnutzung von Skonto lohnt, indem Sie die Kosten der beiden Finanzierungsalternativen gegenüberstellen.
b) Erklären Sie das in a) ermittelte Ergebnis, indem Sie den Jahreszins betrachten.

3

Ein Papierveredeler stundet einem Großkunden eine Rechnung vom 10.04. mit 60 Tagen Ziel bis zum 20.11. Er berechnet dafür 12,5 % Zinsen. Ermitteln Sie bei einem Rechnungsbetrag von 33.120,00 €

a) den Zinsertrag des Papierveredelers und
b) den Überweisungsbetrag zum 20.11.

4

Ermitteln Sie die Zinstage für folgende Zinszeiträume:

a) 20.06. – 31.10.
b) 31.05. – 01.12.
c) 20.09. – 10.05. (Folgejahr)
d) 26.02. – 31.07.
e) 25.04. – 19.09.
f) 30.08. – 28.02. (Folgejahr)
g) 25.07. – 30.12.
h) 06.04. – 01.12.
i) 01.10. – 31.03. (Folgejahr)

5

Berechnen Sie die Zinsen für die folgenden Kreditangebote:

	Kreditsumme (in €)	Zinssatz (in %)	Kreditlaufzeit (von – bis)
a)	25.000,00	12,00	24.08. – 31.12.
b)	80.000,00	7,50	31.01. – 14.09.
c)	12.000,00	3,75	16.03. – 17.06.
d)	9.000,00	8,50	28.03. – 29.11.

Lernsituation 27

Allgemeine Geschäftsbedingungen (AGB) anwenden

FK ► LF 2 Kap. 5.2

LERNSITUATION

Die BPK GmbH beabsichtigt, vom Computerhändler DV-Profi GmbH vier neue Personalcomputer für die Abteilung Einkauf zu erwerben. Zusammen mit dem Angebot der DV-Profi GmbH liegen der zuständigen Sachbearbeiterin Elisabeth Albrecht die allgemeinen Geschäftsbedingungen des Computerhändlers vor.

DV-Profi GmbH

Allgemeine Geschäftsbedingungen der DV-Profi GmbH

§ 1 Allgemeine Regelungen

(1) Alle Verkäufe, Lieferungen und sonstigen Leistungen erfolgen ausschließlich nach Maßgabe dieser Allgemeinen Geschäftsbedingungen.

(2) Individualabreden sind nur gültig, wenn sie schriftlich vereinbart wurden.

(3) Ist eine Bestimmung dieser Bedingungen ganz oder teilweise unwirksam, so bleibt die Wirksamkeit der übrigen Bestimmungen hiervon unberührt.

§ 2 Gewährleistung, Garantie und Mängelanzeige

(1) Die DV-Profi GmbH gibt auf alle Artikel 24 Monate Gewährleistung gemäß den nachfolgenden Bestimmungen.

(2) Die DV-Profi GmbH übernimmt keine Gewähr für Schäden, die durch fehlerhafte Montage oder Montageanleitung oder fehlerhafte Inbetriebnahme entstehen.

(3) Offensichtliche Mängel der Ware sind unverzüglich, spätestens jedoch innerhalb von 2 Wochen nach Lieferung bzw. Erhalt der Ware schriftlich mitzuteilen. Bei Versäumnis dieser Frist sind Gewährleistungsrechte wegen eines offensichtlichen Mangels ausgeschlossen. Mängel, die auch bei sorgfältiger Prüfung innerhalb dieser Frist nicht entdeckt werden können, sind uns unverzüglich nach Entdeckung schriftlich mitzuteilen. Zur Begrenzung der allgemeinen Kreditrisiken übernimmt die DV-Profi GmbH die Mängelbeseitigung erst ab vollständig geleisteter Kaufpreiszahlung.

(4) Der Käufer hat nachzuweisen, dass die Sache bereits bei Gefahrenübergang mangelhaft war. Bei solchen berechtigten Mängelrügen übernimmt die DV-Profi GmbH die kostenlose Nachbesserung oder, ist eine solche nicht möglich, eine Neulieferung. Nur die notwendigen Transportkosten sind vom Käufer zu tragen.

(5) Schlägt die Nachbesserung an einem Fehler bzw. die Neulieferung viermal fehl, gewähren wir Ihnen eine Preisherabsetzung in angemessenem Umfang. Auch ein Rücktritt vom Vertrag gemäß § 4 AGB ist nun möglich.

§ 3 Haftung

(1) Die DV-Profi GmbH haftet nur für Schäden, die auf Vorsatz beruhen. Die Haftung ist der Höhe nach auf den bei Geschäften der fraglichen Art typischerweise entstehenden Schaden begrenzt.

(2) Der Käufer hat alle möglichen Maßnahmen zur Schadensabwehr und -minderung zu ergreifen.

§ 4 Rücktritt

(1) Die DV-Profi GmbH gewährt ihren Kunden ein Rücktrittsrecht gemäß den Regelungen dieser Allgemeinen Geschäftsbedingungen.

(2) Der Rücktritt vom Vertrag ist schriftlich per Einschreiben gegenüber der DV-Profi GmbH zu erklären.

(3) Die Ware muss sich in jedem Fall in einem wieder verkaufsfähigen Zustand befinden und ist in der Originalverpackung zurückzugeben.

§ 5 Lieferung

(1) Die DV-Profi GmbH liefert gegen Kostenerstattung auf Gefahr des Kunden alle Produkte aus.

(2) Wird die Ware nicht abgenommen, ist die DV-Profi GmbH berechtigt, eine Pauschale wegen vertragswidrigen Verhaltens in Höhe von 15 % des Kaufpreises, mindestens aber 150,00 €, zu verlangen. Eine nochmalige Lieferung der Ware kann nicht gewährleistet werden.

(3) Liefertermine und Lieferfristen sind nur verbindlich, wenn sie von der DV-Profi GmbH schriftlich bestätigt worden sind.

(4) Mit der Absendung der Ware an den Käufer geht die Gefahr auf ihn über.

§ 6 Preise und Zahlungsbedingungen

(1) Alle Preise sind als Bruttopreise in Euro ausgewiesen.

(2) DV-Profi GmbH ist berechtigt, die abzurechnenden Preise jederzeit an die allgemeine Marktpreisentwicklung anzupassen.

(3) Die Zahlung ist sofort fällig. Bei Zahlungsverzug ist die DV-Profi GmbH berechtigt, Verzugszinsen in der jeweils geltenden gesetzlichen Höhe zu verlangen. Zudem ist ein Verzugsschadensersatz in Höhe von 100,00 € fällig, der ebenfalls zu verzinsen ist.

§ 7 Eigentumsvorbehalt und Gerichtsstand

(1) Die Ware bleibt bis zur vollständigen Bezahlung Eigentum der DV-Profi GmbH.

(2) Für alle Rechtsstreitigkeiten aus den Geschäften der DV-Profi GmbH wird Erzstadt als ausschließlicher Gerichtsstand vereinbart.

ARBEITSAUFTRÄGE

1. Beurteilen Sie die Wirksamkeit der AGB unter dem Gesichtspunkt, dass sowohl die BPK GmbH als auch die DV-Profi GmbH Unternehmen sind. Finden Sie mindestens zwei Klauseln, die nach Ihrer Meinung unwirksam sind. Benutzen Sie hierzu das Arbeitsblatt 27.1 und berücksichtigen Sie die Ausschnitte aus den Rechtsvorschriften des Bürgerlichen Gesetzbuches (BGB) auf den folgenden Seiten.

2. Geben Sie eine Empfehlung ab, ob und wie die BPK GmbH auf das Angebot reagieren sollte.

Ausschnitte aus den Rechtsvorschriften des Bürgerlichen Gesetzbuchs (BGB) zu den Allgemeinen Geschäftsbedingungen

§ 305 Einbeziehung Allgemeiner Geschäftsbedingungen in den Vertrag

(1) Allgemeine Geschäftsbedingungen sind alle für eine Vielzahl von Verträgen vorformulierten Vertragsbedingungen, die eine Vertragspartei (Verwender) der anderen Vertragspartei bei Abschluss eines Vertrags stellt. Gleichgültig ist, ob die Bestimmungen einen äußerlich gesonderten Bestandteil des Vertrags bilden oder in die Vertragsurkunde selbst aufgenommen werden, welchen Umfang sie haben, in welcher Schriftart sie verfasst sind und welche Form der Vertrag hat. Allgemeine Geschäftsbedingungen liegen nicht vor, soweit die Vertragsbedingungen zwischen den Vertragsparteien im Einzelnen ausgehandelt sind.

(2) Allgemeine Geschäftsbedingungen werden nur dann Bestandteil eines Vertrags, wenn der Verwender bei Vertragsschluss

1. die andere Vertragspartei ausdrücklich oder, wenn ein ausdrücklicher Hinweis wegen der Art des Vertragsschlusses nur unter unverhältnismäßigen Schwierigkeiten möglich ist, durch deutlich sichtbaren Aushang am Ort des Vertragsschlusses auf sie hinweist und
2. der anderen Vertragspartei die Möglichkeit verschafft, in zumutbarer Weise, die auch eine für den Verwender erkennbare körperliche Behinderung der anderen Vertragspartei angemessen berücksichtigt, von ihrem Inhalt Kenntnis zu nehmen, und wenn die andere Vertragspartei mit ihrer Geltung einverstanden ist.

(3) Die Vertragsparteien können für eine bestimmte Art von Rechtsgeschäften die Geltung bestimmter Allgemeiner Geschäftsbedingungen unter Beachtung der in Absatz 2 bezeichneten Erfordernisse im Voraus vereinbaren. [...]

§ 305c Überraschende und mehrdeutige Klauseln

(1) Bestimmungen in Allgemeinen Geschäftsbedingungen, die nach den Umständen, insbesondere nach dem äußeren Erscheinungsbild des Vertrags, so ungewöhnlich sind, dass der Vertragspartner des Verwenders mit ihnen nicht zu rechnen braucht, werden nicht Vertragsbestandteil.

(2) Zweifel bei der Auslegung Allgemeiner Geschäftsbedingungen gehen zu Lasten des Verwenders.

§ 306 Rechtsfolgen bei Nichteinbeziehung und Unwirksamkeit

(1) Sind Allgemeine Geschäftsbedingungen ganz oder teilweise nicht Vertragsbestandteil geworden oder unwirksam, so bleibt der Vertrag im Übrigen wirksam.

(2) Soweit die Bestimmungen nicht Vertragsbestandteil geworden oder unwirksam sind, richtet sich der Inhalt des Vertrags nach den gesetzlichen Vorschriften.

§ 307 Inhaltskontrolle

(1) Bestimmungen in Allgemeinen Geschäftsbedingungen sind unwirksam, wenn sie den Vertragspartner des Verwenders entgegen den Geboten von Treu und Glauben unangemessen benachteiligen. Eine unangemessene Benachteiligung kann sich auch daraus ergeben, dass die Bestimmung nicht klar und verständlich ist.

(2) Eine unangemessene Benachteiligung ist im Zweifel anzunehmen, wenn eine Bestimmung

1. mit wesentlichen Grundgedanken der gesetzlichen Regelung, von der abgewichen wird, nicht zu vereinbaren ist oder
2. wesentliche Rechte oder Pflichten, die sich aus der Natur des Vertrags ergeben, so einschränkt, dass die Erreichung des Vertragszwecks gefährdet ist. [...]

§ 308 Klauselverbote mit Wertungsmöglichkeit

In Allgemeinen Geschäftsbedingungen ist insbesondere unwirksam

1. (Annahme- und Leistungsfrist)
eine Bestimmung, durch die sich der Verwender unangemessen lange oder nicht hinreichend bestimmte Fristen für die Annahme oder Ablehnung eines Angebots oder die Erbringung einer Leistung vorbehält; [...]

2. (Nachfrist)
eine Bestimmung, durch die sich der Verwender für die von ihm zu bewirkende Leistung abweichend von Rechtsvorschriften eine unangemessen lange oder nicht hinreichend bestimmte Nachfrist vorbehält;

3. (Rücktrittsvorbehalt)
die Vereinbarung eines Rechts des Verwenders, sich ohne sachlich gerechtfertigten und im Vertrag angegebenen Grund von seiner Leistungspflicht zu lösen; dies gilt nicht für Dauerschuldverhältnisse;

4. (Änderungsvorbehalt)
die Vereinbarung eines Rechts des Verwenders, die versprochene Leistung zu ändern oder von ihr abzuweichen, wenn nicht die Vereinbarung der Änderung oder Abweichung unter Berücksichtigung der Interessen des Verwenders für den anderen Vertragsteil zumutbar ist;
[...]

7. (Abwicklung von Verträgen)
eine Bestimmung, nach der der Verwender für den Fall, dass eine Vertragspartei vom Vertrag zurücktritt oder den Vertrag kündigt,

a) eine unangemessen hohe Vergütung für die Nutzung oder den Gebrauch einer Sache oder eines Rechts oder für erbrachte Leistungen oder

b) einen unangemessen hohen Ersatz von Aufwendungen verlangen kann; [...]

§ 309 Klauselverbote ohne Wertungsmöglichkeit

Auch soweit eine Abweichung von den gesetzlichen Vorschriften zulässig ist, ist in Allgemeinen Geschäftsbedingungen unwirksam

1. (Kurzfristige Preiserhöhungen)
eine Bestimmung, welche die Erhöhung des Entgelts für Waren oder Leistungen vorsieht, die innerhalb von vier Monaten nach Vertragsschluss geliefert oder erbracht werden sollen; dies gilt nicht bei Waren oder Leistungen, die im Rahmen von Dauerschuldverhältnissen geliefert oder erbracht werden; [...]

4. (Mahnung, Fristsetzung)
eine Bestimmung, durch die der Verwender von der gesetzlichen Obliegenheit freigestellt wird, den anderen Vertragsteil zu mahnen oder ihm eine Frist für die Leistung oder Nacherfüllung zu setzen;

5. (Pauschalierung von Schadenersatzansprüchen)
die Vereinbarung eines pauschalierten Anspruchs des Verwenders auf Schadenersatz oder Ersatz einer Wertminderung, wenn

a) die Pauschale den in den geregelten Fällen nach dem gewöhnlichen Lauf der Dinge zu erwartenden Schaden oder die gewöhnlich eintretende Wertminderung übersteigt oder

b) dem anderen Vertragsteil nicht ausdrücklich der Nachweis gestattet wird, ein Schaden oder eine Wertminderung sei überhaupt nicht entstanden oder wesentlich niedriger als die Pauschale; [...]

7. (Haftungsausschluss bei Verletzung von Leben, Körper, Gesundheit und bei grobem Verschulden)

a) (Verletzung von Leben, Körper, Gesundheit)
ein Ausschluss oder eine Begrenzung der Haftung für Schäden aus der Verletzung des Lebens, des Körpers oder der Gesundheit, die auf einer fahrlässigen Pflichtverletzung des Verwenders oder einer vorsätzlichen oder fahrlässigen Pflichtverletzung eines gesetzlichen Vertreters oder Erfüllungsgehilfen des Verwenders beruhen;

b) (Grobes Verschulden)
ein Ausschluss oder eine Begrenzung der Haftung für sonstige Schäden, die auf einer grob fahrlässigen Pflichtverletzung des Verwenders oder auf einer vorsätzlichen oder grob fahrlässigen Pflichtverletzung eines gesetzlichen Vertreters oder Erfüllungsgehilfen des Verwenders beruhen; [...]

8. (Sonstige Haftungsausschlüsse bei Pflichtverletzung)

a) (Ausschluss des Rechts, sich vom Vertrag zu lösen)
eine Bestimmung, die bei einer vom Verwender zu vertretenden, nicht in einem Mangel der Kaufsache oder des Werkes bestehenden Pflichtverletzung das Recht des anderen Vertragsteils, sich vom Vertrag zu lösen, ausschließt oder einschränkt; [...]

b) (Mängel)
eine Bestimmung, durch die bei Verträgen über Lieferungen neu hergestellter Sachen und über Werkleistungen

[...]

bb) (Beschränkung auf Nacherfüllung)
die Ansprüche gegen den Verwender insgesamt oder bezüglich einzelner Teile auf ein Recht auf Nacherfüllung beschränkt werden, sofern dem anderen Vertragsteil nicht ausdrücklich das Recht vorbehalten wird, bei Fehlschlagen der Nacherfüllung zu mindern oder, wenn nicht eine Bauleistung Gegenstand der Mängelhaftung ist, nach seiner Wahl vom Vertrag zurückzutreten;

cc) (Aufwendungen bei Nacherfüllung)
die Verpflichtung des Verwenders ausgeschlossen oder beschränkt wird, die zum Zwecke der Nacherfüllung erforderlichen Aufwendungen, insbesondere Transport-, Wege-, Arbeits- und Materialkosten, zu tragen;

dd) (Vorenthalten der Nacherfüllung)
der Verwender die Nacherfüllung von der vorherigen Zahlung des vollständigen Entgelts oder eines unter Berücksichtigung des Mangels unverhältnismäßig hohen Teils des Entgelts abhängig macht;

ee) (Ausschlussfrist für Mängelanzeige)
der Verwender dem anderen Vertragsteil für die Anzeige nicht offensichtlicher Mängel eine Ausschlussfrist setzt, die kürzer ist als die nach dem Doppelbuchstaben ff zulässige Frist;

ff)(Erleichterung der Verjährung)
die Verjährung von Ansprüchen gegen den Verwender wegen eines Mangels in den Fällen des § 438 Abs. 1 Nr. 2 und des § 634a Abs. 1 Nr. 2 erleichtert oder in den sonstigen Fällen eine weniger als ein Jahr betragende Verjährungsfrist ab dem gesetzlichen Verjährungsbeginn erreicht wird; [...]

12. (Beweislast)
eine Bestimmung, durch die der Verwender die Beweislast zum Nachteil des anderen Vertragsteils ändert, insbesondere indem er

a) diesem die Beweislast für Umstände auferlegt, die im Verantwortungsbereich des Verwenders liegen, oder

b) den anderen Vertragsteil bestimmte Tatsachen bestätigen lässt;

Buchstabe b gilt nicht für Empfangsbekenntnisse, die gesondert unterschrieben oder mit einer gesonderten qualifizierten elektronischen Signatur versehen sind;

13. (Form von Anzeigen und Erklärungen)
eine Bestimmung, durch die Anzeigen oder Erklärungen, die dem Verwender oder einem Dritten gegenüber abzugeben sind, an eine strengere Form als die Schriftform oder an besondere Zugangserfordernisse gebunden werden.

§ 310 Anwendungsbereich

(1) § 305 Abs. 2 und 3 und die §§ 308 und 309 finden keine Anwendung auf Allgemeine Geschäftsbedingungen, die gegenüber einem Unternehmer, einer juristischen Person des öffentlichen Rechts oder einem öffentlich-rechtlichen Sondervermögen verwendet werden. [...]

Arbeitsblatt 27.1 AGB gegenüber einem Unternehmen

Vergleichen Sie die AGB der DV-Profi GmbH mit den relevanten Bestimmungen des BGB, wenn es sich beim Kaufvertragspartner **um ein Unternehmen** handelt.

AGB der DV-Profi GmbH (§)	Widerspruch zum BGB (§)	Begründung
§ 2 (2) AGB	§ 307 BGB	fehlerhafte Montageanleitung darf nicht dem Kunden angelastet werden

Arbeitsblatt 27.2 AGB gegenüber einem Verbraucher

Frau Albrecht hat für ihren Privatgebrauch einen Computer bei der DV-Profi GmbH gekauft. Zu Hause muss sie feststellen, dass der USB-Anschluss nicht funktioniert. Der Verkäufer hat sie ausdrücklich auf die AGB hingewiesen und ihr ein Exemplar ausgehändigt.

Vergleichen Sie die AGB der DV-Profi GmbH mit den relevanten Bestimmungen des BGB, wenn es sich beim Kaufvertragspartner **um einen Verbraucher** handelt. Finden Sie mindestens sechs weitere unwirksame AGB-Klauseln.

AGB der DV-Profi GmbH (§)	Widerspruch zum BGB (§)	Begründung

Arbeitsblatt 27.3 Allgemeine Geschäftsbedingungen

Definition: Was sind AGB?	
Welchen Zweck haben sie im Wirtschaftsleben?	
Inhalt: Worüber enthalten sie Regelungen?	
Oberster Grundsatz zum Schutz der Kunden vor unzulässigen AGB (Nr. und Inhalt)	

Aufgaben

1

Unter welchen Voraussetzungen werden allgemeine Geschäftsbedingungen Bestandteil eines Kaufvertrages?

2

Welchen Zweck verfolgt ein Großhandelsunternehmen mit seinen allgemeinen Geschäftsbedingungen?

3

Das Bürgerliche Gesetzbuch (BGB) regelt die Wirksamkeit von allgemeinen Geschäftsbedingungen. Welche Regelungen gelten

a) bei individuellen Absprachen?

b) bei mehrdeutigen Klauseln?

c) bei unwirksamen Klauseln?

4

Welche Möglichkeiten hat ein Käufer, wenn er mit den allgemeinen Geschäftsbedingungen des Verkäufers nicht einverstanden ist?

5

Beachten Sie die AGB der BPK GmbH (siehe Seite 10).

a) Ein Kunde der BPK bestellt Waren im Wert von 250,00 € netto. Wie viel Euro muss er für die Ware mit Lieferung insgesamt einschließlich Umsatzsteuer bezahlen?

b) Ein Kunde der BPK erhält eine Rechnung über 23.200,00 € einschließlich Umsatzsteuer. Wie viel Euro muss er überweisen, wenn er die Rechnung innerhalb von 10 Tagen bezahlen will?

6

Bringen Sie für die nächste Unterrichtsstunde die allgemeinen Geschäftsbedingungen Ihres Ausbildungsbetriebes mit in die Schule. Vergleichen Sie diese mit den AGB der BPK GmbH gemäß folgendem Schema:

Bestandteile der AGB	BPK GmbH	Ihr Ausbildungsunternehmen
Gültigkeit von Angeboten	Alle Angebote sind freibleibend.	
Übliche Lieferzeit		
Übernahme von Kosten für die Lieferung		
Zahlungsbedingungen		
Eigentumsvorbehalt		
Gewährleistungen		
Erfüllungsort und Gerichtsstand		

Lernsituation 28
Kaufvertragsarten unterscheiden

FK ► LF 2 Kap. 5.3

LERNSITUATION

Die Auszubildende Cornelia Gruber ist zurzeit in der Verkaufsabteilung der BPK GmbH eingesetzt. Sie ist erstaunt, als sie sich durch den Kopf gehen lässt, wie viele Kaufverträge allein in den letzten Wochen in ihrem Ausbildungsunternehmen geschlossen worden sind.

- Bei der Allerweltspapiere AG wurde ein größerer Posten Kopierpapier auf Ziel gekauft, die Lieferung erfolgt laut Vereinbarung in der 47. KW.
- Die BESKA GmbH hat Bierdeckel bestellt, das genaue Design wird der BPK GmbH vom Kunden noch mitgeteilt. Die Lieferung erfolgt im Januar 20XY, die Zahlung vereinbarungsgemäß 30 Tage nach Lieferung.
- Für sein Dienstjubiläum am 30.11.20XX bestellt Herr Deneke, der Abteilungsleiter Allgemeine Verwaltung, ein Buffet bei einem örtlichen Lieferservice. Damit es pünktlich geliefert wird, lautet die Vereinbarung 30.11.20XX fix. Herr Deneke erhält dann eine Rechnung über den entsprechenden Betrag und kann sie in den nächsten Tagen bezahlen.
- Die Mitarbeiter der Abteilung Allgemeine Verwaltung haben ihrem Chef zu seinem Jubiläum ein Fotobuch mit den lustigsten Bildern vom letzten Betriebsausflug erstellen lassen, sofort bezahlt und mitgenommen.
- Der Copy Shop in Dortmund hat einen größeren Posten Kopierpapier bestellt und meldet sich jeweils telefonisch, wenn er die Lieferung einer Palette Papier aus diesem Auftrag benötigt.
- Die Klammer und Co. Bürobedarf OHG hat einen kleinen Posten Briefhüllen gekauft, da man nicht sicher ist, ob die Kunden diese hochwertigen Briefhüllen auch annehmen. Sollten sich die Briefhüllen gut verkaufen, bestellt der Kunde nächstes Mal mehr.
- Auch in der BPK GmbH ist die Problematik der Feinstaubbelastung durch Laserdrucker nicht unbekannt. Nachdem aber Frau Wild im Sekretariat eine Weile einen neuartigen Drucker ohne Belastung getestet hat und sehr zufrieden ist, hat die Geschäftsleitung beschlossen, alle Büros mit den neuartigen Druckern auszustatten und eine entsprechende Anzahl an Druckern bestellt, deren sofortige Lieferung und Zahlung vereinbart wurde.

ARBEITSAUFTRÄGE

1. Nennen Sie alle Kaufverträge, die in der Situation beschrieben werden, und finden Sie heraus, um welche Art von Kaufvertrag es sich jeweils handelt. Nutzen Sie dazu das Schema auf der folgenden Seite. Sollten keine Hinweise zum Liefer- oder Zahlungszeitpunkt gegeben sein, so gelten die allgemeinen Geschäftsbedingungen der BPK GmbH.
2. Erklären Sie Cornelia, warum es sinnvoll und wichtig ist, sich klarzumachen, um welche Art von Kaufvertrag es sich jeweils handelt.

Lösungsschema: Kaufverträge bei der BPK GmbH

Fall	Art und Beschaffenheit der Ware	Lieferzeit	Zahlungszeitpunkt	Rechtsstellung der Vertragspartner

Arbeitsblatt 28.1 Kaufvertragsarten I

Kriterium	Art des Kaufs	Erläuterung	Beispiel
Art und Beschaffenheit der Ware	Stückkauf		
	Gattungskauf		
	Ramschkauf		
	Bestimmungskauf		
Verbindlichkeit des Kaufvertrags	Kauf auf Probe		
	Kauf nach Probe		
	Kauf zur Probe		

Arbeitsblatt 28.2 Kaufvertragsarten II

Kriterium	Art des Kaufs	Erläuterung	Beispiel
Zahlungszeitpunkt	Zahlung vor Lieferung (Vorauszahlung)		
	Teilzahlung vor Lieferung (Anzahlung)		
	Zahlung bei Lieferung		
	Zahlung nach Lieferung: • Zielkauf • Ratenkauf		
Lieferzeit	Sofortkauf		
	Terminkauf		
	Fixkauf		
	Kauf auf Abruf		

Arbeitsblatt 28.3 Kaufvertragsarten nach den Beteiligten

Benennen Sie die möglichen Beteiligten an den verschiedenen Arten von Kaufverträgen und geben Sie jeweils ein passendes Beispiel an.

Art des Kaufs	Beteiligte	Beispiel
bürgerlicher Kauf	Privatperson verkauft an eine andere Privatperson.	
Verbrauchsgüterkauf		
	Verbraucher verkauft an Kaufmann (Kaufmann gemäß §§ 1ff. HGB) oder:	
		Die Drogerie AG schließt mit der BPK GmbH einen Kaufvertrag über die Lieferung von Briefpapier ab.

Aufgaben

1

Recherchieren Sie im Internet die Bedeutung der folgenden Kaufvertragsarten:

a) Bestimmungskauf
b) Ramschkauf
c) Kauf nach Sicht

2

Je nach ausgewählten Kriterien kann ein Kaufvertrag mehreren Kaufvertragsarten gleichzeitig zugeordnet werden. Stellen Sie für die folgenden Fälle (s. Tabelle) fest, um welche Arten des Kaufvertrags es sich handelt. Ordnen Sie aus den Ihnen bekannten Einteilungen je zwei Kaufvertragsarten zu.

3

Begründen Sie, ob in den folgenden Fällen ein gültiger Kaufvertrag zustande gekommen ist.

a) Die Blitzblank GmbH benötigt 20 Liter eines speziellen Reinigers. Der zuständige Mitarbeiter bestellt am 19.01.20XX das Reinigungsmittel bei der Scheuermann KG aufgrund eines telefonischen Angebotes vom 18.01.20XX.
b) Die Blitzblank GmbH benötigt Schreibtische für die Verwaltung. Aufgrund eines freibleibenden Angebotes eines möglichen Lieferanten bestellt die Blitzblank GmbH 5 Schreibtische zur Probe.

	Fall	Kaufvertragsart 1	Kaufvertragsart 2
A	Malermeister Tücher bestellt beim Hersteller Wandschmuck GmbH aufgrund eines zugeschickten Musters 20 Rollen Raufasertapete.	Kauf nach Probe	zweiseitiger Handelskauf
B	Malermeister Tücher kauft bei Autohändler Seppl März einen gebrauchten Kleintransporter mit spezieller Innenausstattung für sein Geschäft.		
C	Lio, der 18-jährige Sohn von Malermeister Tücher, kauft seinem Freund Eric gebrauchte Kopfhörer ab.		
D	Bei der Anlieferung des für die private Nutzung vorgesehenen Fernsehers zahlt Herr Tücher eine geringe Summe. Den restlichen Betrag wird er in den nächsten sechs Monaten abzahlen.		
E	Malermeister Tücher bekommt Besuch von einem Außendienstmitarbeiter des Staubsaugerherstellers Clean & Fresh GmbH & Co. KG. Dieser bietet ihm einen neuen Nassstaubsauger zum Kauf an. Herr Tücher ist skeptisch, ob das Gerät die versprochenen Erwartungen auch erfüllt, und vereinbart, dieses innerhalb von 14 Tagen mit einem Rückgaberecht ausprobieren zu können.		
F	Malermeister Tücher bestellt beim Farbhersteller Schön bunt GmbH eine geringe Menge der völlig neuen Wandfarbe „Bright & Shiny", um diese zu testen.		

Tabelle zu Aufgabe 2

4

Entscheiden Sie begründet, um welche Art von Kaufvertrag es sich jeweils handelt:

a) Der Einzelhändler Baldini kauft bei der BPK GmbH 10 Kartons Kopierpapier und verkauft in der nächsten Woche ein Paket an die Verbraucherin Frau Dietrich.

b) Herr Dr. Schönhauser ist begeisterter Kunstsammler und hat deshalb ein Originalbild des Künstlers Dietenbach erstanden.

c) Die BPK GmbH kauft 10 Pakete Textmarker.

d) Einzelhändler Reusch kauft 50 Pakete Briefumschläge und nimmt diese sofort mit.

e) Die BPK GmbH hat einen günstigen Posten Kopierpapier gekauft. Da die Lagerkapazität zurzeit nicht ausreicht, um das Papier unterzubringen, wurde mit dem Lieferanten vereinbart, dass dieser das Papier liefert, sobald die BPK GmbH telefonisch Bescheid gibt, dass auf dem Lager wieder genug Platz ist.

f) Herr Dr. Schönhauser bestellt für seine Assistentin, die ihr 10-jähriges Dienstjubiläum feiert, ein aufwendiges Blumengesteck. Da das Gesteck anlässlich einer Feierstunde überreicht werden soll, wird als Liefertermin vereinbart: „Lieferung am 10. August bis 13.00 Uhr".

g) Die BPK GmbH möchte ein neues Teppichreinigungsgerät für die Teppichböden in der Verwaltung kaufen und hat deshalb mehrere Unternehmen um Angebote gebeten. Ein Unternehmen hat sich bereit erklärt, eines ihrer Geräte 3 Wochen zur Verfügung zu stellen, damit es ausprobiert werden kann. Nach zwei Wochen erklärt sich die BPK GmbH bereit, das Gerät zu kaufen.

h) Einzelhändler Lubbert kauft bei der BPK GmbH bedruckte Bierdeckel. Da Lubbert nicht sicher ist, ob die Kundschaft diese Bierdeckel auch annimmt, hat er zunächst nur 5 Pakete gekauft: „Wenn sich die Bierdeckel gut verkaufen, bestelle ich nächstes Mal mehr."

i) Ein Hersteller von Druckerpatronen hat der BPK GmbH Proben mehrerer neuer Patronen geschickt. Nachdem man die Patronen ausprobiert hat, wurden Patronen entsprechend den Mustern gekauft.

5

Ein Käufer in Hannover erhält von dem Verkäufer die Mitteilung: „Gerichtsstand und Erfüllungsort ist München." Was bedeutet dies für den Käufer?

6

Nennen Sie drei Auswirkungen der Warenschuld bei folgender vertraglicher Vereinbarung: „Erfüllungsort und Gerichtsstand für beide Teile ist der Niederlassungsort des Käufers."

7

Was unterscheidet die Vertragsklauseln „frei" und „unfrei"?

8

Welche Regelungen für die Beförderungskosten gelten in Ihrem Ausbildungsbetrieb? Warum werden bei einzelnen Lieferern bzw. Kunden unterschiedliche Regelungen getroffen?

9

Wonach richtet sich bei Verträgen der Erfüllungsort und was wird durch den Erfüllungsort festgelegt?

10

Für den Transport von Waren fallen folgende Kosten an:

Hausfracht am Ort des Verkäufers	10,00 €
Hausfracht am Ort des Käufers	20,00 €
Fracht	180,00 €
Entladekosten	10,00 €
Verladekosten	15,00 €

Berechnen Sie jeweils die Kosten für den Käufer und für den Verkäufer, wenn im Kaufvertrag folgende Klauseln vereinbart wurden:

a) ab hier

b) frei Waggon

c) frachtfrei

d) frei Bahnhof hier

e) ab Werk

f) frei Haus

Lernsituation 29
Leasingangebote vergleichen und bewerten

FK ▶ LF 2 Kap. 5.5

LERNSITUATION

Die BPK GmbH benötigt einen neuen Lkw. Der Geschäftsführer Herr Dr. Schönhauser hat bereits ein Angebot eingeholt, ist sich aber noch nicht sicher, ob es wirklich die richtige Wahl ist, diesen Lkw zu leasen.

LMHD
LEASING

Bergisches Papier Kontor GmbH
Herrn Schönhauser
Elberfelder Str. 85
42285 Wuppertal

Es schreibt Ihnen:
Peter Holzmann
Tel 0221 7158XX31
Fax 0221 7158XX32
Datum 28.02.20XX

Sehr geehrter Herr Schönhauser,

herzlichen Dank für Ihr Interesse an unseren Leasing-Lösungen.

Die LMHD Leasing Gruppe weist über 40 Jahre Erfahrung im Kfz-Leasingmarkt auf. Weltweit sind wir mit über 1.200 Mitarbeitern für unsere Kunden da und verwalten ein Portfolio aus über 210.000 Fahrzeugen.

Unsere modular aufgebauten Dienstleistungen bieten Ihnen die Möglichkeit, individuell auf Ihren Fuhrpark zugeschnitten, die nötigen Servicekomponenten auszuwählen. Weitere Kernkompetenzen des Unternehmens: Fuhrparkmanagement, Sale & Lease Back, Internationale Lösungen, Gebrauchtwagenvermarktung an Händler sowie spezielle Lösungen für Konzernprodukte.

Unser Credo:
- Individuelle Fuhrparklösungen für unseren Kunden
- Beratung und Mehrwert
- Persönliche Betreuung durch einen festen Ansprechpartner

Unser konkretes Angebot entnehmen Sie bitte der Anlage.

Wir freuen uns auf eine gute Zusammenarbeit!

Mit freundlichen Grüßen
Peter Holzmann

LMHD
LEASING

Leasingangebot

Modell: Mercedes Actros
monatliche Leasingrate: 940,00 €
Laufzeit: 8 Jahre
Kaufpreis nach 8 Jahren zum Restwert: 8.888,89 €

ARBEITSAUFTRÄGE

1. Recherchieren Sie in Ihrem Fachbuch und im Internet zum Thema „Leasing". Klären Sie, was sich hinter dem Begriff verbirgt, welche Gegenstände geleast werden können, welche Leasingmodelle es gibt und welche Vor- und Nachteile sich für einen Leasingnehmer ergeben. Tragen Sie Ihre Ergebnisse in Arbeitsblatt 29.1 ein.
2. Ermitteln Sie die Gesamtkosten für das Angebot.
3. Geben Sie eine begründete Empfehlung für oder gegen das Leasing des Lkw ab. Nennen Sie gegebenenfalls Alternativen.
4. Nennen Sie Beispiele für Leasing im privaten Bereich.

Arbeitsblatt 29.1 Leasing

Leasing

Erläuterung:

Beispiele für leasingfähige Gegenstände:

Arten des Leasing

operate Leasing:

Vorteile für den Leasingnehmer:

financial Leasing:

Vorteile für den Leasingnehmer:

Aufgaben

1

Ermitteln Sie jeweils die Gesamtkosten der Leasingfinanzierung:

a) Lkw:
   - Anschaffungskosten: 80.000,00 €
   - Grundmietzeit: 8 Jahre
   - monatliche Leasingrate: 1 % der Anschaffungskosten
   - kalkulierter Restwert: 10.000,00 €
   - Der Lkw kann am Ende der Grundmietzeit zum Restwert gekauft werden.

b) Lagereinrichtung
   - Anschaffungskosten: 50.000,00 €
   - Grundmietzeit: 6 Jahre
   - monatliche Leasingrate: 1,4 % der Anschaffungskosten
   - kalkulierter Restwert: 25.000,00 €
   - Die Lagereinrichtung kann am Ende der Grundmietzeit zum Restwert gekauft werden.

2

Ein Unternehmen benötigt eine Maschine im Wert von 420.000,00 €. Eine Leasinggesellschaft würde eine entsprechende Maschine für eine Grundmietzeit von fünf Jahren zur Verfügung stellen.
Bei einem kalkulierten Restwert von 120.000,00 € wären die Leasingbedingungen:

- Sonderzahlung bei Übernahme der Maschine: 50.000,00 €
- Leasingrate: 1,6 % vom Anschaffungswert je Monat
- Die Maschine kann am Ende der Grundmietzeit zum Restwert erworben werden.

a) Ermitteln Sie die Gesamtkosten, die bei der Annahme des Angebotes für den Leasingnehmer entstehen?

b) Welche Verwendung des Leasinggegenstands nach Ablauf der Grundmietzeit wäre bei diesem Finanzierungsleasing je nach Vertragsgestaltung möglich?

3

Im Leasingvertrag für einen Pkw ist für eine Leasingdauer von 36 Monaten eine Kilometer-Leistung von 45 000 km fest vereinbart. Abweichungen bis maximal 2 500 km bleiben unberücksichtigt.
Mehrkilometer werden mit 12,7 Cent/km berechnet, Minderkilometer werden mit 8,7 Cent/km bis zu einem Höchstbetrag von 500,00 € vergütet.
Mit welchen Zahlungen muss der Leasingnehmer rechnen, wenn er das Fahrzeug mit

a) 52 500 km oder mit

b) 28 000 km zurückgibt?

Hinweis: Ein vertragsgerechter Zustand des Fahrzeugs wird in beiden Fällen unterstellt.

Lernsituation 30
Ein Auslandsgeschäft abwickeln

FK ▶ LF 2 Kap. 7

LERNSITUATION

Das Unternehmen Rohrfrei AG ist eine Großhandlung, die sich auf den Vertrieb von Stahlrohren aller Art spezialisiert hat. Sie machen eine Ausbildung zum/zur Kaufmann/Kauffrau für Groß- und Außenhandelsmanagement bei der Rohrfrei AG.
Zurzeit sind Sie in der Verkaufsabteilung eingesetzt und sollen dort den Sachbearbeiter Herrn Röhrling unterstützen, der für den Verkauf von nichtrostenden Stahlrohren zuständig ist. Zur Begrüßung übergibt Ihnen Herr Röhrling seine Visitenkarte. Folgende Geschäftsfälle sind aktuell zu bearbeiten:

Rohrfrei AG

Peter Röhrling
Röhrenstraße 34
44269 Dortmund

Tel: 0231/342XX-95
Fax: 0231/342XX-91
roehrling@rohrfrei.dex

Internet: www.rohrfrei-stahlrohrhandel.dex

Fall 1

Die Rohrfrei AG hat Stahlrohre an ein Unternehmen in Kiruna verkauft. Hersteller der Rohre ist die Rohrmann AG aus Duisburg. Weitere Informationen können sie der untenstehenden Rechnung entnehmen. Herr Röhrling bittet sie, die notwendigen Arbeitsschritte und Unterlagen zur Geschäftsabfertigung vorzubereiten. Sie machen sich mit den Gegebenheiten vertraut und stellen fest, dass sich die Geschäftsabwicklung kaum von der bei einem Inlandsgeschäft unterscheidet.
Die gesamte Transportabwicklung wird von der Abteilung Transport und Logistik durchgeführt. Durch eine Nachfrage in dieser Abteilung erfahren Sie, dass der Haupttransport per Schiff von Rostock nach Luleå in Schweden erfolgen soll. An- und Abfuhr erfolgen jeweils per Lkw.

Rohrfrei AG

Rohrfrei AG · Röhrenstraße 34 · 44269 Dortmund

Kiruna Vattentillgång AB
Bergmästaregatan 7
98133 Kiruna
SCHWEDEN

Tel.: +49 231/342XX-10
Fax: +49 231/342XX-21
E-Mail: info@rohrfrei.dex
USt-IdNr.: DE5643178101

Invoice

Date: July 02, 20XX

your Moms Nr:	Order No.	Invoice No.
SE460723529401[1]	3578	7854

Article Code	Quantity	Description	Price per unit	Total Amount
154782	100	seamless, cold drawn, stainless steel tubes with the material identification number: 1,4571 Outside diameter: 35,00 cm wall thickness: 1,00 cm Length: 6,00 m Net weight: 263.755 kg Terms of delivery: FOB (seaport Rostock)[2]	823,20 €	82.320,00 €

The total amount is payable within 15 days of the invoice date.
The invoice amount does not include value added tax (VAT).

[1] Alle Unternehmen, die am unionsinternen Handel teilnehmen wollen, benötigen eine Umsatzsteueridentifikationsnummer. Die Nummer ermöglicht eine eindeutige Kennzeichnung der Unternehmen und soll Umsatzsteuerbetrug verhindern.
[2] Bei der Lieferbedingung FOB (Seehafen Rostock) trägt die Rohrfrei AG die Transportkosten und die Gefahr einer Beschädigung oder eines Totalverlustes der Rohre, bis sich die Rohre an Bord des Schiffes in Rostock befinden. FOB steht für Free On Board.

ARBEITSAUFTRÄGE

1. Erläutern Sie, warum das Geschäft mit der Kiruna Vattentillgång AB so unkompliziert abgewickelt werden kann, obwohl es sich um ein Auslandsgeschäft handelt.
2. Die Rohrfrei AG hat im vergangenen Jahr im Umfang von 320 Mio. Euro Stahlrohre in andere EU-Länder verkauft. Geben Sie an, warum im vorliegenden Fall eine Intrastat-Meldung erforderlich ist.
3. Die folgende Abbildung zeigt eine Eingabemaske zur Onlineerfassung der Daten für eine Intrastatmeldung. Einige Felder sind schon ausgefüllt. Sie sollen die Anmeldung ergänzen. Tragen Sie die fehlenden Angaben zu den betreffenden Feldern ein. Nachfolgend erhalten Sie Informationen zu den Feldern.

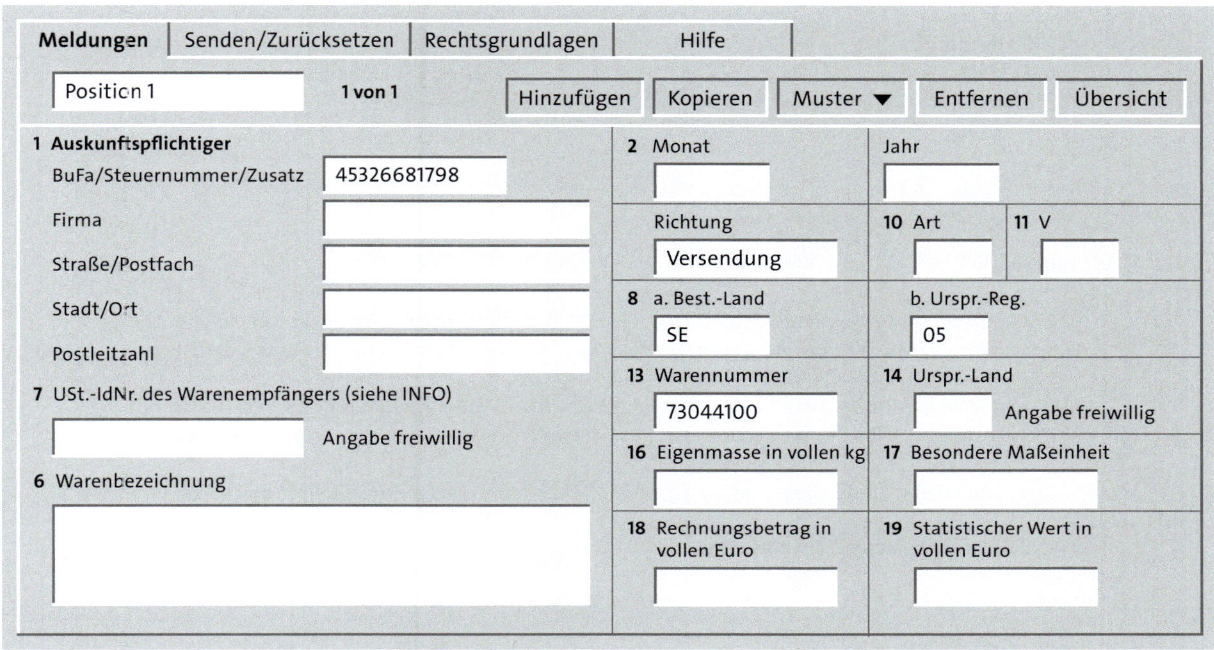

Erläuterungen

Feld 1
Angaben zum Unternehmen, das die Intrastatmeldung abgibt

Feld 2
Angabe von Monat und Jahr, auf die sich die gemeldeten Umsätze beziehen

Feld 6
genaue Angabe der üblichen Handelsbezeichnung der Ware, möglichst so genau, dass eine Identifizierung nach dem Warenverzeichnis der Außenhandelsstatistik möglich ist

Feld 7
Umsatzsteueridentifikationsnummer des Empfängers eintragen

Feld 8 a
Angabe des Bestimmungslandes Länderkurzzeichen (zwei Buchstaben) eintragen

Feld 8 b
Kennziffer des Bundeslandes angeben, aus dem die Ware stammt

Feld 10
Art des Geschäftes
Nummer eintragen:
11 endgültiger Verkauf
12 Ansicht/ Probesendung
13 Kompensationsgeschäft (Tauschhandel)
14 Leasing (Mietkauf)

Feld 11
Verkehrszweig, Beförderungsmittel an der deutschen Grenze: Ziffer eintragen
1 – Seeverkehr 2 – Eisenbahnverkehr 3 – Straßenverkehr
4 – Luftverkehr 5 – Postsendungen u. a.

Feld 13
8-stellige Warennummer nach dem Warenverzeichnis der Außenhandelsstatistik angeben.

Feld 14
Länderkurzzeichen des Landes, in dem die Rohre hergestellt wurden

Feld 16
Masse der Rohre in kg ohne Verpackung.

Feld 17
besondere Maßeinheit, falls diese unter der Warennummer in dem Warenverzeichnis der Außenhandelsstatistik vorgegeben wird (trifft hier nicht zu)

Feld 18
Angabe des Rechnungsbetrags, auf volle Euro aufgerundet.

Feld 19
Wert der Rohre einschließlich Beförderungskosten bis zur deutschen Grenze. In diesem Fall müssten also zu dem „ab Werk-Preis“ noch die Transportkosten bis Rostock addiert werden. Da die Rohre zur Lieferbedingung FOB (Seehafen Rostock) geliefert werden, entspricht hier der Rechnungspreis auch dem statistischen Wert der Rohre.

LERNSITUATION

Fall 2 a)

Die Rohrfrei AG erhält von dem Unternehmen Riyadh Watersupply Company Ltd. die folgende Anfrage.

RIYADH WATERSUPPLY COMPANY LTD

Riyadh Watersupply Company Ltd., Street 6, Riyadh 12211, Saudi Arabia

Rohrfrei AG
Röhrenstraße 34
44269 Dortmund
GERMANY

Our Reference: AB
Tel.: +9661 29578XX-01
Fax: +9661 29578XX-11
Email: abu.baarma@riyadh-watersupply.sax
Internet: www.riyadh-watersupply.sax

05 July 20XX

Dear Sirs and Ladies

Inquiry

Your company was recommended to me by a business friend as a reliable specialist company for the supply of steel tubes. We need for the water supply in a new development area of Riyadh at first:

500 welded corrosion-resistant stainless steel tubes with an outer diameter of 48.3 cm and a wall thickness of 2.2 cm. The tubes should each have a length of 6 m.

If we are satisfied with the tubes and the business transaction, you can expect follow-up orders.

I would be very pleased about a meaningful offer from yours.

Yours sincerely

Abu Baarma

Abu Baarma
Managing Director

Herr Röhrling fragt bei der Rohrmann AG in Duisburg an, ob diese die Rohre liefern können. Die Rohrmann AG sagt die Lieferung zu, wobei die Lieferzeit 4 Monate beträgt. Herr Röhrling ist sich allerdings nicht sicher, ob für die Lieferung solcher Rohre nach Saudi Arabien Exportbeschränkungen bestehen. Herr Röhrling bittet Sie, das zu prüfen.

ARBEITSAUFTRÄGE

1. Geben Sie an, aus welchen Gründen im vorliegenden Fall Exportbeschränkungen vorliegen könnten.
2. Sie beschließen zunächst eine Auskunft zur Güterliste bei der Bundesanstalt für Wirtschaft und Ausfuhrkontrolle (BAFA) in Eschborn zu beantragen. Berücksichtigen Sie, dass die Rohrfrei AG die EORI-Nummer DE345256412973275[1] hat.

[1] Die EORI-Nummer ersetzt die frühere Zollnummer auf EU-Ebene. Sie dient der Identifikation der am internationalen Warenaustausch beteiligten Unternehmen und soll die automatisierte Zollabwicklung erleichtern. EORI ist die Abkürzung für Economic Operators´ Registration and Identifcation.

a) Geben Sie an, welche Güterlisten bei dieser Anfrage berücksichtigt werden.
b) Füllen Sie den nachfolgenden Antrag auf Erteilung einer Auskunft zur Güterliste aus. Sie haben dazu bereits im elektronischen Zolltarif der deutschen Zollverwaltung ermittelt, dass die Rohre die statistische Warennummer 73064080 haben.
c) Geben Sie an, welche Unterlagen Sie dem Antrag beifügen müssen

Antrag: Erteilung einer Auskunft zur Güterliste

Wird beantragt von

<table>
<tr><td rowspan="2">Antragsteller (Adresse)</td><td>EORI-Nummer</td><td rowspan="2">Ansprechpartner beim Antragssteller

Telefon

Telefax</td></tr>
<tr><td></td></tr>
<tr><td rowspan="2">Agent/Vertreter (Adresse)</td><td></td><td rowspan="2"></td></tr>
<tr><td></td></tr>
</table>

<table>
<tr><td rowspan="5">1</td><td>Stat. Warennummer</td><td colspan="2"></td></tr>
<tr><td>Güterbeschreibung</td><td></td><td></td></tr>
<tr><td></td><td></td><td></td></tr>
<tr><td>Hersteller</td><td colspan="2"></td></tr>
<tr><td>Typ</td><td colspan="2"></td></tr>
</table>

3. Nachdem das BAFA Ihnen mitgeteilt hat, dass die angefragten Rohre in keiner der berücksichtigten Güterlisten erfasst sind, informieren Sie Herrn Röhrling darüber. Herr Röhrling teilt Ihnen mit, dass ihm diese Auskunft nicht ausreicht. Die Ausfuhr der Rohre nach Saudi Arabien könne evtl. aus Gründen beschränkt sein, die durch die Auskunft zur Güterliste nicht erfasst würden. Herr Röhrling bittet Sie daher, eine umfassendere Prüfung durchzuführen.

a) Geben Sie an, welche möglichen Gründe für eine Exportbeschränkung durch eine Auskunft zur Güterliste nicht erfasst werden.

b) Sie erwägen zunächst, einen Antrag auf Erteilung eines Nullbescheides zu stellen. Nachdem Sie sich mit dem Antrag vertraut gemacht haben, stellen Sie fest, dass Sie im vorliegenden Fall keinen Antrag auf Erteilung eines Nullbescheides stellen können.

- Geben Sie an, was man unter einem Nullbescheid versteht!
- Erläutern Sie, warum im vorliegenden Fall kein Antrag auf Erteilung eines Nullbescheides gestellt werden kann.

c) Sie entscheiden sich nun, eine Voranfrage beim BAFA zu stellen. Geben Sie an, welchen Zweck eine Voranfrage beim BAFA hat.

LERNSITUATION

Fall 2 b)

Das BAFA teilt Ihnen auf Ihre Voranfrage hin mit, dass für das geplante Ausfuhrvorhaben keine Exportbeschränkungen bestehen. Herr Röhrling macht daraufhin der Riad Watersupply Company Ltd. das nachfolgende Angebot:

Rohrfrei AG

Rohrfrei AG · Röhrenstraße 34 · 44269 Dortmund
Riyadh Watersupply Company Ltd.
Street 6
Riyadh 12211
SAUDI ARABIA

Your Reference: AB
Your letter from: 05 July 20XX
Our Reference: Rö
Tel.: +49 231/342XX-95
E-Mail: roehrling@rohrfrei.dex

Date: 30 July 20XX

Dear Mr. Abu Baarma

Offer

Thank you for your interest in our products. Regarding your inquiry for the delivery of 500 welded stainless steel tubes, we are pleased to be able, to make you the following offer:

Product:
Welded stainless steel tubes made of the material X6CrNiMoTi (material code: 1.4571)
Dimensions: Outside diameter 48.3 cm, wall thickness 2.2 cm, length 6 m

Price per tube:	USD 995.00
Discount for purchase of 500 tubes:	15 %
Terms of delivery:	CFR (seaport Dschidda)[1]
Delivery period:	5 months from the date of order
Terms of payment:	unconfirmed documentary letter of credit[2]

We look forward to receiving your order. If you have any questions about our offer, we will be happy to answer them.

With kind regards

PeterRöhrling

Peter Röhrling
Sales Manager

[1] Bei der Lieferbedingung CFR (seaport Dschidda) trägt die Rohrfrei AG die gesamten Kosten bis zum Seehafen Dschidda. Die Gefahr einer Beschädigung oder eines Totalverlustes der Rohre geht allerdings bereits auf die Riyadh Watersupply Company Ltd über, sobald die Rohre in Rotterdam auf das Seeschiff verladen wurden (Vgl. FK 1, LF 3, Kap. 7.1: CFR steht für Cost and Freight).

[2] Bei einem letter of credit (Dokumentenakkreditiv) garantiert die Bank des Käufers die Zahlung, wenn der Verkäufer die im Akkreditiv benannten Dokumente rechtzeitig vorlegt.

Die Riad Watersupply Company Ltd nimmt das Angebot an. Herr Röhrling bestellt nun die Rohre bei der Rohrmann AG in Duisburg. Nach vier Monaten teilt die Rohrmann AG Herrn Röhrling mit, dass die Rohre abholbereit auf ihrem Betriebsgelände in Duisburg zur Verfügung stehen.

Herr Röhrling bittet Sie, die Ausfuhr der Rohre vorzubereiten und die zollrechtliche Abwicklung durchzuführen. Die Abteilung Transport und Logistik teilt Ihnen auf Ihre Nachfrage hin die Planung für den Transport der Rohre mit. Da die Rohrmann AG eine direkte Gleisverbindung zum Binnenhafen Duisburg hat, werden die Rohre mit einem Güterzug zum Duisburger Hafen transportiert. Von dort erfolgt der Weitertransport mit einem Binnenschiff zum Seehafen Rotterdam. Dort werden die Rohre auf ein Seeschiff umgeladen und nach Dschidda in Saudi Arabien verschifft.

Da die gesamte Transportorganisation von der Abteilung Transport und Logistik durchgeführt wird, müssen Sie sich ausschließlich um die Zollabwicklung kümmern. Da Sie zum ersten Mal eine Warenausfuhr zollrechtlich abwickeln müssen, bitten Sie Herrn Röhrling um Hilfe. Herr Röhrling teilt Ihnen mit, dass an der Zollabwicklung zwei Zollstellen beteiligt sind. Das sind zum einen die Zollstelle, die für die Rohrfrei AG zuständig ist, und zum anderen die zuständige Zollstelle für den Hafen Rotterdam. Für die Rohrfrei AG ist das Zollamt -Dortmund Ost- zuständig. Zuständig für den Hafen Rotterdam ist das Zollamt -Rotterdam Haven Kontoor Maasvlakte-.

ARBEITSAUFTRÄGE

1. Zur Vorbereitung der zollrechtlichen Abwicklung schreibt Ihnen Herr Röhrling die folgenden Fragen auf und bittet Sie, diese zunächst zu beantworten und sich dazu Notizen zu machen:
   - Welches ist die Ausfuhr- und welches die Ausgangszollstelle?
   - Bei welcher Zollstelle muss die Ausfuhranmeldung eingereicht werden?
   - Welche Verfahrensvereinfachung sollte in Verbindung mit der Ausfuhranmeldung in jedem Fall beantragt werden und warum?
   - Was versteht man unter einem Ausfuhrbegleitdokument und wie erhält man dieses?
   - Was versteht man unter der Master Reference Number (MRN) und welche Bedeutung hat diese?
   - Wie kann die Rohrfrei AG nachweisen, dass die zur Ausfuhr angemeldeten Rohre tatsächlich ausgeführt wurden und welche Bedeutung hat dieser Nachweis?
2. Anschließend sollen Sie den Ablauf der Zollabwicklung der Rohre in der richtigen Reihenfolge aufschreiben und Herrn Röhrling zur Kontrolle vorlegen.

Arbeitsblatt 30.1 Ausfuhrbedingungen nach Weltregionen

Die Rohrfrei AG will Waren an die Unternehmen A bis I liefern. Beachten Sie dazu die untenstehende Abbildung. Tragen Sie in die nachfolgende Tabelle die Ziffern 0 bis 3 für notwendige Aktionen im Zusammenhang mit der geplanten Lieferung ein. Beachten Sie, dass ggf. mehrere Ziffern einzutragen sind.

Mögliche Aktionen im Zusammenhang mit den geplanten Lieferungen

Ziffer	Aktion
0	keine der Aktionen 1 bis 3 ist möglich
1	Intrastatmeldung
2	Antrag auf Ausfuhrgenehmigung
3	Ausfuhranmeldung

Notwendige Aktionen im Zusammenhang mit den geplanten Lieferungen

Land	Aktion(en)	Land	Aktion(en)
A		F	
B		G	
C		H	
D		I	
E			

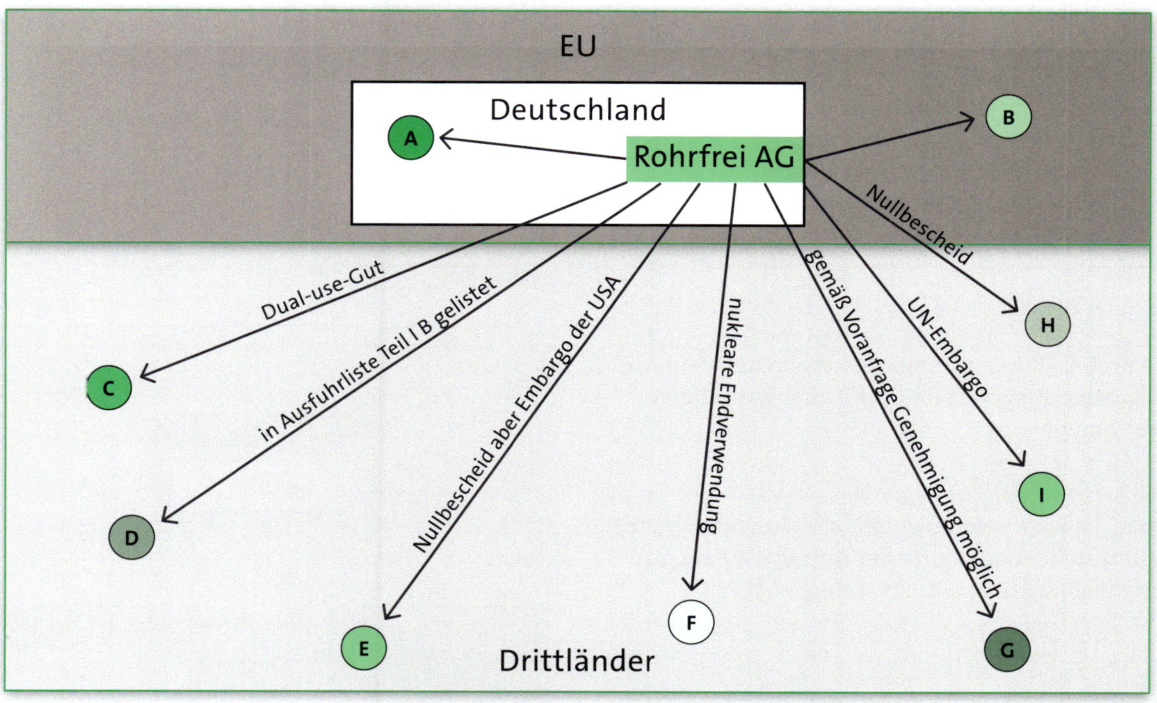

Aufgaben

1

In bestimmten Situationen wird z. B. vom Sicherheitsrat der Vereinten Nationen ein Embargo gegen einen bestimmten Staat erlassen.

a) Man unterscheidet zwischen einem Total- und einem Teilembargo. Erklären Sie den Unterschied zwischen diesen beiden Embargoarten.

b) Ein vom UN-Sicherheitsrat erlassenes Embargo wird innerhalb der EU durch eine entsprechende Verordnung umgesetzt. Erläutern Sie den Sinn dieser Maßnahme.

c) Ein Embargo betrifft auch Verträge, die vor dem Erlass des Embargos abgeschlossen wurden. Durch das Embargo werden entsprechende vertragliche Lieferverpflichtungen untersagt.
- Nennen Sie die Risiken, die für ein Unternehmen damit verbunden sein können.
- Beschreiben Sie eine Möglichkeit, mit der ein Unternehmen dieses Risiko ausschließen könnte.

d) Um Unternehmen vor möglichen Schadenersatzansprüchen von Vertragspartnern in einem Embargoland zu schützen, werden häufig sogenannte Erfüllungsverbote erlassen. Diese untersagen den Unternehmen den Ausgleich von Schadenersatzforderungen aus dem Embargoland im Zusammenhang mit dem Embargo. Erklären Sie, warum ein auf EU-Ebene erlassenes Erfüllungsverbot ein betroffenes Unternehmen unter Umständen nicht wirksam schützen kann.

2

Sogenannte Dual-use-Güter unterliegen in der EU bestimmten Zollvorschriften.

a) Erläutern Sie, was man unter einem Dual-use-Gut versteht.

b) Geben Sie an, wie ein Unternehmen in Erfahrung bringen kann, ob es sich bei einem bestimmten Gut um ein Dual-use-Gut handelt.

c) Geben Sie an, was ein Unternehmen beachten muss, wenn es ein Dual-use-Gut ausführen möchte.

3

Beschreiben Sie den Unterschied zwischen dem Außenwirtschaftsgesetz und der Außenwirtschaftsverordnung?

4

Geben Sie an, wo für die Ausfuhr eines ausfuhrgenehmigungspflichtigen Gutes der Antrag auf eine Ausfuhrgenehmigung gestellt werden muss.

5

Erläutern Sie, was man im Zusammenhang mit einer Ausfuhrgenehmigung unter einer Allgemeinen Genehmigung versteht.

6

Erklären Sie, was man im Zusammenhang mit einem Auslandsgeschäft unter einem Drittland versteht.

7

Äußern Sie sich dazu, ob für jede Warenausfuhr in ein Drittland eine Ausfuhranmeldung erforderlich ist.

8

Erläutern Sie den Unterschied zwischen einem einstufigen und einem zweistufigen Ausfuhrverfahren.

9

Das untenstehende Diagramm zeigt schematisch den Ablauf bei einem zweistufigen Ausfuhrverfahren. Die Nummern 1 bis 8 stehen dabei für Aktionen, die von den beteiligten Akteuren durchzuführen sind. Die Nummernfolge zeigt auch die richtige Reihenfolge an. Ordnen Sie den folgenden mit a) bis h) benannten Aktionen jeweils die richtige Nummer zu.

a)	Ware verlässt das Zollgebiet der EU	
b)	MRN einlesen + ggf. die Ware kontrollieren	
c)	Ausfuhranmeldung einreichen + Gestellung	
d)	Meldung, dass die Waren das Zollgebiet der Union verlassen hat	
e)	Prüfung der Ausfuhranmeldung + Risikoanalyse	
f)	Ausgangsvermerk elektronisch zuleiten	
g)	Ware + Ausfuhrbegleitdokument + Gestellung	
h)	Ausfuhrbegleitdokument mit maschinenlesbarer MRN elektronisch zuleiten	

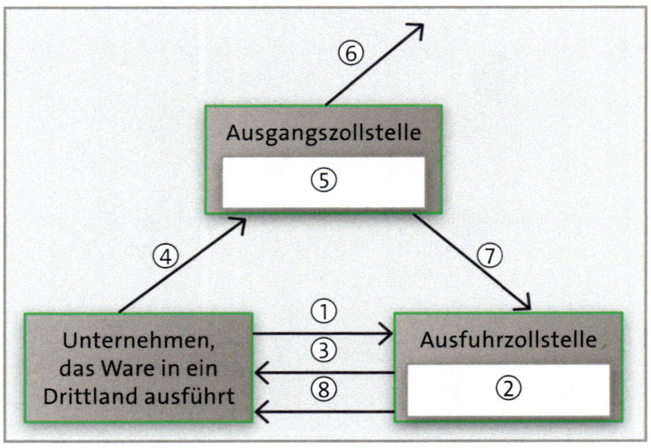

Lernsituation 31

Telephoning with a foreign customer

FK ▶ LF 2 Kap. 7

LERNSITUATION

Die BPK GmbH liefert dem britischen Großhändler Paper & White Ltd mit Firmensitz in Birmingham (UK) verschiedene Sorten von Kopierpapier für Behörden- und Firmenkopiergeräte. Mit der Paper & White Ltd besteht eine lange und vertrauensvolle Kundenbeziehung. John Miller, Einkaufschef der Paper & White Ltd, hat die BPK GmbH auch schon mehrfach besucht und sich vom Qualitätsmanagementsystem vor Ort überzeugt. Umso mehr verwundert es ihn, dass die letzte Lieferung der BPK in einigen Punkten nicht zufriedenstellend war. Sharon Thompson, Sachbearbeiterin im Einkauf, hat die Lieferung bei der Entladung überprüft und kommt mit einer Mängelliste zurück (siehe nächste Seite). John Miller ist überrascht. Durch seine Geschäftsreisen nach Deutschland kennt er den Vertriebschef der BPK, Michael Schneider, sehr gut. Er will ihn zunächst anrufen, bevor eine offizielle Beschwerde an die BPK GmbH geht.

BPK GmbH, Angelika Wild, Sekretariat: BPK Papiergroßhandel, Angelika Wild, wie kann ich Ihnen helfen?

Paper & White Ltd, John Miller: Paper & White Ltd, this is John Miller speaking! Can I speak to Michael Schneider please?

Angelika Wild: One moment please, I'll put you through.

Michael Schneider: Good Morning John, what a nice surprise, how are you?

John Miller: Good morning Michael, I'm fine, thanks. And you?

Michael Schneider: Very good, thank you! How can I help you?

John Miller: Michael, there are some shortcomings in the last delivery!

Michael Schneider: Oh, I'm very sorry to hear that. Unfortunately, I'm supposed to be in a meeting in one minute. Could we handle it like this? You send us a list of deficiencies and we will take care of it. We will call you then as soon as possible.

John Miller: That's good to hear! I'm sure we will find a solution. Our purchasing manager Sharon Thompson will wait for the call then ...

Michael Schneider: We had some problems with our haulier in Britain recently. Perhaps that's the cause of the problem.

John Miller: Yes, very likely. So far, we have always been very content with the German quality. Ok, Michael, speak to you soon! Goodbye!

Michael Schneider: Nice speaking to you! Goodbye!

ARBEITSAUFTRAG

Michael Schneider muss nun zu einer längeren Besprechung. Er bittet Sie, das Gespräch mit Ms Thompson zu führen. Bereiten Sie sich mithilfe der folgenden Arbeitsblätter auf das Gespräch vor. Stellen Sie das Telefonat im Rollenspiel dar.

Arbeitsblatt 31.1 Wortfeld (Einkauf, Lieferung, Sachmangel)

Ordnen Sie die englischen Begriffe in der Wolke den deutschen Begriffen in der Tabelle zu.

delivery · supplier · purchasing manager · sales director
material defect · warehouse · quantity · terms of delivery · deficiency
quality · terms of business · additional delivery
replacement delivery · commission merchant · business relations · haulier

Deutsch	Englisch	Deutsch	Englisch
Lieferung		Lieferkonditionen	
Ergänzungslieferung		Spediteur	
Ersatzlieferung		Geschäftsbedingungen (AGB)	
Mangel		Lieferant	
Sachmangel		Geschäftsbeziehungen	
Menge		Einkäufer(in)/ Sachbearbeiter(in) im Einkauf	
Disponent		Vertriebschef	
Qualität		Lager	

Übersetzen Sie die von der Paper & White Ltd festgestellten Mängel ins Deutsche:

Ordered Article	Size	Quantity	Deficieny	Deutsche Übersetzung
20142 BPK Printomax	DIN A4	50 packages to 1000 sheets	Contains only 47 packages instead of the 50	
20143 BPK Printomax	DIN A3	20 packages	4 packages are damaged, not for resale	
30211 BPK Matt-post Extra	DIN A4	100 packages 80g/m²	Paper with 100g/m² was delivered	

Arbeitsblatt 31.2 Phrases for Business Telephone Calls

Die folgende Liste enthält typische Phrasen für ein Telefonat. Sie helfen, das Gespräch im Fluss zu halten, und kommen im Prinzip in jedem Geschäftstelefonat zur Anwendung. Übersetzen Sie die Phrasen vom Englischen ins Deutsche.

English	German
Good morning/afternoon XYZ Ltd. How can I help you?	
I'll put you through now.	
Can I ask what it is concerning?	
Of course. I'll (just) check if he's available.	
Would you like to hold?	
Is there anyone else who could help you?	
Can I take a message?	
Perhaps he/she can call you back?	
Would you like to leave a message?	
Could I have your name and number, please?	
I'm sorry, but the line's engaged at the moment. Could you call back later?	
I'm sorry, but he/she's out of the office at the moment.	
I'm afraid he/she's on the other line at the moment.	
My office number/ mobile (number)/ home phone is oh one double six 3 one.	
The line is very bad ... Could you speak up please?	
Sorry. I didn't catch that. Could you say that again please?	
Could you spell that please?	
I'm afraid she's in a meeting at the moment.	

Arbeitsblatt 31.3 A Business Phone Call

Es ist soweit: Sie rufen im Auftrag von Herrn Schneider bei der Paper & White Ltd in Birmingham an. Sie haben die Mängelliste per Fax erhalten und wollen nun mit Sharon Thompson aus der Einkaufsabteilung sprechen. Vervollständigen Sie die Kommunikation.

Paper & White Ltd, Sharon Thompson	Paper & White Ltd, this is Sharon Thompson speaking! How can I help you?
BPK GmbH	*// Begrüßung // (Ihr Name) von der BPK, Deutschland // Sie rufen im Auftrag von Herrn Schneider an.*
Sharon Thompson	Ah, hello ... Nice of you to call me back, have you received my fax?
BPK GmbH	*// Sie entschuldigen sich für Probleme // versichern, dass die Ursachen für die Mängel gefunden wurden*
Sharon Thompson	That's good to hear, thank you!
BPK GmbH	*// Zunächst zum 1. Artikel der Liste, Fehlmenge // Probleme mit unserem Disponenten // Die fehlenden Pakete sind bereits unterwegs.*
Sharon Thompson	Very good! What about the DIN A3 size delivery? Some of the packages were damaged!
BPK GmbH	*Spediteur hat mitgeteilt, dass der Lkw unterwegs einen Unfall hatte, dies ist wahrscheinlich die Ursache für die Beschädigung // Selbstverständlich liefern wir neue Pakete nach!*
Sharon Thompson	Oh, I'm sorry to hear! Do you know when the new packages will arrive? And what about the Mattpost paper, it should have been 80g quality!
BPK GmbH	*Nachlieferung wird spätestens nächste Woche eintreffen // mit Herrn Schneider gesprochen // anstatt das falsch gelieferte Papier wieder abzuholen, wäre ein Preisnachlass von 20 % möglich //*
Sharon Thompson	I will talk to John Miller about that. I'm sure we will come to an agreement.

LERNFELD 3

Beschaffungsprozesse durchführen

LERNSITUATIONEN

32 Den optimalen Bestellzeitpunkt bestimmen 180
33 Waren „Just in Time“ beschaffen 188
34 Die optimale Bestellmenge ermitteln 191
35 Bezugsquellen und Bedarf ermitteln 196
36 Angebote vergleichen und bewerten 199
37 Importkalkulationen durchführen 207
38 Writing to a foreign supplier 216

Lernsituation 32
Den optimalen Bestellzeitpunkt bestimmen

FK ▶ LF 3 Kap. 3.1

LERNSITUATION

Herr Dr. Schönhauser, der Geschäftsleiter der BPK GmbH, meldet sich heute bei den Abteilungsleitern Frau Finke (Einkauf) und Herr Wolf (Lager/Versand), weil die Lagerbestände optimiert werden sollen.

Löschen | Antworten | An alle | Weiterleiten

Von: Dr. Peter Schönhauser
An: Günther Wolf, Babette Finke
Datum: 20.04.20XX, 10:15 Uhr
Betreff: **Optimaler Bestellzeitpunkt**

Hallo Herr Wolf, hallo Frau Finke,

in der letzten Abteilungsleiterkonferenz haben wir ja bereits die Lagerproblematik diskutiert. Um unsere Lagerbestände zu optimieren, sollten wir zunächst unser Bestellverhalten analysieren. Vielleicht kann man hier etwas verbessern.

Bitte machen Sie sich hierüber Gedanken, in 30 Minuten erwarte ich Ihre Ergebnisse.

Gruß

Dr. Schönhauser

Bergisches Papierkontor GmbH
Geschäftsleitung
Elberfelder Straße 85, 42285 Wuppertal
Tel.: 0202 1236XX-57
E-Mail: peter.schoenhauser@bpkontor.dex
Geschäftsführer: Dr. Peter Schönhauser
Handelsregister: AG Wuppertal, HRB 50086/314

Artikelkarte

Artikelnummer		Artikelbezeichnung		Einstandspreis	18,00 €
10231		Bankpost-Papier			
		Artikelbewegung			
Monat		Zugang	Abgang	Monatsendbestand (Kartons)	Monatsendbestand (€)
Anfangsbestand	10	–	–	–	–
Januar		80	40	50	900,00
Februar		–	40	10	180,00
März		80	30	60	1.080,00
April		–	50	10	180,00
Mai		80	70	20	360,00
Juni		–	20	0	0,00
Juli		80	10	70	1.260,00
August		–	30	40	720,00
September		80	40	80	1.440,00
Oktober		–	40	40	720,00
November		80	60	60	1.080,00
Dezember		–	60	0	0,00

„Wenn wir 10 Kartons Bankpost-Papier grundsätzlich als Reserve auf Lager haben, sind wir gut gerüstet, z. B. falls unser Lieferant mal Produktionsengpässe hat und nicht liefert.“

Liste optimale Bestellmengen:

Nr.	Artikel	Opt. Menge
1	Bankpost-Papier	60 Kartons

Lieferantendatei		
Firma	**Adresse**	**Lieferprogramm**
...	...	...
Ozean Papier AG	Quickbornweg 6 / 28755 Bremen Tel.: 0421 5XX-1 / Fax: 0421 5XX-7	Lieferbedingungen: 3 Tage Lieferzeit

ARBEITSAUFTRÄGE

1. Beschreiben und beurteilen Sie das Verhalten der BPK GmbH. Begründen Sie Ihre Ansicht.
2. Unterbreiten Sie Verbesserungsvorschläge für das Bestellverhalten der BPK GmbH.
3. Tragen Sie die folgenden Bestandsdaten in die Grafik auf Seite 182 ein: Mindestbestand, Höchstbestand, Bestellmenge, täglicher Abverkauf. Zukünftig rechnet die BPK GmbH mit einem täglichen Abgang an Bankpost-Papier von 4 Kartons, da dieses vermehrt zu Werbezwecken an Kunden abgegeben werden soll.
4. Ermitteln Sie mithilfe der Grafik auf Seite 182 die Lagerbestandskennzahl Meldebestand und bestimmen Sie den optimalen Zeitpunkt der Bestellung. Kennzeichnen Sie beide Größen in der Grafik.
5. Ermitteln Sie rechnerisch die Lagerbestandskennzahlen:

Meldebestand =

Höchstbestand =

Berechnungen:

Grafische Ermittlung des optimalen Bestellzeitpunktes und des Meldebestandes

Arbeitsblatt 32.1 Bestellverfahren im Überblick

	Bestellrhythmusverfahren	Bestellzeitpunktverfahren
Merkmal		
einsetzbar, wenn		
Vorteil		
Nachteil		

Arbeitsblatt 32.2 Lagerbestandszahlen, Teil 1

Bestandskennzahl	Erläuterung	Berechnung / Formel
Mindestbestand	▪ Der Mindestbestand wird auch als .... bezeichnet. ▪ Er ist die Stückzahl, die immer mindestens am Lager vorrätig ist, und nur im Notfall eingesetzt wird, z.B. .... oder .... auszugleichen.	Der Mindestbestand wird vom Lagerleiter aufgrund von Erfahrungswerten festgelegt.
Meldebestand	▪ Der Meldebestand liegt über dem .... ▪ Bei Erreichen des Meldebestandes soll neue Ware .... werden. ▪ Der Meldebestand muss so hoch sein, dass unter Berücksichtigung der .... und der bis zur Lieferung ...., die bestellte Ware genau dann eintrifft, wenn	
Höchstbestand	▪ Der Höchstbestand gibt an, welche Menge von einer Ware .... eingelagert werden kann / soll. ▪ Der Höchstbestand sollte .... werden. ▪ Der Höchstbestand wird in der Regel nach dem .... erreicht.	

Arbeitsblatt 32.3 Lagerbestandszahlen, Teil 2

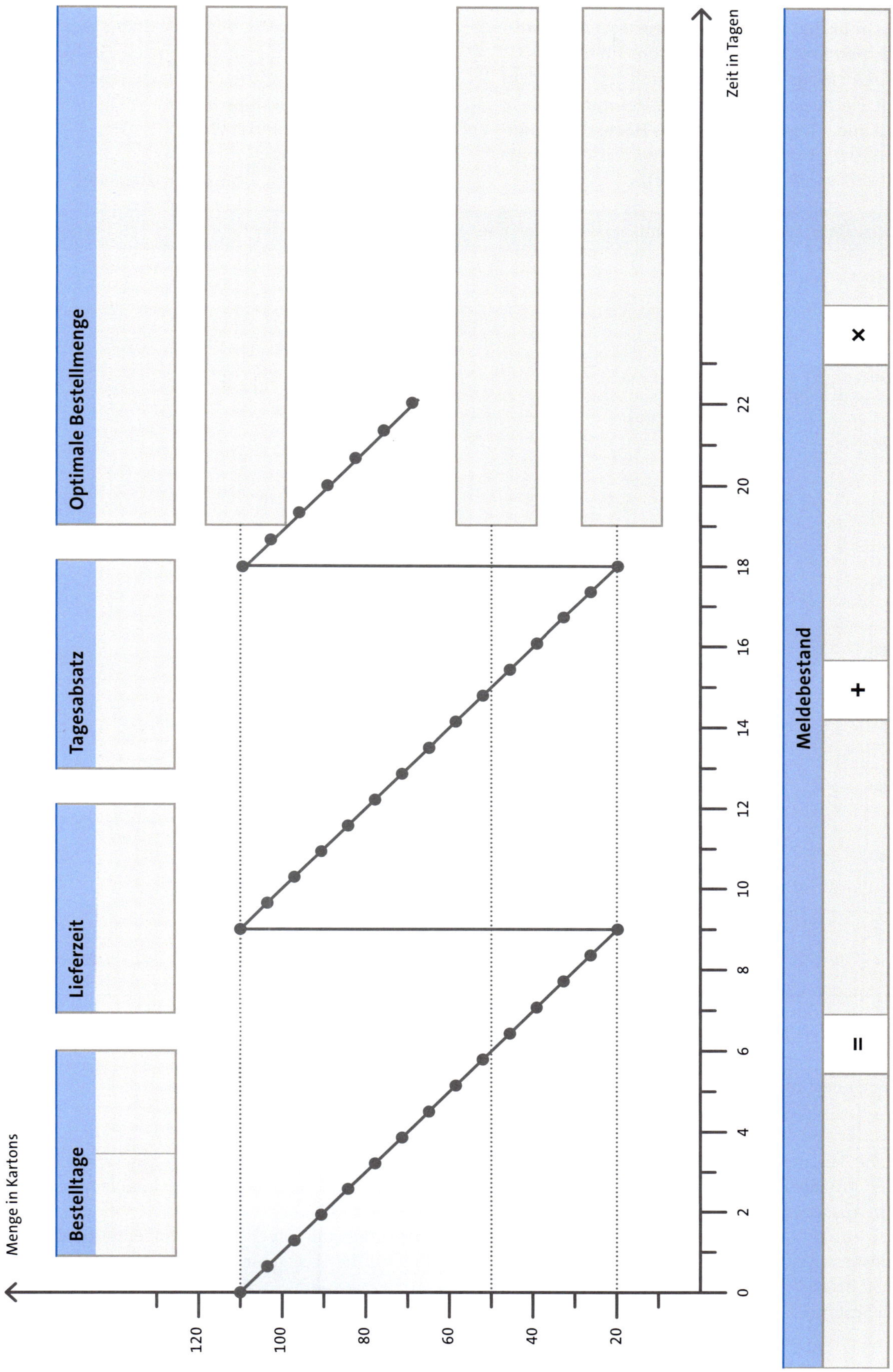

Aufgaben

1

Die BPK GmbH hat einen Mindestbestand für Schul-Schreibpapier in Höhe von 80 Kartons für die verkaufsstarken Monate Juli, August und September eingerichtet. Für diese Monate hat der Lieferant eine Lieferzeit von 7 Tagen zugesagt. Als Höchstbestand wurden 320 Kartons festgelegt. Es wird ein wöchentlicher Absatz von 80 Kartons erwartet.

a) Tragen Sie die in der Aufgabenstellung gegebenen Bestandsdaten in die unten stehende Grafik ein.
b) Ermitteln Sie mithilfe der unten stehenden Grafik die Lagerbestandszahlen
- den Meldebestand sowie
- die Bestellmenge

und tragen Sie auch diese in die Grafik ein.

Grafische Darstellung des Bestandsverlaufs von Schul-Schreibpapier im Monat Juli

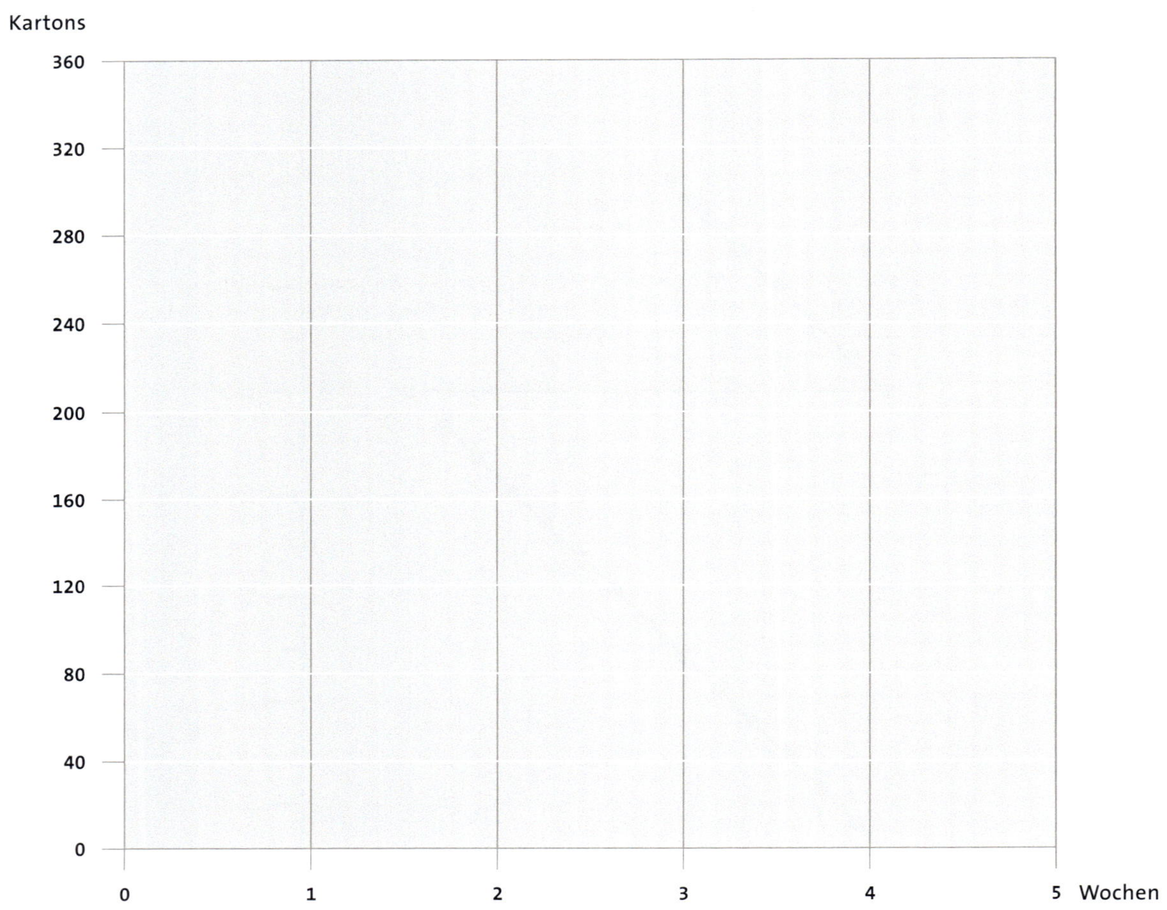

c) Überprüfen Sie Ihre Grafik, indem Sie die Lagerbestandskennzahlen berechnen.

- Meldebestand
- Höchstbestand
- Bestellmenge

2

Um welche Bestandsarten handelt es sich bei den folgenden Aussagen? Ordnen Sie die jeweiligen Nummern den Aussagen zu.

1. Mindestbestand
2. Höchstbestand
3. Meldebestand

a) Dieser Bestand ist aufgrund der Lagergröße oder Lagerwirtschaftlichkeit der maximal mögliche Lagerbestand.
b) Dieser Bestand errechnet sich folgendermaßen: Tagesauslieferungsmenge × Lieferzeit + Mindestbestand
c) Dieser Bestand stellt die eiserne Reserve dar.

3

Ermitteln Sie anhand nachfolgender Grafik zur Veränderung des Lagerbestandes eines Artikels
a) den Wochenabsatz,
b) den Mindestbestand,
c) den Höchstbestand,
d) die Liefermenge,
e) die Lieferzeit
f) den Meldebestand.

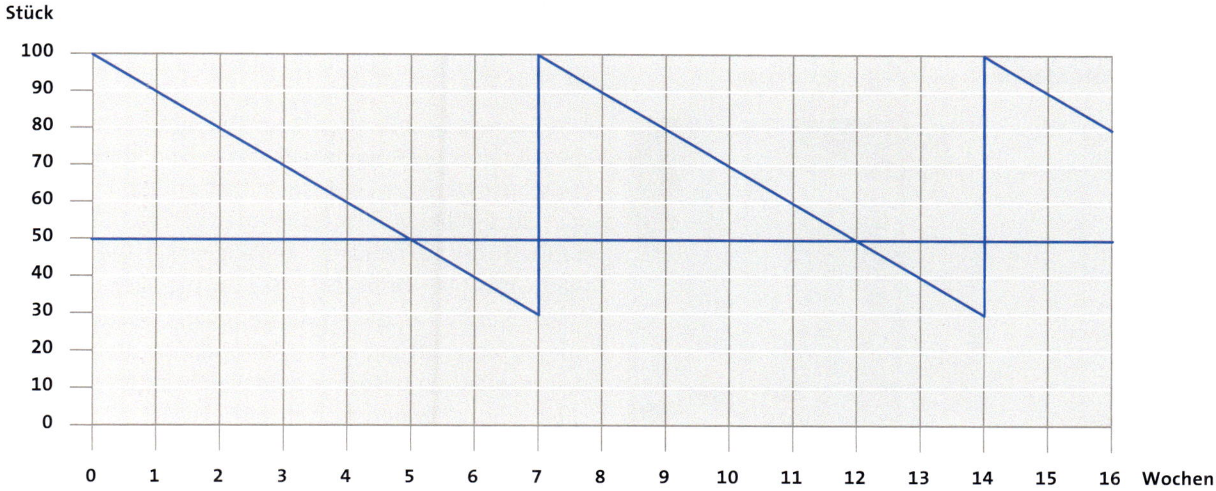

4

Der Mindestbestand für den Artikel Nr. 10331 (BPK Bankpost-Hüllen) beträgt 15.000 Stück, der Höchstbestand 50.000 Stück.

a) Erklären Sie, welchen Zweck der Mindestbestand erfüllt.
b) In welchen Fällen darf bzw. muss der Mindestbestand angetastet werden?
c) Warum wird ein Höchstbestand festgelegt?
d) Welche negativen Folgen hat es, wenn der Höchstbestand zu niedrig angesetzt wird?
e) Welche Folgen hat ein zu hoher Mindestbestand?
f) Errechnen Sie den Meldebestand, wenn der Lieferant Ozean AG der BPK GmbH 6 Tage für die Lieferung benötigt und täglich im Durchschnitt 250 DIN-A4-Hüllen abgesetzt werden.
g) Welchen Zweck erfüllt der Meldebestand?

5

Die BPK GmbH setzt arbeitstäglich durchschnittlich 10 Kassetten eines Recycling-Briefpapiers ab.
Der Höchstbestand beträgt 350 Kassetten und der Mindestbestand 50 Kassetten. Der Lieferant hat eine Lieferzeit von sechs Tagen zugesagt.

a) Wie hoch ist der Meldebestand?
b) Wie viele Kassetten werden bestellt?
c) Wie viele Tage liegen zwischen zwei Lieferungen?
d) Der tägliche Bedarf an Recycling-Briefpapier steigt aufgrund des vierwöchigen Aktionsangebots „Schreib die Umwelt groß!“ an. Welche Auswirkung hat diese Aktion auf den Meldebestand?
e) Im Zuge der Maßnahmen zur Kostensenkung schlägt Frau Finke vor, den Mindestbestand bei Recycling-Briefpapier auf „0“ zu setzen. Halten Sie diesen Vorschlag für sinnvoll? Begründen Sie Ihre Ansicht.

6

Die BPK GmbH hat einem Kunden einen Karton Computer-Papier verkauft. Der Lagerbestand beträgt jetzt noch 25 Kartons, sodass das EDV-System folgende Meldung anzeigt:

Bestellvorschlagsliste vom 08. April 20XX:	
Artikelnummer:	30532
Bezeichnung:	bp-„Siegel“-Computer-Papier
Einkaufspreis, netto:	13,00 €
Aktueller Bestand:	25 Kartons
Bestellmenge pro Bestellung:	40 Kartons
Mindestbestand:	10 Kartons
Meldebestand:	25 Kartons
Lieferzeit:	3 Tage
VK, netto:	20,25 €

a) Wie viele Kartons Computer-Papier werden durchschnittlich täglich verkauft?
b) Wann ist es sinnvoll, von den Bestellvorschlägen des EDV-Systems abzuweichen? Erläutern Sie dies an zwei Beispielen.

Lernsituation 33
Waren „Just in Time“ beschaffen

FK ► LF 3 Kap. 3.2

LERNSITUATION

Die Teewelt GmbH mit Sitz in Düsseldorf ist ein mittelgroßes Teehandelshaus, das sich auf den Vertrieb hochwertiger Tees aus Indien und Sri Lanka spezialisiert hat. Am Unternehmenssitz in Düsseldorf wird der Tee gemischt und abgepackt. Die Teewelt GmbH vertreibt ihren Tee an Tee-Fach- und Spezialgeschäfte und an die gehobene Gastronomie. Sie beschäftigt dazu 10 Reisende, die die Kunden regelmäßig besuchen und gleichzeitig versuchen, den Kundenstamm zu erweitern. Das Vertriebsgebiet umfasst ganz Deutschland.

Einen Teil ihres Tees bezieht die Teewelt GmbH von der Asien Teehandels AG, die ihren Sitz in Hamburg hat und den Rohtee auf Teeauktionen in den Erzeugerländern kauft. Etwa 60 % bis 70 % der Teeernte werden auf Auktionen in den Anbauländern versteigert. Daneben gibt es auch noch die Möglichkeit, direkte Kaufverträge mit den Teeplantagen bzw. Teefabriken vor Ort abzuschließen. Dadurch lassen sich besonders gute Qualitäten, die nur in kleinen Mengen verfügbar sind, sichern.

Unter Teekennern hat die Marke „Teewelt“ eine hohe Reputation, da es dem Unternehmen gelungen ist, aufgrund der hohen Qualifikation ihrer Tea-Taster Tees mit vielen verschiedenen Geschmacksrichtungen, aber von gleich bleibend hoher Qualität anzubieten. Dazu hat die Teewelt GmbH immer relativ viele Rohteesorten im Lager vorrätig, da die entsprechenden Mischungen erst hergestellt werden können, wenn alle für eine Teemischung notwendigen Rohtees eingetroffen sind. Aus diesem Grund erwägt die Geschäftsführung der Teewelt GmbH, verschiedene Rohteesorten „Just in Time“ zu beschaffen, diese sofort zu den Fertigsorten zu mischen und zum Verkauf anzubieten.

ARBEITSAUFTRAG

Welche Auswirkungen hat die JIT-Einführung für
a) den Großhändler Teewelt GmbH,
b) die Zulieferer,
c) den Transport und die Umwelt?

Nutzen Sie für Ihre Überlegungen das Arbeitsblatt 33.1.

Arbeitsblatt 33.1 Just in Time

Konsequenzen für den Großhändler Teewelt GmbH	
Konsequenzen für die Zulieferer	
Konsequenzen für den Transport und die Umwelt	

Aufgaben

1

Das Just-in-Time-Verfahren wird häufig lediglich als ein Verfahren der bedarfssynchronen Beschaffung gesehen. Erläutern Sie, welche Zielsetzungen Just-in-Time bei der Abwicklung von Unternehmensprozessen unterstützen kann.

2

In der BPK GmbH soll für einen Teil der zu beschaffenden Waren das Just-in-Time-Verfahren eingeführt werden. Dazu ist es erforderlich, die Waren herauszufinden, die für eine Just-in-Time-Anlieferung geeignet sind.

a) Erläutern Sie, auf welche Weise dies geschehen kann.
b) Erläutern Sie zwei organisatorische und zwei technische Voraussetzungen, um das Just-in-Time-Prinzip zu realisieren.
c) Die Realisierung des Just-in-Time-Verfahrens setzt voraus, dass die BPK GmbH JIT-fähige Lieferanten findet. Erläutern Sie zwei Voraussetzungen, die JIT-fähige Lieferanten erfüllen müssen.
d) Das Just-in-Time-Verfahren kann aus gesamtwirtschaftlicher Sicht, insbesondere aus der Sicht des Endverbrauchers mit Vor- und Nachteilen verbunden sein. Erläutern Sie je einen Vor- und einen Nachteil.

3

Durch konsequente Verhandlungen mit einem Lieferanten wird eine tägliche Just-in-time-Lieferung vereinbart. Bei einem Umsatzvolumen von 250.000,00 € pro Monat wird eine Preiserhöhung in Höhe von 2 % akzeptiert. Durch diese Maßnahme sinken die Zinsen für das im Lager gebundene Kapital von 3,5 % auf 1,75 %. Die nicht mehr benötigte Lagerkapazität kann für 32.000,00 € im Monat vermietet werden.

a) Berechnen Sie die jährliche Kosteneinsparung der Lagerhaltung.
b) Welche Risiken entstehen durch diese Liefervereinbarung?

4

Beschreiben Sie das Sortiment Ihres Ausbildungsunternehmens, indem Sie die in Ihrem Unternehmen gehandelten Artikel den verschiedenen Sortimentsarten zuordnen.

5

Erklären sie jeweils anhand eines Beispiels aus Ihrem Ausbildungsunternehmen die Begriffe der Sortimentstiefe und Sortimentsbreite..

Lernsituation 34
Die optimale Bestellmenge ermitteln

FK ► LF 3 Kap. 3.3

LERNSITUATION

Herr Wolf, Leiter der Abteilung Lager/Versand, stürmt wutentbrannt in das Büro der Abteilungsleitung Einkauf zu Frau Finke.

Wolf: Das ist mir ja noch nie untergekommen, da hört jetzt aber alles auf. Frau Finke, haben Sie heute schon mal einen Blick in das Lager geworfen? Wohl kaum, denn dafür müssten Sie ja die Lagertür öffnen, und das ist derzeit kaum möglich.

Finke: Erst einmal guten Morgen Herr Wolf, so viel Zeit muss sein. Was ist denn los?

Wolf: Das Lager ist randvoll mit Offsetpapier, andere Artikel können gar nicht mehr angeliefert, geschweige denn eingelagert werden. Meine Mitarbeiter und ich können uns kaum noch in den Gängen bewegen. Frau Finke, was soll das? Wie kommen Sie dazu, so viel Offsetpapier zu bestellen?

Finke: Also, mein lieber Herr Wolf! Sie wissen aber auch gar nicht, was Sie wollen. Letzte Woche hingen Sie mir die ganze Zeit in den Ohren, dass der Vertrieb diverse Aufträge verloren hat, weil wir nicht genügend Offsetpapier auf Lager hatten. Und wenn ich jetzt mal Vorsorge betreibe, ist es Ihnen auch wieder nicht recht.

Wolf: Aber doch nicht so viel auf einmal! Wissen Sie eigentlich, dass wir im Jahr nur 300 Einheiten Offsetpapier an Druckereien verkaufen? Und Sie bestellen diese riesige Menge auf einmal!

Finke: Herr Wolf, ich muss an die Kosten denken. Auf der letzten Fortbildung „Erfolgreich disponieren“ wurde das Thema „Mittelbare Beschaffungskosten“ behandelt. Pro Bestellung für das Offsetpapier fallen nämlich rund 20 Euro an. Da kommt schnell was zusammen. Außerdem haben wir diesmal einen äußerst großzügigen Rabatt erhalten.

Wolf: An die Kosten muss ich auch denken. Schon mal was von Lagerkosten gehört? Und in diesem Zusammenhang können Sie sich Ihren Rabatt gleich wieder abschminken. Das Papier kann nicht im Lager bleiben. So ist kein Arbeiten möglich. Wir werden einen Container bestellen müssen, um diese Papierberge fachgerecht einlagern zu können. Außerdem brauche ich für dieses Umlagern Hilfskräfte, zusätzliches Personal, denn ich glaube nicht, dass meine Jungs schon wieder bereit sind, Überstunden zu fahren.

Finke: Herr Wolf, so geht das nicht. Nicht erst hü und dann hott. Wenn Sie Offsetpapier brauchen, dann können wir dieses auch kostengünstig in einer größeren Menge einkaufen. Also stellen Sie sich nicht so an, nichts ist umsonst.

Dresdener Papiermanufaktur AG

Dresdener Papiermanufactur AG | Hauptallee 50 | 01069 Dresden
Bergisches Papierkontor GmbH
Elberfelder Straße 85
42285 Wuppertal

Ihr Zeichen, Ihre Nachricht vom	Unser Zeichen, unsere Nachricht vom	Telefon, Name	Datum
wo, 15.04.20XX	ho, 15.04.20XX	0351 47XX-0, Silvia Hoffmann	17.04.20XX

Lieferschein Nr. 1408-64

Bestell-Nr.	Artikelbezeichnung	Menge
44350	**Großformatiges Offsetpapier** Preis/Einheit 90,52 €	250

Empfangsbestätigung des Kunden: i.A. 17.04.20XX Wolf
DATUM, UNTERSCHRIFT

Die Lieferung erfolgt unter Eigentumsvorbehalt.

Der Geschäftsleiter Herr Dr. Schönhauser versucht, den Streit zwischen den Abteilungen Lager/Versand und Einkauf zu schlichten.

Löschen Antworten An alle Weiterleiten

Von: Dr. Peter Schönhauser
An: Günther Wolf, Babette Finke
Datum: 23.04.20XX, 15.24 Uhr
Betreff: **Optimale Bestellmenge**

Hallo Herr Wolf, hallo Frau Finke,

durch Zufall wurde ich Zeuge Ihres kleinen Disputs. Sicherlich hat jeder von Ihnen aus seiner Perspektive recht. Aber bitte bedenken Sie, dass wir alle im selben Boot „BPK GmbH" sitzen.

Also finden Sie eine gemeinsame Lösung, die beiden Perspektiven gerecht wird. Für Ihre gemeinsame Lösung können Sie den derzeit aktuellen Lagerkostensatz gebrauchen. Er beträgt 16 % vom durchschnittlichen Lagerbestand (= Bestellmenge/2). Ich erwarte Ihre gemeinsame Lösung in 40 Minuten auf meinem Schreibtisch!

Gruß

Dr. Schönhauser

Bergisches Papierkontor GmbH
Geschäftsleitung
Elberfelder Straße 85, 42285 Wuppertal
Tel.: 0202 1236XX-57
E-Mail: peter.schoenhauser@bpkontor.dex
Geschäftsführer: Dr. Peter Schönhauser
Handelsregister: AG Wuppertal, HRB 50086/314

ARBEITSAUFTRÄGE

1. Welche unterschiedlichen Zielsetzungen vertreten Herr Wolf und Frau Finke und mit welchen Argumenten versuchen sie, diese zu vertreten? Stellen Sie die Argumente einander gegenüber.
2. Ermitteln Sie die optimale Bestellmenge.
   a) Errechnen Sie zunächst für unterschiedliche Bestellmengen im Arbeitsblatt 34.1 die Gesamtkosten und tragen die Kostenkurven (Lagerkosten, bestellfixe Kosten und Gesamtkosten) in Abhängigkeit der Bestellmenge in das Koordinatenkreuz ein.
   b) Berechnen Sie die optimale Bestellmenge für das Offsetpapier unter Verwendung der Andlerschen Formel für die optimale Bestellmenge.

Berechnungen:

Arbeitsblatt 34.1 Ermittlung der optimalen Bestellmenge

Anzahl der Bestellungen	Bestellmenge in Einheiten	Bestellkosten in €	⌀ Lagerbestandswert in €	Lagerkosten in €	Gesamtkosten in €	Gesamtkosten pro Einheit in €
	5					
	10					
	30					
	100					
	150					
	300					

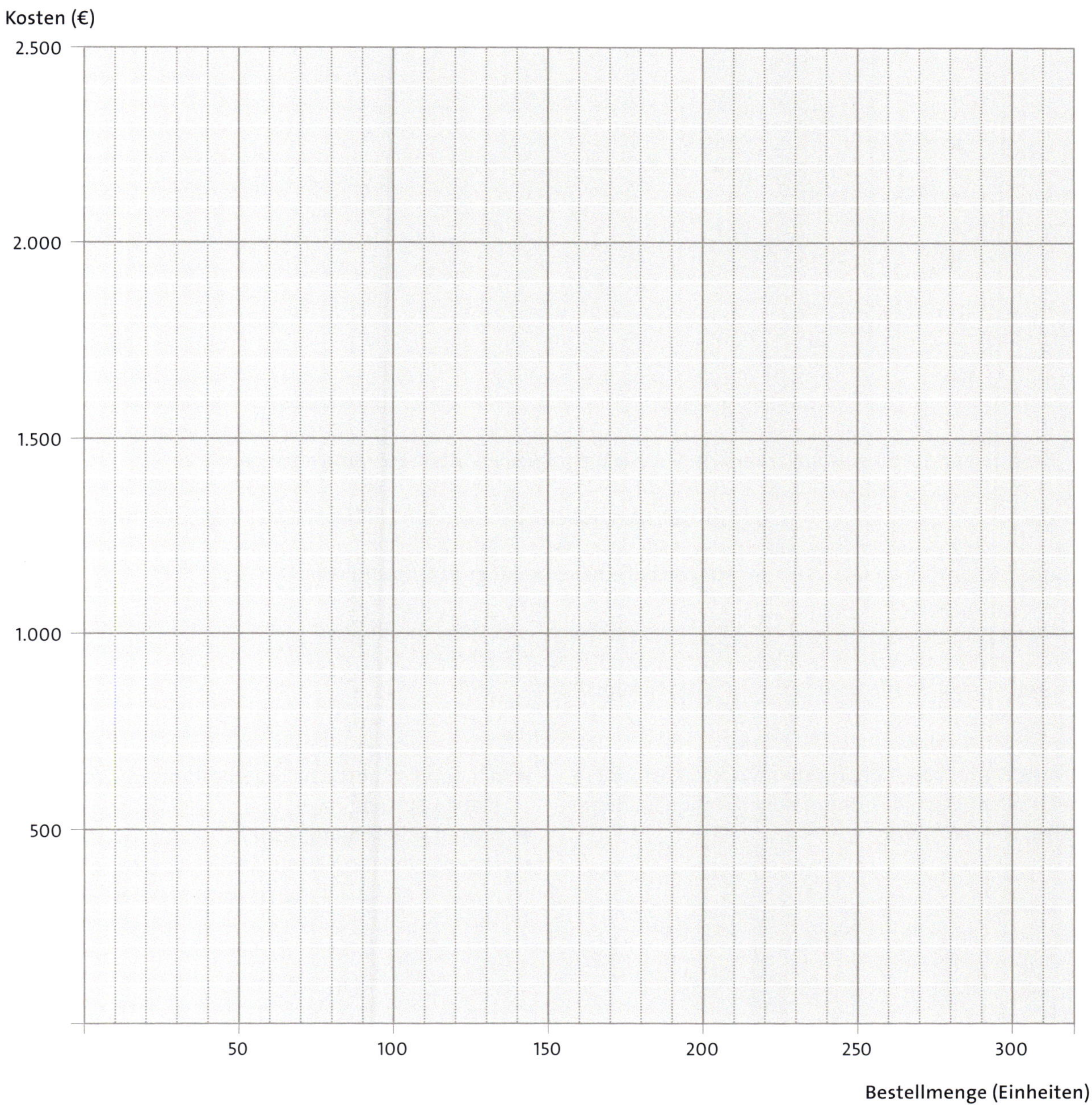

Aufgaben

1

Bei der BPK GmbH werden pro Jahr etwa 10.000 Kartons Büropapier verkauft. Herr Krieger von der einkaufsabteilung steht nun vor der Frage, welche Einkaufsmengen er bei jeder Bestellung ordern soll. Jede Bestellung verursacht Bestellkosten in Höhe von 12,00 €. Der Lagerplatz für einen Karton Büropapier kostet pro Jahr 0,20 €.

a) Ermitteln Sie mithilfe der folgenden Tabelle die optimale Bestellmenge.

Anzahl der Bestellungen	Bestellmenge in Kartons	Lagerkosten in €	Bestellkosten in €	Gesamtkosten in €
1				
2				
4				
5				
8				
10				
20				
25				
40				
50				
100				

b) Beschreiben Sie die Kostenverläufe, indem Sie die folgenden Merksätze sinnvoll ergänzen:

Die .... nehmen mit einer steigenden Zahl von Bestellungen kontinuierlich ab.

Die .... steigen bei einer zunehmenden Anzahl von ....

Die .... ergibt sich, wenn die Summe aus ....

und .... minimal ist.

2

Die BPK GmbH benötigt pro Jahr etwa 800 Kartons Prospekthüllen. Folgende Informationen stehen für diesen Artikel zur Verfügung:

- der durchschnittliche Lagerbestand entspricht der halben Bestellmenge
- Kosten je Bestellung: 40,00 €
- Lagerkosten pro Karton: 1,80 €

Bestellmenge	Anzahl der Bestellungen	Beschaffungs-kosten im Jahr	durchschnittlicher Lagerbestand	Lagerkosten pro Jahr	Gesamtkosten
10					
20					
40					
80					
100					
133					
160					
200					
267					
400					
800					

3

Die BPK GmbH benötigt 2.000 Kassetten Briefpapier pro Jahr. Die benötigten Mengen fallen gleichmäßig auf das Jahr verteilt an. Der Preis je Kassette beträgt 40,00 €. Der durchschnittliche Lagerbestand entspricht jeweils der halben Bestellmenge. Die Kosten pro Bestellvorgang betragen 8,00 € und der Lagerkostensatz beträgt 10 %.
Berechnen Sie die optimale Bestellmenge mithilfe der Andlerschen Formel.

4

Die Disposition der BPK GmbH berechnet für alle Bestellvorgänge die optimalen Bestellmengen. Somit bildet die optimale Bestellmenge die Grundlage für alle Bestellvorschläge des EDV-Systems. Trotz der sorgfältigen Berechnungen kommt es vor, dass der Disponent von den Bestellvorschlägen des EDV-Systems abweicht.
Erläutern Sie an zwei allgemeinen Beispielen, wann und warum dies sinnvoll ist.

5

Die BPK GmbH hat für einen Artikel einen Jahresbedarf von 1.000 Kartons ermittelt. Die Kosten je Bestellung betragen 20,00 €. Für die Lagerhaltungskosten werden 40 % vom durchschnittlichen Lagerwert berechnet. Die verrechneten Anschaffungskosten pro Karton betragen 10,00 €. Wie hoch ist die optimale Bestellmenge?

6

Die BPK GmbH benötigt ein bestimmtes Büttenpapier jährlich in der Menge von 900 Kassetten. Die Kosten je Bestellung betragen 100,00 €. Der Lagerzinssatz beträgt 20 %, der Einstandspreis liegt bei 40,00 €. Berechnen Sie die optimale Bestellmenge.

7

Für das einfache Büro-Schreibpapier der BPK GmbH (Artikel 30121) liegen folgende Kostenwerte vor:

Bestell-menge	Lagerhaltungs-kosten in €	Bestellkosten in €
50	60,00	300,00
100	120,00	150,00
150	180,00	75,00
200	240,00	37,50

Errechnen Sie mithilfe der Zahlen die optimale Bestellmenge.

Lernsituation 35
Bezugsquellen und Bedarf ermitteln

FK ▶ LF 3 Kap. 4

LERNSITUATION

Die Abteilungsleiterin Einkauf der BPK GmbH, Frau Finke, leitet heute folgende Preisänderungen an den zuständigen Sachbearbeiter Herrn Seidlitz weiter.

Löschen | Antworten | An alle | Weiterleiten

Von: Babette Finke
An: Franz Seidlitz
Datum: 12.03.20XX, 10.25 Uhr
Betreff: **Bitte um Erledigung**

Lieber Herr Seidlitz,

die Freiburger Papier AG teilt uns heute Preiserhöhungen für einige Artikel mit (siehe beiliegendes Schreiben). Die neuen Preise entsprechen bei Weitem nicht mehr unseren geplanten Einstandspreisen. Bitte holen Sie für eine vorgesehene Bestellung bei anderen infrage kommenden Lieferanten Angebote ein.

Viele Grüße

Babette Finke

Bergisches Papierkontor GmbH
Abteilung Einkauf
Elberfelder Straße 85, 42285 Wuppertal
Tel.: 0202 1236XX-57
E-Mail: babette.finke@bpkontor.dex
Geschäftsführer: Dr. Peter Schönhauser
Handelsregister: AG Wuppertal, HRB 50086/314

FREIBURGER
PAPIER AG

Freiburger Papier AG · Käferweg 16 · 79110 Freiburg
Bergisches Papierkontor GmbH
Elberfelder Straße 85
42285 Wuppertal

Posteingang am 12.03.20XX

Ihr Zeichen, Ihre Nachricht vom	Unser Zeichen, unsere Nachricht vom	Telefon, Name	Datum
	web	0761 1670XX-1 Daniel Weber	11.03.20XX

Preisänderung

Sehr geehrte Damen und Herren,
wegen der angespannten Lage auf dem Papiermarkt müssen wir leider ab sofort die Preise für unsere Büropapiere erhöhen:

Artikel-Nr.	Artikelbezeichnung	Preis je 1 000 Blatt
10110	Mattpost-Extra, Qualitätsbüropapier mit Wasserzeichen	17,40 €
10120	Büro-Offsetpapier, umweltfreundlich	11,93 €
10130	Computerpapier, Recycling	8,53 €

Unsere Lieferungs- und Zahlungsbedingungen sind unverändert geblieben.

Wir gewähren 15 % Rabatt. Bei Zahlung innerhalb von 10 Tagen 3 % Skonto oder Zahlung innerhalb von 30 Tagen. Die Bezugskosten betragen 0,10 € je 1000 Blatt.

Wir bitten um Ihr Verständnis und hoffen auf weitere gute Zusammenarbeit.

Mit freundlichen Grüßen

Freiburger Papier AG

i. A. Daniel Weber
Daniel Weber

ARBEITSAUFTRÄGE

1. Bearbeiten Sie den Vorgang für Herrn Seidlitz. Ermitteln Sie die Bestellmenge unter Beachtung der Bedarfsmeldung Nr. 59 und dem Vordruck "Disposition der Bestellmenge" auf der folgenden Seite.

Bedarfsmeldung Nr. 59

bpk Bergisches Papierkontor GmbH

Art.-Nr.	Bedarfsmenge	aktueller Lagerbestand	Beschreibung	Liefertermin	Datum/gez.:
30511	370 000	240 000	Computerpapier, Recycling	26. 03. 20XX	12. 03. 20XX Sch

Disposition der Bestellmenge

bpk Bergisches Papierkontor GmbH

Art.-Nr.	Höchstbestand	(–) Lagerbestand	(+) Bedarfsmenge	(=) max. Bestellmenge	Lieferant	Bestellung am	Bestell-Nr.
30511	500 000						

Lieferantenverzeichnis

bpk Bergisches Papierkontor GmbH

Warengruppe 3 Büropapiere	Art.-Nr.																				
	30111	30121	30131	30141	30211	30221	30311	30321	30331	30341	30411	30412	30413	30511	30521	30531	30532	30541	30611	30612	30613
Freiburger Papier AG					●	●	●	●	●	●				●	●	●	●	●			
Abraham & Söhne	●	●	●	●							●	●	●	●							
Allerweltspapiere AG	●	●	●	●			●	●	●							●			●	●	●
Papierimporte GmbH & Co.	●	●	●	●											●	●	●	●			
Ozean Papier AG											●	●	●								
Dresdener Papiermanufactur							●	●	●	●	●	●	●	●							
Müller Feinpapiere AG					●	●									●				●	●	●
Essener Papier KG																		●	●	●	●
Schmied Folien GmbH																					
Harald Dubb KG										●	●	●	●	●	●	●	●	●			
Papier & Folien GmbH & Co.							●	●	●										●	●	●
Augsburger Papierveredlungsgesellschaft																		●			
Cellulosa & Papper AB								●	●	●											
Toronto Paper & Cellulose Inc.								●	●	●											

ARBEITSAUFTRÄGE

2. Ermitteln Sie mithilfe des Lieferantenverzeichnisses oben und der Kreditorenliste auf Seite 9 die infrage kommenden Lieferanten für Recycling-Computerpapier und schreiben Sie eine entsprechende Anfrage an einen Lieferanten Ihrer Wahl.

3. Beschreiben Sie weitere Möglichkeiten, potenzielle Lieferanten zu ermitteln, und nennen Sie Vor- und Nachteile der möglichen Informationsquellen. Verwenden Sie hierfür das Arbeitsblatt 35.1 auf der folgenden Seite.

Arbeitsblatt 35.1 Bezugsquellen

	Bezugsquelle	Beschreibung	Vorteile	Nachteile
Betriebsinterne Informationsquellen	Lieferantendatei	Überblick über bestehenden Lieferantenstamm	vorhandene Informationen sind schnell verfügbar, Dokumentation der Zuverlässigkeit des Lieferanten ist möglich	keine neuen Informationen
Betriebsexterne Informationsquellen				

Lernsituation 36
Angebote vergleichen und bewerten

FK ► LF 3 Kap. 5, 6

LERNSITUATION

Für das dringend benötigte Recycling-Computerpapier sind inzwischen drei Angebote von verschiedenen Lieferanten in der Einkaufsabteilung der BPK GmbH eingetroffen. Herr Seidlitz bittet die Auszubildende Cornelia Gruber, den am besten geeigneten Lieferanten auszuwählen.

A·ABRAHAM+SÖHNE
GMBH & CO. KG

A. Abraham & Söhne GmbH & Co KG · Abrahamstr. 17 · 68305 Mannheim
Bergisches Papierkontor GmbH
Elberfelder Str. 85
42285 Wuppertal

Posteingang am
14.03.20XX

Ihr Zeichen, Ihre Nachricht vom	Unser Zeichen, unsere Nachricht vom	Telefon, Name	Datum
12.03.20XX	bo	0621 9678XX-50 Anna Bott	13.03.20XX

Angebot

Sehr geehrte Damen und Herren,
vielen Dank für Ihre Anfrage. Wir können Ihnen das folgende Angebot unterbreiten:

Artikel Nr.	Artikelbezeichnung	Preis je 1 000 Blatt
800800	Computerpapier, Recycling	12,90 € bei Abnahme von 1 Karton (5 000 Blatt) 10,30 € bei Abnahme von 5 Kartons 6,45 € bei Abnahme von 10 Kartons

Wegen eines Fertigungsengpasses beträgt die Lieferzeit für o.g. Artikel zurzeit 14 Tage.
Geliefert wird per Bahn oder Post frei Haus.

Der Preis ist der Nettopreis ohne gesetzliche MwSt. Die Ware bleibt bis zur vollständigen Bezahlung unser Eigentum. Die Bezahlung muss innerhalb von 7 Tagen unter Abzug von 2 % oder innerhalb von 30 Tagen ohne Abzug erfolgen.
Bitte prüfen Sie unser Angebot. Über Ihren Auftrag würden wir uns freuen.

Mit freundlichem Gruß

A. Abraham & Söhne GmbH & Co. KG

i.A. *Anna Bott*

ANNA BOTT

ARBEITSAUFTRAG

Helfen Sie Frau Gruber und ermitteln Sie zunächst den preisgünstigsten Anbieter. Nutzen Sie dazu das Arbeitsblatt 36.1 oder ein Tabellenkalkulationsprogramm.

Dresdener Papiermanufaktur AG

Dresdener Papiermanufactur AG | Hauptallee 50 | 01069 Dresden
Bergisches Papierkontor GmbH
Elberfelder Straße 85
42285 Wuppertal

Posteingang am
14.03.20XX

Ihr Zeichen, Ihre Nachricht vom	Unser Zeichen, unsere Nachricht vom	Telefon, Name	Datum
12.03.20XX	ho	0351 47XX-0 Silvia Hoffmann	13.03.20XX

Ihre Anfrage vom 12. März 20XX

Sehr geehrte Damen und Herren,

Ihre Anfrage gibt uns die Gelegenheit, Ihnen für Ihr Interesse zu danken und unsere Preisliste zu senden. Der beigefügten Preisliste können Sie detaillierte Beschreibungen unserer Produkte und die jeweiligen Preise entnehmen.

Unsere Lieferungs- und Zahlungsbedingungen lauten wie folgt:

1. Wir gewähren Ihnen einen Rabatt von 25 %.
2. Die Lieferung erfolgt innerhalb von 3 Tagen nach Eingang der Bestellung.
   Es fallen Versandkosten in Höhe von 2 % auf den Warenwert (Zieleinkaufspreis) an.
3. Wir gewähren ein Zahlungsziel von 30 Tagen ab Rechnungsdatum, bei Zahlung innerhalb von 7 Tagen 2 % Skonto.

Wir freuen uns auf Ihre Bestellung.

Mit freundlichen Grüßen

Dresdener Papiermanufactur AG

i.A. Silvia Hoffmann

SILVIA HOFFMANN

Dresdener Papiermanufaktur AG

Preisliste: Computerpapiere

Bestell-Nr.	Artikel	Preis in € / 1000 Blatt
45100	**„Zweckform" Computerpapier** Recycling Marken-Tabellierpapier, presseweiß, blanko, Längsperforation beidseitig, aus 100 % Altpapier, mit Jury-Umweltzeichen, umweltfreundliche Markenqualität mit besten Laufeigenschaften, Format DIN A4 hoch, 70 g/m², Kartoninhalt 1000 Blatt	8,14
45200	**„Zweckform" Computerpapier** umweltfreundlich, chlorfrei, ausschließlich mit Sauerstoffbleiche hergestellt, weiß, blanko, Längsperforation beidseitig, mit Mikroperforation, DIN A4 hoch, 70 g/m², Kartoninhalt 1000 Blatt	9,67
30541	**«Siegel-Q»-Computer-Papier** Qualitätspapier, holz- und chlorfrei, Längsperforation beidseitig, Mikroperforation, DIN A4 quer, 80 g/m2, weiß, matt, Kartoninhalt 1000 Blatt	18,67

Harald Dubb KG
Gabelsberger Str. 19
53119 Bonn

Harald Dubb KG · Gabelsberger Str. 19 53119 Bonn
Bergisches Papierkontor GmbH
Elberfelder Str. 85
42285 Wuppertal

Posteingang am
14.03.20XX

Ihr Zeichen, Ihre Nachricht vom	Unser Zeichen, unsere Nachricht vom	Telefon, Name	Datum
12.03.20XX	he	0228 76XX-1 Ulrike Herrmann	13.03.20XX

Angebot

Sehr geehrte Damen und Herren,
vielen Dank für Ihre Anfrage. Hier unser Angebot:

Artikel Nr.	Artikelbezeichnung	Preis je 1000 Blatt	Rabatt
44380	Computerpapier, Recycling	14,45/1000 Blatt	30 %

Die Ware ist sofort lieferbar.
Aus den beiligenden AGB können Sie unsere neu gefassten Lieferungs- und Zahlungsbedingungen entnehmen.
Wir würden uns freuen, wenn Sie von unserem Angebot Gebrauch machen.

Mit freundlichen Grüßen

Harald Dubb KG

i. A. Ulrike Herrmann

ULRIKE HERRMANN

Harald Dubb KG
Gabelsberger Str. 19
53119 Bonn

Allgemeine Geschäftsbedingungen

1. Umfang der Lieferpflicht

Der Umfang der Lieferpflicht ergibt sich aus der schriftlichen Auftragsbestätigung des Lieferers. Angebote sind grundsätzlich nur freibleibend. Zusätzliche Nebenabreden bedürfen der schriftlichen Bestätigung.

2. Zahlungsbedingungen

Zahlbar innerhalb von 10 Tagen mit 2 % Skonto oder nach 30 Tagen ohne Abzug. Bei Überschreitung des Zahlungszieles werden für die Zeit vom Fälligkeitstage bis zum Tage des Zahlungseingangs die gesetzlichen Zinsen und Kosten berechnet.

3. Lieferungsbedingungen

Lieferzeiten: Angaben von Lieferzeiten sind nur als annähernde Zeiten zu betrachten.
Versand: Die Lieferung erfolgt frei Haus. Frachtgutsendungen im Werte ab 100,00 Euro erfolgen verpackungsfrei und unter Vergütung der vollen Fracht bis Bahnstation des Bestellers. Geringwertige Frachtgutsendungen erfolgen ab Bahnstation des Verkäufers unter Berechnung der Verpackung zum Selbstkostenpreis. Bei Eilgutsendungen im Werte ab 100,00 Euro wird die Stückgutfracht vergütet. Expressgutsendungen gehen zu Lasten des Käufers; eine Frachtvergütung findet nicht statt. Bei Postsendungen werden das verauslagte Porto und die Verpackungskosten berechnet.

Die Verpackung wird nicht zurückgenommen, es sei denn, es handelt sich um Anlieferung auf Paletten, die Eigentum des Lieferers sind. Sofern keine Versandvorschriften ausgehandelt wurden, ist uns die Wahl des Beförderungsmittels überlassen.

4. Eigentumsvorbehalt

Alle gelieferten Waren bleiben bis zur vollständigen Bezahlung unserer sämtlichen Forderungen unser Eigentum.

5. Transportschäden

Transportschäden müssen beim Empfang der Ware sofort angezeigt werden. Zur Wahrung von Schadenersatzansprüchen muss sich der Empfänger bei der Übernahme der Lieferung festgestellte Transportschäden von der Bahn oder dem Spediteur bescheinigen lassen.

6. Mängelrügen

Mängelrügen oder Beanstandungen der Menge oder des Gewichts der Ware können nur berücksichtigt werden, wenn sie binnen 8 Tagen nach Empfang der Waren schriftlich zu unserer Kenntnis gelangen.

7. Erfüllungsort und Gerichtsstand

Erfüllungsort und Gerichtsstand ist für beide Teile Bonn.

Arbeitsblatt 36.1 Quantitativer Angebotsvergleich

	A	B	C	D	E	F	G
1	Artikel Nr.			Artikelbezeichnung			
2	Menge			Einheit			
3	Lieferant						
4	Listeneinkaufspreis	%	Betrag	%	Betrag	%	Betrag
5		Einzelpreis		Einzelpreis		Einzelpreis	
6		Gesamtpreis		Gesamtpreis		Gesamtpreis	
7	– Lieferantenrabatt						
8	= Zieleinkaufspreis (=Warennettowert)						
9	– Lieferantenskonto						
10	= Bareinkaufspreis						
11	+ Bezugskosten						
12	= Bezugspreis/ Einstandspreis						
13	sonstiges						
14	günstigster Lieferant						
15	Datum			Sachbearbeiter			

FOLGESITUATION

Cornelia Gruber hat durch einen quantitativen Angebotsvergleich den preisgünstigsten Lieferanten von Recycling-Computerpapier ermittelt. Herr Seidlitz erklärt ihr jedoch, dass die BPK GmbH bei größeren Bestellungen die Auftragsvergabe auch von anderen, qualitativen Kriterien abhängig macht. Er gibt Cornelia den Auftrag, einen qualitativen Angebotsvergleich durchzuführen und stellt ihr dazu folgende Informationen zur Verfügung.

Herr Seidlitz hat die Lieferantendateien der infrage kommenden Lieferanten auf besondere Vorkommnisse im Jahr 20XX geprüft und folgende Tabelle erstellt:

	Warengruppe 1	Warengruppe 2
A. Abraham & Söhne	Am 15. Januar traf eine Falschlieferung bei uns ein. Wegen eines wichtigen Kundentermins war der Lieferant bereit, die Ware im Rahmen eines Streckengeschäfts direkt an den Kunden zu liefern. Die Lieferung erfolgte rechtzeitig und ohne sonstige Beanstandungen. Die Kosten für die Rücksendung der Falschlieferung und für das Streckengeschäft wurden vom Lieferanten übernommen.	keine Angaben
Dresdener Papiermanufactur	keine Angaben	Es lagen insgesamt vier Bestellungen vor. Bei der Bestellung vom 29.01.20XX konnte der Termin (12.02.20XX) trotz vorliegender Auftragsbestätigung und mehrfacher Mahnung nicht eingehalten werden. Es musste ein Deckungskauf bei einem anderen Lieferanten vorgenommen werden, um unseren eigenen Lieferverpflichtungen nachkommen zu können. Bei den anderen Bestellungen gab es keine besonderen Vorkommnisse.
Harald Dubb KG	keine Angaben	In den ersten beiden Monaten dieses Jahres lagen zwei Bestellungen vor, die ohne Beanstandungen ausgeführt wurden.

In der Februar-Ausgabe der Fachzeitschrift „Papier und Druck" hat Herr Seidlitz folgende bemerkenswerte Artikel gefunden:

Probleme bei der Dresdener Papiermanufactur AG

Wie ein Mitglied der Geschäftsleitung des mittelständischen Unternehmens gestern bekannt gab, wurde auch im vergangenen Geschäftsjahr wieder ein Verlust erwirtschaftet. Bei einem Umsatz von 3,5 Mio. € ergab sich ein Verlust von 124.000,00 €. Auch im laufenden Geschäftsjahr wird die Auftragslage als schlecht beurteilt. Die Geschäftsleitung erwägt die Einführung einer vierwöchigen Kurzarbeit. Außerdem wird mit den Gläubigern des Unternehmens ein Vergleich angestrebt, um langfristig durch Neuinvestitionen den Kostendruck senken zu können.

Zertifikat nach DIN ISO 9000 ff. für die Harald Dubb KG

Die Harald Dubb KG aus Bonn ist seit längerem um Qualitätssicherung bemüht. Die Qualitätssicherung koste zwar sehr viel Geld, sei aber in Zeiten eines verschärften Wettbewerbs absolut notwendig, so der Vorstand. Die Harald Dubb KG sei bestrebt, sich diesen Anforderungen zu stellen. Die Qualitätssicherungsmaßnahmen des Unternehmens wurden jetzt durch das Zertifikat eines unabhängigen Prüfers nach DIN ISO 9000 ff. belohnt.

ARBEITSAUFTRAG

Erstellen Sie unter Berücksichtigung der vorliegenden Informationen einen qualitativen Angebotsvergleich für die drei infrage kommenden Anbieter. Nutzen Sie dazu das Arbeitsblatt 36.2.

Arbeitsblatt 36.2 Qualitativer Angebotsvergleich

Kriterien	Gewichtungs-faktor	Leistung des Lieferanten ______		Leistung des Lieferanten ______		Leistung des Lieferanten ______	
		Punkte	Punkte x Faktor	Punkte	Punkte x Faktor	Punkte	Punkte x Faktor
Preis							
Qualität der Ware							
Lieferfrist							
Termintreue							
Finanzkraft							
Verhalten bei Reklamationen							
Gesamtwert							

Bewertungsschlüssel:
Ausgangspunkt für die Bewertung ist die Normalpunktzahl (5). Sie ist immer dann zu vergeben, wenn keine Informationen vorliegen bzw. sich im Rahmen der Geschäftsbeziehungen keine Besonderheiten ergaben. Bei positiven Beobachtungen erfolgt eine Aufwertung bis zur maximalen Punktzahl 9, bei negativen Beobachtungen erfolgt eine Abwertung bis zur minimalen Punktzahl 1.

Aufgaben

1

Ordnen Sie die Begriffe des Kalkulationsschemas den nachfolgenden Beschreibungen zu.

	Preisnachlass für den Rechnungsausgleich innerhalb einer vorgegebenen Frist
	Kosten der Ware bis zum Eingang im Betrieb
	Preis des Lieferanten laut Katalog
	Preis, der bei der Ausnutzung der Zahlungsfrist für die Ware an den Lieferanten gezahlt werden muss
	Kosten der Lieferung, die der Käufer zu tragen hat (z. B. Verpackungskosten, Transportkosten, Zölle, Versicherungen usw.). Dabei ist es ohne Bedeutung, wer diese Kosten in Rechnung stellt.
	Preis, der bei Zahlung innerhalb der Skontofrist für die Ware an den Lieferanten gezahlt werden muss
	Preisnachlass aus besonderem Anlass oder im Rahmen üblicher Vertragsvereinbarungen

1 = Listeneinkaufspreis
2 = Lieferantenrabatt
3 = Zieleinkaufspreis
4 = Lieferantenskonto
5 = Bareinkaufspreis
6 = Bezugskosten
7 = Einstandspreis/Bezugspreis

2

Beim quantitativen Angebotsvergleich richtet sich die Kaufentscheidung nach messbaren Größen. Nennen Sie drei dieser Größen.

3

Beim qualitativen Angebotsvergleich werden unterschiedliche Aspekte für die Kaufentscheidung berücksichtigt. Erläutern Sie vier mögliche Aspekte.

4

Beschreiben Sie, wie bei dem Verfahren des qualitativen Angebotsvergleichs eine Entscheidung hinsichtlich der Auswahl eines Angebots mithilfe einer Punktebewertung getroffen wird.

5

Eine Lebensmittellieferung vom Bauernhof „Frische Landluft“ an einen Lebensmittelgroßhandel soll durch die Deutsche Bahn AG erfolgen. An Kosten fallen an:

Transportkosten	€
Hausfracht (Rollgeld) für die Anfuhr zum Bahnhof	20,00 €
Verladekosten	12,00 €
Hausfracht (Rollgeld) für die Zufuhr	21,00 €
Entladekosten	10,00 €
Fracht	180,00 €

Welche Kosten hat der Lebensmittelgroßhandel bei Vereinbarung folgender Lieferungsbedingungen jeweils zu übernehmen?

a) frei Waggon b) frachtfrei c) frei Haus
d) ab hier e) ab Werk f) unfrei

6

In einem Angebot sollen die Zahlungsbedingungen den Kunden über die Zahlungsarten, den Zahlungszeitpunkt und Zahlungsort informieren. Wie sollten die Zahlungsbedingungen in einem Angebot lauten, wenn es sich um einen unzuverlässigen und relativ insolventen Kunden handelt?

7

Die Zahlungsbedingungen in einem Angebot lauten: „Zahlbar innerhalb von 30 Tagen netto Kasse, Zahlung innerhalb von 10 Tagen unter Abzug von 2 % Skonto.“

a) Erläutern Sie den Begriff Skonto.
b) Warum bieten Hersteller oder Großhändler ihren Kunden Skonto an?
c) Entscheiden Sie, ob sich die Ausnutzung von Skonto im obigen Beispiel lohnt, wenn dafür bei einer Bank ein Kredit für 15 % p. a. aufgenommen werden muss.

8

Ein Obst- und Gemüsegroßhändler bezieht Äpfel und Birnen mit einem Bruttogewicht von 450 kg. Für 10 kg Obst werden 4,30 € in Rechnung gestellt, wobei der Preis einschließlich Verpackung zu verstehen ist. Die Tara beträgt 2,5 %. Aufgrund der langjährigen Geschäftsbeziehung erhält der Großhändler 7 % Rabatt und bei Zahlung innerhalb von 7 Tagen 2 % Skonto. Wie lautet der Bezugspreis für die gesamte Warensendung?

9

Die BPK GmbH erhält ein Angebot von einem Lieferanten über einen bestimmten Artikel für 483,00 €. Der Lieferant gewährt einen Wiederverkäuferrabatt in Höhe von 15 %. Sollte die BPK innerhalb von 8 Tagen zahlen, dürfen 2 % Skonto abgezogen werden. Ermitteln Sie den Bezugspreis.

10

Einem Einzelhändler liegen Angebote über Kerzenleuchter von zwei verschiedenen Großhändlern vor. Großhändler Meyer OHG bietet den Kerzenleuchter zu einem Listeneinkaufspreis von 3,99 € an. Ab einer Bestellmenge von 100 Stück gewährt die Großhandlung 7 % Mengenrabatt, ab einer Bestellmenge von 500 Stück gewährt sie 10 % Mengenrabatt. Bei Zahlung innerhalb von 7 Tagen dürfen 3 % Skonto abgezogen werden. Für den Versand der Ware fallen noch 0,08 € je Stück an.
Großhändler Fink e. Kfm. gewährt generell unabhängig von der Bestellmenge 11 % Wiederverkäuferrabatt. Bei Fink lauten die Zahlungsbedingungen: 20 Tage netto Kasse. Für den Versand der Ware berechnet er 0,15 € je Stück. Der Listeneinkaufspreis beträgt 3,70 €.

a) Berechnen Sie den Gesamtbezugspreis und den Stückpreis je Kerzenleuchter für beide Lieferanten, wenn der Einzelhändler eine Bestellmenge von 150 Stück plant.
b) Bei welchem Großhändler sollte der Einzelhändler bestellen? Begründen Sie Ihre Antwort.

11

Ein Textilgroßhändler bestellt 150 Damenpullover aus Kaschmir zu 80,00 € das Stück laut Liste. Es werden ab einer Bestellmenge von 200 Stück 15 % Mengenrabatt, ansonsten nur 5 % Wiederverkäuferrabatt gewährt. Bei Zahlung innerhalb von 7 Tagen dürfen 2 % Skonto abgezogen werden. Für den Versand werden pauschal 80,50 € berechnet.
Ermitteln Sie den Bezugspreis für die Gesamtbestellung.

12

Eine Spielzeugwarengroßhandlung bestellt 350 Teddybären zu einem Gesamtlisteneinkaufspreis von 8.750,00 € und zu folgenden weiteren Bedingungen: Skonto innerhalb von 14 Tagen 3,5 % oder 30 Tage netto Kasse, Rabatt: 12 %, Transportkosten: für jeweils angefangene 20 Stück 7,80 €.
Ermitteln Sie den Bezugspreis je Stück.

13

Bei einem Großhändler, der einen Gesamtjahresbedarf von 98 000 Stück hat, gehen folgende Angebote von drei verschiedenen Herstellern ein. Ermitteln Sie das günstigste Angebot.

	A	B	C
Listenpreis je 100 Stück, netto	560,00 €	500,00 €	540,00 €
Skonto bei Zahlung innerhalb von 10 Tagen	1 %	2 %	2 %
Versicherung und Fracht je 100 Stück netto	frei	11,00 €	4,00 €
Verpackungseinheit (Stück)	1000	10 000	2000

14

Nehmen Sie kritisch Stellung zu der Aussage: „Im Einkauf ist das Geld zu verdienen. Deshalb sollte stets der preislich günstigste Anbieter ausgewählt werden!“

15

Nennen Sie drei weitere Kriterien neben dem Preis, die bei der Auswahl eines Lieferanten berücksichtigt werden sollten. Begründen Sie jedes Kriterium.

16

Ihr Betrieb will mithilfe einer Entscheidungstabelle eine Lieferantenauswahl vornehmen, um zwischen fünf möglichen Lieferanten eines bestimmten Artikels den am besten geeigneten auszuwählen.

a) Geben Sie eine Definition der Entscheidungstabelle.
b) Entscheiden Sie sich für vier Kriterien, nach denen der Lieferant ausgewählt werden soll.
c) Welche der von Ihnen ausgewählten Kriterien lassen sich zahlenmäßig ausdrücken, welche nicht?
d) Nehmen Sie eine Gewichtung der Kriterien vor.
e) Wie wird der am besten geeignete Lieferant gefunden?
f) Erläutern Sie zwei Vorteile, die mit der Durchführung einer Nutzwertanalyse verbunden sind.
g) Bei welchen Entscheidungen des alltäglichen Lebens kann Ihnen dieses Instrument behilflich sein?

17

a) Wie werden in Ihrem Ausbildungsbetrieb qualitative und quantitative Kriterien bei einem Angebotsvergleich gewichtet?
b) Erstellen Sie ein Bewertungsschema für einen Angebotsvergleich in Ihrem Ausbildungsbetrieb.

18

„Bei der Lieferantenauswahl mithilfe der Entscheidungstabelle kann ich sicher sein, dass eine objektive Lieferantenauswahl stattfindet.“

a) Nehmen Sie Stellung zu dieser Aussage.
b) Stellen Sie die Vor- und Nachteile der Lieferantenauswahl mithilfe der Entscheidungstabelle einander gegenüber.

Lernsituation 37
Importkalkulationen durchführen

FK ▶ LF 3 Kap. 7

LERNSITUATION

Die Fahrradwelt GmbH, eine Fahrradgroßhandlung mit Sitz in Düsseldorf, bezieht Fahrräder von verschiedenen Unternehmen im In- und Ausland. Sie absolvieren eine Ausbildung als Kaufmann/Kaufrau im Groß- und Außenhandelsmanagement bei der Fahrradwelt GmbH. Zurzeit sind Sie in der Einkaufsabteilung eingesetzt. Hier sollen Sie die jeweiligen Sachbearbeiterinnen und Sachbearbeiter bei deren Arbeit unterstützen. Dabei sind die folgenden Fälle zu bearbeiten:

Fall 1

Da ein Stammlieferant der Fahrradwelt GmbH unvorhergesehen in Lieferschwierigkeiten geraten ist, wird ein neuer Anbieter von Damen-Cityrädern gesucht. Aus diesem Grund hat die Fahrradwelt GmbH bei dem Fahrradhersteller Bicicletta e Spasso S.r.l. mit Sitz in Bologna (Italien) den Preis für die Lieferung von 50 Damen-Cityrädern angefragt. Die Fahrradwelt GmbH wünscht, dass die Fahrräder per Bahn von Bologna nach Düsseldorf transportiert werden. Der Transport vom Güterbahnhof Düsseldorf bis zum Wareneingangslager der Fahrradwelt GmbH in Düsseldorf soll per Lkw erfolgen. Sie erhalten von der Bicicletta e Spasso S.r.l. das folgende Angebot:

Bicicletta e Spasso S.r.l.

Bicicletta e Spasso S. r. l., Via Indipendenza 47, 40121 Bologna, Italia
Tel. +39 05123XX00 · Fax +39 05123XX45
Email: russo@bicicletta-e-s.itx

Fahrradwelt GmbH
Rapunzelweg 15
D-40235 Düsseldorf
GERMANIA

Part. IVA
IT56342178916

Date: 14 July 20XX

Dear Mr Trittgut

Offer: Delivery of 50 Ladies city bikes BS-220 CT

Thank you for your inquiry and your interest in our bicycles. Taking into account your transport wishes, we offer you the desired 50 Ladies city bikes BS-220 CT as follows:

Terms of delivery	Price
EXW (Bicicletta e Spasso S. r. l outgoing goods warehouse Bologna)	22,500.00 EUR
FCA (freight station Bologna)	22,650.00 EUR
CPT (freight station Düsseldorf)	23,490.00 EUR
CIP (freight station Düsseldorf)	25,100.00 EUR

We also offer transport of the bicycles using our own vehicle to the freight station of Bologna. The costs involved are as follows:

Loading costs in our distribution warehouse in Bologna	50.00 EUR
Delivery costs from our distribution centre to the freight station Bologna	250.00 EUR

If the delivery conditions that you request dictate that you must bear the costs, we would add these additional loading and delivery fees to your invoice.

Further information can be found in our General Terms of Delivery and Payment, which we enclose with this offer.

We look forward to your order and very much welcome the possibility of a long-term business relationship with you.

Yours sincerely

Alessandro Russo

Alessandro Russo

Enc: General Terms of Delivery and Payment

Auf Bitte von Herrn Trittgut hin haben Sie folgende Kosten, die mit dem Bezug der Fahrräder verbunden sein können, ermittelt und übersichtlich zusammengestellt:

Verladekosten im Auslieferungslager in Bologna	50,00 EUR
Anfuhrkosten vom Auslieferungslager in Bologna bis zum Güterbahnhof in Bologna	250,00 EUR
Umladekosten im Güterbahnhof Bologna	60,00 EUR
Frachtkosten Güterbahnhof Bologna – Güterbahnhof Düsseldorf (die Entladekosten sind in den Frachtkosten enthalten)	840,00 EUR
Abfuhrkosten Güterbahnhof Düsseldorf – Wareneingangslager Fahrradwelt GmbH	180,00 EUR
Versicherungskosten ▪ Auslieferungslager Bicicletta e Spasso S. r. l. – Güterbahnhof Bologna ▪ Auslieferungslager Bicicletta e Spasso S. r. l – Wareneingangslager Fahrradwelt GmbH ▪ Güterbahnhof Bologna – Wareneingangslager Fahrradwelt GmbH ▪ Güterbahnhof Bologna – Güterbahnhof Düsseldorf ▪ Güterbahnhof Düsseldorf – Wareneingangslager Fahrradwelt GmbH	 25,00 EUR 240,00 EUR 220,00 EUR 200,00 EUR 25,00 EUR

Herr Trittgut ist mit Ihrer Arbeit zufrieden und gibt Ihnen die folgenden Arbeitsaufträge.

ARBEITSAUFTRÄGE

1. Ermitteln Sie für alle vier Lieferbedingungen die Bezugspreise (Gesamtaufwendungen für die Fahrräder bis zum Wareneingangslager in Düsseldorf). Berücksichtigen Sie dabei, dass die Fahrradwelt GmbH die Fahrräder auf der jeweiligen Transportstrecke, für die sie die Gefahr zu tragen hat, versichern möchte. Die Versicherung soll Schäden gemäß den Institute Cargo Clauses (A) abdecken.
2. Geben Sie an, zu welcher Lieferbedingung die Fahrradwelt GmbH die Fahrräder beziehen sollte, wenn sie sich möglichst ökonomisch verhalten will, und begründen Sie Ihre Angabe.
3. Herr Trittgut wünscht von Ihnen außerdem zu folgender Frage eine begründete Antwort: Angenommen, die Fahrradwelt GmbH bezieht die Fahrräder zur Lieferbedingung FCA (Güterbahnhof Bologna). Weiter sei angenommen, bei der Verladung in den Güterwagon würden die Fahrräder teilweise beschädigt. Die Transportversicherung kommt nur für Schäden auf, die ab Verladung eingetreten sind. Wer muss in diesem Fall den Schaden tragen?

LERNSITUATION

Fall 2

Die Fahrradwelt GmbH erhält von einem Hersteller aus Poona (Indien) auf ihre Anfrage hin das untenstehende Angebot über die Lieferung von 200 Tourenrädern QB-T250. Die Fahrräder werden von Poona per Lkw nach Mumbai und von dort per Schiff bis Hamburg transportiert. Der Transport von Hamburg bis zum Wareneingangslager in Düsseldorf erfolgt wieder mit dem Lkw.

Indian Quality Bike PLC

Fergusson College Road 25, Pune – 411004, India
Tel. +91 202567XX25 Fax +91 202567XX21
Email: sharma@iqb.inx Website: www.iqb.inx

Fahrradwelt GmbH
Rapunzelweg 15
D-40235 Düsseldorf
GERMANY

Date: 25 July 20XX

Dear Mr Trittgut

Offer: Supply of 200 Touring bikes QB-T250

Thank you for your interest in our range of bicycles. You expressed particular interest in our touring bike, model QB-T250. This is a solid, high quality bike and we can offer it to you at a very competitive price. Our prices for the delivery of 200 QB-T250 bicycles at various delivery conditions can be seen in the following list.

Terms of delivery	Price
FOB (Mumbai Seaport) Incoterms® 2020	2,403,042.08 INR
CIF (Hamburg Seaport) Incoterms® 2020	3,205,606.95 INR
DDP (Receiving warehouse Fahrradwelt GmbH Düsseldorf) Incoterms® 2020	3,963,972.60 INR

We expect your payment 30 days after loading on the sea vessel in Mumbai.

Should you decide to place an order, we would be very pleased.

Yours sincerely

Mowgli Sharma

Mowgli Sharma
Sales Manager

Auch hier haben Sie für Herrn Trittgut zunächst eine Übersicht aller Kosten erstellt, die bei dem Bezug der Fahrräder eine Rolle spielen können:

Kosten für die **Ausfuhrabwicklung**	19.385,63 INR
Transportkosten von Poona bis Mumbai Seaport Längsseite Schiff	27.139,88 INR
Verladekosten im Seaport Mumbai	11.631,38 INR
Staukosten im Schiff im Seaport Mumbai	7.366,54 INR
Seefracht Seaport Mumbai – Seaport Hamburg (die Entladekosten in Hamburg sind nicht in den Frachtkosten enthalten)	310.170,00 INR
Entladekosten im Seaport Hamburg	150,00 EUR
Kosten für die **Einfuhrabwicklung** in Deutschland	2.500,00 EUR
Transportkosten vom Seaport Hamburg bis zum Wareneingangslager in Düsseldorf	420,00 EUR
Entladekosten im Wareneingangslager in Düsseldorf	80,00 EUR
Versicherungskosten	
• Transport Poona – Seaport Mumbai	1.938,56 INR
• Seetransport Mumbai – Seaport Hamburg	
– Institute Cargo Clauses (A)	31.017,00 INR
– Institute Cargo Clauses (C)	25.201,31 INR
• Transport Seaport Hamburg – Düsseldorf	2.326,28 INR

Herr Trittgut bittet Sie, die folgenden Arbeitsaufträge zu erledigen.

Dabei sollen Sie berücksichtigen, dass der Transport der Fahrräder auf den jeweiligen Transportstrecken, auf denen die Fahrradwelt GmbH die Gefahr zu tragen hat, versichert werden soll. Die Versicherung soll dabei Schäden gemäß den Institute Cargo Clauses (A) abdecken.

Für Umrechnungen zwischen INR und EUR verwenden Sie die folgenden Umrechnungskurse:

EUR zu INR = Indian Rupee	
Geld	Brief
77,5425	79,7350

ARBEITSAUFTRÄGE

1. Ermitteln Sie für alle drei Lieferbedingungen die Bezugspreise.
2. Geben Sie an, zu welcher Lieferbedingung die Fahrradwelt GmbH die Fahrräder beziehen sollte, wenn sie sich möglichst ökonomisch verhalten will, und begründen Sie Ihre Angabe.
3. Auf Anfrage bietet der indische Hersteller die Fahrräder auch zu den folgenden Lieferbedingungen an:

EXW	Auslieferungslager Poona	2,365,046.25 INR
FAS	Seaport Mumbai	2,388,309.00 INR
CFR	Seaport Hamburg	2,752,758.75 INR
DPU	Containerterminal Seaport Hamburg	3,272,293.50 INR
DAP	Wareneingangslager Düsseldorf	3,489,412.50 INR

Ermitteln Sie für alle genannten Lieferbedingungen jeweils den Bezugspreis für die Fahrräder.
Hinweis: Bei den angegebenen Kosten handelt es sich um rein fiktive Werte.

LERNSITUATION

Fall 3

Herr Rundlauf, Sachbearbeiter der Fahrradwelt GmbH, fragt bei dem Unternehmen Special Bicycle PLC, abgekürzt SB PLC, in Pittsburgh, USA den Preis für 110 hochwertige Mountainbikes SB 715 MB an. Sie erhalten daraufhin von der SB PLC das folgende Angebot:

Special Bicycle PLC

Special Bicycle PLC, 260 North Shore Drive, Pittsburgh 15212, Pennsylania, USA
Tel. +1 4123213XX55 · Fax +1 4123213XX50 · Email: williams@sb-plc.usx Website: www.sb-plc.comx

Fahrradwelt GmbH
Rapunzelweg 15
D-40235 Düsseldorf
GERMANY

Date: 30 July 20XX

Dear Mr Rundlauf

Offer: Delivery of 110 mountain bikes SB 715 MB

We have received your request for the delivery of 110 mountain bikes SB 715 MB.
We are pleased to be able to make you the following offer:

Object:	Mountain bike SB 715 MB
Price per bike:	USD 2,125.00
Discount scale:	from 20 bicycles 3 % from 50 bicycles 6 % from 100 bicycles 8 % from 200 bicycles 10 %
Terms of payment:	unconfirmed documentary letter of credit, with 2 % discount due to the terms of payment
Delivery condition:	FCA (Special Bicycle PLC Pittsburgh) Incoterms® 2020

We hope that this very favourable offer will meet your requirements.

Kind regards

Benjamin Willams

Benjamin Williams
Sales clerk

Die Fahrräder sollen in zwei 20-ft-Standardcontainern transportiert werden. Die Container sollen zudem bei der SB PLC beladen und bei der Fahrradwelt GmbH entladen werden.

Folgende Transportstrecken sind zu berücksichtigen:

Vorlauf	Pittsburgh – New York Seaport	Lkw-Transport durch beauftragten Frachtführer
Haupttransport	New York Seaport – Hamburg Seaport	Seeschiff
Nachlauf	Hamburg Seaport – Düsseldorf	Lkw-Transport durch beauftragten Frachtführer

Herr Rundlauf bittet Sie, ihn bei der Ermittlung des Bezugspreises, der sich bei diesem Angebot ergibt, zu unterstützen. Dazu haben Sie zunächst die folgenden Kostenbestandteile, die bei der Abwicklung dieses Geschäftes anfallen können, ermittelt. Dabei haben Sie berücksichtigt, dass Herr Trampel, der Einkaufsleiter der Fahrradwelt GmbH, möchte, dass die Fahrräder auf der gesamten Transportstrecke versichert sind.

Lade-, Entlade-, Umlade-, Transportkosten (jeweils für 2 Container)	
Kosten für die Beladung der Container in Pittsburgh	160,00 USD
Vorlaufkosten: Pittsburgh – Seaport New York	840,00 USD
Ladekosten im Seaport New York	620,00 USD
Seefracht Seaport New York – Seaport Hamburg	8.865,00 USD
Entladekosten im Seaport Hamburg (sind in den Seefrachtkosten enthalten)	420,00 EUR
Nachlaufkosten: Seaport Hamburg – Düsseldorf	540,00 EUR
Entladekosten in Düsseldorf	150,00 EUR
Versicherungskosten	
Transportversicherung für den Vorlauf	90,60 USD
Transportversicherung für den Seetransport	935,80 USD
Transportversicherung für die gesamte Transportstrecke (Vorlauf, Seetransport, Nachlauf)	1.006,32 EUR
Dokumente/Zoll	
Kosten für die Beschaffung von Ausfuhrdokumenten	145,00 USD
Einfuhrzoll	23.140,41 EUR
Bankgebühren/Wechselkurs	
Eröffnungsgebühr für das Dokumentenakkreditiv	313,30 EUR
Wechselkurs 1 EUR = 1,1325 USD	

Beachten Sie bei der Bearbeitung der nachfolgenden Aufträge, dass Sie evtl. nicht alle der oben angegebenen Kosten bei der Kalkulation berücksichtigen müssen.

ARBEITSAUFTRÄGE

1. Ermitteln Sie den Bezugspreis für ein Fahrrad in einer übersichtlichen und nachvollziehbaren Rechnung.
2. Herr Rundlauf hat zusätzliche Fragen zu dem Angebot der SB PLC. Beantworten Sie diese bitte.

a) Wer muss für die jeweiligen Transportstrecken den Transport beauftragen?

b) Was würde sich bezüglich der Transportbeauftragung bei den Lieferbedingungen
- FOB (New York Seaport)
- CFR (Hamburg Seaport)

ändern?

c) Über welchen Betrag in USD dürfte der Listenpreis pro Fahrrad bei den in b) genannten Lieferbedingungen maximal lauten, wenn die SB PLC lediglich die zusätzlichen Kosten berücksichtigen würde? Gehen Sie bei Ihrer Rechnung davon aus, dass die SB PLC den Transport auf den Strecken versichert, auf denen Sie die Gefahr trägt.

d) Herr Rundlauf informiert Herrn Trampel über das Ergebnis Ihrer Recherchen und Berechnungen. Herr Trampel bittet Herrn Rundlauf, einen Brief an die SB PLC zu schreiben. Darin soll der SB PLC mitgeteilt werden, dass die Fahrradwelt GmbH das Angebot der SB PLC annimmt, wenn sie folgende Änderung akzeptiert:

> Statt der Lieferbedingung FCA (Special Bicycle PLC Pittsburgh) wünscht die Fahrradwelt GmbH die Lieferbedingung CFR (Hamburg Seaport). Dafür ist die Fahrradwelt GmbH bereit, einen Listenpreis von 2.219,69 USD pro Fahrrad zu bezahlen.
> Die Fahrradwelt GmbH wünscht zudem, dass die Container spätestens 30 Tage nach Eröffnung des Akkreditivs auf das Seeschiff in New York verladen werden.
> Die Fahrradwelt GmbH erwartet eine Bestätigung ihrer Bestellung bis zum 25 Juni.

In dem Brief soll darauf hingewiesen werden, dass nach der Berechnung der Fahrradwelt GmbH der erhöhte Preis die zusätzlichen Kosten aufgrund der geänderten Lieferbedingung ausgleicht.
Herr Rundlauf beauftragt Sie, den Entwurf eines Briefes, entsprechend den Vorgaben von Herrn Trampel, an die SB PLC auf Englisch zu verfassen. Erstellen Sie bitte diesen Briefentwurf.

Arbeitsblatt 37.1 Incoterms® 2020

Die Fahrradwelt GmbH kauft Fahrräder bei einer Fahrradmanufaktur in China. Bei dem Bezug der Fahrräder sind folgende Transportstrecken zu berücksichtigen:

	Transportstrecke	Transport
Anfuhr	Warenausgangslager des Verkäufers zum Verschiffungshafen	Lkw-Transport durch einen beauftragten Frachtführer
Haupttransport	vom Verschiffungshafen zum Bestimmungshafen	Schiffstransport durch eine beauftragte Reederei
Zufuhr (Abfuhr)	vom Bestimmungshafen bis zum Wareneingangslager der Fahrradwelt GmbH	Lkw-Transport durch einen beauftragten Frachtführer

Die Fahrradwelt GmbH möchte, dass der Warentransport auf den Transportstrecken, auf denen sie die Gefahr zu tragen hat, versichert ist.

Kreuzen Sie in der folgenden Tabelle für die jeweiligen Incoterms® die Kosten an, die die Fahrradwelt GmbH bei ihrer Importkalkulation berücksichtigen muss.

Hinweis: Die Entlade-/Umladekosten sind in den jeweiligen Transportkosten nicht enthalten.

	EXW (Warenausgangslager Verkäufer)	FCA (Verschiffungshafen)	FOB (Verschiffungshafen)	CFR (Bestimmungshafen)	CIF (Bestimmungshafen)	DAP (Wareneingangslager Fahrradwelt GmbH)	DPU (Wareneingangslager Fahrradwelt GmbH)	DDP (Wareneingangslager Fahrradwelt GmbH)
Bareinkaufspreis								
+ Kosten für die Versandverpackung								
+ Verladekosten auf den Lkw für die Anfuhr								
+ Versicherungskosten für die Anfuhr								
+ Kosten für die Ausfuhrabwicklung								
+ Umladekosten im Verschiffungshafen								
+ Seefracht								
+ Versicherungskosten für den Schiffstransport								
+ Einfuhrzoll und Kosten für die Einfuhrabwicklung								
+ Umladekosten im Bestimmungshafen								
+ Transportkosten für die Zufuhr								
+ Versicherungskosten für die Zufuhr								
+ Entladekosten im Wareneingangslager der Fahrradwelt GmbH								
= **Bezugspreis**								

Aufgaben

1

Das Unternehmen Bürokonzept GmbH ist eine Großhandlung für Büroausstattung mit Sitz in Dortmund. Die Bürokonzept GmbH kauft bei dem niederländischen Unternehmen Office Comfort BV aus Leiden 100 Bürostühle zur Lieferbedingung FCA (Office Comfort BV, Leiden). Die Stühle werden von einem Frachtführer am Warenausgangslager der Office Comfort BV abgeholt. Der Frachtführer wurde von der Bürokonzept GmbH beauftragt. Erläutern Sie, wodurch sich die vereinbarte Lieferbedingung in diesem Fall von der Lieferbedingung EXW (Office Comfort BV, Leiden) unterscheidet.

2

Die Bürokonzept GmbH bezieht aus China 50 Schreibtische. Die Schreibtische werden in einem Container per Schiff bis Rotterdam und von dort per Lkw nach Dortmund transportiert. Es wird die Lieferbedingung CIP (Seehafen Rotterdam) vereinbart. In den Kosten für die Schiffsfracht sind die Umschlagkosten (Terminal Handling Charge) in Rotterdam enthalten. Damit decken die Frachtkosten die Entladung des Containers vom Schiff und dessen Auslieferung im Containerterminal ab.

a) Erläutern Sie, wodurch sich in diesem Fall die Klausel CIP (Seehafen Rotterdam) von der Klausel DPU (Containerterminal Seehafen Rotterdam) unterscheidet.
b) Geben Sie an, wer die Umschlagkosten in Rotterdam tragen müsste, wenn sie nicht in den Frachtkosten enthalten wären.
c) Angenommen, Kosten und Gefahr sollen erst am Wareneingangslager der Bürokonzept GmbH auf diese übergehen. Die Bürokonzept GmbH übernimmt aber die Einfuhrabwicklung und trägt auch die Einfuhrkosten.
   - Geben Sie an, welche beiden Klauseln in diesem Fall gewählt werden könnten.
   - Erläutern Sie an dem Beispiel den Unterschied zwischen den beiden oben genannten Klauseln.

3

Die Bürokonzept GmbH will 10 Schreibtische mit einem besonderen Design von dem schwedischen Unternehmen trädesign AB kaufen. Die trädesign AB hat ihren Sitz in Malmö.
Die Schreibtische werden in einem Container transportiert, der bei der trädesign AB gepackt und bei der Bürokonzept GmbH entpackt wird. Der Containertransport ist wie folgt geplant:

Transportstrecke	Transport
Trädesign AB – Seehafen Malmö	Lkw-Transport durch beauftragten Frachtführer
Seehafen Malmö – Seehafen Rostock	Schiffstransport durch beauftragte Reederei
Seehafen Rostock – Bürokonzept GmbH Dortmund	Lkw-Transport durch beauftragten Frachtführer

a) Geben Sie für die folgenden Fälle jeweils an, auf welche Lieferbedingung die Bürokonzept GmbH bestehen sollte:
Fall 1: Die Bürokonzept GmbH möchte, dass Kosten und Gefahr erst im Containerterminal Rostock auf sie übergehen.
Fall 2: Die Bürokonzept GmbH ist bereit, Kosten und Gefahr ab Verladung auf das Seeschiff in Malmö zu tragen.
Fall 3: Die Bürokonzept GmbH möchte, dass die trädesign AB die Transportabwicklung und die Transportkosten bis zum Seehafen Rostock übernehmen muss. Außerdem möchte sie, dass die trädesign AB auf eigene Kosten eine Transportversicherung vom Lieferort bis zum Seehafen Rostock zugunsten der Bürokonzept GmbH abschließen muss. Die Transportversicherung soll einen Versicherungsschutz gemäß den Institute Cargo Clauses (A) gewährleisten.
Fall 4: Die Bürokonzept GmbH will die gesamte Transportorganisation von der trädesign AB bis zu ihrem Wareneingangslager in Dortmund selbst übernehmen. Sie ist auch bereit, Kosten und Gefahr für den Gesamttransport selbst zu tragen. Die Verladung auf den Lkw des von ihr beauftragten Frachtführers, der die Schreibtische bei der trädesign AB in Malmö abholt, soll allerdings die trädesign AB übernehmen.

b) Die trädesign AB würde die Schreibtische zur Lieferbedingung CIF (Seehafen Rostock) Incoterms® 2020 verkaufen. Sie gewährt ein offenes Zahlungsziel von 30 Tagen ab Rechnungsdatum und erlaubt bei Zahlung innerhalb von 10 Tagen einen Skontoabzug von 2 %. Außerdem gewährt sie auf den Listenpreis einen Rabatt von 5 %.

Die Bürokonzept GmbH möchte, dass ab Verladung des Containers auf das Seeschiff in Malmö der restliche Transport mit einem Deckungsumfang versichert wird, der den Institute Cargo Clauses (A) entspricht. Der zuständige Einkaufsachbearbeiter bei der Bürokonzept GmbH ermittelt folgende Kosten, die beim Bezug der Schreibtische eine Rolle spielen können.

Transport-/Lade-/Entladekosten	
Lkw-Transport: trädesign AB – Seehafen Malmö	820,00 SEK
Verladung des Containers auf das Seeschiff im Seehafen Malmö	810,00 SEK
Seetransport Malmö – Seehafen Rostock	6.240,00 SEK
Entladekosten im Seehafen Rostock (Entladekosten sind in den Frachtkosten enthalten)	680,00 SEK
Transport Seehafen Rostock – Bürokonzept GmbH Dortmund einschließlich Abladung des Containers	420,00 EUR
Versicherungskosten	
Lkw-Transport: trädesign AB – Seehafen Malmö Institute Cargo Clauses (A) Institute Cargo Clauses (C)	 210,00 SEK 185,00 SEK
Seetransport Malmö – Rostock Institute Cargo Clauses (A) Institute Cargo Clauses (C)	 1.850,00 SEK 1.500,00 SEK
Lkw-Transport: Seehafen Rostock – Bürokonzept GmbH Dortmund Institute Cargo Clauses (A) Institute Cargo Clauses (C)	 550,00 SEK 410,00 SEK

Die Bürokonzept GmbH rechnet bei ihrer Kalkulation mit folgenden Wechselkursen für die Schwedenkronen (SEK):

Wechselkurse EUR zu SEK	
Geldkurs	Briefkurs
10,5425	10,6850

Welchen Listenpreis in schwedischen Kronen sollte die Bürokonzept GmbH maximal akzeptieren, wenn sie von einem anderen Anbieter vergleichbare Schreibtische zu einem Bezugspreis von insgesamt 14.950,00 EUR beziehen kann. Gehen Sie davon aus, dass die Bürokonzept GmbH die Rechnung der trädesign AB mit Skontoabzug zahlen würde.

Lernsituation 38
Writing to a foreign supplier

FK ▶ LF 3 Kap. 7

LERNSITUATION 1

Die BPK GmbH bezieht Papier vom türkischen Hersteller IPP A.Ş. (International Papers & Packages) mit Firmensitz in Istanbul (Türkei). IPP A.Ş. ist spezialisiert auf verschiedenste Sorten von Kopierpapier für Behörden- und Firmenkopiergeräte. Mit der IPP A.Ş., besteht eine lange und vertrauensvolle Lieferbeziehung.

Derzeit stellt die BPK GmbH die Lieferkonditionen mit IPP auf den Prüfstand. Die Einkaufschefin Babette Finke überlegt, ob sie nicht mit eine Ex Works-Vereinbarung mit dem Lieferanten treffen sollte. Ihr liegt das Angebot eines deutschen Speditionsunternehmens vor, das die Ware wesentlich günstiger bei der IPP abholen würde. Zudem könnten dann auch noch weitere Papierhersteller in Südosteuropa, die Zulieferer der BPK sind, von der Spedition angefahren werden.

Bislang gilt für die Lieferungen die Incoterms®-Klausel DDP. Da die Ex Works-Vereinbarung auch für die IPP einen wesentlichen geringeren Verwaltungsaufwand darstellt, möchte Babette Finke anfragen, ob IPP grundsätzlich zu einer Änderung der Lieferkonditionen bereit wäre.

Incoterms® 2020: EXW and DDP

Ex Works (EXW):
The terms "Ex Works" is the least demanding for the seller, since he only has to provide the goods on his premises. The buyer has to clearify all administrative tasks concerning insurance, transport and customs.

Delivered Duty Paid (DDP):
This term is most demanding for the seller. He has to take care for all formalities concerning insurance, taxes and customs. He also takes all costs of these formalities.

ARBEITSAUFTRÄGE

1. Geben Sie in eigenen Worten (auf Deutsch) wieder, was die Incoterms® EXW und DDP bedeuten.
2. Schreiben Sie eine E-Mail (auf Englisch) an IPP. Nutzen Sie dazu die folgenden Arbeitsblätter. Beginnen Sie mit einem Entwurf, für den Sie das folgende Strukturgitter als Muster verwenden. Fügen Sie hier Phrasen und Sätze ein, **die Sie bereits kennen**.

Begrüßung:

Eröffnungsformel:

Grund des Schreibens:

Schlussbemerkung:

Verabschiedungsklausel:

Arbeitsblatt 38.1 Phrases for Business E-Mails

Die folgende Liste enthält typische Phrasen für eine Geschäfts-E-Mail. Übersetzen Sie die Phrasen vom Englischen ins Deutsche.

English	German
Anrede	
Dear Sir or Madam	
To whom it may concern	
Dear Mr / Ms NAME	
Betreff	
subject line	
With reference to	
We are pleased to inform you that ...	
We are writing to you regarding...	
I am writing to ... inquire about...	
Bitte / Anfrage	
Would you mind if...	
Could you possibly ...	
Would you please send me...	
Hinweis auf Anhänge	
Please find attached / enclosed ...	
Attached you will find ...	
Bedauern und Absagen	
I am afraid that ...	
We are sorry to inform you that...	
Bedanken	
Thank you in advance...	
Thank you for your cooperation.	
Thank you for placing your order with us.	
Schlusssatz	
Please contact us again if ...	
Should you need any further information, please do not hesitate to contact me.	
Abschiedsformel	
Yours sincerely	
Yours faithfully	
Kind regards	

Arbeitsblatt 38.2 Writing a business E-Mail

Erstellen Sie nun die E-Mail an Mr Cengiz Kaya (head of sales der IPP A.Ş.). Sie wollen erfragen, ob die Lieferkondition EXW vorstellbar ist und weisen auf die Vorteile hin, die EXW für den Lieferanten mit sich bringt. Zudem informieren Sie Mr Kaya, dass die BPK GmbH mit einem deutschen Speditionsunternehmen zusammenarbeitet, das mit dem Auslandsgeschäft bestens vertraut ist. Nutzen Sie zur Erstellung der E-Mail das von Ihnen erstellte Strukturgitter.

Löschen | Antworten | An alle | Weiterleiten

Von: @bpkontor.dex
An: cengiz.kaya@ipp-turkey.trx
Datum:
Betreff:

Bergisches Papierkontor GmbH
Elberfelder Straße 85, 42285 Wuppertal
Geschäftsführer: Dr. Peter Schönhauser
Handelsregister: AG Wuppertal, HRB 50086/314

Mr Kaya hat geantwortet! Sie möchten Babette Finke von der Mail berichten. Fassen Sie die Antwort auf Deutsch zusammen.

Löschen | Antworten | An alle | Weiterleiten

Von: cengiz.kaya@ipp-turkey.trx
An: @bpkontor.dex
Datum:
Subject: **Terms of delivery**

Dear Mr/Ms …

Thank you for your request concerning our terms of delivery.

A delivery by terms of ExWorks is of course possible. Certainly, it might be beneficial for BPK to have one haulier, who brings all orders from Turkey to Germany.

But there are a few points you might want to consider:

- Orders may vary in time! Are you sure you need all orders at the same period of time?
- Storage: As you pointed out, EXW means less administrative expenses concerning transport and tariffs. On the other hand, we are asked to keep our products in our warehouse for a longer time until your haulier arrives.

If you have any questions or concerns, don´t hesitate to let me know!

Yours sincerely

Antworten Sie Mr Kaya per E-Mail. Bedanken Sie sich für seine Rückmeldung und seine Überlegungen. Fragen Sie nach einer groben Schätzung, wieviel ein Tag der Lagerung bei der üblichen Bestellmenge der BPK kosten würde.

LERNFELD 4

Werteströme erfassen und dokumentieren

LERNSITUATIONEN

39 Werteströme analysieren ... 220
40 Rechtliche Grundlagen der Buchführung beachten ... 224
41 Inventar und Bilanz erstellen und vergleichen ... 227
42 Die ersten Geschäftsvorfälle bearbeiten ... 236
43 Bilanzen und Bilanzkonten unterscheiden ... 244
44 Erfolge ermitteln ... 249
45 Einen Kontenrahmen in der Buchführung einsetzen ... 255
46 Belege identifizieren und buchen ... 258
47 Die Umsatzsteuer berücksichtigen ... 263
48 Wareneinkäufe buchen ... 275
49 Besonderheiten beim Wareneinkauf berücksichtigen ... 278
50 Warenverkäufe buchen ... 282
51 Besonderheiten beim Warenverkauf berücksichtigen ... 285
52 Warenbestandsveränderungen ermitteln und buchen ... 289
53 Zahlungsein- und -ausgänge kontrollieren ... 294
54 Ergebnisse von Geschäftsprozessen auswerten ... 299
55 Einen einfachen Jahresabschluss nach Belegen erstellen und auswerten ... 301

Lernsituation 39
Wertestróme analysieren

LERNSITUATION

Dr. Peter Schönhauser, Geschäftsführer der BPK GmbH, hat zu einer Abteilungsleiterkonferenz eingeladen. Anlass: Kapazitätsprobleme im Lager und in der Logistik.

Herr Wolf, Abteilungsleiter Lager/Versand, berichtet: „In letzter Zeit haben die Ein- und Verkäufe von Kopierpapier stark zugenommen. Diese eigentlich erfreuliche Entwicklung führt aber leider auch zu Raumproblemen bei unserer Lagerfläche und zu Kapazitätsengpässen in der Logistik. Für die Ein- und Auslagerung und den Transport zum Kunden haben wir häufig zu wenig Personal. Ich befürchte daher, dass wir in absehbarer Zeit zusätzliche Lagerflächen und zusätzliches Personal benötigen werden, um weiterhin alle Aufträge fristgerecht und nach Kundenwunsch abwickeln zu können."

Dr. Schönhauser ist anderer Meinung: „Wir müssen das halt anders organisieren – dann brauchen wir weder größere Lagerflächen noch zusätzliches Personal. Es ist doch wenig sinnvoll, ganze Lkw-Ladungen ein- und wieder auszulagern, um sie dann durch eigene Lkw neu zu versenden, wenn Kunden Großbestellungen tätigen." Er bittet die Anwesenden um ihre Meinung zum Thema Streckengeschäft.

Frau Finke: „Für unsere Lieferanten ist es wohl kein Problem, eine Lkw-Ladung Kopierpapier nicht bei uns in Wuppertal, sondern an einem anderen Ort innerhalb von Nordrhein-Westfalen abzuliefern. Mit zusätzlichen Kosten rechne ich dabei nicht."

Herr Schneider: „Natürlich wissen unsere Kunden, dass wir das Kopierpapier nicht selbst herstellen. Ein Lkw eines unserer Lieferanten, der bei einem unserer Kunden ausliefert, sehe ich nicht als Problem. Die Großmengenvorteile (Preise, Liefer- und Zahlungsbedingungen), die wir bei unseren Lieferanten erzielen, sind für unsere Kunden bei deren Bedarfsmengen unerreichbar. Darüber hinaus ist eine Direktbestellung unserer Kunden bei einem unserer Lieferanten vertraglich nicht möglich. Einzelhändler oder kleine Druckereien werden von dort nicht beliefert."

Herr Deneke: „Ich kenne unsere Lager- und Personalkosten in Summe gut. Ich habe zurzeit aber noch keine Vorstellungen, wie viel Geld wir durch Streckengeschäfte einsparen könnten. Das sollten wir mal durchrechnen, bevor wir zu diesem Thema eine Entscheidung treffen."

Herr Wolf: „Natürlich können wir durch Streckengeschäfte Geld sparen. Aber: Nicht alle Lieferungen lassen sich als Streckengeschäft organisieren. Wir müssen unsere Basisdaten berücksichtigen und dann mal ein paar Fälle durchrechnen."

ARBEITSAUFTRÄGE

Ermitteln Sie die Personalkosten für nachfolgende Lagertätigkeiten:

1. **Einkauf:** Ein Lkw mit 20 Paletten mit einem Sonderposten Kopierpapier wird abgeladen. Die Ware wird geprüft und eine Wareneingangsmeldung erstellt. Nach der Einlagerung verbleibt die Ware 10 Tage im Lager der BPK GmbH.
2. **Verkauf:** Ein Kunde bestellt 3 Paletten Kopierpapier. 2 Paletten sind „sortenrein". Die dritte Palette (40 Kartons) bestehen aus 4 verschiedenen Kopiersorten, die den entsprechenden Paletten entnommen werden, bevor die Restmengen wieder eingelagert werden. Die Zusammenstellung und Verpackung der dritten Palette dauert 15 Minuten. Nach der Lkw-Beladung dauert die Auslieferung 2 Stunden.
3. **Verkauf im Streckengeschäft:** Ein Lieferer liefert einen Lkw mit 20 Paletten Kopierpapier direkt frei Lager an einen Kunden der BPK GmbH. Wie viel Personalkosten im Lager/Versand spart die BPK GmbH bei diesem Streckengeschäft, wenn für die Auslieferung durch die BPK GmbH vom Eigenlager 160 Minuten Fahrzeit geplant wären und keine Lagerzeit berücksichtigt werden muss?

Zum Streckengeschäft informieren Sie sich in der Fachkunde auf der Seite 186.

Basisdaten BPK GmbH
- Sitz in Wuppertal
- beliefert überwiegend Kunden, die ebenfalls in Nordrhein-Westfalen (NRW) ansässig sind.

Einkauf
Beliefert wird die BPK regelmäßig von Papierherstellern in Essen und Freiburg sowie von einem Importeur in Hamburg, der dort ein großes Papierimportlager betreibt. Kein Lieferant liefert alle benötigten Qualitäten und Größen. Die BPK GmbH ist deshalb auf alle drei Lieferanten angewiesen.
Die Mindesteinkaufsmenge für Kopierpapier beträgt eine Lkw-Ladung mit 20 Paletten zu je 40 Kartons mit je 5 mal 500 Blatt.
Alle Lieferanten liefern bei Abnahme von 20 Paletten frei Lager Wuppertal. Je Palette kann nur eine Sorte Kopierpapier geliefert werden.

Verkauf
Die Kunden der BPK GmbH bestellen aufgrund der mengenorientierten Preisstaffelung häufig auch mehrere Paletten. Allerdings ist es gegen Preisaufschlag für die Kunden auch möglich, verschiedene Kopierpapiersorten unabhängig von einer Palettenmenge zu bestellen. Die Mindestbestellmenge für Kopierpapier ist immer ein Karton mit 5 mal 500 Blatt. Kleinere Mengen sind nicht lieferbar, da kein Karton geöffnet wird.
Der Mindestbestellwert je Kundenauftrag ohne Preisaufschlag beträgt 500,00 €.
Die BPK GmbH liefert mit eigenem Lkw oder einem Logistikdienst innerhalb von NRW frei Haus; i. d. R. werktäglich (Montag- Freitag) innerhalb von 48 Stunden nach Bestellungseingang. Bei Lieferungen außerhalb NRW müssen die Versandkosten auftragsindividuell vereinbart werden.

Materialstromdaten

Arbeitszeit im Lager	Die werktägliche Arbeitszeit (Montag – Freitag) im Lager der BPK GmbH beträgt 8 Stunden.
Personal	Neben der Lagerleitung sind drei Lagerarbeiter und drei Kraftfahrer in Vollzeit beschäftigt.
Fuhrpark	Für die Warenauslieferungen und ggf. auch für Warenanlieferungen bei Selbstabholung stehen 3 Lkw mit unterschiedlichem Ladevolumen zur Verfügung.
Lagerfläche	Für Kopierpapiere aller Art steht bei der BPK GmbH eine eigene reservierte Lagerfläche für maximal 100 Paletten regelmäßig zur Verfügung. Fremdlagerungen innerhalb von Wuppertal sind möglich.

Materialstrom (Lager) mit internen Zeitvorgaben

Tätigkeiten im Lager	Zeitvorgaben
Einlagerung	
Abladen angelieferter Paletten mit einem Gabelstapler	5 Minuten je Palette
Prüfung der angelieferten Ware auf Art, Menge und Qualität sowie Richtigkeit der Lieferung (Bestellung mit Lieferschein vergleichen)	10 Minuten je Palette
Erstellung der Wareneingangsmeldung	10 Minuten je Lieferung
Einlagerung der Paletten in das Kopierpapierlager mit einem Gabelstapler	5 Minuten je Palette
Lagerhaltung	
Tägliche Sichtkontrolle im Kopierpapierlager zur Vermeidung/Entdeckung von Verderb, Schwund und Beschädigungen	15 Minuten je Tag
Auslagerung mit Kommissionierung	
Auslagerung bestellter Paletten mit einem Gabelstapler gemäß Versandauftrag	5 Minuten je Palette
Ggf. Entnahme von Kartons aus einer Palette mit einer bestimmten Sorte	2 Minuten je Karton
Ggf. Wiedereinlagerung der Palettenrestmenge per Gabelstapler	5 Minuten je Palette
Zusammenstellung und Verpackung des gesamten Versandauftrags auf Palette(n), ggf. auch mit Hubwagen/Handameise	15 Minuten je Palette
Beladung des Lkw mit den Gabelstapler	5 Minuten je Palette
Warentransport zum Kunden	Dauer gemäß Auslieferungsplan

Hinweis: Die BPK GmbH kalkuliert die Arbeitsstunden im Lager mit einem Personalkostensatz von 36,00 Euro pro Stunde einschließlich aller Personalnebenkosten. Das entspricht einem Minutensatz von 0,60 Euro.

Infoblatt Werteströme bei der BPK GmbH

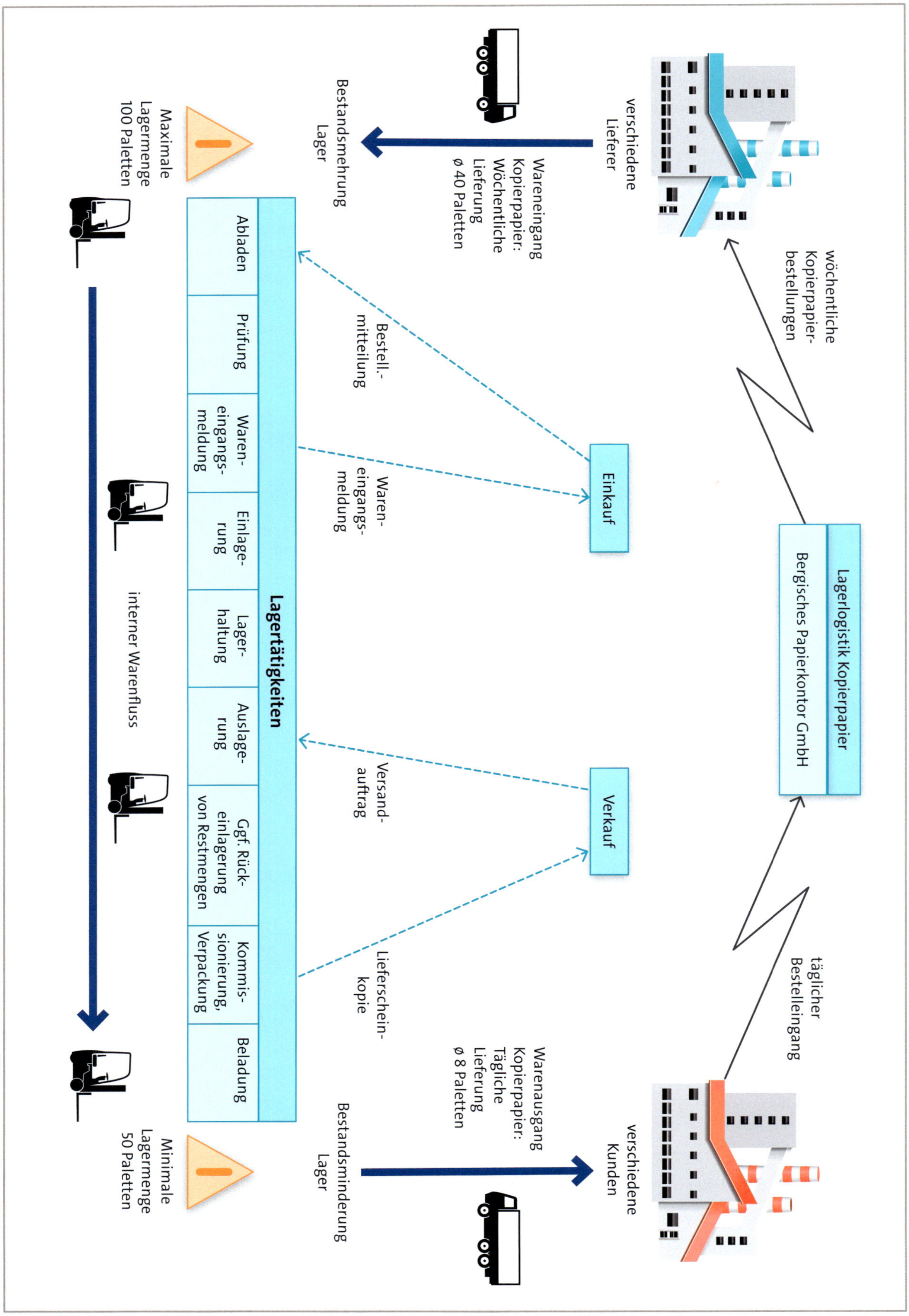

Arbeitsblatt 39.1 Waren-, Informations- und Geldfluss

Bringen Sie die aufgeführten Tätigkeiten in die richtige Reihenfolge und kreuzen Sie an, um welche Art von Wertestrom es sich handelt.

Nr.	**Beispiel:** **Tätigkeiten bei einer Bestellung mit ausreichendem Lagerbestand und Auslieferung mit eigenem Lkw**	**Warenfluss**	**Informationsfluss**	**Geldfluss**
	Auftragsbestätigung per E-Mail an den Stammkunden			
	Beladung des Lkw			
	Bestellmitteilung an das Lager			
	Kontoauszug der Bank: Gutschrift für die Zahlung des Stammkunden			
	Entladung des Lkw beim Kunden			
	Erstellung der Ausgangsrechnung			
	Weiterleitung der Lieferbestätigung des Kunden an die Abteilung Verkauf			
	Buchung der Ausgangsrechnung			
	Erstellung des Lieferscheins			
	Kommissionierung der Waren für den Stammkunden			
	Gutschrift der Bank nach Banküberweisung des Stammkunden			
	Lieferbestätigung auf der Lieferscheinkopie durch den Kunden			
	Buchung des Zahlungseingangs			
1	Stammkunde bestellt per E-Mail		X	
	Transport der Waren zum Kunden			
	Überprüfung der vorhandenen Lagerbestände mittels Warenwirtschaftssystems			
	Verpackung der Lieferung			
	Warenauslagerung			

Hinweis: Die Erstellung der Ausgangsrechnung kann betriebsindividuell auch gleichzeitig mit dem Lieferschein in der Abteilung Verkauf erfolgen. Dieser Fall wird in der obigen Aufstellung nicht als Alternative berücksichtigt.

Lernsituation 40

Rechtliche Grundlagen der Buchführung beachten

FK ▶ LF 4, Kap. 2.1, 2.2

LERNSITUATION

Werner Freitag hat sich selbstständig gemacht. Durch gute Kontakte zu verschiedenen Lebensmitteldiscountern und deren Lieferanten ist es ihm gelungen, preisgünstig an Sonderposten aller Art von verschiedenen Filialunternehmen zu gelangen. Diese, in Werbeaktionen der Filialisten nicht vollständig abgesetzten Waren übernimmt er in großen Mengen und mit einem kräftigen Preisnachlass zur Weiterveräußerung.
Zuerst hat er diese Waren auf Trödelmärkten an Wochenenden angeboten – nebenberuflich. Als weiterer Absatzweg ist dann das Internet hinzugekommen. Ebay-Powerseller mit fast ausschließlich sehr guten Bewertungen, das lohnt sich – macht aber auch viel Arbeit. Seinen Hauptjob hat er deshalb aufgeben müssen. Für den ganzen „Bürokram" hat er jetzt eine Mitarbeiterin eingestellt. Sein Steuerberater hat ihm erfreut mitgeteilt, dass er in diesem Jahr 860.000,00 Euro Umsatz erzielt hat und der Gewinn 78.000,00 Euro nach Steuern betrug.

ARBEITSAUFTRAG

Stellen Sie fest, ob Herr Freitag nach den folgenden Gesetzen buchführungspflichtig ist.

Handelsgesetzbuch

§ 1 HGB

(1) Kaufmann im Sinne dieses Gesetzbuchs ist, wer ein Handelsgewerbe betreibt.
(2) Handelsgewerbe ist jeder Gewerbebetrieb, es sei denn, dass das Unternehmen nach Art oder Umfang einen in kaufmännischer Weise eingerichteten Geschäftsbetrieb nicht erfordert.

§ 238 HGB Buchführungspflicht

(1) Jeder Kaufmann ist verpflichtet, Bücher zu führen [...]

§ 241a HGB Befreiung von der Pflicht zur Buchführung und Erstellung eines Inventars

Einzelkaufleute, die an den Abschlussstichtagen von zwei aufeinander folgenden Geschäftsjahren nicht mehr als 600.000 € Umsatzerlöse und jeweils 60.000 € Jahresüberschuss aufweisen, brauchen die §§ 238 bis 241 nicht anzuwenden. Im Fall der Neugründung treten die Rechtsfolgen schon ein, wenn die Werte des Satzes 1 am ersten Abschlussstichtag nach der Neugründung nicht überschritten werden.

Abgabenordnung

§ 140 AO Buchführungs- und Aufzeichnungspflichten nach anderen Gesetzen

Wer nach anderen Gesetzen als den Steuergesetzen Bücher und Aufzeichnungen zu führen hat, die für die Besteuerung von Bedeutung sind, hat die Verpflichtungen, die ihm nach den anderen Gesetzen obliegen, auch für die Besteuerung zu erfüllen.

§ 141 AO Buchführungspflicht bestimmter Steuerpflichtiger

(1) Gewerbliche Unternehmer sowie Land- und Forstwirte, die nach den Feststellungen der Finanzbehörde für den einzelnen Betrieb
1. Umsätze einschließlich der steuerfreien Umsätze [...] von mehr als 800.000,00 € im Kalenderjahr oder [...] 4. einen Gewinn aus Gewerbebetrieb von mehr als 80.000,00 € im Wirtschaftsjahr [...] gehabt haben, sind auch dann verpflichtet, für diesen Betrieb Bücher zu führen und aufgrund jährlicher Bestandsaufnahmen Abschlüsse zu machen, wenn sich eine Buchführungspflicht nicht aus § 140 ergibt.
[...]

Arbeitsblatt 40.1 Buchführungspflicht und GoB

Ein gewerblicher Unternehmer[1] ist gesetzlich buchführungspflichtig nach:

....	und/oder	....

wenn er:

....
....

wenn

sein Jahresumsatz >	oder
sein Gewinn >	sind.

[1] Für Einzelkaufleute gelten zusätzlich die Umsatz- und Gewinngrenzen der AO.

Die Buchführung muss so beschaffen sein, dass

ein ....

in ....

einen ....

und einen ....

Ist die Buchführung eines Unternehmens nicht ordnungsgemäß, dann drohen nach § 283 StGB

.... oder ....

Grundsätze ordnungsmäßiger Buchführung (GoB)

Die Gebote der .... und .... besagen, dass kein Geschäftsvorfall in der Buchführung unberücksichtigt bleiben darf oder falsch erfasst wird. Dabei muss die Buchführung .... erfolgen. Kasseneinnahmen und –ausgaben sollen .... erfasst werden. Für jede Buchung muss ein .... vorhanden sein. Eine .... der Belege ist notwendig. Handelsbücher und Aufzeichnungen müssen in einer .... geführt werden. Die .... der Buchführung in Deutschland ist der .... Eintragungen oder Aufzeichnungen dürfen nicht in einer Weise verändert werden, dass der .... nicht mehr feststellbar ist. Verboten sind z. B. .... , ... oder Überschreiben. Alle Buchführungsunterlagen müssen nach gesetzlichen Zeitvorgaben .... werden; im Original oder auf ....

Begriffe:	aufbewahrt, Beleg, Bild- oder Datenträgern, Bleistifteintragungen, Euro, geordnete Ablage, lebenden Sprache, Radieren, Richtigkeit, täglich, ursprüngliche Inhalt, Vollständigkeit, Währung, zeitgerecht

Aufgaben

1

Wann dürfen nachfolgende Unterlagen der Buchführung vernichtet werden?

Unterlage	Entstehungsdatum	Frühestes Vernichtungsdatum
Bilanz zum 31.12.20X6	05.03.20X7	
Bestellung einer Warenlieferung	17.04.20X6	
Ausgangsrechnung an einen Kunden	22.09.20X3	
Angebot an einen Kunden (Kopie)	22.09.20X6	
Kontoauszug der Bank	22.07.20X4	

2

Beachten Sie den unten abgebildeten Beleg.

a) Wie lange muss der Farbgroßhandel Einert diesen Beleg aufbewahren?

b) Wann kann dieser Beleg frühestens vernichtet werden (Datum angeben)?

c) Wie kann die Einert KG diesen Beleg aufbewahren?

d) Wie könnte der Beleg am Ende der Aufbewahrungsfrist vernichtet werden?

3

Kreuzen Sie die richtigen Aussagen an.

	Jeder Kaufmann ist buchführungspflichtig.
	Ein Facharzt ist nach der Abgabenordnung buchführungspflichtig, wenn sein Jahresumsatz über 800.000,00 € oder sein Jahresgewinn über 80.000,00 € liegt.
	Einzelkaufleute sind nach dem Handelsgesetzbuch von der Buchführungspflicht befreit, wenn weder ihr Jahresumsatz 800.000,00 € noch ihr Jahresgewinn 80.000,00 Euro übersteigt.
	Kaufmann ist, wer ein Handelsgewerbe betreibt.
	Die Buchführung eines Kaufmanns ist auch ohne Belege rechtsgültig.
	Ein Geschäftsvorfall muss innerhalb von 10 Tagen in der Buchführung erfasst (gebucht) werden.
	Alle Buchungsunterlagen müssen 10 Jahre aufbewahrt werden.
	Jeder Buchungsbeleg muss im Original aufbewahrt werden.
	Finanzbeamten muss bei einer Außenprüfung alle in elektronischer Form gespeicherten Unterlagen zugänglich gemacht werden.
	Geschäftsvorfälle, die für den Erfolg des Unternehmens keine Bedeutung haben, müssen nicht gebucht werden.

Color GmbH
Ludiwgshafen

Color GmbH, Hafenstr. 125, 67061 Ludwigshafen

Farbgroßhandel Einert KG
Rheinsdorfer Str. 48
53171 Bonn

Kunden-Nr.: 424
Ansprechpartner: Frau Reineke
Telefon: 06 21 58 26 64
Lieferschein-Nr.: 4292
Lieferdatum: 20X6-12-27
Rechnungsdatum: 20X6-12-28

RECHNUNGSPRÜFUNG
Sachlich richtig Datum 29.12.X6 Nz Taubert
Rechnerisch richtig Datum 29.12.X6 Nz Taubert

Posteingang am 29.12.20X6

Rechnung Nr.: 4292

Pos.	Artikel-Nr.	Artikelbezeichnung	Menge	Preis je Einheit	Gesamtpreis
1	900100	Klarlack	200 Liter	3,45 €	690,00 €
2	800200	Spezialgrundierung für Edelstähle	200 Liter	2,45 €	490,00 €
3	700100	Standardfarbe „gelb"	20 Liter	4,30 €	86,00 €
4	700821	Sonderfarbe „morror-polish"	120 Liter	6,00 €	720,00 €
5	702400	Sonderfarbe „lemon squash"	120 Liter	6,00 €	720,00 €

Warenwert	Verpackungskosten	Transportkosten	Nettorechnungsbetrag	Umsatzsteuer 19 %	Bruttorechnungsbetrag
2.706,00 €	–	–	2.706,00 €	514,14 €	3.220,14 €

Zahlungsziel 30 Tage, bei Zahlung innerhalb von 8 Tagen 2 % Skonto (= 64,40 €)

Lernsituation 41
Inventar und Bilanz erstellen und vergleichen

FK ► LF 4, Kap. 2.3

LERNSITUATION

In der Papierwarengroßhandlung Wolf OHG sind die Inventurarbeiten schon abgeschlossen. Das Inventar und die Bilanz für das Geschäftsjahr muss erstellt werden. Dabei sollen in einem Arbeitsgang die aktuellen Werte denen des Vorjahres gegenübergestellt werden. Herr Wolf wartet gespannt auf die Daten. Welche Werte haben sich geändert? Welche Gründe gab es für wichtige Änderungen? Ist sein Eigenkapital gestiegen?

PAPIERWARENGROSSHANDLUNG WOLF OHG

Inventarposten	Vorjahr in €	Berichtsjahr in €
Grundstücke und Bauten:		
Grundstück Westfalenstraße 14 in Troisdorf	40.000,00	40.000,00
Grundstück Rheinallee 2 in Troisdorf	82.000,00	-
Hauptverwaltung Westfalenstraße 14	280.000,00	260.000,00
Zweigstelle Rheinallee 2	42.000,00	-
Technische Anlagen und Maschinen lt. Anlage Nr. 1	48.000,00	64.000,00
Betriebs- und Geschäftsausstattung lt. Anlage Nr. 2	120.000,00	168.000,00
Fuhrpark:		
Lkw Daimler Benz, SU-WE 212	80.000,00	60.000,00
Pkw VW Passat, SU-KS 12	30.000,00	20.000,00
Waren lt. Anlage Nr. 3	240.000,00	210.000,00
Forderungen aus Lieferungen:		
Papierlädchen Ralf Schneider, Köln	14.300,00	2.100,00
Druckerei Karl GmbH, Lohmar	1.200,00	18.200,00
Verlagshaus Print, Siegburg	25.800,00	12.500,00
Kassenbestand	400,00	1.200,00
Guthaben bei Kreditinstituten:		
Stadtbank Köln, Troisdorf	32.000,00	48.000,00
Kapitalbank, Troisdorf	4.500,00	12.100,00
Verbindlichkeiten gegenüber Kreditinstituten:		
Hypothek der Kapitalbank, Troisdorf	220.000,00	180.000,00
Darlehen der Stadtbank Köln, Troisdorf	248.000,00	120.000,00
Verbindlichkeiten aus Lieferungen:		
Papierfabrik UNTAL AG, Düsseldorf	12.800,00	9.600,00
Papierimport GmbH, Bremen	48.600,00	32.400,00

ARBEITSAUFTRÄGE

Beantworten Sie die Fragen von Herrn Wolf!

1. Erstellen Sie für beide Geschäftsjahre ein Inventar. Nutzen Sie dazu das Arbeitsblatt 41.1.
2. Erstellen Sie für beide Geschäftsjahre die Bilanz.
3. Ermitteln Sie für beide Geschäftsjahre das Eigenkapital.
4. Ermitteln Sie die Veränderungen zwischen den beiden Geschäftsjahren in Euro für
   a) das Anlagevermögen,
   b) das Umlaufvermögen,
   c) die lang- und kurzfristigen Schulden,
   d) das Eigenkapital.
5. Nennen Sie für die Inventarposten Grundstücke und Bauten, TA und Maschinen, Fuhrpark, Waren und Verbindlichkeiten gegenüber Kreditinstituten mögliche Gründe für die Werteveränderungen.

Nutzen Sie für die Arbeitsaufträge 2. bis 5. das Arbeitsblatt 41.2.

Arbeitsblatt 41.1 Inventar der Papiergroßhandlung Wolf OHG

Inventar der				
Vermögens- und Schuldenarten, Eigenkapital	**Vorjahr in €**		**Berichtsjahr in €**	
	Einzelwerte	**Gesamtwerte**	**Einzelwerte**	**Gesamtwerte**
A. Vermögen				
I. Anlagevermögen				
1.				
II.				
1.				
Summe des Vermögens				
B.				
I.				
II.				
Summe der Schulden				
C.				
Summe des				
– Summe der				
=				

Arbeitsblatt 41.2 Bilanz der Papiergroßhandlung Wolf OHG

Aktiva		Bilanzwerte der			Passiva
	Vorjahr	Berichtsjahr		Vorjahr	Berichtsjahr
A.			**A.**		
1.			**B.**		
2.			1.		
3.					
4.			2.		
B.					
1.					
2.					
3.					
4.					

Werteveränderungen	Vorjahr	Berichtsjahr	Veränderung	Mögliche Gründe
Anlagevermögen				
Umlaufvermögen				
Langfristige Schulden				
Kurzfristige Schulden				
Eigenkapital				

Arbeitsblatt 41.3 Inventar

Bitte erstellen Sie aus den unten angegebenen Bilanzposten eine Bilanz. Ergänzen Sie außerdem die fehlenden Gesamtwerte und Erläuterungen.

Das Inventar ist ein	
Überschrift	

	............spalte	............spalte	
A. Vermögen I. Anlagevermögen (Beispiele siehe unten)	Einzelwerte in Euro	Gesamtwerte in Euro	
1.			Vermögenswerte, die
	240.000,00		
	420.000,00		
2.		80.000,00	
3.		230.000,00	
4.		48.000,00	
II.			Vermögenswerte, die
1. Waren			
	72.000,00		
	112.000,00		
	46.600,00		
	52.000,00		
2.		34.000,00	
3.		7.250,00	
4.		80.400,00	
Summe des			
B.			
I.			Schulden mit einer Restlaufzeit von über
1.			
	600.000,00		
	180.000,00		
II.			Schulden mit einer Restlaufzeit bis zu
1.		64.600,00	
2.		23.900,00	
Summe der			
C.			
– Summe des			
– Summe der			

Das Inventar muss .... Jahre aufbewahrt werden.

Inventarposten in alphabetischer Reihenfolge:
Bankdarlehen, Betriebs- und Geschäftsausstattung (BGA), Forderungen aus Lieferungen und Leistungen (a. L. L.), Fuhrpark, Gebäude, Grundstück, Grundstücke und Bauten, Guthaben bei Kreditinstituten, Hypothekendarlehen, Kassenbestand, Sonstige Verbindlichkeiten, Technische Anlagen (TA) und Maschinen, Verbindlichkeiten aus Lieferungen u. Leistungen (a. L. L.), Verbindlichkeiten gegenüber Kreditinstituten, Warengruppen I–IV

Arbeitsblatt 41.4 Bilanz

Bitte erstellen Sie aus den unten angegebenen Bilanzposten eine Bilanz. Ergänzen Sie außerdem die fehlenden Gesamtwerte und Erläuterungen.

Die Bilanz ist	
Die Bilanzwerte werden durch eine	ermittelt

Aktiva zeigt:

....

....

= Vermögen

= ....

....

Aktiva		**Passiva**	
A. Anlagevermögen (Beispiele s. u.)		**A.**	
1)	660.000,00	**B. Verbindlichkeiten**	
2)		1)	
	80.000,00		780.000,00
3)		2)	64.600,00
	230.000,00	3)	
4)	48.000,00		23.900,00
B.			
1)	282.600,00		
2)	34.000,00		
3)	7.250,00		
4)	80.400,00		

Passiva zeigt:

....

....

= Kapital

= ....

....

Summe des

= Summe des

Anlagevermögen + Umlaufvermögen = ...

Eigenkapital + Schulden = ...

Vermögen – Schulden = ...

Gesamtkapital – Umlaufvermögen = ...

Bilanzposten in alphabetischer Reihenfolge:

Betriebs- und Geschäftsausstattung (BGA)	Grundstücke und Bauten	Technische Anlagen (TA) und Maschinen
Eigenkapital	Guthaben bei Kreditinstituten	Verbindlichkeiten a.L.L.
Forderungen a.L.L.	Kasse	Verbindlichkeiten gegenüber Kreditinstituten
Fuhrpark	Sonstige Verbindlichkeiten	Waren

Arbeitsblatt 41.5 Vermögen und Schulden

Tragen Sie in die zweite Spalte ein **V** ein, wenn der angegebene Wert **Vermögen** darstellt. Tragen Sie in die zweite Spalte ein **S** ein, wenn der angegebene Wert **Schulden** darstellt.

Vermögen und Schulden	V = Vermögen S = Schulden	Vorjahr €	Berichtsjahr €
Guthaben bei Kreditinstituten		22.000,00	32.000,00
Bargeld		2.300,00	2.500,00
Büromöbel		54.000,00	50.000,00
Darlehensschulden		50.000,00	70.000,00
Warenbestand der Warengruppe I		20.000,00	30.000,00
Geschäftsgrundstück		120.000,00	120.000,00
Hypothekenschulden		80.000,00	79.000,00
Warenbestand der Warengruppe II		24.000,00	22.000,00
Lagerhalle		120.000,00	118.000,00
Lastkraftwagen		60.000,00	40.000,00
Schneidemaschine		20.000,00	110.000,00
Anlagen der Warenlagerung		14.000,00	32.000,00
Personalcomputer		6.000,00	9.000,00
Personenkraftwagen		40.000,00	30.000,00
Warenbestand der Warengruppe III		6.000,00	8.000,00
Schulden bei Warenlieferern (Verbindlichkeiten)		14.000,00	16.000,00
Verpackungsanlage		25.000,00	20.000,00
Verwaltungsgebäude		200.000,00	195.000,00
Forderungen gegenüber Kunden		20.000,00	20.000,00

Ordnen Sie die Werte der oben stehenden Tabelle den nachfolgenden Vermögens- und Schuldenposten zu.

Vermögen	Vorjahr	Berichtsjahr
1. Grundstücke		
2. Gebäude (Bauten)		
3. Technische Anlagen und Maschinen		
4. Betriebs- und Geschäftsausstattung		
5. Fuhrpark		
6. Warenvorräte		
7. Forderungen aus Lieferungen und Leistungen		
8. Kasse		
9. Kreditinstitute (Bankguthaben)		
Summe des Vermögens		
Schulden	**Vorjahr**	**Berichtsjahr**
1. Verbindlichkeiten gegenüber Kreditinstituten		
2. Verbindlichkeiten aus Lieferungen und Leistungen		
Summe der Schulden		

Aufgaben

1

Ein Unternehmen ermittelt folgende Werte für ihre Inventarposten (ungeordnete Reihenfolge).

a) Ordnen Sie die Inventarposten den Ziffern 1 bis 4 der nachfolgenden Übersicht zu.

b) Ermitteln Sie für jede Ziffer (1–4) den Gesamtwert.

c) Ermitteln Sie das Gesamtvermögen, die Gesamtschulden und das Eigenkapital in Euro.

Inventarposten in Euro		A. Vermögen		B. Schulden	
		I. Anlagevermögen	II. Umlaufvermögen	I. Langfristige Schulden	II. Kurzfristige Schulden
		1	2	3	4
Guthaben bei Kreditinstituten	14.600,00				
Kassenbestand	2.000,00				
Darlehensschulden (Restlaufzeit 8 Jahre)	180.000,00				
Forderungen aus Lieferungen und Leistungen	40.000,00				
Fuhrpark	40.000,00				
Gebäude	360.000,00				
Betriebs- und Geschäftsausstattung	110.000,00				
Grundstücke	200.000,00				
Hypothekendarlehen (Restlaufzeit 15 Jahre)	280.000,00				
Maschinen	96.500,00				
Verbindlichkeiten aus Lieferungen und Leistungen	32.000,00				
Waren	62.000,00				
Wertpapiere als kurzfristige Geldanlage	24.500,00				
Summe					

2

Ordnen Sie die folgenden Vermögensgegenstände bzw. Schulden den in der Aufgabe 1 genannten Inventarposten einer Papierwarengroßhandlung zu.

a) Lastkraftwagen
b) Kopierpapier
c) Bargeld
d) Schreibtische
e) Lagerhalle
f) Verpackungsmaschine
g) unbezahlte Liefererrechnung
h) unbezahlte Rechnung an einen Kunden
i) Gutschrift auf dem Bankkonto
j) Aktien der Müller AG

3

Stellen Sie fest, ob nachfolgende Aussagen für die Inventur und/oder das Inventar und/oder die Bilanz eines Unternehmens zutreffend sind!

	Inventur		Inventar		Bilanz	
	zutreffend	nicht zutreffend	zutreffend	nicht zutreffend	zutreffend	nicht zutreffend
a) Aufnahme aller Vermögenswerte und Schulden, z. B. durch Messen, Zählen, Wiegen, Schätzen mit anschließender Bewertung						
b) Muss zehn Jahre aufbewahrt werden						
c) Das Eigenkapital des Unternehmens wird ausgewiesen.						
d) Darstellung in Kontoform						
e) Gliederung der Vermögenswerte in Anlage- und Umlaufvermögen						
f) Jeder Vermögenswert wird nach Art, Menge und Wert beschrieben.						
g) Die Staffelform wird zur Wertedarstellung genutzt.						
h) Auch ohne Unterschrift(en) des/der Inhaber(s) gültig						
i) Die Werte sind für einen bestimmten Tag (Datum) anzugeben.						
j) Ist bei einer GmbH von allen Geschäftsführern zu unterschreiben.						

4

Nennen Sie die fehlenden Begriffe.

a) Die Seiten der Bilanz heißen .... und ....

b) Die Vermögenswerte stehen auf der .... der Bilanz.

c) Die Passiva-Seite beginnt mit der Position ....

d) Die Mittelherkunft zeigt die .... der Bilanz.

e) Die Aktiva-Seite der Bilanz zeigt die ....

f) Summe des Vermögens – Summe der Schulden = ...

g) Anlagevermögen + Umlaufvermögen – Eigenkapital = ...

h) Eigenkapital + Fremdkapital – Anlagevermögen = ...

i) immaterielle Wirtschaftsgüter + Sachanlagen + Finanzanlagen = ...

j) Vorräte + Forderungen + Wertpapiere + flüssige Mittel = ...

k) Andere Begriffe für Schulden: .... oder ....

5

Ordnen Sie die nachfolgenden Posten einer Papiergroßwarenhandlung nach der Reihenfolge in einem Inventar.

Inventarposten	Euro
Forderungen a.L.L. lt. Anlage-Nr. ?	48.000,00
Verbindlichkeiten a.L.L. lt. Anlage-Nr. ?	36.500,00
Warenvorräte lt. Anlage-Nr. ?	134.600,00
Verbindlichkeiten gegenüber Kreditinstituten:	
Hypothek der TopBank Köln	360.000,00
Darlehen der TopBank Köln	62.000,00
Darlehen der HypoUnion Bank München	240.000,00
TA und Maschinen lt. Anlage-Nr. ?	42.000,00
Grundstücke: Westweg 5, Köln	50.000,00
Westweg 9, Köln	210.000,00
Gebäude: Verwaltung, Westweg 5, Köln	480.000,00
Lager, Westweg 9, Köln	120.000,00
Fuhrpark: Lkw, Magirus-Deutz, K-W 102	64.500,00
Pkw, BMW 520, K-SL 99	45.000,00
Postbankguthaben	14.000,00
Kassenbestand	2.890,00
Guthaben bei Kreditinstituten: Stadtbank Köln	24.800,00
TopBank Köln	11.400,00
Betriebs- und Geschäftsausstattung lt. Anlage-Nr. ?	96.000,00

Erstellen Sie **a)** das Inventar und **b)** die Bilanz.

6

Die Papierwarengroßhandlung Walter Rolles, Bergheim, ermittelt am Ende von zwei aufeinanderfolgenden Geschäftsjahren folgende Inventarwerte in Euro:

	1. Geschäftsj.	2. Geschäftsj.
Grundstücke: Oststr. 12, Bergheim	140.000,00	140.000,00
Waldstr. 14, Bergheim	92.000,00	92.000,00
Gebäude: Verwaltungsgebäude Oststr. 12, Bergheim	285.000,00	265.000,00
Lagerhalle Waldstr. 14, Bergheim	112.000,00	106.000,00
TA und Maschinen lt. Anlage-Nr. 1	38.000,00	34.000,00
Geschäftsausstattung lt. Anlage-Nr. 3	120.000,00	148.000,00
Fuhrpark lt. Anlage-Nr. 2	150.000,00	120.000,00
Warenvorräte lt. Anlage-Nr. 4	260.000,00	240.000,00
Forderungen a.L.L.: Papierhandlung Gerd Roose, Bergheim	4.300,00	5.100,00
Druckerei Karl Sommer, Köln	8.100,00	21.100,00
Kassenbestand	2.400,00	3.200,00
Guthaben bei Kreditinstituten: Stadtbank Bergheim	22.000,00	32.500,00
Caminobank Bergheim	14.500,00	2.100,00
Verbindlichkeiten gegenüber Kreditinstituten:		
Hypothek der Caminobank Bergheim	190.000,00	185.000,00
Darlehen der Caminobank Bergheim	163.500,00	152.200,00
Verbindlichkeiten a.L.L.: Papierfabrik Weser AG, Bremen	52.800,00	29.600,00
Papierimport Teibel, Emden	48.600,00	42.400,00

a) Erstellen Sie für beide Geschäftsjahre ein Inventar.
b) Erstellen Sie für beide Geschäftsjahre eine Bilanz.
c) Ermitteln Sie jeweils die Gesamtwerte für das Anlagevermögen, das Umlaufvermögen, das Eigenkapital und das langfristige und kurzfristige Fremdkapital.
d) Nennen Sie mögliche Gründe für die Veränderung einzelner Bilanzposten.

Lernsituation 42
Die ersten Geschäftsvorfälle bearbeiten

FK ▶ LF 4, Kap. 3.1 bis 3.4

LERNSITUATION

Werteveränderungen von Bilanzposten:
In dieser Lernaufgabe sollen Sie erste Geschäftsvorfälle der BPK GmbH kennenlernen und feststellen, welche Auswirkungen sie auf einzelne Bilanzposten haben.

Aktiva	Bilanzposten (vor Werteveränderung)		Passiva
Betriebs- und Geschäftsausstattung (BGA)	70.000,00	Eigenkapital	108.000,00
Waren	40.000,00	Darlehensschulden	17.000,00
Forderungen a.L.L.	5.000,00	Verbindlichkeiten a.L.L.	15.000,00
Kreditinstitute	25.000,00		
	140.000,00		**140.000,00**

1. Geschäftsvorfall der BPK GmbH
Die BPK kauft für 5.000,00 € Waren ein und bezahlt die Lieferung direkt vom Geschäftskonto per Banküberweisung.

ARBEITSAUFTRÄGE

1. Wie verändert sich die Bilanz durch diesen Geschäftsvorfall? Tragen Sie Ihr Ergebnis in die nachfolgende Bilanz ein.

Aktiva	Bilanzposten (nach 1. Geschäftsvorfall)		Passiva
BGA	....	Eigenkapital	....
Waren	....	Darlehensschulden	....
Forderungen a.L.L.	....	Verbindlichkeiten a.L.L.	....
Kreditinstitute	....		

2. Überlegen Sie bitte, wie Sie einem Freund, der keine Ahnung von Buchführung hat, erklären könnten, wie Sie auf diese Lösung gekommen sind. Versuchen Sie, Ihren Lösungsweg Schritt für Schritt zu formulieren.

Lösungsweg

Zuerst muss ich mir anschauen, welche .... der Bilanz durch den Geschäftsvorfall betroffen sind.

Dann überlege ich mir, welche .... der Bilanz durch den Geschäftsvorfall berührt werden.

Wenn ich das geklärt habe, schaue ich mir den Geschäftsvorfall nochmals an und überlege, wie sich der Wert der einzelnen Posten der Bilanz ändert. Er wird entweder ....

oder ....

Begriffe: größer, Seiten, kleiner, Posten

Das, was Sie gerade richtig erklärt haben, kann Ihnen helfen, alle Auswirkungen von Geschäftsvorfällen der BPK GmbH auf ihre Bilanzposten darzustellen. Um die ganze Sache einfacher zu machen, formulieren Sie nun drei Leitfragen, deren Antworten Ihnen bei allen Aufgaben zu diesem Thema helfen werden.

Leitfragen

1. ....
2. ....
3. ....

FOLGESITUATION

2. Geschäftsvorfall der BPK GmbH

Die BPK GmbH wandelt eine kurzfristige Verbindlichkeit in Höhe von 10.000,00 € in eine Darlehensschuld um.

3. Beantworten Sie zunächst die aufgestellten Leitfragen und tragen Sie erst dann die Veränderungen der einzelnen Posten in die Bilanz ein, die Sie nach dem ersten Geschäftsvorfall aufgestellt haben.

Antworten

Antwort 1. Leitfrage: ....

Antwort 2. Leitfrage: ....

Antwort 3. Leitfrage: ....

Aktiva — Bilanzposten (nach 2. Geschäftsvorfall) — Passiva

Aktiva		Passiva	
BGA	....	Eigenkapital	....
Waren	....	Darlehensschulden	....
Forderungen a.L.L.	....	Verbindlichkeiten a.L.L.	....
Kreditinstitute	....		

FOLGESITUATION

Weitere Geschäftsvorfälle der BPK GmbH

1. Kauf eines Schreibtisches gegen Banküberweisung für 2.000,00 €
2. Ein Kunde bezahlt eine offene Rechnung durch eine Banküberweisung in Höhe von 1.500,00 €.
3. Die BPK GmbH bezahlt eine Verbindlichkeit in Höhe von 4.000,00 € per Banküberweisung.

4. Beantworten Sie für sich erneut die obigen Leitfragen und erstellen Sie die Bilanz nach allen fünf Geschäftsvorfällen.

Aktiva — Bilanzposten (nach 5 Geschäftsvorfällen) — Passiva

Aktiva		Passiva	
BGA	....	Eigenkapital	....
Waren	....	Darlehensschulden	....
Forderungen a.L.L.	....	Verbindlichkeiten a.L.L.	....
Kreditinstitute	....		

Arbeitsblatt 42.1 Die vier Werteveränderungen von Bilanzposten

Jeder Geschäftsvorfall verändert mindestens 2 Bilanzposten.

Geschäftsvorfall
Kauf von Bürostühlen gegen Barzahlung, 900,00 €

Aktiva	Bilanz	Passiva
BGA		
Kasse		

= ....

Geschäftsvorfall
Umwandlung einer kurzfristigen Verbindlichkeit in ein langfristiges Darlehen, 50.000,00 €

Aktiva	Bilanz	Passiva
		Darlehenssch. ....
		Verbindl. a.L.L. ....

= ....

Bilanzsumme ....

.... tausch

.... tausch

Geschäftsvorfall
Ausgleich einer Lieferantenrechnung durch Banküberweisung, 9.500,00 €

Aktiva	Bilanz	Passiva
Kreditinstitute		Verbindl. a.L.L. ....

= ....

Geschäftsvorfall
Kauf eines Lieferwagens auf Ziel, 48.000,00 €

Aktiva	Bilanz	Passiva
Fuhrpark		Verbindl. a.L.L. ....

= ....

Bilanzsumme .... oder ....

Vermögens- und Kapital ....

Vermögens- und Kapital ....

Arbeitsblatt 42.2 Werteveränderungen – ein Beispiel

Geschäfts-vorfälle in €	Aktiva: Grund-stücke u. Gebäude	Aktiva: TA und Maschinen	Aktiva: BGA	Aktiva: Waren	Aktiva: Forderun-gen a.L.L.	Aktiva: Kasse	Aktiva: Bank-guthaben	Bilanzwaage: Summe Aktiva	Bilanzwaage: Summe Passiva	Passiva: Eigenkapital	Passiva: Darlehens-schulden	Passiva: Verbindlich-keiten a.L.L.
Bilanz 1	650.000,00	20.000,00	120.000,00	380.000,00	160.000,00	24.000,00	82.000,00	1.436.000,00	1.436.000,00	382.000,00	800.000,00	254.000,00
1.				+ 20.000,00		– 20.000,00						
2.												
3.												
4.												
5.												
6.												
7.												
8.												
Bilanz 2												

Geschäftsvorfälle	€	Art der Werteveränderung
1. Wareneinkauf gegen Barzahlung	20.000,00	Aktivtausch
2. Kauf einer Maschine gegen Banküberweisung	14.000,00	
3. Wareneinkauf auf Ziel	40.000,00	
4. Barkauf eines Schreibtisches	2.000,00	
5. Banküberweisungen von Kunden	60.000,00	
6. Banküberweisungen an Lieferer	30.000,00	
7. Darlehensaufnahme gegen Bankgutschrift	50.000,00	
8. Kauf eines Grundstücks gegen Banklastschrift	50.000,00	

ARBEITSAUFTRÄGE

1. Tragen Sie die Werteveränderung der Bilanzposten aufgrund der nebenstehenden Geschäftsvorfälle in die jeweilige Spalte mit Vorzeichen (+ oder –) ein.
2. Geben Sie für jeden Geschäftsvorfall die Art der Werteveränderung in der Bilanz an.
3. Berechnen Sie für jeden Bilanzposten die Summe der Spalte (Bilanz 2).
4. Erstellen Sie aus den Summen der Bilanzposten eine Bilanz in Kontoform.

Arbeitsblatt 42.3 Buchen auf Bestandskonten

Buchungsregeln für Bestandskonten

Anfangsbestand:	wird aus der Eröffnungsbilanz übernommen
Mehrungen:	erhöhen den Wert des Bestandskontos
Minderungen:	verringern den Wert des Bestandskontos
Schlussbestand:	wird in die Schlussbilanz übernommen, wenn er den Inventurwerten entspricht

Soll	Aktivkonto	Haben
Anfangsbestand		

Soll	Passivkonto	Haben
Schlussbestand		

Geschäftsvorfall: Wareneinkauf auf Ziel, 5.000,00 €

Um einen Geschäftsfall richtig zu buchen, helfen folgende vier Vorüberlegungen:

1.

2.

3.

4.

Grundbuch

Nr.	Soll	€	Haben	€
1				

Hauptbuch

Soll	Waren		Haben
AB	42.000,00		

Soll	Verbindlichkeiten a. L. L.		Haben
		AB	14.200,00

Arbeitsblatt 42.4 Buchen im Grund- und Hauptbuch

Geschäftsvorfall	Welche Konten werden berührt?	Aktiv- (A) oder Passivkonto (P)?	Mehrung (Me) oder Minderung (Mi)?	Auf welcher Kontoseite ist zu buchen?
1. Barkauf eines neuen Schreibtisches, 900,00 €				
2. Umwandlung einer kurzfristigen Verbindlichkeit in ein langfristiges Darlehen, 2.000,00 €				
3. Kauf von Waren auf Ziel, 3.000,00 €				
4. Rückzahlung eines Darlehens durch Barzahlung, 1.000,00 €				

Soll	Haben

Aktiva	Bilanz		Passiva
BGA	12.000,00	Eigenkapital	9.000,00
Waren	8.000,00	Darlehenssch.	10.000,00
Kasse	4.000,00	Verbindl. a.L.L.	5.000,00
	24.000,00		24.000,00

Soll	Eigenkapital	Haben

Soll	Haben

Soll	Haben

Aktiva	Bilanz		Passiva
BGA	....	Eigenkapital	....
Waren	....	Darlehenssch.	....
Kasse	....	Verbindl. a.L.L	....

Soll	Kasse	Haben

Soll	Haben

Aufgaben

1

Aktiva	Bilanz (vor Werteveränderungen)		Passiva
Grundstücke und Bauten	600.000,00	Eigenkapital	....
TA und Maschinen	50.000,00	Darlehensschulden	500.000,00
Betriebs- und Geschäftsausstattung	150.000,00	Verbindlichkeiten a.L.L.	216.000,00
Waren	420.000,00		
Forderungen a.L.L.	120.000,00		
Kasse	12.000,00		
Kreditinstitute	64.000,00		

Geschäftsvorfälle €

1. Verkauf eines ungenutzten Grundstücks gegen Banküberweisung 40.000,00
2. Umwandlung einer kurzfristigen Verbindlichkeit in ein langfristiges Darlehen 66.000,00
3. Banküberweisungen an verschiedene Warenlieferer 16.000,00
4. Kauf einer Verpackungsmaschine auf Ziel 25.000,00
5. Darlehensaufnahme per Bankgutschrift 100.000,00
6. Kauf einer Lagerhalle auf Ziel 100.000,00
7. Banküberweisung an den Verkäufer der Lagerhalle 100.000,00
8. Verkauf einer gebrauchten Maschine auf Ziel 10.000,00

a) Berechnen Sie für die Bilanz die Bilanzsumme und das Eigenkapital.

b) Stellen Sie fest, welche Auswirkungen die Geschäftsvorfälle auf die oben genannten Bilanzposten haben. Nutzen Sie dazu die folgende Tabelle.

Nr.	Bilanzposten	Aktiva (A) oder Passiva (P)	Mehrung (Me) oder Minderung (Mi)	Werteveränderung in der Bilanz
1	Grundstücke und Bauten	A	Mi	Aktivtausch
	Kreditinstitute	A	Me	
2				
3				
4				
5				
6				
7				
8				

c) Erstellen Sie einen vollständigen Geschäftsgang mit Eröffnungs- und Schlussbilanz.

2

Erstellen Sie einen Geschäftsgang im Grund und Hauptbuch.

Anfangsbestände der Bestandskonten in €			
BGA	45.000,00	Eigenkapital	?
Fuhrpark	30.000,00	Darlehenschulden	25.000,00
Waren	34.000,00	Verbindlichkeiten a.L.L.	19.000,00
Forderungen a.L.L.	22.000,00		–
Kreditinstitute	26.000,00		–
Kasse	8.500,00		–

Geschäftsvorfälle	**€**
1. Barkauf neuer Büroschränke	8.200,00
2. Wareneinkauf auf Ziel	72.000,00
3. Umwandlung einer kurzfristigen Verbindlichkeit in ein langfristiges Darlehen	12.000,00
4. Bankgutschriften für Überweisungen von Kunden	11.500,00
5. Banklastschriften für Überweisungen an Lieferer	8.500,00
6. Barabhebung vom Bankkonto	1.200,00
7. Verkauf eines gebrauchten Pkw gegen Banküberweisung	4.500,00
8. Kauf eines neuen Pkw gegen Banküberweisung	28.000,00

3

Erstellen Sie einen Geschäftsgang im Grund und Hauptbuch.

Anfangsbestände der Bestandskonten in €			
Grundstücke und Bauten	400.000,00	Eigenkapital	?
TA und Maschinen	150.000,00	Darlehenschulden	500.000,00
BGA	900.000,00	Verbindlichkeiten a.L.L.	252.000,00
Fuhrpark	30.000,00		–
Waren	80.000,00		–
Forderungen a.L.L.	35.000,00		–
Kreditinstitute	52.000,00		–
Kasse	5.000,00		–

Geschäftsvorfälle	**€**
1. Grundbuchauszug, Kontoauszug: Bankgutschrift für den Verkauf eines ungenutzten Grundstückes	50.000,00
2. Kontoauszug: Bankgutschriften für Kundenüberweisungen	25.000,00
3. Eingangsrechnung: Kauf eines Pkw für den Geschäftsführer auf Ziel	60.000,00
4. Eingangsrechnungen: Zielkauf von Waren	35.000,00
5. Ausgangsrechnung: Verkauf einer gebrauchten Maschine auf Ziel	22.000,00
6. Kontoauszug: Banklastschrift für die Überweisung einer Darlehentilgungsrate	20.000,00
7. Eingangsrechnung: Zielkauf einer neuen Büroeinrichtung für den Geschäftsführer	32.000,00
8. Kontoauszug: Banklastschriften für Überweisungen an Lieferanten	45.000,00
9. Quittung: Kauf eines Mobiltelefons gegen Barzahlung	900,00
10. Quittung: Verkauf eines gebrauchten Büroschreibtisches gegen Barzahlung	700,00

Lernsituation 43
Bilanzen und Bilanzkonten unterscheiden

FK ► LF 4, Kap. 3.5

LERNSITUATION

Herr Stein, Geschäftsführer der Papiergroßhandlung Stein GmbH in Bonn, hat für das Geschäftsjahresende 20XX die nachfolgende Bilanz aufgestellt. Für den Beginn des Geschäftsjahres 20XY müssen die Anfangsbestände auf die Bestandskonten übertragen werden und das Eröffnungsbilanzkonto muss erstellt werden.

Aktiva — Bilanz der Papiergroßhandlung Stein GmbH zum 31.12.20XX — Passiva

Aktiva		Passiva	
A. Anlagevermögen		**A. Eigenkapital**	661.550,00
1) Grundstücke und Bauten	520.000,00	**B. Verbindlichkeiten**	
2) TA und Maschinen	125.000,00	1) Verbindlichkeiten gegenüber	
3) Betriebs- und Geschäftsausstattung	275.000,00	Kreditinstituten	780.000,00
4) Fuhrpark	62.000,00	2) Verbindlichkeiten a.L.L.	64.600,00
B. Umlaufvermögen			
1) Waren	312.000,00		
2) Forderungen a.L.L.	124.000,00		
3) Kassenbestände	5.260,00		
4) Kreditinstitute	82.890,00		
	1.506.150,00		1.506.150,00

Bonn, 04.03.20XY *Klaus Stein*

Grundbuch: Eröffnungsbuchungen

Nr.	Soll	€	Haben	€
1				
2				
3				
4				
5				
6				
7				
8				
9				
10				
11				

Hauptbuch

....	Eröffnungsbilanzkonto	....

Arbeitsblatt 43.1 Bilanzen und Bilanzkonten

Ende des vorigen Geschäftsjahres:

Inventur

↓

Inventar

↓

....	Schlussbilanz	....
.... Bestandskonten		.... Bestandskonten

Beginn des Berichtsjahres:

↓

....	Eröffnungsbilanz	....
.... Bestandskonten		.... Bestandskonten

↓

....	Eröffnungsbilanzkonto (EBK)	....
.... Bestandskonten		.... Bestandskonten

Grundbuch: Eröffnungsbuchungen

.... Bestandskonten	an	EBK
EBK	an	.... Bestandskonten

Grundbuch: Abschlussbuchungen

SBK	an	.... Bestandskonten
.... Bestandskonten	an	SBK

Ende des Berichtsjahres:
Vorläufiger Abschluss im Hauptbuch; Abgleich der Sollwerte (Buchhaltung) mit den Istwerten (Inventur); ggf. Korrekturbuchungen im Grund- und Hauptbuch

....	Schlussbilanzkonto (SBK)	....
.... Bestandskonten		.... Bestandskonten

↓

Inventur

↓

Inventar

↓

....	Schlussbilanz	....
.... Bestandskonten		.... Bestandskonten

Aufgaben

1

Beschreiben Sie die Geschäftsvorfälle, die zu den nachfolgenden Buchungen auf dem Konto Kasse geführt haben.

S	Kasse		H
EBK	4.560,00	2) Verbindlichkeiten a.L.L.	2.300,00
1) Kreditinstitute	24.500,00	3) TA und Maschinen	5.000,00
5) Fuhrpark	3.000,00	4) Waren	7.200,00
6) BGA	1.200,00	7) Postbankguthaben	2.000,00
8) Forderungen a.L.L.	5.000,00	SBK	21.760,00
	38.260,00		38.260,00

2

Bilden Sie die Buchungssätze:

a) Eröffnung Konto Kasse mit einem Anfangsbestand von 6.000,00 €
b) Eröffnung Konto Darlehen mit einem Anfangsbestand von 200.000,00 €
c) Abschluss Konto Verbindlichkeiten a.L.L. mit Endbestand von 64.000,00 €
d) Abschluss Konto Fuhrpark mit einem Endbestand von 34.000,00 €
e) Einkauf eines neuen Lastkraftwagens auf Ziel 75.000,00 €
f) Verkauf eines gebrauchten Lastkraftwagens auf Ziel 12.000,00 €

3

Vervollständigen Sie die nachfolgenden Aussagen durch Zuordnung der richtigen Begriffe.

a) Sollbuchungen bewirken eine Mehrung des Wertes auf ....
b) Die Eröffnungsbuchungen lauten immer EBK an ....
c) Schlussbilanzwerte werden immer durch eine .... ermittelt.
d) Das Eröffnungsbilanzkonto enthält dieselben Posten und Werte wie die ....
e) Minderungen auf einem passiven Bestandskonto werden als .... erfasst.
f) Verluste bewirken in der Bilanz eine ....
g) Der Endbestand des Kontos Eigenkapital steht im SBK im ....
h) Der Anfangsbestand des Kontos Forderungen steht im ....
i) Die Aktiva einer Eröffnungsbilanz steht im EBK im ....
j) Die Passiva einer Schlussbilanz steht im SBK im ....
k) Die erste Angabe in einem Buchungssatz ist die ....
l) Aktiva und Passiva sind Bezeichnungen für eine ....
m) Inventurwerte des letzten Geschäftsjahres finden wir in der ....

Begriffe: Eigenkapitalminderung, Sollbuchung, Eröffnungsbilanz, Soll, Haben, Inventur, passive Bestandskonten, aktive Bestandskonten (Mehrfachnennungen sind möglich!)

Beachten Sie für die Aufgaben 4 bis 7 folgende Arbeitsschritte:

1. Stellen Sie die Eröffnungsbilanz auf und ermitteln Sie den Wert des Eigenkapitals.
2. Erstellen Sie das Grundbuch mit allen Eröffnungsbuchungen.
3. Eröffnen Sie die Bestandskonten im Hauptbuch und stellen Sie das EBK auf.
4. Buchen Sie die Geschäftsvorfälle im Grund- und Hauptbuch.
5. Schließen Sie alle Konten im Grund- und Hauptbuch formgerecht ab. Die Schlussbestände des Hauptbuches stimmen mit den Inventurwerten überein. Korrekturbuchungen sind deshalb nicht notwendig.

4

Anfangsbestände der Bestandskonten in alphabetischer Reihenfolge in €			
BGA	72.000,00	Darlehensschulden	54.000,00
Eigenkapital	?	Forderungen a.L.L.	23.560,00
Fuhrpark	45.700,00	Kasse	5.700,00
Kreditinstitute	40.300,00	Postbank	13.590,00
Verbindlichkeiten a.L.L.	39.700,00	Waren	90.500,00

Geschäftsvorfälle	**€**
1. Kauf eines Pkw gegen Banküberweisung	20.000,00
2. Banküberweisungen von Kunden	13.500,00
3. Einkauf von Waren auf Ziel	27.200,00
4. Banküberweisungen an Lieferer	10.250,00
5. Einkauf eines Bürostuhles gegen Barzahlung	1.100,00
6. Barabhebung vom Bankkonto	2.000,00
7. Verkauf von Waren gegen Postbanküberweisung	30.600,00
8. Aufnahme eines Darlehens mit Banküberweisung	20.000,00

5

Folgende Bilanzposten mit Werten sind vorgegeben:

Bilanzposten der Aktiva	**€**	**Bilanzposten der Passiva**	**€**
Grundstücke und Bauten	120.000,00	Eigenkapital	?
TA und Maschinen	12.500,00	Darlehensschulden	100.000,00
BGA	36.000,00	Verbindlichkeiten a.L.L.	24.000,00
Waren	65.000,00		–
Forderungen a.L.L.	12.600,00		–
Kasse	6.200,00		–
Postbank	12.700,00		–
Kreditinstitute	22.300,00		–

a) Errechnen Sie das Eigenkapital dieses Unternehmens.
b) Erstellen Sie die Eröffnungsbilanz.
c) Ermitteln Sie die Art der Werteveränderung für die nachfolgenden Geschäftsvorfälle.
d) Buchen Sie den Geschäftsgang im Grund- und Hauptbuch (EBK bis SBK).

Geschäftsvorfälle	**€**
1. Auszahlung einer weiteren Hypothek auf das Bankkonto	20.000,00
2. Barkauf einer Schneidemaschine	3.000,00
3. Verkauf einer gebrauchten Maschine auf Kredit (Ziel für 30 Tage)	8.500,00
4. Bareinzahlung von der Kasse auf das Bankkonto	2.000,00
5. Banküberweisung an einen Lieferer zum Ausgleich einer Verbindlichkeit	1.200,00
6. Wareneinkauf auf Kredit (Ziel für 45 Tage)	7.000,00

6

Folgende Bestände der Papierwarengroßhandlung Otto Woller & Co. KG, Düsseldorf, sind in der Inventur zum 31.12.20XX ermittelt worden. Beginnen Sie mit der Erstellung der Eröffnungsbilanz zum 01.01.20XY.

Aktive Bestandskonten	€	Passive Bestandskonten	€
Grundstücke und Bauten	460.000,00	Eigenkapital	274.200,00
BGA	110.000,00	Darlehensschulden	611.000,00
Waren	270.500,00	Verbindlichkeiten a.L.L.	150.300,00
Forderungen a.L.L.	101.800,00		–
Kreditinstitute	64.700,00		–
Kasse	28.500,00		–

Hinweis: Das Konto Fuhrpark muss zusätzlich eingerichtet werden.

Geschäftsvorfälle (in €)	**a)**	**b)**
1. Bankgutschrift für Grundstücksverkauf	64.500,00	62.100,00
2. Banküberweisung einer Tilgungsrate für die Darlehensschulden	24.000,00	26.000,00
3. Verkauf gebrauchter Büromöbel gegen Banküberweisung	20.000,00	25.000,00
4. Banküberweisung von Kunden	33.800,00	28.200,00
5. Einkauf von Waren auf Ziel	46.500,00	32.700,00
6. Banküberweisung an Lieferer	28.700,00	25.200,00
7. Einkauf neuer Büromöbel auf Ziel	74.900,00	72.400,00
8. Umwandlung einer Verbindlichkeit in ein Darlehen (Tilgung in 2 Jahren)	30.000,00	35.000,00
9. Kauf eines Lastkraftwagens auf Ziel	116.000,00	114.500,00

7

Anfangsbestände der Bestandskonten in alphabetischer Reihenfolge (in €):			
BGA	144.000,00	Darlehensschulden	108.000,00
Eigenkapital	?	Forderungen a.L.L.	47.120,00
Fuhrpark	91.400,00	Kasse	11.400,00
Kreditinstitute	80.600,00	Postbank	27.180,00
Verbindlichkeiten a.L.L.	79.400,00	Waren	181.000,00

Geschäftsvorfälle	**€**
1. Einkauf von Büromöbeln auf Ziel	11.800,00
2. Bareinzahlung auf das Bankkonto	8.000,00
3. Verkauf von Waren gegen Postbanküberweisung	40.200,00
4. Aufnahme eines Darlehens mit Bankgutschrift	20.000,00
5. Verkauf eines gebrauchten Pkw gegen Postbanküberweisung	20.000,00
6. Banküberweisungen von Kunden	23.500,00
7. Einkauf von Waren auf Ziel	22.200,00
8. Banküberweisungen an Lieferer	18.250,00

8

Kreuzen Sie an!

Richtig	Falsch	
		Aktive Bestandskonten werden im Haben eröffnet.
		Das EBK enthält als Gegenbuchung die Anfangsbestände der Bestandskonten.
		Das EBK und die Eröffnungsbilanz enthalten dieselben Bilanzposten.
		Passive Bestandskonten stehen im SBK im Soll.

Lernsituation 44
Erfolge ermitteln

FK ▶ LF 4, Kap. 4

LERNSITUATION

Die BPK hat im Rahmen eines Streckengeschäftes 10 Paletten hochfeines Kopierpapier an das Beschaffungsamt der Stadt Essen liefern lassen. Der Verkäufer, die Hans Müller Feinpapier GmbH, hat die Transport- und Verpackungskosten übernommen.

Hans Müller Feinpapiere AG ▪ Uhlandstraße 60 ▪ 51429 Bergisch-Gladbach

FEINPAPIERE HANS MÜLLER

Hans Müller Feinpapiere AG · Uhlandstraße 60 · 51429 Bergisch-Gladbach
Bergisches Papierkontor GmbH
Elberfelder Str. 85
42285 Wuppertal

Posteingang am 28.10.20XX

RECHNUNGSPRÜFUNG
Sachlich richtig Datum 28.10.XX Nz *Seidlitz*
Rechnerisch richtig Datum 28.10.XX Nz *Seidlitz*

Rechnung-Nr.: 456 | Rechnungs-Datum: 27. 10. 20XX

Artikel-Nr.	Menge	Artikelbezeichnung	Einzelpreis in €	Gesamtpreis in €
2001	1 000 000 Blatt	Xero-Bond	6,35/1 000 Blatt	6.350,00
		Rechnungsbetrag[1]		6.350,00

Zahlungsziel: 8 Tage ohne jeden Abzug
Lieferung: frei Haus Stadt Essen Beschaffungsamt

Bergisches Papierkontor GmbH • Elberfelder Straße 85 • 42285 Wuppertal

bpk Bergisches Papierkontor GmbH

Stadt Essen Beschaffungsamt
Hinterm Rathaus 1
45239 Essen

Rechnung Nr. 1528

Bearbeiter	Kundennummer	Ihre Bestellung Nr.	vom	Rechn. Datum
Voss	45001	32	23. 10. 20XX	27. 10. 20XX
Versandart/Freivermerk LKW frei Haus		**Verpackungsart** Karton	**geliefert am** 27. 10. 20XX	

Pos.-Nr.	Artikel-Nr.	Warenbezeichnung	Menge	Preis/Einheit €	Gesamtpreis €
1	20171	BPK Xero-Bond	1 000 000 Blatt	8,55/1 000 Blatt	8.550,00
		Rechnungsbetrag[1]			**8.550,00**

[1] Der Rechnungsbetrag ist umsatzsteuerpflichtig – siehe Fachkunde Kapitel 6 und Lernsituation 47.

ARBEITSAUFTRÄGE

1. Buchen Sie den Ein- und Verkauf dieses Kopierpapiers.
2. Ermitteln Sie den Rohgewinn aus diesem Kopierpapiergeschäft.

Grundbuch

Nr.	Soll	€	Haben	€
1				
2				

Arbeitsblatt 44.1 Abschluss von Erfolgs- und Bestandskonten

Ertragskonten	an	....
....	an	Aufwandskonten
GuV-Konto (bei Gewinn)	an	....
SBK	an	....
....	an	SBK

Schließen Sie die Konten ab: GuV-Konto oder SBK (keine Warenbestandsveränderungen)?

S BGA H

S		H	
EBK	50.000,00		
5) Kr	6.000,00		

S Eigenkapital (EK) H

S		H	
		EBK	44.000,00

S Warenbestände (WB) H

S		H	
EBK	7.000,00		

S Darlehensschulden (Da) H

S		H	
4) Kr	10.000,00	EBK	30.000,00

S Kreditinstitute (Kr) H

S		H	
EBK	23.000,00	2) WE	2.000,00
3) WV	52.000,00	4) Da	10.000,00
7) ZE	500,00	5) BGA	6.000,00
8) WV	6.000,00	6) Ge	20.000,00

S Verbindlichkeiten a.L.L. (Ve) H

S		H	
		EBK	6.000,00
		1) WE	30.000,00

S Wareneingang (WE) H

S		H	
1) Vb	30.000,00		
2) Kr	2.000,00		

S Warenverkauf (WV) H

S		H	
		3) Kr	52.000,00
		8) Kr	6.000,00

S Gehälter (Ge) H

S		H	
6) Kr	20.000,00		

S Zinserträge (ZE) H

S		H	
		7) Kr	500,00

S SBK H

S		H	

S GuV-Konto H

S		H	

Arbeitsblatt 44.2 Bestands- oder Erfolgskonto?

Ein Großhandelsunternehmen ermittelt folgende Kontenbeträge am Jahresende.

1. Ordnen Sie die Beträge den Abschlusskonten zu.
2. Ermitteln Sie den Gewinn und das Eigenkapital.
3. Erstellen Sie das GuV-Konto und das Schlussbilanzkonto.

Konten (mit Abkürzungen für die Abschlusskonten)		Betrag in €	Aktives Bestands-konto (Abschluss SBK im Soll)	Passives Bestandskonto (Abschluss SBK im Haben)	Aufwands-konto (Abschluss GuV im Soll)	Ertrags-konto (Abschluss GuV im Haben)
Wareneingang	WE	40.000,00			40.000,00	
Kreditinstitute	Kr	43.000,00				
Bürobedarf	Bü	750,00				
Darlehensschulden (Verbindlichkeiten ggü. Kreditinstituten)	DS	60.000,00				
Eigenkapital	EK	?				
Forderungen a.L.L.	Fo	25.000,00				
Fuhrpark	Fu	30.000,00				
Betriebskosten, Instandhaltung	BuI	1.200,00				
Grundstücke u. Bauten	GuB	90.000,00				
Betriebs- und Geschäftsausstattung	BGA	25.000,00				
Gehälter	Ge	32.000,00				
Kasse	Ka	5.200,00				
Löhne	Lö	44.000,00				
Mieten,Pachten, Leasing	MPL	36.000,00				
Mieterträge	ME	5.000,00				
Porto, Telefon, Telefax	PTT	500,00				
Provisionserträge	PE	1.200,00				
Warenverkauf	WV	180.000,00				
Warenbestand	WB	4.000,00				
Verbindlichkeiten a.L.L.	Vbk	44.000,00				
Zinserträge	ZE	2.400,00				

S	GuV-Konto	H

S	Schlussbilanzkonto	H

S	Eigenkapital (EK)	H
	EBK	84.050,00

Hinweis: Bitte geben Sie die Konten auf den Abschlusskonten in der Reihenfolge der obigen Tabelle an, nicht in der sonst üblichen Anordnung.

Aufgaben

1

Bilden Sie die Buchungssätze für die erfolgswirksamen Geschäftsvorfälle unter Beachtung der aufgelisteten Erfolgskonten.

Geschäftsvorfälle	€
1. Wareneinkauf gegen Banküberweisung	16.200,00
2. Warenverkauf auf Ziel	32.000,00
3. Gehaltszahlung per Banküberweisung	6.200,00
4. Banklastschrift für Zinsen	510,00
5. Barkauf von Büromaterial	120,00
6. Banküberweisung an das Finanzamt für Kfz-Steuer	245,00
7. Eingangsrechnung für die Gestaltung einer Werbeanzeige in einer Fachzeitschrift	1.900,00
8. Reparatur eines PC gegen Barzahlung	460,00
9. Banküberweisung der Kfz-Haftpflichtversicherung	650,00
10. Banküberweisung an Lagerhallenvermieter	2.000,00
11. Barkauf von Briefmarken	50,00
12. Bankgutschrift für Provisionen	2.300,00
13. Banklastschrift für Telefongebühren	430,00
14. Wareneinkauf auf Ziel	14.200,00
15. Warenverkauf gegen Banküberweisung	22.600,00

Erfolgskonten
Wareneingang
Warenverkauf
Zinsaufwendungen
Betriebskosten, Instandhaltung
Provisionen
Kfz-Steuer
Gehälter
Mieten, Pachten, Leasing
Porto, Telefon, Telefax
Werbe- und Reisekosten
Versicherungen
Bürobedarf

2

Erstellen Sie das Grund- und Hauptbuch.

Anfangsbestände der Bestandskonten in alphabetischer Reihenfolge			
BGA	144.000,00	Darlehensschulden	108.000,00
Eigenkapital	?	Forderungen a.L.L.	47.120,00
Fuhrpark	91.400,00	Kasse	11.400,00
Kreditinstitute	96.600,00	Postbank	27.180,00
Verbindlichkeiten a.L.L.	79.400,00	Warenbestände[1]	181.000,00

[1] Keine Warenbestandsveränderungen.

Geschäftsvorfälle (in €)	a)	b)
1. Einkauf von Büromöbeln auf Ziel	11.800,00	4.870,00
2. Wareneinkauf auf Ziel	210.000,00	310.000,00
und gegen Banküberweisung	62.000,00	74.000,00
3. Bareinzahlung auf das Bankkonto	8.000,00	6.500,00
4. Verkauf von Waren gegen Postbanküberweisung	40.200,00	32.450,00
und auf Ziel	310.000,00	390.000,00
5. Aufnahme eines Darlehens mit Bankgutschrift	20.000,00	25.000,00
6. Verkauf eines gebrauchten Pkw gegen Postbanküberweisung	20.000,00	24.000,00
7. Banklastschrift für die Lagerhallenmiete	12.500,00	14.200,00
8. Banküberweisungen von Kunden	123.500,00	219.550,00
9. Bankgutschrift für Provisionserträge	22.200,00	24.600,00
10. Banküberweisungen an Lieferer	118.250,00	96.375,00
11. Postbanküberweisung an einen Handelsvertreter, Provision für die Vermittlung von Warenverkäufen	12.500,00	14.200,00
12. Gehaltszahlungen per Banküberweisung	62.000,00	71.000,00

3

a) Richten Sie im Hauptbuch das EBK, alle Konten und das SBK ein.
b) Erstellen Sie ein Grundbuch für alle Eröffnungsbuchungen.
c) Übertragen Sie Ihre Eröffnungsbuchungen in das Hauptbuch.
d) Buchen Sie die Geschäftsvorfälle im Grund- und Hauptbuch.
e) Schließen Sie alle Konten im Grund- und Hauptbuch formgerecht ab. Die Schlussbestände des Hauptbuches stimmen mit den Inventurwerten überein. Korrekturbuchungen sind deshalb nicht notwendig.

Aktiva	**Eröffnungsbilanz zum 01.01.20XX**		**Passiva**
Betriebs- und Geschäftsausstattung	85.000,00	Eigenkapital	130.000,00
Warenbestand	62.000,00	Darlehensschulden	40.000,00
Forderungen a.L.L.	15.000,00	Verbindlichkeiten a.L.L.	17.000,00
Kreditinstitute	25.000,00		
	187.000,00		187.000,00

Alle eingekauften Waren des Geschäftsjahres werden in diesem Geschäftsjahr wieder verkauft. Der Wert des Warenbestandes bleibt unverändert bei 62.000,00 Euro.

Erfolgskonten	Eröffnungs- und Abschlusskonten
Wareneingang	EBK
Mieten, Pachten, Leasing	GuV-Konto
Porto, Telefon, Telefax	SBK
Warenverkauf	–

Geschäftsvorfälle		**€**
1. Einkauf von Waren auf Ziel		210.000,00
2. Verkauf derselben Waren		270.000,00
a) davon auf Ziel	180.000,00	
b) und per Banküberweisung	90.000,00	
3. Tilgung eines Darlehens per Banküberweisung		40.000,00
4. Banküberweisung einer Leasingrate für einen Pkw		1.200,00
5. Banküberweisung an die Telekom (Telefongebühren)		800,00
6. Banküberweisungen von Kunden		160.000,00
7. Umwandlung einer Verbindlichkeit in ein Darlehen		30.000,00
8. Banküberweisungen an Lieferer		140.000,00

4

Stellen Sie fest, ob nachfolgende Geschäftsvorfälle
▲ den Gewinn erhöhen, ▼ den Gewinn mindern oder
= keinen Einfluss auf den Gewinn eines Großhandelsunternehmens haben.

Nr.	Geschäftsvorfall	Gewinn
1)	Barkauf von Dieselkraftstoff	
2)	Lohnüberweisung an einen Lagerarbeiter vom Postbankkonto	
3)	Bareinzahlung auf das Bankkonto	
4)	Zinsgutschrift der Bank	
5)	Zielkauf eines Kraftfahrzeuges	
6)	Wareneinkauf auf Ziel	
7)	Banküberweisung an einen Lieferer	

5

Nach Eröffnung der Konten und der Erfassung aller Geschäftsvorfälle hat eine Papiergroßhandlung die Salden aller Bestands- und Erfolgskonten ermittelt.
Beispiel: Ermittlung des Saldos auf dem Konto Kasse

S	Kasse		H
EBK	8.000,00	Kreditinstitute	5.000,00
		Forderungen a.L.L.	400,00
Summe Soll	8.000,00	Summe Haben	5.400,00

	Summe aller Sollbuchungen	8.000,00 €
-	Summe aller Habenbuchungen	5.400,00 €
=	Saldo	2.600,00 €

Kontenart	Kontenbezeichnungen	Soll	Haben
Anlagevermögen	Grundstücke, Gebäude	120.450,00	–
	Lager und Transporteinrichtungen	45.270,00	
	Fuhrpark	32.090,00	
	Geschäftsausstattung	48.600,00	
Umlaufvermögen	Warenbestand	54.200,00	–
	Forderungen a.L.L.	32.000,00	
	Kreditinstitute	13.250,00	
	Kasse	2.600,00	
Eigenkapital	Eigenkapital	–	182.000,00
Verbindlichkeiten	Darlehensschulden	–	100.000,00
	Verbindlichkeiten a.L.L.		31.860,00
Erträge	Warenverkauf	–	925.000,00
	Provisionserträge		12.000,00
Aufwendungen	Wareneingang	598.000,00	–
	Energie	24.680,00	
	Löhne	48.800,00	
	Gehälter	162.700,00	
	Mieten, Pachten, Leasing	28.000,00	
	Bürobedarf	2.870,00	
	Versicherungen	3.200,00	
	Zinsaufwendungen	9.880,00	
	Gewerbeertragssteuer	24.270,00	

a) Übernehmen Sie die Salden der oben genannten Konten auf eigene Vordrucke ohne Angabe einer Gegenbuchung. Eintrag SV für Saldovortrag.
b) Schließen Sie die Erfolgskoten über das Gewinn- und Verlustkonto ab.
c) Ermitteln Sie den Gewinn oder Verlust auf dem GuV-Konto und schließen Sie das Konto ab.
d) Schließen Sie die Bestandskonten über das Schlussbilanzkonto ab.

6

Geben Sie an, bei welchen der nachfolgenden Geschäftsvorfälle der Gewinn steigt (=1), der Gewinn sinkt (=2) oder der Gewinn nicht beeinflusst wird (=3).

Ziffer	Geschäftsvorfall
	Einkauf von Büromaschinen auf Ziel
	Einkauf von Bürobedarf gegen Barzahlung
	Rückzahlung eines Darlehens durch Banküberweisung
	Verkauf von Waren auf Ziel

Lernsituation 45

Einen Kontenrahmen in der Buchführung einsetzen

FK ▶ LF 4, Kap. 5.1, 5.2

FOLGESITUATION

Werner Freitags Unternehmen (vgl. Lernsituation 40) wächst ständig. Nun vertreibt er seine Sonderposten zusätzlich auf einer eigenen Webseite nur an Gewerbetreibende und beschäftigt mittlerweile drei Angestellte und einen Lagerarbeiter.

Außer einem Firmenwagen, 3 PC-Einheiten und ein paar Büromöbeln besitzt er immer noch kein „hochwertiges“ Anlagevermögen – die Lagerhalle mit Bürotrakt ist nur gemietet. Natürlich hat Herr Freitag ein Bankkonto und kauft Waren „auf Rechnung“ ein. Warenverkäufe auf Ziel macht er zwar nicht gerne, das ist aber nicht mehr zu vermeiden.

Da die Expansion viel Geld gekostet hat, ist er jetzt auch Kunde der ortsansässigen Sparkasse in deren Darlehensgeschäft.

ARBEITSAUFTRAG

Erstellen Sie für Herrn Freitag einen Kontenplan, der für seine derzeitige Unternehmenssituation die wahrscheinlich notwendigen Konten auflistet. Es genügt die Angabe der Kontonummer.

Kontenklasse	Wahrscheinlich notwendige Konten
0 Anlage- und Kapitalkonten	
1 Finanzkonten	
2 Abgrenzungskonten	
3 Wareneinkaufskonten, Warenbestandskonten	
4 Konten der Kostenarten	
8 Warenverkaufskonten (Umsatzerlöse)	
9 Abschlusskonten	

Arbeitsblatt 45.1 Buchungsinhalte dem BPK-Kontenplan zuordnen

Welches Erfolgs- oder Bestandskonto (keine Zahlungskonten!) ist für die Buchung relevant?
Bitte beachten Sie den Kontenplan der BPK GmbH auf der hinteren Umschlaginnenseite dieses Arbeitsheftes.

Nr.	Beschreibung der Buchungsinhalte	Konto-Nr.	Vollständige Kontenbezeichnung
1.	Kosten der Müllabfuhr und Kanalbenutzungsgebühr		
2.	Anfangs- und Endbestand der Waren		
3.	Gezahlte Hypotheken- und Kontokorrentzinsen (Sollzinsen)		
4.	Einkäufe von Waren		
5.	Betriebliche Gebäudehaftpflicht-, Feuer-, Kfz- und Transportversicherung		
6.	Erhaltene Provisionen aus Geschäftsvermittlungen		
7.	Warenverkäufe einschließlich weiterbelasteter Verpackungs- und Transportkosten		
8.	Eingangsrechnung für eine Stellenanzeige		
9.	Wartungskosten für EDV-Anlagen		
10.	Beiträge zur Industrie- und Handelskammer		
11.	In Rechnung gestellte Bankprovisionen und (Bank-)Spesen, Kontoführungsgebühren		
12.	Rechnung des Steuerberaters, Anwalts- und Gerichtskosten		
13.	Verzugszinsen von Kunden, Zinseinahmen aus Darlehensvergabe und Habenzinsen		
14.	Kosten für Benzin, Wasser-, Strom-, Gasverbrauch (auch für Heizzwecke)		
15.	Reparaturkosten für Anlagegüter sowie Reinigungskosten		
16.	Werbeanzeigen, Reisekosten der Mitarbeiter		
17.	Geschenke und Bewirtungskosten		
18.	Kauf von Verpackungsmaterial für den Warenversand		
19.	Frachtkosten (Speditionen) und Paketgebühren für verkaufte Waren		
20.	Einnahmen aus vermieteten Geschäftsräumen oder Garagen		
21.	Telefongebühren		
22.	Löhne		
23.	Büromaterialeinkäufe		
24.	Zinserträge		
25.	Darlehenstilgung		

Aufgaben

1

Erläutern Sie die Geschäftsvorfälle, deren Buchungen Sie auf dem nachfolgenden Konto verfolgen können.

S	131		H
1) 910	24.000,00	3) 171	4.600,00
2) 101	2.300,00	4) 151	500,00
6) 801	6.900,00	5) 482	200,00
		7) 940	27.900,00
	33.200,00		33.200,00

2

Folgendes Eröffnungsbilanzkonto ist vorgegeben:

S	910		H
060	116.500,00	031	114.000,00
082	84.000,00	033	42.000,00
171	25.700,00	034	22.300,00
		390	10.000,00
		101	11.500,00
		131	25.500,00
		151	900,00
	226.200,00		226.200,00

Tragen Sie die Gegenbuchungen auf den Bestandskonten ein und buchen Sie die folgenden Geschäftsvorfälle unter Berücksichtigung des nachfolgenden Kontenplans mit Kontennummern: 031, 033, 034, 390, 101, 131, 151, 060, 082, 171, 801, 410, 402, 470, 301, 872, 910, 930, 940.

Nr.	Belegart	Geschäftsvorfälle	€
1.	Ausgangsrechnungen	Zielverkauf von Waren	106.250,00
2.	Kontoauszug der Bank mit Lastschriften	Mietzahlung Gehaltsauszahlung	5.400,00 12.500,00
3.	Quittung	Reparatur einer Hebebühne gegen Barzahlung	690,00
4.	Eingangsrechnungen	Wareneinkäufe auf Ziel	39.675,00
5.	Kontoauszug mit Gutschriften	Überweisungen von Kunden Provisionszahlungen	53.000,00 14.375,00
6.	Kontoauszug mit Lastschrift	Tilgung eines langfristigen Darlehens	10.000,00
7.	Eingangsrechnung	Kauf eines Personalcomputers auf Ziel	3.680,00

Abschlussangabe: Keine Warenbestandsveränderung.

a) Bilden Sie die Buchungssätze mit Kontennummern.
b) Buchen Sie die Geschäftsvorfälle auf den Konten.
c) Schließen Sie alle Konten ab und erstellen Sie das GuV-Konto und das SBK.

Lernsituation 46
Belege identifizieren und buchen

FK ► LF 4, Kap. 5.3

LERNSITUATION

Nach einem wie immer sehr interessanten Berufsschultag mit vielen neuen Geschäftsvorfällen kommt Cornelia Gruber zurück an ihren Arbeitsplatz in der Buchhaltung der BPK. Auf ihrem Schreibtisch liegen Belege, die sie für die BPK buchen soll. „Belege buchen?“, fragt sie Frau Trautmann. „Na klar, Belege sind die Grundlage jeder Buchung, den Geschäftvorfall müssen Sie daraus ableiten!“, antwortet ihre Ausbilderin.

TopBank WUPPERTAL

Kontoauszug EUR-Konto

IBAN	erstellt am	Auszug	Blatt
DE24 1001 0700 0060 0521 98	03.07.XX	30	1

Vorgang			
S-Geldautomat	*Buchungstag* 03.07.XX	*Wert* 01.07.XX	200,00 –
Tilgungsrate für Darlehen Nr. 863377	*Buchungstag* 03.07.XX	*Wert* 03.07.XX	1.000,00 –
Harald Dubb KG, Bonn Re.-Nr. 124 vom 30.06.20XX	*Buchungstag* 03.07.XX	*Wert* 03.07.XX	4.640,00 –
Bergisches Papierkontor GmbH Elberfelder Straße 85 42285 Wuppertal		*alter Saldo*	**12.200,00 Haben**
		neuer Saldo	**6.360,00 Haben**

Beleg 1

SCHMIED FOLIEN

H. Schmied-Folien GmbH, Eupener Str. 18, 32051 Herford

Posteingang am 02.07.20XX

BPK GmbH
Elberfelder Straße 85
42285 Wuppertal
Germany

RECHNUNGSPRÜFUNG
Sachlich richtig Datum 04.07.XX Nz Seidlitz
Rechnerisch richtig Datum 04.07.XX Nz Seidlitz

Bankverbindung:
Herforder Stadtbank
BIC: SBHERFDE232
IBAN: DE84 2222 3322 6540 1212 03

Rechnung Nr.: 91

Für die Ausführung Ihrer Bestellung Nr. 312 stellen wir Ihnen folgende Positionen in Rechnung

Menge/ Karton	Artikelbezeichnung	Einzelpreis in €	Gesamtpreis in €
200	Overheadfolien für alle Kopiergeräte, Format DIN A4, matt, Art.-Nr.: 234	12,90	2.580,00
100	Overheadfolien für Trockentonergeräte, Format DIN A4, glasklar, Art.-Nr.: 789	10,86	1.086,00
	Rechnungsbetrag [1]		**3.666,00 €**

Zahlungsbedingungen: 8 Tage 2 % Skonto oder 60 Tage Ziel
Lieferungsbedingungen: Frei-Haus-Lieferung

Beleg 2

Werner Lippert · Buchenstr. 3 · 40221 Düsseldorf

Posteingang am: 03.07.20XX

Bergisches Papierkontor GmbH
Elberfelder Str. 85
42285 Wuppertal

RECHNUNGSPRÜFUNG
Sachlich richtig Datum 04.07.20XX Nz Seidlitz
Rechnerisch richtig Datum 04.07.20XX Nz Seidlitz

RECHNUNG-NR.: 12
Rechnungs-Datum: 01.07.20XX

Artikel-Nr.:	Menge	Artikelbezeichnung	Einzel-preis/€	Gesamt-preis/€
1256	10	PC-Office-Tische, grau	750,00	7.500,00
1259	10	Erweiterungen für PC-Office-tische für Drucker, grau	60,00	600,00
		Rechnungsbetrag [1)]		8.100,00

Zahlungsbedingungen: Zahlung sofort ohne Abzug. Die Lieferung und Aufstellung erfolgt durch die Spedition Herget gegen gesonderte Rechnung.

Beleg 3

[1] Umsatzsteuerpflichtige Lieferungen, siehe Fachkunde Kapitel 6 und Lernsituation 47.

Hinweis: Spätestens ab 2028 müssen für alle B2B-Umsätze elektronische Rechnungen (E-Rechnungen) erstellt und übermittelt werden. Ausnahme Kleinbetragsrechnungen bis 250,00 €.

ARBEITSAUFTRÄGE

1. Schauen Sie sich die Belege genau an. Welche Art von Belegen erkennen Sie? Welche Geschäftsvorfälle der BPK können Sie daraus ableiten?
2. Tragen Sie die notwendigen Buchungen in das Grundbuch ein.

Nr.	Soll	€	Haben	€
1	151 Kasse	200,00	131 Kreditinstitute	200,00
2				
3				
4				
5				

Arbeitsblatt 46.1 Buchen nach Belegen einer Papiergroßhandlung

Vervollständigen Sie die unten stehende Übersicht mit den folgenden Belegarten, Geschäftsvorfällen und Konten. (Mehrfachverwendungen bei Belegarten und Konten sind zulässig.)
031 TA und Maschinen, Verkauf von gebrauchten Büromöbeln gegen Barzahlung, 151 Kasse, 082 Darlehensschulden, Kontoauszug, 131 Kreditinstitute, Barabhebung vom Bankkonto, 301 Wareneingang, Kassenbeleg, Verkauf einer gebrauchten PC-Einheit auf Ziel, Ausgangsrechnung, 101 Forderungen a. L. L., Ein Kunde der BPK GmbH überweist auf das Bankkonto, Eingangsrechnung, 171 Verbindlichkeiten a. L. L., Verkauf von gebrauchten Maschinen auf Ziel, 033 Betriebs- und Geschäftsausstattung (BGA), 034 Fuhrpark

Belegart	Geschäftsvorfall	Konto der Sollbuchung	Konto der Habenbuchung
	Einkauf von Kopierpapier auf Ziel		
Ausgangsrechnung			031 TA und Maschinen
	Barkauf eines Kopiergerätes		151 Kasse
		101 Forderungen a. L. L.	033 Betriebs- und Geschäftsausstattung
Kontoauszug		131 Kreditinstitute	
	Kauf von Folien auf Ziel		171 Verbindlichkeiten a. L. L.
	Kauf einer Verpackungsmaschine auf Ziel		
Kassenbeleg			033 Betriebs- und Geschäftsausstattung
	Tilgung einer Darlehensschuld durch Banküberweisung		
	Überweisung an einen Warenlieferer		131 Kreditinstitute
Eingangsrechnung	Kauf von Fahrzeugen auf Ziel		171 Verbindlichkeiten a. L. L.
Kontoauszug		151 Kasse	131 Kreditinstitute
	Kauf von Druckpapieren gegen Barzahlung		

Aufgaben

1

Bilden Sie die Buchungssätze für die folgenden Geschäftsvorfälle:

Belegart	Geschäftsvorfall	€
1. Eingangsrechnung	Wareneinkauf auf Ziel	2.000,00
2. Ausgangsrechnung	Verkauf eines gebrauchten Handys (Barzahlung)	50,00
3. Kontoauszug	Bankgutschrift: Kundenüberweisung	2.700,00
4. Eingangsrechnung	Kauf einer Telefonanlage auf Ziel	3.400,00
5. Quittung	Barkauf eines Funktelefons	900,00
6. Quittung (Kopie)	Barverkauf von Waren	500,00
7. Kontoauszug	Banklastschrift: Überweisung an einen Lieferer	2.700,00
8. Kassenbeleg	Barkauf eines gebrauchten Lkws	48.000,00
9. Vertrag, Kontoauszug	Aufnahme eines Darlehens bei einer Bank mit Gutschrift auf dem Bankkonto	60.000,00
10. Eingangsrechnung	Kauf einer Verpackungsmaschine für das Lager auf Ziel	14.500,00
11. Ausgangsrechnung	Verkauf von Waren auf Ziel	6.000,00

2

Beschreiben Sie die Geschäftsvorfälle, die den nachfolgenden Buchungen zugrunde liegen, und nennen Sie jeweils den Beleg.

Nr.	Soll	€	Haben	€
1	131 Kreditinstitute	20.000,00	151 Kasse	20.000,00
2	034 Fuhrpark	44.000,00	131 Kreditinstitute	44.000,00
3	132 Postbank	12.000,00	031 TA und Maschinen	12.000,00
4	301 Wareneingang	3.000,00	171 Verbindlichkeiten a.L.L.	3.000,00
5	131 Kreditinstitute	64.000,00	082 Darlehensschulden	64.000,00
6	171 Verbindlichkeiten a.L.L.	8.000,00	082 Darlehensschulden	8.000,00
7	031 TA und Maschinen 033 BGA	4.000,00 1.600,00	131 Kreditinstitute	5.600,00
8	101 Forderungen a.L.L.	13.000,00	801 Warenverkauf 034 Fuhrpark	3.000,00 10.000,00
9	301 Wareneingang	84.000,00	131 Kreditinstitute 151 Kasse 171 Verbindlichkeiten a.L.L.	20.000,00 4.000,00 60.000,00

3

Bilden Sie die zusammengesetzten Buchungssätze.

Geschäftsvorfälle	€
1. Kauf eines Pkw, Kaufpreis	30.000,00
Barzahlung bei Übernahme	2.500,00
Restbetrag zahlbar innerhalb von 30 Tagen	27.500,00
2. Darlehenstilgung	20.000,00
durch Banküberweisung	14.000,00
und durch Postbanküberweisung	6.000,00
3. Rechnungsausgleich durch Kundenzahlungen	11.600,00
durch Barzahlung	1.600,00
per Bankgutschrift	10.000,00
4. Kauf von Waren	2.380,00
Baranzahlung	200,00
Restbetrag zahlbar innerhalb von 8 Tagen	2.180,00

4

Bringen Sie die nachfolgenden Tätigkeiten der Belegbearbeitung in eine sinnvolle Reihenfolge (1–9).

	Buchung in chronologischer (zeitlicher) Reihenfolge (Grundbuch)
	Belege sortieren
	Vernichtung der Belege
	Kontierung des Beleges
	Buchung in sachlicher Ordnung auf Konten (Hauptbuch)

	Posteingangsstempel auf den Beleg
	Ablage der Belege
	Belegprüfung (ggf. sachliche und rechnerische Prüfung)
	Vergabe einer internen Belegnummer, ggf. Kunden- oder Lieferantennummer vermerken

5

Die BPK GmbH erhält am 13.07.20XX nachfolgend abgebildeten Kontoauszug. Der Kontoauszug (Buchungsbeleg) ist die Grundlage für die Kontierung und die Buchung von drei Geschäftsvorfällen.

a) Formulieren Sie für die drei Geschäftsvorfälle einen eindeutigen Text. Beachten Sie dabei, dass die Drogerie AG ein Kunde und die Freiburger Papier AG ein Warenlieferer der BPK GmbH ist.

b) Geben Sie für die drei Geschäftsvorfälle die jeweilige Kontierung und den Buchungssatz an.

TopBank
WUPPERTAL

Kontoauszug **EUR-Konto**

IBAN	**erstellt am**	**Auszug**	**Blatt**
DE24 1001 0700 0060 0521 98	13.07.XX	126	1

Vorgang			
Barauszahlung	*Buchungstag* 13.07.XX	*Wert* 13.07.XX	1.000,00 –
Drogerie AG Rechnung 312 vom 01.07.20XX	*Buchungstag* 13.07.XX	*Wert* 13.07.XX	23.800,00 +
Freiburger Papier AG Rechnung 398 vom 20.06.20XX	*Buchungstag* 13.07.XY	*Wert* 13.07.XX	11.900,00 –
Bergisches Papierkontor GmbH Elberfelder Straße 85 42285 Wuppertal		*alter Saldo*	**32.430,00 Haben**
		neuer Saldo	**43.330,00 Haben**

6

Geben Sie für nachfolgende Kontierungen jeweils den zutreffenden Beleg und den jeweiligen Buchungssatz an.

Kontierung Nr. 1

Konto	**Soll**	**Haben**
131 Kreditinstitute	23.800,00	
101 Forderungen a.L.L.		23.800,00
Gebucht: 01.08.20XX G120 Ta/La		

Kontierung Nr. 2

Konto	**Soll**	**Haben**
034 Fuhrpark	59.500,00	
171 Verbindlichkeiten a.L.L.		59.500,00
Gebucht: 01.08.20XX G121 Ta/La		

Kontierung Nr. 3

Konto	**Soll**	**Haben**
151 Kasse	1.785,00	
033 BGA		1.785,00
Gebucht: 01.08.20XX G121 Ta/La		

7

Erstellen Sie einen Geschäftsgang im Grund- und Hauptbuch.

Anfangsbestände der Bestandskonten	€
030 Grundstücke und Gebäude	400.000,00
031 technische Anlagen und Maschinen	150.000,00
033 Betriebs- und Geschäftsausstattung	900.000,00
034 Fuhrpark	30.000,00
390 Warenbestand	80.000,00
101 Forderungen a. L. L.	35.000,00
151 Kasse	5.000,00
131 Kreditinstitute	52.000,00
060 Eigenkapital	?
082 Darlehensschulden	500.000,00
171 Verbindlichkeiten a. L. L.	252.000,00

Nr.	Belegart	Geschäftsvorfälle	€
1.	Kontoauszug	Verkauf einer Lagerhalle gegen Banküberweisung	50.000,00
2.	Kontoauszug	Überweisung eines Kunden auf das Bankkonto	25.000,00
3.	Eingangsrechnung	Zielkauf eines gebrauchten Lkw	60.000,00
4.	Eingangsrechnungen	Wareneinkauf auf Ziel	35.000,00
5.	Ausgangsrechnung	Zielverkauf einer gebrauchten Verpackungsmaschine	22.000,00
6.	Kontoauszug	Teilweise Darlehenstilgung durch Banküberweisung	20.000,00
7.	Eingangsrechnung	Kauf von neuen Schreibtischen für die Verwaltung auf Ziel	32.000,00
8.	Kontoauszug	Banküberweisung an einen Warenlieferer	45.000,00
9.	Quittung	Barkauf eines Kopiergerätes	900,00
10.	Quittung	Barverkauf eines gebrauchten Laptops	700,00

8

Bilden Sie die Buchungssätze für die folgenden Geschäftsvorfälle der BPK GmbH:

Nr.	Belegart	Geschäftsvorfälle	Beiträge in €
1.	Eingangsrechnung	Einkauf von Kopierpapier auf Ziel	2.000,00
2.	Ausgangsrechnung	Barverkauf eines gebrauchten Druckers	50,00
3.	Kontoauszug	Überweisung des Kunden BESKA GmbH	2.700,00
4.	Eingangsrechnung	Zielkauf von Büromöbeln	3.400,00
5.	Quittung	Kauf eines Multifunktionsdruckers gegen Barzahlung	900,00
6.	Quittung	Barkauf von Lagerregalen	2.500,00
7.	Kontoauszug	Überweisung an den Lieferer Essener Papier AG	2.700,00
8.	Kassenbeleg	Barzahlung für einen neuen Dienstwagen	48.000,00
9.	Kontoauszug	Darlehensauszahlung mit Bankgutschrift	60.000,00
10.	Eingangsrechnung	Zielkauf einer Transportanlage für das Lager	14.500,00
11.	Ausgangsrechnung	Zielverkauf gebrauchter Kopiergeräte	6.000,00

Lernsituation 47
Die Umsatzsteuer berücksichtigen

FK ▶ LF 4, Kap. 6

LERNSITUATION

Sie arbeiten zurzeit im Bereich Rechnungswesen der BPK GmbH und haben die Aufgabe erhalten, für den internen Gebrauch die Umsatzsteuerzahllast auf Grundlage der vorliegenden Belege zu ermitteln.

Beleg 1

FREIBURGER PAPIER AG

Freiburger Papier AG, Käferweg 16, 79110 Freiburg
Bergisches Papierkontor GmbH
Elberfelder Straße 85
42285 Wuppertal

Rechnung Nr. R1214

Bearbeiter	Kunden-Nr.	Ihre Bestellung Nr.	vom	Rechnungsdatum
Weber	K 44	978	02. 05. 20XX	05. 05. 20XX
Versandart/Freivermerk		**Verpackungsart**		**Lieferdatum:**
LKW ab Lager		Karton auf Palette		05. 05. 20XX

Pos.-Nr.	Artikel-Nr.	Warenbezeichnung	Menge	Preis in €/Einheit	Mengeneinheit	Rabatt	Gesamtbetrag in €
1	20120	Natur-Print 70 x 100 cm, 90 g/m²	220.000	74,39	1.000 Bogen	12 %	14.401,90

Warenwert (netto)	zuzüglich Versand	Rechnungsbetrag (netto)	zuzüglich 19 % Umsatzsteuer	Rechnungsbetrag (brutto)
14.401,90	432,06	14.833,96	2.818,45	17.652,41

Zahlbar netto innerhalb von 30 Tagen oder 10 Tage mit 3 % Skonto. Erfüllungsort und Gerichtsstand für beide Seiten: Freiburg

Beleg 2

Hans Müller Feinpapiere AG Uhlandstraße 60

Hans Müller Feinpapiere AG · Uhlandstraße 60 · 51429 Bergisch-Gladbach
Bergisches Papierkontor GmbH
Elberfelder Str. 85
42285 Wuppertal

Rechnung-Nr.: 417 Rechnungs-Datum: 05.05.20XX

Artikel-Nr.	Artikelbezeichnung	Menge	Einzelpreis in €	Mengeneinheit	Rabatt	Gesamtpreis in €
3-011-02	Müllers Classic Briefkassette	500	34,49	1 Kassette	20 %	13.796,00
1-C11-01	Müllers Classic DIN-A4-Blätter	11000	44,50	1000 Blatt	20 %	391,60
	Nettorechnungsbetrag					14.187,60
	+ 19 % Umsatzsteuer					2.695,64
	Bruttorechnungsbetrag					16.883,24

Zahlungsziel: 40 Tage netto Kasse oder 10 Tage abzüglich 3 % Skonto

Beleg 3

bpk Bergisches Papierkontor GmbH

…mbH • Elberfelder Straße 85 • 42285 Wuppertal
Druck und Copy GmbH
Am Freistuhl 16
…born

Rechnung Nr. 1291

	Kundennummer	Ihre Bestellung Nr.		vom	Rechn. Datum
	33011	361		02. 05. 20XX	06. 05. 20XX
…reivermerk …s		Verpackungsart Kassette/Kartons á 1000 Blatt		geliefert am 06. 05. 20XX	
Artikel-Nr.	**Warenbezeichnung**		**Menge**	**Preis/Einheit €**	**Gesamtpreis €**
10121	Briefkassette „Müller Classic"		600	34,80	20.880,00
10211	DIN-A4 Blätter „Müller Classic"		4	55,95	223,80
10341	DIN Lang-Hüllen „Kaenguruh"		4	20,80	83,20
	Nettorechnungsbetrag				21.187,00
	+ 19 % Umsatzsteuer				4.025,53
	Bruttorechnungsbetrag				**25.212,53**

…Sie unter Angabe der Rechnungsnummer

bis 16. 05. 20XX	**oder Euro** **25.212,53**	bis 05. 06. 20XX	

Beleg 4

bpk Bergisches Papierkontor GmbH

Bergisches Papierkontor GmbH • Elberfelder Straße 85 • 42285 Wuppertal
Copy Shop
Haberlandstr. 4
44359 Dortmund

Rechnung Nr. 1292

Bearbeiter	Kundennummer	Ihre Bestellung Nr.	vom	Rechn. Datum
Voss	44001	416	02. 05. 20XX	06. 05. 20XX
Versandart/Freivermerk		**Verpackungsart**	**geliefert am**	
LKW frei Haus		Kartons á 1000 Blatt	06. 05. 20XX	

Pos.-Nr.	Artikel-Nr.	Warenbezeichnung	Menge	Preis/Einheit €	Gesamtpreis €
1	20151	Kopierpapier NOPA TOP, 80g	500	8,75	4.375,00
2	20172	Kopierpapier A3, BPK Xerox Bond	160	40,40	6.464,00
		Nettorechnungsbetrag			10.839,00
		+ 19 % Umsatzsteuer			2.059,41
		Bruttorechnungsbetrag			**12.898,41**

Bitte überweisen Sie unter Angabe der Rechnungsnummer

Euro	bis	oder Euro	bis
12.511,46	16. 05. 20XX	**12.898,41**	05. 06. 20XX

Eingangsrechnungen	
Beleg	gezahlte Vorsteuer
Summe	

Ausgangsrechnungen	
Beleg	erhaltene Umsatzsteuer
Summe	

Ermittlung der Zahllast	
erhaltene Umsatzsteuer	
– gezahlte Vorsteuer	
= Zahllast	

Hinweis: Die Umsatzsteuersätze wurden aufgrund der Corona-Pandemie ab dem 01.07.2020 bis zum 31.12.2020 auf 16 % bzw. 5 % gesenkt. Aufgrund der Kurzfristigkeit der Maßnahme bleiben die reduzierten Werte in diesem Lehrwerk unberücksichtigt.

Arbeitsblatt 47.1 Umsatzsteuer, Teil I

ARBEITSAUFTRÄGE

1. Vervollständigen Sie die vorliegende Ausgangsrechnung der BPK GmbH.
   Tragen Sie seitlich neben der Rechnung entsprechend den Pfeilen in die Kästchen ein
   a) den reinen Warenwert der Lieferung
   b) den Bruttorechnungsbetrag der Lieferung
   c) den Betrag, den die BPK GmbH an das Finanzamt weiterleiten muss
   d) den Betrag, den der Kunde an die BPK GmbH bei Abzug von 3 % Skonto bezahlen muss

Bergisches Papierkontor GmbH • Elberfelder Straße 85 • 42285 Wuppertal

bpk Bergisches Papierkontor GmbH

Tagesanzeiger
Druck und Verlag
Habichtweg 20
32049 Herford

Rechnung Nr. 1211

Bearbeiter	Kundennummer	Ihre Bestellung Nr.	vom	Rechn. Datum
Schneider	32001	16-371	28.04.XX	29.04.XX
Versandart/Freivermerk		**Verpackungsart**	**geliefert am**	
LKW frei Haus		Karton á 1000 Bogen	29.04.XX	

Pos.-Nr.	Artikel-Nr.	Warenbezeichnung	Menge	Preis/Einheit €	Gesamtpreis €
1	40212	BPK Ecostar, 70 x 100	30	49,10	1.473,00
2	40313	BPK Euro Albino, 70 x 100	25	131,25	3.281,25
		Nettorechnungsbetrag			
		+ 19 % Umsatzsteuer			
		Bruttorechnungsbetrag			

Bitte überweisen Sie unter Angabe der Rechnungsnummer

Euro	bis 09.05.20XX	oder Euro	bis 29.05.20XX

a)

c)

b)

d)

Rechnungsbegriffe		Prozentzahlen im Verhältnis zueinander
Nettorechnungsbetrag	≙	
	≙	+ 19 % (bzw. +7 %)
	≙	

2. Ermitteln Sie die Umsatzsteuerbeträge und die Brutto- bzw. Nettorechnungsbeträge in €.

Nettorechnungsbetrag in €	Umsatzsteuersatz	Umsatzsteuerbetrag in €	Bruttorechnungsbetrag in €
400,00	19 %		
5.000,00	19 %		
3.000,00	7 %		
6.300,00	7 %		

Bruttorechnungsbetrag in €	Umsatzsteuersatz	Umsatzsteuerbetrag in €	Nettorechnungsbetrag in €
5.950,00	19 %		
952,00	19 %		
4.280,00	7 %		
599,20	7 %		

Arbeitsblatt 47.2 Umsatzsteuer, Teil II

Die BPK GmbH kauft von einem Lieferanten Waren ein und verkauft diese weiter an einen Kunden.
Vervollständigen Sie die folgende Darstellung des Umsatzsteuersystems aus Sicht der BPK GmbH.

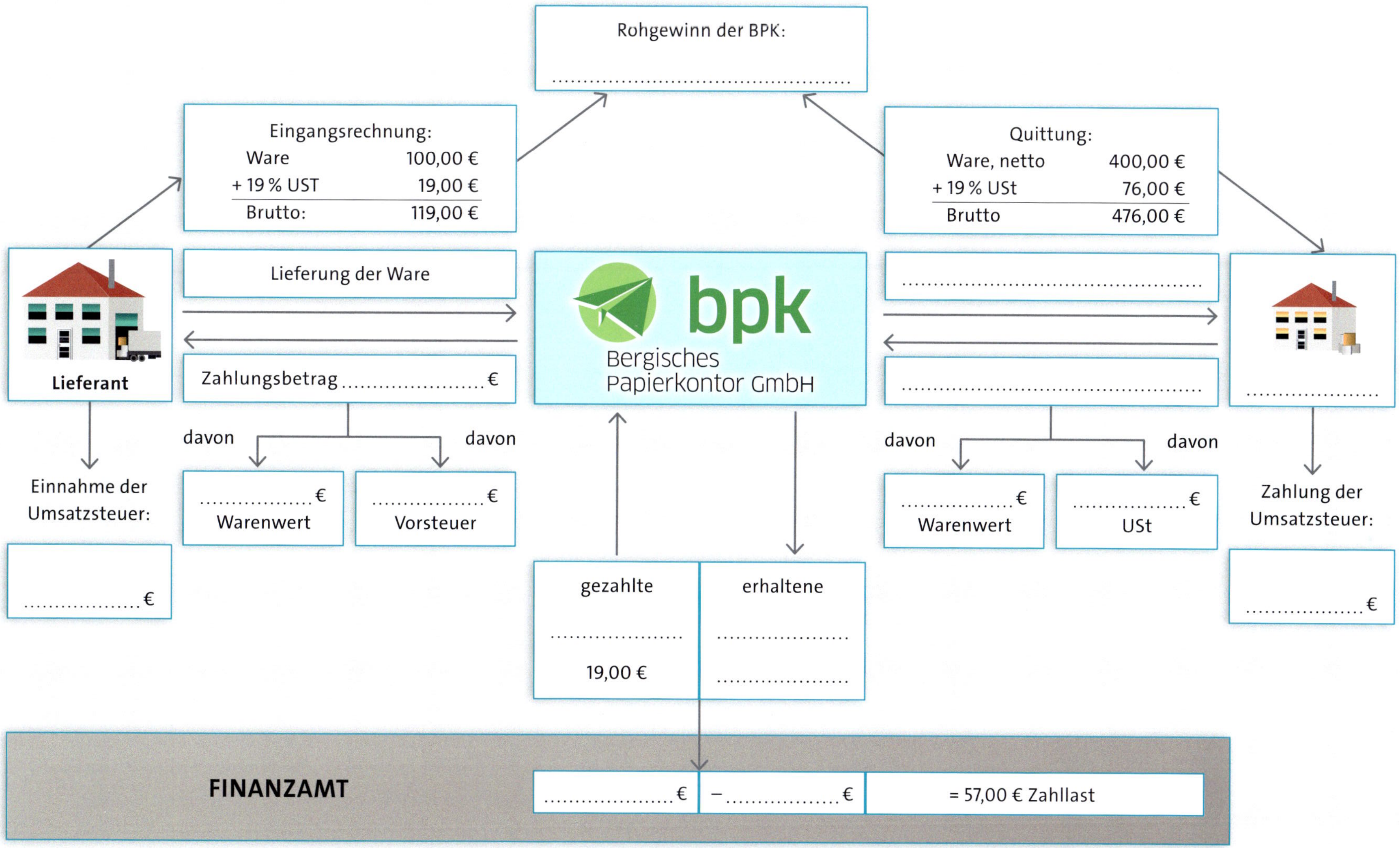

Arbeitsblatt 47.3 Abschluss der Umsatzsteuerkonten, Teil I Umsatzsteuer > Vorsteuer

Größere Unternehmen müssen monatlich die gebuchten Beträge auf ihren Umsatzsteuerkonten ermitteln und verrechnen. Im Normalfall übersteigt die von Kunden gezahlte Umsatzsteuer wertmäßig die an Lieferanten gezahlte Vorsteuer. Es entsteht eine Zahllast, die an das Finanzamt abgeführt (überwiesen) werden muss. Im Ausnahmefall ist allerdings auch ein Vorsteuerüberhang zu buchen.

- Aktives Bestandskonto Vorsteuer = Forderung an das Finanzamt
- Passives Bestandskonto Umsatzsteuer = Verbindlichkeit gegenüber dem Finanzamt

Fall 1:
Die in einem Monat erhaltene Umsatzsteuer ist größer als die gezahlte Vorsteuer.
Abschlussangabe: Die Zahllast ist an das Finanzamt zu überweisen.

Hinweis: Die Zahllast wird für die Monate Januar bis November immer am 10. des Folgemonats an das Finanzamt überwiesen.

S	140 Vorsteuer		H
131	12.500,00		

S	180 Umsatzsteuer		H
		131	21.500,00

S	131 Kreditinstitute		H
910	39.000,00		

Buchungen:
1. Verrechnung der Umsatzsteuerkonten
2. Banküberweisung der Zahllast

	Konto der Sollbuchung (€)	an	Konto der Habenbuchung (€)
1.			
2.			

Fall 2:
Die im Monat Dezember erhaltene Umsatzsteuer ist größer die gezahlte Vorsteuer.
Abschlussangabe: Die Zahllast ist zu passivieren.

Hinweis: Die Zahllast des Monats Dezember wird erst am 10. Januar des Folgejahres an das Finanzamt überwiesen. Am 31.12. wird das passive Bestandskonto Umsatzsteuer (Verbindlichkeit gegenüber dem Finanzamt) in der Bilanz bei den Verbindlichkeiten ausgewiesen!

S	140 Vorsteuer		H
131	21.000,00		

S	180 Umsatzsteuer		H
1) 140	21.000,00	131	26.500,00

S	940 SBK		H

Buchungen:
1. Verrechnung der Umsatzsteuerkonten
2. Passivierung der Zahllast

	Konto der Sollbuchung (€)	an	Konto der Habenbuchung (€)
1.			
2.			

Arbeitsblatt 47.4 Abschluss der Umsatzsteuerkonten, Teil II Vorsteuer > Umsatzsteuer

Fall 3:
Die Summe der Vorsteuer ist größer als die Summe der Umsatzsteuer.
Abschlussangabe: Der Vorsteuerüberhang wird vom Finanzamt überwiesen.

Hinweis: Ein Vorsteuerüberhang in den Monaten Januar bis November wird immer am 10. des Folgemonats vom Finanzamt auf das Bankkonto des Betriebes überwiesen.

S — 140 Vorsteuer — H

S		H	
131	14.500,00		

S — 180 Umsatzsteuer — H

S		H	
		131	9.500,00

S — 131 Kreditinstitute — H

S		H	
910	19.000,00		

Buchungen:
1. Verrechnung der Umsatzsteuerkonten
2. Banküberweisung des Vorsteuerüberhangs

	Konto der Sollbuchung (€)	an	Konto der Habenbuchung (€)
1.			
2.			

Fall 4:
Die Summe der Vorsteuer ist größer als die Summe der Umsatzsteuer.
Abschlussangabe: Der Vorsteuerüberhang ist zu aktivieren.

Hinweis: Der Vorsteuerüberhang im Monat Dezember wird erst am 10. Januar vom Finanzamt überwiesen. Am 31.12. wird das aktive Bestandskonto Umsatzsteuer (Forderung gegenüber dem Finanzamt) in der Bilanz bei den Forderungen ausgewiesen.

S — 140 Vorsteuer — H

S		H	
131	19.500,00		

S — 180 Umsatzsteuer — H

S		H	
		131	16.500,00

S — 940 SBK — H

S	H

Buchungen:
1. Verrechnung der Umsatzsteuerkonten
2. Aktivierung des Vorsteuerüberhangs

	Konto der Sollbuchung (€)	an	Konto der Habenbuchung (€)
1.			
2.			

Arbeitsblatt 47.5 Ist die Vorsteuer abziehbar?

1. Prüfen Sie die abgebildete Eingangsrechnung rechnerisch, korrigieren Sie ggf. festgestellte Fehler und ermitteln Sie den richtigen Überweisungsbetrag bei Skontoausnutzung.
2. Prüfen Sie, ob diese Rechnung alle Erfordernisse des Umsatzsteuerrechts erfüllt, die zum Vorsteuerabzug berechtigen. Geben Sie ggf. an, welche Angaben fehlen. Nutzen Sie zur Bearbeitung das folgende Merkblatt.

Merkblatt

Rechnungen müssen folgende Angaben enthalten (§ 14 Abs. 4 Satz 1 UStG)

1. den vollständigen Namen und die vollständige Anschrift des leistenden Unternehmers, inklusive der im Handelsregister eingetragenen Rechtsform,
2. die Steuernummer oder die vom Bundeszentralamt für Steuern erteilte Umsatzsteuer-Identifikationsnummer des leistenden Unternehmers,
3. den vollständigen Namen und die vollständige Anschrift des Leistungsempfängers,
4. die fortlaufende Rechnungsnummer mit einer oder mehreren Zahlenreihen, die der Rechnungsaussteller zur Identifizierung der Rechnung einmalig vergibt,
5. das Ausstellungsdatum,
6. die Menge und Art (handelsübliche Bezeichnung) des Gegenstandes der Lieferung oder die Art und den Umfang der sonstigen Leistung,
7. den Zeitpunkt der Lieferung oder sonstigen Leistung; im Falle von Anzahlungen, die in der Endrechnung abgezogen werden, den Zeitpunkt der Vereinnahmung des Entgelts, sofern dieser feststeht und nicht mit dem Rechnungsdatum übereinstimmt,
8. das nach den Steuersätzen und einzelnen Steuerbefreiungen aufgeschlüsselte Entgelt für die Lieferung oder sonstige Leistung sowie jede im Voraus vereinbarte Minderung des Entgelts, sofern diese nicht bereits im Entgelt berücksichtigt ist,
9. den anzuwendenden Steuersatz sowie den auf das Entgelt entfallenden Steuerbetrag oder im Fall einer Steuerbefreiung einen Hinweis darauf …

Dresdener Papiermanufaktur AG

Dresdener Papiermanufaktur AG | Hauptallee 50 | 01069 Dresden

Bergisches Papierkontor GmbH
Elberfelder Straße 85
42285 Wuppertal

Rechnung Nr. 24
Rechnungs-Datum: 18. 01. 20XX

Artikel-Nr.	Menge	Artikelbezeichnung	Einzelpreis €	Gesamtpreis €
10800	10 000	Kopierpapier A4, weiß, 80 g/m², 500 Blatt – 10% Großkundenrabatt	4,00	40.000,00 3.200,00
		Nettopreis Kopierpapier zzgl. Fracht und Verpackung		36.800,00 800,00
		Nettorechnungsbetrag + 19 % Umsatzsteuer		37.600,00 7.144,00
		Bruttorechnungsbetrag		**44.744,00**

Zahlungsbedingungen: 10 Tage 3% Skonto oder 30 Tage Ziel. Lieferungsbedingungen: Lieferung ab Werk. Die Ware bleibt bis zum vollständigen Rechnungsausgleich unser Eigentum.

Dresdner Papiermanufaktur AG
Hauptallee 50
01069 Dresden
Vorstandsvorsitzender:
Dr. Reinhold Kleine

Tel. 0351 4740XX
Fax 0351 4740XX-82
info.dresdner@web.dex
www.dresdnerpapier.dex

Bankverbindung:
TopBank Dresden
IBAN: DE34 8433 6600 3333 9002 09
BIC: TOPBDEBW842

Handelsregister Dresden
HRB 3344
Finanzamt Dresden-Nord
Steuer- Nr. 202 234 45098

Aufgaben

1

Ein Forstbetrieb verkauft Holz für netto 100,00 € an eine Tischlerei. Diese stellt daraus einen Tisch her und verkauft diesen zum Nettowarenwert von 400,00 € an einen Möbelgroßhändler. Ein Einrichtungshaus erwirbt von diesem Händler den Tisch für netto 600,00 € und verkauft ihn für netto 1.000,00 € an einen Endverbraucher. Auf jeder Stufe ist mit Umsatzsteuer in Höhe von 19 % zu rechnen.

Berechnen Sie mithilfe der Tabellen für jede Wirtschaftsstufe die abzuführende Zahllast.

	Forstbetrieb	**Tischlerei**	**Möbel-großhändler**	**Fachgeschäft für Möbel**	**Endver-braucher**
Nettoverkaufspreis (= Warenwert)					Bruttopreis
+ Umsatzsteuer					USt
= Bruttoverkaufspreis (=Ladenverkaufspreis)					Nettopreis
erhaltene Umsatzsteuer					
– gezahlte Umsatzsteuer (=Vorsteuer)					
= abzuführende Zahllast					summierte Zahllast aller Unternehmen:

Warum heißt die Umsatzsteuer auch Mehrwertsteuer?

	Forstbetrieb	**Tischlerei**	**Möbel-großhändler**	**Fachgeschäft für Möbel**	**Endver-braucher**
erarbeiteter Mehrwert je Wirtschaftsstufe (=Nettoverkaufspreis – Nettoeinkaufspreis)					Summe
Besteuerung des Mehrwertes mit 19 % (= Zahllast)					Summe

2

Erläutern Sie in eigenen Worten, wieso die Umsatzsteuer aus Unternehmersicht ein durchlaufender Posten ist und keinen Einfluss auf den Erfolg des Unternehmens hat.

3

Grundsätzlich gilt in Deutschland ein Umsatzsteuersatz von 19 %. Es gibt aber Waren, für die wird nur ein verminderter Umsatzsteuersatz von 7 % fällig.

a) Nennen Sie drei Warenarten, für die der verminderte Umsatzsteuersatz von 7 % gilt.

b) Warum wird für diese Waren nur 7 % Umsatzsteuer erhoben? Begründen Sie.

4

Füllen Sie den folgenden Lückentext aus.

a) Die Umsatzsteuer ist ausschließlich vom .... zu tragen. Der Unternehmer muss die Umsatzsteuer seinen Kunden im Namen des .... in Rechnung stellen, vereinnahmen und an dasselbige abführen. Steuerschuldner ist das .... Aus Sicht des Großhandels ist die von den Kunden erhaltene Umsatzsteuer eine .... gegenüber dem Finanzamt.

b) Beim Einkauf von Waren und Dienstleistungen für den Weiterhandel zahlt der Großhändler zunächst selbst auch Umsatzsteuer. Diese beim Einkauf gezahlte USt wird aus Sicht des Unternehmers als .... bezeichnet. Die .... ist dem Charakter nach eine Vorauszahlung an das Finanzamt auf die später abzuführende Umsatzsteuerschuld. Die Vorsteuer stellt eine .... gegenüber dem Finanzamt dar.

c) Wenn das Unternehmen insgesamt wertmäßig mehr Waren verkauft, als es eingekauft hat, dann ist die erhaltene Umsatzsteuer .... als die gezahlte Vorsteuer. Somit schuldet das Unternehmen dem .... noch Geld. Um die tatsächliche Umsatzsteuerschuld (= Zahllast) des Unternehmens zu ermitteln, wird die beim Einkauf der Waren vorab geleistete Vorsteuer mit der beim Verkauf erhaltenen Umsatzsteuer verrechnet.

d) Da der Endverbraucher keinen Vorsteuerabzug geltend machen kann, zahlt er die gesamte Umsatzsteuer. Für alle Unternehmen ist die Umsatzsteuer dagegen ein durchlaufender Posten ohne Auswirkung auf den .... des Unternehmens.

5

Die BPK GmbH hat im Monat Mai 20XX folgende Wareneein- und -verkäufe im Inland getätigt; allgemeiner Steuersatz 19 %.

a) Ermitteln Sie die Summe der Vorsteuer.
b) Ermitteln Sie die Summe der Umsatzsteuer.
c) Buchen Sie die Summen der Ein- und Verkäufe auf Ziel mit Umsatzsteuer auf den Konten: Wareneingang, Vorsteuer, Warenverkauf, Umsatzsteuer, Forderungen a.L.L. und Verbindlichkeiten a.L.L.
d) Schließen Sie die Konten Vor- und Umsatzsteuer ab, indem Sie die Zahllast per Banküberweisung ausgleichen (Bankguthaben 150.000,00 €).

Waren	Nettorechnungsbeträge in €	
	Einkauf	Verkauf
Feinpapiere	120.000,00	180.000,00
Kopierpapiere	420.000,00	520.000,00
Folien	80.000,00	156.000,00
Büropapiere	270.000,00	340.000,00
Druckpapiere	420.000,00	615.000,00
Summen	1.310.000,00	1.811.000,00

6

Ermitteln Sie die Höhe der Umsatzsteuer der Geschäftsvorfälle und buchen Sie die Geschäftsvorfälle im Grundbuch (Buchungssätze). Richten Sie außerdem im Hauptbuch (Ausschnitt) Konten für Vorsteuer und Umsatzsteuer ein, buchen Sie auf diesen Konten die Umsatzsteuer beim Ein- und Verkauf und schließen Sie diese Konten ab.

	€
1. Eingangsrechnung:	
Wareneinkauf auf Ziel	42.000,00
+ 19 % Umsatzsteuer	
= Bruttorechnungsbetrag	
2. Wareneinkauf auf Ziel gemäß Eingangsrechnung:	
Wareneinkauf I und	15.000,00
Wareneinkauf II	20.000,00
+ Umsatzsteuer	
= Bruttorechnungsbetrag	
Hinweis: Wareneinkauf I 19 % USt, Wareneinkauf II 7 % USt	
3. Ausgangsrechnung:	
Verkauf von Waren auf Ziel	
+ 19 % Umsatzsteuer	
= Bruttorechnungsbetrag	142.800,00

7

Bilden Sie die Buchungssätze für die nachfolgenden Geschäftsvorfälle:

	€
1. Eingangsrechnung: Zielkauf einer Maschine	
Nettowert	4.200,00
+ 19 % Umsatzsteuer	
= Bruttowert	
2. Eingangsrechnung: Druckkosten für die Erstellung	
eines Werbekataloges, Nettorechnungsbetrag	2.600,00
+ 19 % Umsatzsteuer	
= Bruttorechnungsbetrag	
3. Kontoauszug mit Lastschrift: Banküberweisung der	
Lagerhallenmiete	1.200,00
4. Kontoauszug mit Gutschrift: Gutschrift der Bank für Zinsen	840,00
5. Eingangsrechnung: Provisionsabrechnung eines	
Handelsvertreters, Nettovertriebsprovision	
+ 19 % Umsatzsteuer	
= Bruttovertriebsprovision	2.142,00
6. Kontoauszug mit Lastschrift: Abbuchung der	
Telefonrechnung	
Gesprächsgebühren	870,00
Telefonanlage	80,00
+ 19 % Umsatzsteuer	
= Abbuchungsbetrag	

8

Erstellen Sie einen Geschäftsgang mit Umsatzsteuer.

Anfangsbestände	€/Soll	€/Haben
033 BGA	220.000,00	–
034 Fuhrpark	160.000,00	–
390 Warenbestände [1]	96.000,00	–
101 Forderungen a.L.L.	132.000,00	–
131 Kreditinstitute	92.000,00	–
151 Kasse	24.000,00	–
060 Eigenkapital	–	?
082 Darlehensschulden	–	187.000,00
171 Verbindlichkeiten a.L.L.	–	274.000,00

[1] Keine Warenbestandsveränderungen

Richten Sie noch die folgenden Konten ein: 140 Vorsteuer, 180 Umsatzsteuer, 210 Zinsen und ähnliche Aufwendungen, 301 Wareneingang, 402 Gehälter, 470 Betriebskosten, Instandhaltung, 801 Warenverkauf, 910 EBK, 930 GuV-Konto, 940 SBK

Nr.	Geschäftsvorfälle	Beträge in €	
1)	Eingangsrechnung: Kauf eines neuen Lastkraftwagens auf Ziel	Fahrzeugwert	140.000,00
		+ 19% Umsatzsteuer	26.600,00
		= Bruttorechnungsbetrag	166.600,00
2)	Kontoauszug der Bank mit Lastschrift: Ausgleich einer Lieferantenrechnung per Banküberweisung		33.320,00
3)	Eingangsrechnung: Wareneinkauf auf Ziel	Warenwert	120.000,00
		+ 19% Umsatzsteuer	22.800,00
		= Bruttorechnungsbetrag	142.800,00
4)	Ausgangsrechnung: Warenverkauf auf Ziel	Warenwert	320.000,00
		+ 19% Umsatzsteuer	60.800,00
		= Bruttorechnungsbetrag	380.800,00
5)	Kontoauszug der Bank mit Lastschrift: Kauf einer EDV-Anlage	Nettowert	22.000,00
		+ 19% Umsatzsteuer	4.180,00
		= Lastschriftbetrag	26.180,00
6)	Kontoauszug der Bank mit Gutschrift: Überweisung von einem Kunden		63.070,00
7)	Kontoauszug der Bank mit Lastschriften	Zinszahlung für Darlehen	9.000,00
		Gehaltsauszahlung an Angestellte	36.000,00
		= Lastschriftbetrag	45.000,00
8)	Quittung: Barzahlung für Reparaturen an einer gebrauchten EDV-Anlage	Nettobetrag	2.200,00
		+ 19% Umsatzsteuer	418,00
		= Barzahlungsbetrag	2.618,00
9)	Ausgangsrechnung: Verkauf eines gebrauchten Fahrzeuges auf Ziel	Nettorechnungsbetrag	12.000,00
		+ 19% Umsatzsteuer	2.280,00
		= Bruttorechnungsbetrag	14.280,00
10)	Buchungsanweisung	Passivierung der Zahllast	?

9

Die Fahrradteilegroßhandlung Fly Bike GmbH, mit Sitz in Oldenburg, beliefert Fahrradhändler, Kaufhäuser und Cash-and-Carry-Märkte mit Fahrradteilen und Fahrradzubehör. Für den Abrechnungsmonat August 20XX sind fast alle Belege gebucht.

Buchen Sie nachfolgende Belege und ermitteln Sie die Umsatzsteuerzahllast der Fahrradteilegroßhandlung unter zusätzlicher Berücksichtigung nachfolgender Belege, wenn auf den Umsatzsteuerkonten bereits folgende Werte erfasst wurden:

140 Vorsteuer = 44.690,00 € im Soll
180 Umsatzsteuer = 128.640,00 € im Haben

Tamino Deutschland GmbH

Tamino Deutschland GmbH Immermannstraße 24, 40210 Düsseldorf

Posteingang: 31.08.20XX

Fly Bike GmbH
Rostocker Straße 334
26121 Oldenburg

RECHNUNGSPRÜFUNG
Sachlich richtig Datum 31.08.XX Nz Ta
Rechnerisch richtig Datum 31.08.XX Nz Ta

Rechnung-Nr. 416

Bearbeiter	Kunden-Nr.	Ihre Bestellung Nr.	vom	Rechnungsdatum
Herr Freundlich	44001	216	20XX-07-08	20XX-08-30

Versandart/Freivermerk	Verpackungsart	geliefert am
per Lkw frei Haus	Kartons/Palette	20XX-08-30

Artikel-Nr.	Warenbezeichnung	Menge	Preis	Einheit	Gesamtpreis
2060	MTB XT Räder und Schaltungen	500	55,56 €	Set	27.780,00 €
2260	MTB XT Antrieb	500	17,05 €	Set	8.525,00 €
		Nettorechnungsbetrag			36.305,00 €
		+ 19 % Mehrwertsteuer			6.897,95 €
		Rechnungssumme			43.202,95 €

Bitte überweisen Sie unter Angabe der Rechnungsnummer auf das unten angegebene Konto

€ 43.202,95 bis: 26.01.20X2 oder € 41.906,86 bis: 04.01.20X2

Beleg 1

Beleg 2

Frikawerke
GmbH & Co. KG

Frikawerke, Gertenstr. 19, 58739 Wickede / Ruhr

Fly Bike GmbH
Rostocker Str. 334
26121 Oldenburg

Kunden-Nr.: 2211
Ansprechpartner: Herr Stoll
Tel.: 0237 7577563
Ihre Bestellung Nr. 234
Bestellungsdatum: 19.11.20X1
Lieferschein-Nr.: 1611
Lieferdatum: 28.12.20X1
Rechnungsdatum: 28.12.20X1

Posteingang: 29.12.20X1

RECHNUNGSPRÜFUNG
Sachlich richtig Datum 29.12.XX Nz Ta
Rechnerisch richtig Datum 29.12.XX Nz Ta

Rechnung Nr.: 1611

Set-Nr. Fly Bke	Artikel-Nr.	Artikelbezeichnung	Menge	Preis je Set	Gesamtpreis
5060	50060	MTB XT Lenkung	500	11,09 €	5.545,00 €
5070	50070	MTB XT Lenkung	500	14,30 €	7.150,00 €

Warenwert	Verpackungskosten	Transportkosten	Nettorechnungsbetrag	Umsatzsteuer 19 %	Bruttorechnungsbetrag
12.695,00 €	–	–	12.695,00 €	2.412,05 €	15.107,05 €

Zahlungsziel 14 Tage ohne Abzug

Computer GmbH Kahr-Str. 42 26121 Oldenburg

Fly Bike GmbH
Rostocker Str. 334
26121 Oldenburg

Posteingang: 31.08.20XX

RECHNUNGSPRÜFUNG
Sachlich richtig Datum 31.08.XX Nz Ta
Rechnerisch richtig Datum 31.08.XX Nz Ta

Ihre Zeichen, Ihre Nachricht vom	Unser Zeichen, unsere Nachricht vom	Telefon, Name	Datum
th 20XX-08-23	pe-we	0441 86543 Peter	20XX-08-30

Rechnung-Nr.: 233

Sehr geehrte Damen und Herren,

aufgrund Ihrer Bestellung Nr. 413 lieferten wir Ihnen am 20XX-08-26 folgende Artikel:

Artikel-Nr.:	Menge	Artikelbezeichnung	Einzelpreis in €	Gesamtpreis in €
1000	1	Proxon P-Ultra	1.200,00	1.200,00
2300	1	2. Festplatte, Aufpreis	200,00	200,00
4100	1	TFT Monitor Ultra	450,00	450,00
		Zwischensumme		1.850,00
		– 15 % Firmenrabatt		277,50
		Zwischensumme		1.572,50
0100		Lieferungs- und Aufstellungskosten		100,00
0200		Installation des Betriebssystems		25,00
		Nettopreis für das Gesamtsystem		1.697,50
		+ 19 % Umsatzsteuer		322,53
		Bruttopreis		2.020,03

WORLD PETROL AG

Mandorf Tank GmbH
Reiner Mandorf
Rostocker Str. 102
Tel.: 0441 885359

*52,88 Liter SÄULE NR 10	
*Super Blfr. A	66,10 €
TOTAL	66,10 €
MWST 19,00 %	10,55 €
NETTO	55,55 €
Gegeben	70,00 €
Zurück	3,90 €

20XX-08-31 * 12:03 * A10 * K 29

VIELEN DANK
GUTE FAHRT

Beleg 4

Beleg 3

Beleg 5

Quittung

Netto EUR	200,00
+19 % MwSt./EUR	38,00
Gesamt EUR	238,00

Nr.

EUR in Worten: zweihundertachtunddreißig (Cent wie oben)

von: Fly Bike GmbH

für: Reparatur Personalcomputer

Oldenburg, 20XX-08-31 (Ort/Datum) — Peters dankend erhalten.

Buchungsvermerke — Stempel/Unterschrift des Empfängers: PC Schnelldienst Wagner

SCHOLLE GMBH
Büroausstattung

RECHNUNG

Datum:	31.08.20XX
Rechnungs-Nr.	1212
Liefer-Datum:	31.08.20XX
Kunden-Nr.	4223

Büroausstattung Scholle GmbH • Weltweg 3 • 26121 Oldenburg

Firma
Fahrradteilegroßhandlung Fly Bike GmbH
Rostocker Str. 334
26121 Oldenburg

RECHNUNG Nr. 1212

Artikel	Beschreibung	Anzahl	Einzelpreis	Gesamt
44002	Kopiergerät Capon X-2020	5	1.200,00 €	6.000,00 €
44402	Ersatztoner für Capon X-2020	10	85,00 €	850,00 €
		Rechnungsbetrag netto		6.850,00 €
		19 % Umsatzsteuer		1.301,50 €
		Rechnungsbetrag brutto		**8.151,50 €**

Die Ware wurde frei Haus geliefert.
Zahlungsziel 30 Tage.

Vielen Dank für Ihren Auftrag!

Beleg 6

Beleg 7
Hinweis: Die Provisionsabrechnung ist noch nicht gebucht!

Oldenburger STADTBANK — **Kontoauszug** — **EUR-Konto**

BIC	IBAN	erstellt am	Auszug	Blatt
BRLADE21LZO	DE81 2805 0100 0112 3264 44	31.08.XX	122	1

Vorgang

Provisionszahlung inkl. 19% USt 2. Quartal 20XX Frikawerke GmbH & Co. KG	*Buchungstag* 31.08.20XX	*Wert* 31.08.20XX	714,00 +
Fahrradteilegroßhandlung Fly Bike GmbH Oldenburg		*alter Saldo*	**32.430,00 Haben**
		neuer Saldo	**33.144,00 Haben**

Fly Bike GmbH
Fahrradteilegroßhandlung in Oldenburg

Fly Bike GmbH • Rostocker Str. 334 • 26121 Oldenburg

Matro AG
Zentraleinkauf
Altenessener Str. 611
45472 Essen

Kundennummer:	40022
Ihre Bestellung Nr.:	5982
Ihr Bestell-Datum:	17.08.20XX
Unsere Lieferschein-Nr.:	612
Unser Lieferdatum:	30.08.20XX
Ihr FB Ansprechpartner	Frau Dogan
Telefon	0441-855-222

Rechnungs-Nr.: 612 **Rechnungs-Datum: 31.08.20XX**

Artikel-Nr.	Artikelbezeichnung	Stükzahl	Einzelpreis in Euro	Rabatt in Prozent	Gesamtpreis in Euro
60100	Fahrradanhänger "Kelly"	50	110,00	20,00	4.400,00
60300	Fahrradanhänger "Max"	20	270,00	20,00	4.320,00
		Nettorechnungsbetrag			8.720,00
Lieferung frei Haus per Spedition		+ 19% Umsatzsteuer			1.656,80
		= Bruttorechnungsbetrag			**10.376,80**

Beleg 8

Lernsituation 48
Wareneinkäufe buchen

FK ▶ LF 4, Kap. 7.1, 7.2

LERNSITUATION

Sie arbeiten zurzeit im Bereich Rechnungswesen der BPK GmbH. Mit Beginn des heutigen Arbeitstages liegt Ihnen folgende Rechnung vor.

Dresdener Papiermanufaktur AG

Dresdener Papiermanufaktur AG | Hauptallee 50 | 01069 Dresden

Bergisches Papierkontor GmbH
Elberfelder Straße 85
42285 Wuppertal

Rechnung Nr. 410

Kundennummer:	Rechnungs-Nr.:	Bei Zahlung bitte angeben!	Rechnungsdatum
K 11	410		20.03.20XX
Ihre Bestellung Nr.:		Lieferschein:	Lieferdatum:
69	vom 14.03.20XX	410	20.03.20XX

Pos.-Nr.	Artikel-Nr.	Warenbezeichnung	Menge	Preis/Einheit	Mengeneinheit	Rabatt	Gesamtbetrag
1	44300	Büro-Offsetpapier, umweltfreundlich	680 000	12,00 €	1000 Blatt	25 %	6.120,00 €
2	45100	Computerpapier, Recycling	630 000	8,14 €	1000 Blatt	25 %	3.846,15 €

Warenwert	Versandkosten	Nettobetrag	MwSt-Satz	MwSt-Betrag	Rechnungsbetrag
9.966,15 €	199,23 €	10.165,38 €	19 %	1.931,42 €	12.096,80 €

Zahlungsziel: 30 Tage. Bei Zahlung innerhalb von 7 Tagen 2 % Skonto.

ARBEITSAUFTRAG

1. Führen Sie die Buchungen einschließlich Kontoabschluss durch.

Berechnung der Anschaffungskosten für den Wareneinkauf	
Einkaufspreis ohne Umsatzsteuer	
–	
+	
= Anschaffungskosten	

Grundbuch

Nr.	Soll	€	Haben	€
1				
2				
3				

Hauptbuch

S	302 Warenbezugskosten	H

S	301 Wareneingang	H

S	930 GuV-Konto	H

Arbeitsblatt 48.1 Anschaffungskosten und Warenbezugskosten

Ermittlung der Anschaffungskosten

Einkaufspreis ohne Umsatzsteuer

–

Beispiele

+

Beispiele:

= Anschaffungskosten

Buchung der Anschaffungskosten mit Sofortrabatten und Warenbezugskosten

S	301 Wareneingang	H
Anschaffungspreis abzüglich sofortige Anschaffungspreisminderungen		....
....		....
....		Saldo = Anschaffungskosten

S	302 Warenbezugskosten	H
....		....
....		....

S	930 GuV-Konto	H

Aufgaben

1

Der BPK GmbH liegt folgende Rechnung vor:

Harald Dubb KG
Gabelsberger Str. 19
53119 Bonn

Harald Dubb KG · Gabelsberger Str. 19 53119 Bonn

Bergisches Papierkontor GmbH
Elberfelder Str. 85
42285 Wuppertal

Rechnung Nr. 189

Datum: 06. 07. 20XX

Artikel Nr.	Menge	Artikelbezeichnung	Einzelpreis in €	Gesamtpreis in €
1020	4000	Kopierpapier, DIN A4	6,15	24.600,00
		– 5 % Kundenrabatt		1.230,00
		Nettorechnungsbetrag		23.370,00
		+ 19 % Umsatzsteuer		4.440,30
		Bruttorechnungsbetrag		27.810,30

Zahlungsbedingungen: 45 Tage netto Kasse oder 14 Tage 3 % Skonto
Lieferungsbedingungen: Die Transportverpackung ist im Rechnungsbetrag enthalten. Die Frachtkosten werden durch die Spedition Wurm gesondert in Rechnung gestellt. Die Ware bleibt bis zum vollständigen Rechnungsausgleich unser Eigentum.

a) Berechnen Sie die Anschaffungskosten für diesen Wareneinkauf bei der Harald Dubb KG, wenn die anliefernde Spedition Wurm 225,00 € Frachtkosten zzgl. 42,75 € Umsatzsteuer ohne Skontoabzugsberechtigung in Rechnung stellt:
1. bei Zahlung der Rechnung ohne Skontoabzug
2. bei Zahlung der Rechnung mit Skontoabzug

b) Geben Sie die folgenden Buchungssätze an:
1. Rechnungseingang der Harald Dubb KG
2. Rechnungseingang der Spedition Wurm
3. Rechnungsausgleich der Harald Dubb KG ohne Skontoabzug per Banküberweisung
4. Rechnungsausgleich der Spedition Wurm per Banküberweisung

2

Die gesamten Warenbezugskosten in Höhe von 20.000,00 € teilen sich auf in 75 % Frachtkosten, 10 % Transportversicherung, 5 % Rollgeld und 5 % Einfuhrzölle. Der Rest entfällt auf Verpackungskosten.

Berechnen Sie Kosten in Euro für die einzelnen Warenbezugskosten.

3

Berechnen und buchen Sie die nachfolgenden Wareneinkäufe auf Ziel.

Wareneinkäufe der BPK GmbH auf Ziel	Verkäufer aus Deutschland	Verkäufer aus den Niederlanden (EU)	Verkäufer aus Serbien (Drittland)
Listeneinkaufspreis	4.000,00 €	22.000,00 €	28.000,00 €
Rabatt	15 %	12,5 %	5 %
Transportkosten	250,00 €	5 % bezogen auf den Listenpreis	2.500,00 €
Zoll	kein Zoll	kein Zoll	5 % auf den Zollwert [1]
Umsatzsteuer	19 % Umsatzsteuer	19 % Umsatzsteuer aus ig-Erwerb	19 % Einfuhrumsatzsteuer [2]

[1] Zollwert = Bezugspreis. [2] Bezugspreis + Zoll = Bemessungsgrundlage für die Einfuhrumsatzsteuer.

Lernsituation 49
Besonderheiten beim Wareneinkauf berücksichtigen

FK ▶ LF 4, Kap. 7.3, 7.4

LERNSITUATION

Ihnen liegen die folgenden Belege der Allerweltspapiere AG zur Bearbeitung vor.

Beleg 1

ALLERWELTSPAPIERE AG

Bergisches Papierkontor GmbH
Elberfelder Straße 85
42285 Wuppertal

Rechnung

Rechnung Nr.	Datum
220-54-519	13.01.20XX

Pos.	Artikel-Nr.	Artikelbezeichnung	Menge	Einzelpreis in €	Gesamtpreis in €
1	U-273	DIN-lang-Hüllen Recycling	300	12,00	3.600,00
2	U-274	DIN-C6-Hüllen Recycling	300	8,00	2.400,00

Gesamtpreis netto	€	6.000,00
19 % Umsatzsteuer	€	1.140,00
Rechnungsbetrag		7.140,00

Zahlungsbedingung: Die Rechnung ist zahlbar innerhalb von 30 Tagen netto Kasse.

Beleg 2

Bergisches Papier[...]
Elberfelder Straß[...]
42285 Wuppertal

Gutschrift

Gutschrift Nr.	Datum
GU-519	24.01.20XX

Rücknahme und Gutschrift wegen fehlender Gummierung bei 20 der gelieferten Pakete mit DIN-C6-Hüllen Recycling

Pos.	Artikel-Nr.	Artikelbezeichnung	Menge	Einzelpreis in €	Gesamtpreis in €
1	U-274	DIN-C6-Hüllen Recycling	20	8,00	160,00

Gutschriftsbetrag netto	€	160,00
19 % Umsatzsteuer	€	30,40
Gutschriftsbetrag		190,40

Beleg 3

G

Bergisches Papierkontor GmbH
Elberfelder Straße 85
42285 Wuppertal

Gutschrift

Gutschrift Nr.	Datum
GU-533	29.01.20XX

Gutschrift auf den Gesamtjahresumsatz in Höhe von 5 %, da Ihr Umsatz in unserem Haus im Geschäftsjahr 20XW 200.000,00 Euro übersteigen hat

Pos.	Artikel-Nr.	Artikelbezeichnung	Menge	Einzelpreis in €	Gesamtpreis in €

Gutschriftsbetrag netto	€	2.500,00
19 % Umsatzsteuer	€	475,00
Gutschriftsbetrag		2.975,00

ARBEITSAUFTRÄGE

1. Buchen Sie die Belege im Grundbuch.
2. Ermitteln Sie den aktuellen Saldo des Kontos Wareneingang durch Buchung auf den entsprechenden Konten.
3. Ermitteln Sie den Vorsteuerabzug, den die BPK GmbH aufgrund der vorliegenden Belege geltend machen darf. Welche Auswirkungen haben die einzelnen Belege auf den Vorsteuerabzug?

Arbeitsblatt 49.1 Buchung von Preisnachlässen von Lieferanten

Rücksendung von Verpackung an den Lieferanten	**Rücksendung von mangelhafter Ware an den Lieferanten**	**Preisnachlässe nach Mängelrügen (Ware wird behalten)**	**Lieferantenboni**	**Lieferantenskonti**
Konto: **Warenbezugskosten** (Unterkonto des Kontos Wareneingang)	Neues Konto: **Rücksendungen an Lieferanten** (Unterkonto des Kontos Wareneingang)	Neues Konto **Nachlässe von Lieferanten** (Unterkonto des Kontos Wareneingang)	Neues Konto **Lieferantenboni** (Unterkonto des Kontos Wareneingang)	Neues Konto **Lieferantenskonti** (Unterkonto des Kontos Wareneingang)

Rücksendung von Verpackung an den Lieferanten	Rücksendung von mangelhafter Ware an den Lieferanten	Preisnachlässe nach Mängelrügen	Lieferantenboni	Lieferantenskonti
Buchungssätze: a) bei Wareneingang	Buchungssätze: a) bei Wareneingang	Buchungssätze: a) bei Wareneingang	Buchungssätze: a) bei Wareneingang	Buchungssätze: a) bei Wareneingang
....	....	....	....	....
....	....	....	....	....
an	an	an	an	an ....
b) bei Gutschrift der Rücksendung an den Lieferer	b) bei Gutschrift der Rücksendung an den Lieferer	b) bei Gutschrift des Preisnachlasses vom Lieferanten	b) bei Gutschrift des Lieferantenbonus	b) bei Überweisung des Rechnungsbetrages nach Abzug des Skontos
....	....	....	....	....
an	an	an	an	an ....
....	....	....	....	....
				....
c) bei Abschluss des Kontos Warenbezugskosten	c) bei Abschluss des Kontos Rücksendungen an Lieferanten	c) bei Abschluss des Kontos Nachlässe von Lieferanten	c) bei Abschluss des Kontos Lieferantenboni	c) bei Abschluss des Kontos Lieferantenskonti
....	....	....	....	....
an	an	an	an	an ....

Arbeitsblatt 49.2 Abschluss der Warenunterkonten Einkauf

S	301 Wareneingang	H
Anschaffungspreis abzüglich sofortige Anschaffungspreisminderungen	....	
....	....	
....	....	
	....	
	....	

S	302 Warenbezugskosten	H

S	305 Rücksendungen an Lieferanten	H

S	306 Nachlässe von Lieferanten	H

S	307 Lieferantenboni	H

S	308 Lieferantenskonti	H

Aufgaben

1

Bilden Sie die Buchungssätze für eine Papiergroßhandlung:

a) Gutschrift für Rücksendung einer Falschlieferung Overheadfolien an den Lieferer

Warenwert	2.400,00 €
+ 19 % Umsatzsteuer	456,00 €
= Bruttogutschrift des Lieferers	**2.856,00 €**

b) Eingangsrechnung für Briefkassetten, Zielkauf

Warenwert	5.200,00 €
– 10 % Kundenrabatt	520,00 €
= Zieleinkaufspreis	4.680,00 €
+ Transportkosten und Verpackung	280,00 €
= Nettorechnungsbetrag	4.960,00 €
+ 19 % Umsatzsteuer	942,40 €
= Bruttorechnungsbetrag	**5.902,40 €**

c) Gutschrift für die Rücksendung von 50 % der Briefkassetten aus b) an den Lieferer wegen Farbabweichungen. Der Lieferer sendet eine Gutschrift, in der anteilig auch die Transport- und Verpackungskosten berücksichtigt werden.

d) Bonusgutschrift eines Warenlieferers: Jahresumsatz (netto): 450.000,00 €, Bonussatz: 1,5 % vom Umsatz zzgl. 19 % Umsatzsteuer

2

a) Berechnen Sie die Gutschriftbeträge und die Zahlung für folgende Mängelrüge (keine Warenrücksendung).

b) Geben Sie jeweils die Buchungssätze an für

1. den Einkauf der Waren auf Ziel,
2. die Gutschrift des Lieferers und
3. die Banküberweisung an den Lieferer.

Mängelrüge	Menge	Einzelpreis in €	Nettopreis in €	Umsatzsteuer in €	Bruttopreis in €
Eingangsrechnung	400	7,80	3.120,00	592,80	3.712,80
– Gutschrift 70 %		7,80			
= Zahlung 30 %					

3

Folgende Eingangsrechnungen sind unter Abzug von Skonto per Banküberweisung zu bezahlen:

a) Geben Sie die Buchungssätze für die Banküberweisungen innerhalb der Skontofristen an.

b) Berechnen Sie den Gesamtbetrag, der durch die Skontoausnutzung bei diesen drei Eingangsrechnungen eingespart wurde.

Eingangsrechnungen	Bruttorechnungsbetrag	Skontofrist	Skontosatz
H. Schmied Folien KG	29.155,00	10 Tage	2,0 %
Harald Dubb KG	14.280,00	8 Tage	3,0 %
Freiburger Papier AG	5.950,00	14 Tage	2,5 %

4

Auf eine Eingangsrechnung mit einem Bruttorechnungsbetrag in Höhe von 11.600,00 € gewährt der Lieferer, die Ozean Papier AG, 10 % Preisnachlass aufgrund einer sofortigen Mängelrüge. Der Restbetrag wird unter Abzug von 3 % Skonto überwiesen.

a) Geben Sie die Buchungssätze an: 1) Rechnungseingang, 2) Preisnachlass aufgrund der Mängelrüge und 3) Banküberweisung mit Skontoabzug.

b) Ermitteln Sie die Anschaffungskosten für diese Warenlieferung.

Lernsituation 50
Warenverkäufe buchen

FK ▶ LF 4, Kap. 8.1, 8.2

LERNSITUATION

Als Urlaubsvertretung für Herrn Konrad haben Sie den Auftrag, unter anderem folgende Belege zu buchen:

Bergisches Papierkontor GmbH • Elberfelder Straße 85 • 42285 Wuppertal

bpk Bergisches Papierkontor GmbH

Copy Shop
Haberlandstr. 4
44359 Dortmund

Rechnung Nr. 1311

Bearbeiter		Kundennummer	Ihre Bestellung Nr.		vom	Rechn. Datum
Voss		44001	249-XX		05. 05. 20XX	10.05.20XX
Versandart/Freivermerk			Verpackungsart		geliefert am	
Spedition ab Lager BPK			Kartons à 1000 Blatt		10. 05. 20XX	
Pos.-Nr.	**Artikel-Nr.**	**Warenbezeichnung**		**Menge**	**Preis/Einheit €**	**Gesamtpreis €**
1	20131	Kopierpapier NOPA FIX		25	8,85/Karton	221,25
		– 10 % Kundenrabatt				22,13
		= **Nettorechnungsbetrag**				199,12
		+ **19 % Umsatzsteuer**				37,83
		Bruttorechnungsbetrag				**236,95**

Beleg 1
Der Copy Shop hat bei der BPK GmbH einen Sonderposten Kopierpapier gekauft. Die Ware wurde bereits geliefert. Gemäß den Kaufvertragsbedingungen wurde die nebenstehende Ausgangsrechnung für die Ware gestellt.

Beleg 2
Die Wuppertaler Spedition Wurm übernahm die Lieferung der Ware und stellte diese Rechnung an die BPK GmbH.

S P E D I T I O N W U R M G m b H

Spedition Wurm GmbH · Romastr. 9 · 42285 Wuppertal

Bergisches Papierkontor GmbH
Elberfelder Straße 85
42285 Wuppertal

Rechnung Nr. 232
Rechnungs-Datum: 10. 05. 20XX
Bankverbindung: Essener Stadtbank
BIC: SBESDEBE3XX
IBAN: DE94 7823 9475 0123 0527 66

Sehr geehrte Damen und Herren,

Wir lieferten in Ihrem Auftrag an den Copy Shop Michael Tiemeier in Dortmund
25 Verpackungseinheiten Kopierpapier.

Gesamtpreis für den Transport	15,00 €
zzgl. 19 % Umsatzsteuer	2,85 €
Bruttorechnungsbetrag	17,85 €

Zahlungsbedingungen: Die Rechnung ist ohne jeden Abzug sofort zahlbar.

Bergisches Papierkontor GmbH • Elberfelder Straße 85 • 42285 Wuppertal

bpk Bergisches Papierkontor GmbH

Copy Shop
Haberlandstr. 4
44359 Dortmund

Rechnung Nr. 1318

Bearbeiter		Kundennummer	Ihre Bestellung Nr.		vom	Rechn. Datum
Voss		44001	249-XX		05. 05. 20XX	10.05.20XX
Versandart/Freivermerk			Verpackungsart		geliefert am	
Spedition ab Lager BPK			Kartons à 1000 Blatt		10. 05. 20XX	
Pos.-Nr.	**Artikel-Nr.**	**Warenbezeichnung**		**Menge**	**Preis/Einheit €**	**Gesamtpreis €**
		Wir lieferten durch die Spedition Wurm 25 Kartons Kopierpapier NOPA FIX Gesamtpreis für den Transport				15,00
		+ **19 % Umsatzsteuer**				2,85
		Bruttorechnungsbetrag				**17,85**

Bitte überweisen Sie den Betrag umgehend ohne Abzug und unter Angabe der Rechnungsnummer.

Beleg 3
Die Kosten für die Lieferung belastet die BPK GmbH weiter an den Copy Shop.

ARBEITSAUFTRAG

Buchen Sie die Belege im Grundbuch und im Hauptbuch. Nutzen Sie dazu das Arbeitsblatt 50.1.

Arbeitsblatt 50.1 Warenverkaufsbuchungen

Grundbuch				
Nr.	Soll	€	Haben	€
1				
2				
3				

Hauptbuch

S	H	S	H

S	H	S	H

S	H	S	H

Um wie viel Euro verändert dieses Verkaufsgeschäft die Zahllast der BPK?

In Rechnung gestellte Umsatzsteuer	–	In Rechnung gestellte Vorsteuer	=	Veränderung der Zahllast
....		....		....

Um wie viel Euro verändert dieses Verkaufsgeschäft den Gewinn der BPK?

Umsatzerlöse	–	Aufwendungen	=	Gewinnveränderung
....		....		....

Kosten der Warenabgabe, Provisionen			
Konto:	Konto:	Konto:	Konto: ....
Provisionsabrechnungen z. B. von Handelsvertretern für die Vermittlung von Warenverkäufen	Eingangsrechnungen von Lieferanten von Verpackungsmaterial für die Versandabteilung	Eingangsrechnungen von Speditionen oder Paketgebühren für die Auslieferung von Waren an den Kunden	Reparaturaufwendungen für verkaufte Waren während der Garantiefrist

Aufgaben

Bergisches Papierkontor GmbH • Elberfelder Straße 85 • 42285 Wuppertal

bpk Bergisches Papierkontor GmbH

Heinrich Kleist Druckerei
Kleiststr. 80
48231 Warendorf

Rechnung Nr. 1218

Bearbeiter	Kundennummer	Ihre Bestellung Nr.	vom	Rechn. Datum
Schneider	48011	139/XX	03. 04. 20XX	07. 04. 20XX
Versandart/Freivermerk		**Verpackungsart**	**geliefert am**	
Lkw ab Lager BPK		Riesinhalt 250 Bogen	07. 04. 20XX	

Pos.-Nr.	Artikel-Nr.	Warenbezeichnung	Menge	Preis/Einheit €	Gesamtpreis €
1	20411	BPK Phoenix-Ikono-Rex	20 000 Bogen	179,85/1 000 Bg.	3.597,00
		– 5 % Kundenrabatt			179,85
		Nettopreis Kunstdruckpapier			3.417,15
		+ Frachtkosten			200,00
		= Nettorechnungsbetrag			3.617,15
		+ 19 % Umsatzsteuer			687,26
		Bruttorechnungsbetrag			**4.304,41**

1

Bilden Sie den Buchungssatz für den Zielverkauf der BPK GmbH.

2

Zielverkauf von 2 000 Paketen à 500 Blatt hochfeines Schreibpapier; Verkaufspreis je 500 Blatt 8,20 € abzüglich 15 % Wiederverkäuferrabatt zzgl. 19 % Umsatzsteuer

a) Berechnen Sie den Nettorechnungsbetrag, die Umsatzsteuer und den Bruttorechnungsbetrag.

b) Bilden Sie den Buchungssatz für den Zielverkauf.

3

a) Bilden Sie die Buchungssätze für eine Papiergroßhandlung:

Nr.	Geschäftsvorfälle	Beträge in €	
1)	Quittierte Eingangsrechnung für Holzpaletten, Folien und Metallbänder für den Transport von Kopierpapier an die Kunden, Barzahlung	Verpackungsmaterial (netto) + 19 % Umsatzsteuer = Barzahlungsbetrag	4.200,00 798,00 4.998,00
2)	Ausgangsrechnung für Kopierpapier in gehobener Qualität auf Ziel	Listenverkaufspreis – 20 % Mengenrabatt = Rechnungsbetrag (netto) + 19 % Umsatzsteuer = Rechnungsbetrag (brutto)	24.200,00 4.840,00 19.360,00 3.678,40 23.038,40
3)	Eingangsrechnung über Packpapier für die Versandabteilung	inkl. 19 % Umsatzsteuer	595,00
4)	Provisionsabrechnung eines Vertreters für die Vermittlung eines neuen Kunden (Warenverkauf Fall 2) in Höhe von 2 % des Nettorechnungsbetrages	Provision + 19 % Umsatzsteuer = Barauszahlung	387,20 73,57 460,77
5)	Eingangsrechnung für einen Zielkauf von Verpackungsmaterial für die Versandabteilung	Nettowarenwert + 19 % Umsatzsteuer = Bruttowarenwert	700,00 133,00 833,00
6)	Eingangsrechnung der Spedition Wurm GmbH für den Transport von Computerendlospapier an ein Softwarehaus	Frachtkosten + Transportversicherung + Ladekosten wegen Zeitüberschreitung = Nettorechnungsbetrag + 19 % Umsatzsteuer = Bruttorechnungsbetrag	800,00 40,00 60,00 900,00 171,00 1.071,00
7)	Monatsabrechnung unserer Handelsvertreterin	Verkaufsprovision Januar (netto) + 19 % Umsatzsteuer = Verkaufsprovision Januar (brutto)	2.100,00 399,00 2.499,00

b) Ermitteln Sie die Summe der Aufwendungen beim Warenverkauf.

Lernsituation 51
Besonderheiten beim Warenverkauf berücksichtigen

FK ► LF 4, Kap. 8.3, 8.4

LERNSITUATION

Ihnen liegen die folgenden Belege zur Bearbeitung vor.

Beleg 1

Bergisches Papierkontor GmbH • Elberfelder Straße 85 • 42285 Wuppertal

Heinrich Kleist Druckerei
Kleiststr. 80
48231 Warendorf

bpk Bergisches Papierkontor GmbH

Rechnung Nr. 887

Bearbeiter	Kundennummer	Ihre Bestellung Nr.	vom	Rechn.-Datum
Stoll	48011	996b	10. 02. 20XX	14. 02. 20XX

Versandart/Freivermerk	Verpackungsart	geliefert am
LKW frei Haus	Riesinhalt 1000 Bogen	14. 02. 20XX

Pos.-Nr.	Artikel-Nr.	Warenbezeichnung	Menge	Preis/Einheit €	Gesamtpreis €
1	40311	BPK Euro Albio 63 x 88	50	104,05	5.202,50
		+ 19 % Umsatzsteuer			988,48
		Bruttorechnungsbetrag			**6.190,98**

Bitte überweisen Sie unter Angabe der Rechnungsnummer

Euro	bis	oder Euro	bis
6.005,25	24. 02. 20XX	6.190,98	12. 03. 20XX

Beleg 2

TOPBANK WUPPERTAL

Kontoauszug **EUR-Konto**

IBAN	erstellt am	Auszug	Blatt
DE24 1001 0700 0060 0521 98	24.02.XX	117	1

Vorgang			
Kleist Druckerei *Re.-Nr. 887 abzgl. 3% Skonto*	*Buchungstag* 24.02.XX	*Wert* 24.02.XX	6.005,25 +
Bergisches Papierkontor GmbH Elberfelder Straße 85 42285 Wuppertal		*alter Saldo*	**127.480,00 Haben**
		neuer Saldo	**133.485,25 Haben**

ARBEITSAUFTRÄGE

1. Buchen Sie die vorliegenden Belege im Grundbuch.
2. Buchen Sie die Belege dann auf den Konten Forderungen, Warenverkauf, Umsatzsteuer, Kreditinstitute und Kundenskonto.
3. Begründen Sie, warum hier eine Korrektur der Umsatzsteuer durchgeführt wird.
4. Ermitteln Sie für die BPK GmbH
   a) den Gesamterlös,
   b) den Erlös pro Mengeneinheit.
5. Ermitteln Sie die Ersparnis für den Kunden, wenn er die Rechnung der BPK GmbH zu einem Zinssatz von 8 % fremdfinanziert.
6. Macht die BPK GmbH einen Verlust, wenn der Kunde unter Abzug von Skonto zahlt? Begründen Sie Ihre Ansicht.

Arbeitsblatt 51.1 Bonusgewährung im Verkauf

Das Großhandelsunternehmen Möller Zweiradteile GmbH hat im 1. Quartal 20XX folgende Nettoumsatzerlöse erzielt. Gemäß seinen Allgemeinen Geschäftsbedingungen betragen die Bonussätze:

Nettoumsatzerlöse	Bonussatz
bis 50.000,00 €	0,00%
über 50.000,00 € bis 100.000,00 €	1,50%
über 100.000,00 € bis 200.000,00 €	2,00%
über 200.000,00 €	3,00%

Kunden-nummer	Firma	Nettoumsatz 1. Quartal 20XX	Bonussatz in Prozent	Netto-Quartalbonus
10001	Radbauer GmbH	214.520,00 €		
10002	Schöller & Co., Fahrradhandel	24.000,00 €		
10003	Fahrradhandel Uwe Klein e. K.	2.600,00 €		
10004	Zweirad GmbH	245.000,00 €		
10005	Fahrrad & Motorrad GmbH	34.000,00 €		
10006	Bike GmbH	39.000,00 €		
10007	Zweiradhandelsgesellschaft GmbH	- €		
10008	Nordrad GmbH	5.600,00 €		
10009	Sachsenrad GmbH	22.000,00 €		
20010	EGZ Einkaufsgenossenschaft	389.000,00 €		
20011	Radplus GmbH	26.000,00 €		
20012	Südrad e.G.	14.000,00 €		
20014	Interrad e.G.	114.000,00€		
30031	Europarad N.V.	3.000,00 €		
30032	Jansen Import B.V.	112.000,00 €		
30033	Austria Fahrradhandelsgesellschaft AG	26.000,00 €		
30034	Velo AG	22.000,00 €		
40021	Hofkauf AG	214.000,00 €		
40022	Matro AG	312.300,00 €		
	Summen:	1.819.020,00 €		

ARBEITSAUFTRÄGE

1. Ermitteln Sie die Bonussätze und den Nettobonus in Euro für alle Kunden.
2. Buchen Sie die Bonusgutschrift für den Kunden Matro AG.

Nr.	Soll	€	Haben	€
2				

3. Ermitteln Sie die gesamte Erlösminderung für die Bonusgewährung in Euro und in Prozent des Nettoumsatzes.

Aufgaben

1

a) Berechnen Sie den Gutschriftbetrag und die Zahlungen der Kunden für die folgende Rücksendung.
b) Geben Sie jeweils die Buchungssätze an für
   1. den Verkauf der Waren auf Ziel,
   2. die Gutschrift an den Kunden und
   3. die Banküberweisung des Kunden.

Rücksendung	Menge	Einzelpreis in €	Nettopreis in €	Umsatzsteuer in €	Bruttopreis in €
Ausgangsrechnung	400	10,80	4.320,00	820,80	5.140,80
– Gutschrift	150	10,80			
= Zahlung	250	10,80			

2

a) Buchen Sie für die BPK GmbH den nebenstehenden Beleg.
b) Wie hoch war der Nettoquartalsumsatz der Drogerie AG, wenn der Bonussatz 1,25 % vom Bruttoumsatz beträgt?

bpk Bergisches Papierkontor GmbH

Bergisches Papierkontor GmbH • Elberfelder Straße 85 • 42285 Wuppertal
Drogerie AG
Else-Lasker-Schüler-Str. 11
42107 Wuppertal

Elberfelder Straße 85
42285 Wuppertal
Tel. 0202 1236-0
Fax 0202 1236-1
E-Mail info@bpkontor.de
www.bpkontor.de

Bonusgutschrift 2. Quartal 20XX

Gutschrift Nr. 23
18.07.20XX

Sehr geehrte Damen und Herren,

vereinbarungsgemäß schreiben wir Ihrem Debitorenkonto einen Quartalsbonus gut.

Quartalsbonus 2/20XX	4.000,00 €
zzgl. 19 % Umsatzsteuer	760,00 €
Bruttogutschrift	**4.760,00 €**

Mit freundlichen Grüßen

3

Ein Kunde erhält einen Preisnachlass in Höhe von 50 % bezogen auf einen Bruttorechnungsbetrag von 5.950,00 €. Zusätzlich erhält er eine Bonusgutschrift in Höhe von 476,00 € inkl. 19 % USt. Berechnen und buchen Sie die Gutschriften.

4

Folgende Ausgangsrechnungen für Waren sind unter Abzug von Skonto per Banküberweisung bezahlt worden.
a) Geben Sie die Buchungssätze für die Banküberweisungen innerhalb der Skontofristen an.
b) Berechnen Sie den Gesamtbetrag, der durch die Skontoausnutzung bei diesen drei Ausgangsrechnungen gekürzt wurde.
c) Ermitteln Sie die Umsatzerlöse nach Skontoabzug für diese drei Warenverkäufe.

Ausgangsrechnungen	Bruttorechnungsbetrag	Skontofrist	Skontosatz
Drogerie AG	5.712,00 €	14 Tage	2,0 %
Alldruck GmbH	9.520,00 €	8 Tage	3,0 %
Verlagshaus Bücher	5.950,00 €	10 Tage	2,5 %

5

a) Übernehmen Sie die Anfangsbestände einer Papiergroßhandlung auf T-Konten und erstellen Sie das Grund- und Hauptbuch mit den Buchungssätzen.

b) Schließen Sie die Konten ab und ermitteln Sie Wareneinsatz, Rohgewinn und Reingewinn.

Anfangsbestände	€/Soll	€/Haben
020 Grundstücke und Gebäude	250.000,00	–
033 BGA	90.000,00	–
390 Warenbestände	60.000,00	–
101 Forderungen a.L.L.	23.000,00	–
131 Kreditinstitute	24.000,00	–
151 Kasse	8.200,00	–
060 Eigenkapital	–	210.800,00
082 Darlehensschulden	–	220.400,00
171 Verbindlichkeiten a.L.L.	–	24.000,00
Summen	**455.200,00**	**455.200,00**

Richten Sie noch die folgenden Konten ein: 140 Vorsteuer, 180 Umsatzsteuer, 301 Wareneingang, 302 Warenbezugskosten, 307 Lieferantenboni, 410 Mieten, Pachten, Leasing, 450 Provisionen, 801 Warenverkauf, 806 Nachlässe an Kunden, 910 EBK, 930 GuV-Konto, 940 SBK.

Nr.	Geschäftsvorfälle	Beträge in €	
1)	Eingangsrechnung: Einkauf eines neuen Personalcomputers auf Ziel	Nettopreis	4.800,00
		+ 19% Umsatzsteuer	912,00
		= Bruttopreis	5.712,00
2)	Ausgangsrechnung: Verkauf von verschiedenen Papiersorten auf Ziel	Warenwert	68.600,00
		+ Verpackungskosten	2.000,00
		= Nettorechnungsbetrag	70.600,00
		+ 19% Umsatzsteuer	13.414,00
		= Bruttorechnungsbetrag	84.014,00
3)	Bonusabrechnung eines Lieferanten	Nettobonus	1.600,00
		+ 19% Umsatzsteuer	304,00
		= Bruttobonus	1.904,00
4)	Kontoauszug mit Lastschrift: Banküberweisung für Verkaufsprovisionen	Nettoprovisionen	2.500,00
		+ 19% Umsatzsteuer	475,00
		= Überweisungsbeträge	2.975,00
5)	Belastungsanzeigen an Kunden für Leihverpackungen und für Transportdienstleistungen	Leihverpackungen	1.600,00
		Transportdienstleistungen	800,00
		Nettowerte	2.400,00
		+ 19% Umsatzsteuer	456,00
		= Bruttowerte	2.856,00
6)	Eingangsrechnung: Einkauf verschiedener Papiersorten auf Ziel	Listenpreise	42.000,00
		– 20% Kundenrabatt	8.400,00
		+ Transport- und Verpackung	1.400,00
		= Nettorechnungsbetrag	35.000,00
		+ 19% Umsatzsteuer	6.650,00
		= Bruttorechnungsbetrag	41.650,00
7)	Gutschrift: Mängelrüge eines Kunden (ohne Warenrücksendung)	Nettogutschrift	600,00
		+ 19% Umsatzsteuer	114,00
		= Bruttogutschrift	714,00
8)	Kontoauszug: Banklastschrift für Lagerhallenmiete	Lastschriftbetrag	1.200,00

Abschlussangaben: Keine Warenbestandsveränderungen. Die Zahllast ist zu passivieren.

Lernsituation 52
Warenbestandsveränderungen ermitteln und buchen

LERNSITUATION

Herr Schneider, Leiter der Verkaufsabteilung der BPK GmbH, ist überrascht. Im abgelaufenen Geschäftsjahr sind die Absatzmengen und die Verkaufserlöse für Büropapiere stark angestiegen. Dies gilt insbesondere für das „BPK Mattpost-Extra“.

Was er noch nicht weiß: Wie hoch ist nun der Rohgewinn für dieses Büropapier im abgelaufenen Geschäftsjahr 20XX tatsächlich?

Folgende Zahlen liegen vor:

bpk Bergisches Papierkontor GmbH

BPK Mattpost Extra – Geschäftsjahr 20XX

Verkaufsmenge:
112 Paletten zu je 20 Kartons mit je 5 000 Blatt, Nettoverkaufspreis je 500 Blatt = 4,20 €

Einkaufsmenge:
114 Paletten zu je 20 Kartons mit je 5 000 Blatt, Nettoanschaffungskosten je 500 Blatt = 3,10 €

Anfangsbestand im Lager am Geschäftsjahresanfang (AB):
14 Paletten zu je 20 Kartons mit je 5 000 Blatt, Nettoanschaffungskosten je 500 Blatt = 3,00 €

Endbestand im Lager am Geschäftsjahresende (EB):
16 Paletten zu je 20 Kartons mit je 5000 Blatt, Nettoanschaffungskosten je 500 Blatt = 3,10 €

Hinweis: Die Warenentnahme im Lager erfolgt nach dem FiFo-Prinzip: first in, first out. Demnach werden die zuerst eingelagerten Waren auch zuerst wieder verkauft.

ARBEITSAUFTRÄGE

1. Helfen Sie Herrn Schneider und stellen Sie die oben genannten Werte für das Büropapier „BPK Mattpost-Extra“ auf den nachfolgenden Konten dar.
2. Ermitteln Sie den Rohgewinn für das Büropapier BPK „Mattpost-Extra“ für dieses Geschäftsjahr.

S	301 Wareneingange	H
Einkäufe		

S	801 Warenverkauf	H
		Verkäufe

S	390 Warenbestände	H
910 (AB)		940 (EB)

S	930 GuV-Konto	H
		Verkäufe

Rohgewinn: .... €

Arbeitsblatt 52.1 Warenbestandsveränderungen

Warenbestandsveränderung

Warenanfangsbestand ≠ Warenendbestand

Warenbestandsmehrung	Warenbestands ....
Anfangsbestand [ ] Endbestand	Anfangsbestand [ ] Endbestand
=	=
Aufwands	Aufwands ....

Buchung der Warenbestandsveränderungen

Hauptbuch

Fall 1 Warenbestandsmehrung

S	301 Wareneingang		H
171	350.000,00		

S	801 Warenverkauf		H
		101	700.000,00

S	390 Warenbestände		H
910	65.000.00	940	72.000,00

Fall 2 Warenbestandsminderung

S	301 Wareneingang		H
171	650.000.00		

S	801 Warenverkauf		H
		101	920.000,00

S	390 Warenbestände		H
910	34.000,00	940	32.500,00

Grundbuch

Fall 1: Buchung der Warenbestandsmehrung

an

Fall 2: Buchung der Warenbestandsminderung

an

Der Rohgewinn beträgt

in Fall 1 mit Bestandsmehrung: €

in Fall 2 mit Bestandsminderung: €

Arbeitsblatt 52.2 Abschluss der Warenkonten

Hinweis: SV = Saldovortrag (Zusammenfassung aller auf den Konten bereits gebuchten Werte)

S	301 Wareneingang		H
SV	520.000,00		

S	801 Warenverkauf		H
		SV	1.250.000,00

S	302 Warenbezugskosten		H
SV	45.000,00		

S	805 Rücksendungen v.K.		H
SV	5.000,00		

S	305 Rücksendungen a.L.		H
		SV	22.000,00

S	806 Nachlässe a.K.		H
SV	3.500,00		

S	306 Nachlässe v.L.		H
		SV	4.000,00

S	807 Kundenboni		H
SV	16.200,00		

S	307 Lieferantenboni		H
		SV	48.000,00

S	808 Kundenskonti		H
SV	36.200,00		

S	308 Lieferantenskonti		H
		SV	12.000,00

S	380 Warenbestände		H
910	84.200,00	940	102.000,00

1. Schließen Sie alle Unterkonten im Hauptbuch ab und übertragen Sie die Ergebnisse der Warenkonten in das GuV-Konto.
2. Ermitteln Sie den Gewinn auf dem nachfolgenden GuV-Konto:

Soll	930 GuV-Konto		Haben
301 Wareneingang		801 Warenverkauf	
Weitere Aufwendungen	320.400,00	Weitere Erträge	147.000,00

1

Berechnen Sie für die folgenden Bestände, Ein- und Verkäufe jeweils die Summe für beide Artikel:

a) Wert des Warenanfangsbestandes
b) Wert der Wareneinkäufe
c) Wert der Warenverkäufe
d) Wert des Warenendbestandes
e) Wareneinsatz
f) Rohgewinn als Gesamtsumme und je Artikel

Anfangsbestände	Plotterpapier auf Rollen	2500 Rollen zu je 3,10 €
	Kopierpapier	2000 Verpackungseinheiten zu je 3,60 €
Einkäufe	Plotterpapier auf Rollen	2500 Rollen zu je 3,10 €
	Kopierpapier	8000 Verpackungseinheiten zu je 3,60 €
Verkäufe	Plotterpapier auf Rollen	2800 Rollen zu je 4,60 €
	Kopierpapier	7500 Verpackungseinheiten zu je 5,40 €

2

Die Analyse der Warenkonten ergab die folgenden Werte:

Artikel	Anfangsbestand in €	Einkäufe in €	Verkäufe in €	Endbestand in €
Kopierfolien	4.000,00	18.000,00	22.000,00	6.000,00
Kopierpapier	5.000,00	75.000,00	78.000,00	1.000,00
Schreibpapier	1.500,00	18.500,00	11.500,00	500,00
Briefhüllen	1.200,00	15.400,00	16.800,00	4.000,00
Summen	**11.700,00**	**126.900,00**	**128.300,00**	**11.500,00**

a) Errechnen Sie den Wert der Bestandsveränderung je Artikel und für alle Artikel.
b) Errechnen Sie den Wareneinsatz je Artikel.
c) Errechnen Sie den Rohgewinn oder Rohverlust je Artikel und für die Gesamtsumme aller Artikel.

3

Übernehmen Sie die Anfangsbestände auf Konten:

390 Warenbestände	20.000,00	060 Eigenkapital	31.000,00
101 Forderungen a.L.L.	43.000,00	171 Verbindlichkeiten a.L.L.	44.000,00
131 Kreditinstitute	12.000,00		

Richten Sie noch die folgenden Konten ein: 140 Vorsteuer, 180 Umsatzsteuer, 301 Wareneingang, 302 Warenbezugskosten, 801 Warenverkauf, 910 EBK, 930 GuV-Konto, 940 SBK.

a) Bilden Sie die Buchungssätze für die folgenden Geschäftsvorfälle.
b) Übertragen Sie die Buchungssätze auf die Konten.
c) Schließen Sie die Konten ab und ermitteln Sie den Rohgewinn auf dem GuV-Konto. Der Inventurbestand der Waren beträgt 18.000,00 €.

1)	Eingangsrechnung für Kopierpapier	Zielkauf	24.000,00 €
		– 10 % Rabatt	2.400,00 €
		= Nettowarenwert	21.600,00 €
		+ Fracht, Transportversicherung	200,00 €
		= Nettorechnungsbetrag	21.800,00 €
		+ 19 % Umsatzsteuer	4.142,00 €
		= Bruttorechnungsbetrag	25.942,00 €
2)	Ausgangsrechnung für Kopierpapier	Zielverkauf	38.000,00 €
		– 20 % Kundenrabatt	7.600,00 €
		= Nettowarenwert	30.400,00 €
		+ Fracht, Transportversicherung	250,00 €
		= Nettorechnungsbetrag	30.650,00 €
		+ 19 % Umsatzsteuer	5.823,50 €
		= Bruttorechnungsbetrag	36.473,50 €
3)	Kontoauszug: Banküberweisung der Umsatzsteuerzahllast	?	

4

a) Übernehmen Sie die Anfangsbestände einer Papiergroßhandlung auf T-Konten und erstellen Sie das Grund- und Hauptbuch mit den Buchungssätzen.

b) Schließen Sie die Konten ab und ermitteln Sie Wareneinsatz, Rohgewinn und Reingewinn.

Anfangsbestände	€/Soll	€/Haben
033 BGA	40.000,00	–
034 Fuhrpark	25.000,00	–
390 Warenbestände	125.000,00	–
101 Forderungen a.L.L.	13.000,00	–
131 Kreditinstitute	14.000,00	–
151 Kasse	1.200,00	–
060 Eigenkapital	–	191.800,00
171 Verbindlichkeiten a.L.L.	–	24.000,00
180 Umsatzsteuer	–	2.400,00
Summen	218.200,00	218.200,00

Richten Sie noch die folgenden Konten ein: 140 Vorsteuer, 180 Umsatzsteuer, 260 Zinserträge, 301 Wareneingang, 302 Warenbezugskosten, 402 Gehälter, 410 Mieten, Pachten, Leasing, 462 Ausgangsfrachten, 801 Warenverkauf, 910 EBK, 930 GuV-Konto, 940 SBK.

Nr.	Geschäftsvorfälle	Beträge in €	
1)	Eingangsrechnung für Briefpapier, Zielkauf	Nettorechnungsbetrag	12.800,00
		+ 19 % Umsatzsteuer	2.432,00
		= Bruttorechnungsbetrag	15.232,00
2)	Quittung: Barzahlung für Rollgeld (siehe Fall 1)	Nettobetrag	80,00
		+ 19 % Umsatzsteuer	15,20
		= Barzahlungsbetrag	95,20
3)	Kontoauszug: Banküberweisung der Umsatzsteuerzahllast des Vormonats		2.400,00
4)	Kontoauszug: Banküberweisung der Gehälter		10.200,00
5)	Eingangsrechnung für Briefhüllen, Zielkauf	Warenwert	8.600,00
		+ Verpackungskosten	200,00
		+ Transportkosten	400,00
		= Nettorechnungsbetrag	9.200,00
		+ 19 % Umsatzsteuer	1.748,00
		= Bruttorechnungsbetrag	10.948,00
6)	Ausgangsrechnung für Kopierpapier, Banküberweisung	Warenwert	52.000,00
		– 20 % Kundenrabatt	10.400,00
		= Nettorechnungsbetrag	41.600,00
		+ 19 % Umsatzsteuer	7.904,00
		= Bruttorechnungsbetrag	49.504,00
7)	Eingangsrechnung für Ausgangsfrachten (aus Fall 6)	Nettorechnungsbetrag	250,00
		+ 19 % Umsatzsteuer	47,50
		= Bruttorechnungsbetrag	297,50
8)	Ausgangsrechnung: Weiterbelastung der Ausgangsfrachten (aus Fall 7) an den Kunden	Bruttorechnungsbetrag einschl. 19% Umsatzsteuer	297,50
9)	Kontoauszug: Banküberweisung an den Vermieter einer Lagerhalle		1.200,00
10)	Kontoauszug: Gutschrift der Bank für Zinsen		800,00

Abschlussangaben: Der Inventurbestand der Waren beträgt 120.000,00 €. Die Zahllast ist an das Finanzamt zu überweisen.

Lernsituation 53
Zahlungsein- und -ausgänge kontrollieren

FK ▶ LF 4, Kap. 10

LERNSITUATION

Während Ihres Ausbildungsabschnittes in der Verwaltung der BPK GmbH erhalten Sie folgenden Brief zur Bearbeitung.

Hans Müller Feinpapiere AG ▪ Uhlandstraße 60 ▪ 51429 Bergisch-Gladbach

FEINPAPIERE HANS MÜLLER

Hans Müller Feinpapiere AG · Uhlandstraße 60 · 51429 Bergisch-Gladbach
Bergisches Papierkontor GmbH
Elberfelder Str. 85
42285 Wuppertal

Sehr geehrte Damen und Herren,

bitte lassen Sie uns schnellstmöglich eine Saldenliste Ihrer Verbindlichkeiten gegenüber unserem Hause zukommen, da wir diese zur Vervollständigung unserer Jahresabschlussunterlagen benötigen.

Mit freundlichen Grüßen

Konto-Nr.		Bezeichnung des Kreditorenkontos					Seite
1 7 1 0 7		Kreditor: Hans Müller Feinpapiere AG					1
Nr.	Buchungsdatum	Beleg	Buchungstext	Betrag in Euro Soll	Betrag in Euro Haben	Saldo in Euro Soll	Saldo in Euro Haben
1	20.10.20XX	ER 723	Wareneinkauf		10.710,00		10.710,00
2	25.10.20XX	GS 27	Gutschrift	220,15			10.489,85
3	16.11.20XX	ER 815	Wareneinkauf		15.660,40		
4	25.11.20XX	BA 615	Zahlungsausgang	10.489,85			
5	10.12.20XX	ER 908	Wareneinkauf		12.524,75		
6	15.12.20XX	GS 31	Gutschrift	321,30			
7	31.12.20XX	BA 688	Zahlungsausgang	15.660,40			

ARBEITSAUFTRÄGE

1. Vervollständigen Sie das vorliegende Kreditorenkonto. Welche Bedeutung hat der Saldo am 31.12.20XX.
   a) für die BBK GmbH,
   b) für die Hans Müller Feinpapiere AG?
2. Begründen Sie, warum auf diesem Konto Wareneingänge im Haben und Gutschriften sowie Zahlungsausgänge im Soll gebucht werden.
3. Unterscheiden Sie Kreditoren- und Debitorenkonten. Warum werden diese Konten geführt?
4. Aus welchem Grund könnte die Hans Müller Feinpapiere AG die Bestätigung der Saldenliste von der BPK GmbH benötigen?

Arbeitsblatt 53.1 Grundbuch, Hauptbuch und Kontokorrentbuch

Geschäftsvorfall 1

Die BPK GmbH kauft bei der Freiburger Papier AG Kopierpapier im Nettowarenwert von 17.500,00 € zzgl. 19 % Umsatzsteuer; Rechnungseingang (Buchungsdatum) am 17.09.20XX, Rechnungsnummer 412.

Grundbuch

Nr.	Soll	€	Haben	€
1				

Hauptbuch:

S	301 Wareneingang	H

S	171 Verbindlichkeiten a.L.L.	H

S	140 Vorsteuer	H

Buchung im Kreditorenkonto

Konto-Nr.						Kreditorenkonto					Seite
1	7	1	0	1		Freiburger Papiere AG					1
Nr.	Buchungsdatum					Buchungs-beleg-Nr.	Buchungstext	Betrag in Euro Soll	Haben	Saldo Soll	Haben
1											

Geschäftsvorfall 2

Die BPK GmbH liefert der Alldruck GmbH Kopierpapier im Nettowarenwert von 3.000,00 € zzgl. 19 % Umsatzsteuer; Rechnungsausgang (Buchungsdatum) am 17.05.20XX, Rechnungsnummer 12319.

Grundbuch

Nr.	Soll	€	Haben	€
2				

Hauptbuch:

S	101 Forderungen a.L.L.	H

S	801 Warenverkauf	H

S	180 Umsatzsteuer	H

Buchung im Debitorenkonto

Konto-Nr.						Debitorenkonto					Seite
1	0	1	1	4		Alldruck GmbH					1
Nr.	Buchungsdatum					Buchungs-beleg-Nr.	Buchungstext	Betrag in Euro Soll	Haben	Saldo Soll	Haben
1											

Aufgaben

1

Erstellen Sie einen Geschäftsgang im Grund- und Hauptbuch mit vorläufigem Abschluss.

Anfangsbestände in €:

033	BGA	100.000,00
390	Warenbestände	20.000,00
101	Forderungen a.L.L. (Siehe Debitorenkonto)	57.120,00
131	Kreditinstitute	45.250,00
151	Kasse	5.000,00
060	Eigenkapital	200.000,00
171	Verbindlichkeiten a.L.L. (Siehe Kreditorenkonten)	27.370,00

Debitoren- und Kreditorenkonten:	Offene Posten in €
Warenkäufer: Debitor 10103, Drogerie AG	AR 412: 57.120,00
Warenkäufer: Debitor 10105, Stadt Essen Beschaffungsamt	Keine
Warenlieferer: Kreditor 17101, Freiburger Papier AG	ER 35: 13.090,00
Warenlieferer: Kreditor 17105, Ozean Papier AG	ER 211: 14.280,00

Weitere einzurichtende Konten:
301 Wareneingang, 401 Löhne, 481 Bürobedarf, 140 Vorsteuer, 180 Umsatzsteuer, 801 Warenverkauf, 910 EBK, 930 GuV-Konto, 940 SBK

Geschäftsvorfälle:	netto (€)	+ 19 % USt (€)
1. Eingangsrechnung: Wareneinkauf auf Ziel (ER 67) bei der Freiburger Papier AG	43.000,00	8.170,00
2. Eingangsrechnung: Wareneinkauf auf Ziel (ER 292) bei der Ozean Papier AG	20.000,00	3.800,00
3. Quittung: Barkauf von Büromaterial	500,00	95,00
4. Ausgangsrechnung: Verkauf von Waren auf Ziel (AR 413) an die Drogerie AG	86.000,00	16.340,00
5. Kontoauszug: Lohnüberweisungen an Arbeitnehmer	22.000,00	
6. Kontoauszug: Die Drogerie AG überweist auf unser Bankkonto für AR 412	57.120,00	
7. Kontoauszug: Banküberweisungen an die Freiburger Papier für ER 35 und	13.090,00	
die Ozean Papier AG für ER 211, ER 292	38.080,00	
8. Ausgangsrechnung: Verkauf von Waren auf Ziel an die Stadt Essen, Beschaffungsamt (AR414)	13.000,00	2.470,00

Der Inventurbestand der Waren beträgt 15.000,00 €. Die Zahllast ist zu passivieren.

2

Ermitteln Sie für obigen Geschäftsgang die noch offenen Posten am Jahresende.

Debitoren- und Kreditorenkonten:	Offene Posten in €
Warenkäufer: Debitor 10103, Drogerie AG	
Warenkäufer: Debitor 10105, Stadt Essen Beschaffungsamt	
Warenlieferer: Kreditor 17101, Freiburger Papier AG	
Warenlieferer: Kreditor 17105, Ozean Papier AG	

3

In der Finanzbuchhaltung der BPK GmbH sind zwei Rechnungen zu unterschiedlichen Zeitpunkten zu bearbeiten.

Beleg 1: Ausgangsrechnung an die Heinrich Kleist Druckerei

Bergisches Papierkontor GmbH • Elberfelder Straße 85 • 42285 Wuppertal

bpk Bergisches Papierkontor GmbH

Heinrich Kleist Druckerei
Kleiststr. 80
48231 Warendorf

Rechnung Nr. 224

Bearbeiter	**Kundennummer**	**Ihre Bestellung Nr.**	**vom**	**Rechn.-Datum**
Voss	48011	12	20.06.20XX	24.06.20XX
Versandart/Freivermerk LKW frei Haus		**Verpackungsart** Palette(n) mit Kartons je 2 500 Blatt	**geliefert am** 24.06.20XX	

Artikel-Nr.	**Warenbezeichnung**	**Menge**	**Preis/Einheit €**	**Gesamtpreis €**
20151	Kopierpapier NOPA TOP	200 Kartons	4,43 je 500 Blatt	4.430,00
	– 10 % Kundenrabatt			443,00
	= Nettorechnungsbetrag			3.987,00
	+ 19 % Umsatzsteuer			757,53
	Bruttorechnungsbetrag			**4.744,53**

Zahlungsfrist 30 Tage, Skontofrist 10 Tage, Skontosatz 3 %
Bitte überweisen Sie unter Angabe der Rechnungsnummer

Euro	bis	oder Euro	bis
4.744,53 €	24.07.20XX	4.602,19	04.07.20XX

a) Übertragen Sie die Rechnungsdaten in das Terminbuch.

Terminbuch Kunden/Offene-Posten-Liste				Seite 1
Zahlungstermin	**Skontotermin**	**Kundennummer Lieferer**	**Rechnungs-Nr.**	**Rechnungsdatum**

Terminbuch Kunden/Offene-Posten-Liste					Seite 2
Rechnungsbetrag in €	**Rechnungsbetrag abzgl. Skonto in €**	**Bezahltdatum**	**Zahlungsbetrag in €**	**1. Mahnung**	**2. Mahnung**

Die Heinrich Kleist Druckerei überweist am 24.07.20XX den Betrag von 4.602,19 € auf das Bankkonto der BPK GmbH.

b) Welcher Fehler des Kunden ist bei der Kontrolle des Zahlungseingangs festzustellen?
c) Wie hoch ist der Fehlbetrag dieser Überweisung?
d) Beschreiben Sie die Vorgehensweise in der Debitorenbuchhaltung der BPK GmbH, wenn die Heinrich Kleist Druckerei bereits mehrfach durch verspätete Zahlungen aufgefallen ist.

Beleg 2: Eingangsrechnung der Schmied Folien GmbH

SCHMIED FOLIEN

Posteingang am 28.06.20XX

H. Schmied-Folien GmbH, Eupener Str. 18, 32051 Herford

BPK GmbH
Elberfelder Straße 85
42285 Wuppertal
Germany

RECHNUNGSPRÜFUNG
Sachlich richtig Datum 28.06.XX Nz Seidlitz
Rechnerisch richtig Datum 28.06.XX Nz Seidlitz

Bankverbindung:
Herforder Stadtbank
BIC: SBHERFDE232
IBAN: DE84 2222 3322 6540 1212 03

Ihre Zeichen	Ihre Nachricht vom	Unsere Zeichen	Unsere Nachricht vom	Tel.:	Herford,
ha	22.05.20XX	wa/s	30.05.20XX	05221 51XX-0	27.06.20XX

Rechnung Nr.: 613
Für die Ausführung Ihrer Bestellung Nr. 189 stellen wir Ihnen folgende Positionen in Rechnung:

Menge/ Karton	Artikelbezeichnung	Einzelpreis in €	Gesamtpreis in €
300	Overheadfolien für Farbkopierer, Format DIN A4, glasklar, Art.-Nr.: 122	22,08	6.624,00
300	Overheadfolien für Laser, Format DIN A4, glasklar, Art.-Nr.: 312, Kartoninhalt 100 Folien	16,05	4.815,00
	Warenwert		11.439,00
	+ 19 % Umsatzsteuer		2.173,41
	Rechnungsbetrag		**13.612,41**

Zahlungsbedingungen: 8 Tage 2 % Skonto oder 60 Tage Ziel
Lieferungsbedingungen: Frei-Haus-Lieferung

a) Übertragen Sie die Rechnungsdaten in das Terminbuch.

Terminbuch Lieferanten/Offene-Posten-Liste Seite 1

Zahlungstermin	Skontotermin	Skontosatz in %	Lieferantennummer Lieferer	Rechnungs-Nr.

Terminbuch Lieferanten/Offene-Posten-Liste Seite 2

Rechnungsdatum	Rechnungsbetrag in €	Bezahltdatum	Zahlungsbetrag in €	Bemerkungen

b) Prüfen Sie für beide Fälle (Zahlungsziel nutzen oder Skontoabzug nutzen), wann die BPK GmbH den Rechnungsbetrag überweisen sollte.

Fall 1: Die Liquidität der BPK GmbH ist zurzeit sehr gut, ein Zahlungsausgang innerhalb der Skontofrist ist aus dem Guthaben des Bankkontos problemlos möglich. Wie hoch wäre die Ersparnis durch Skontoausnutzung in diesem Fall?

Fall 2: Die Liquidität der BPK GmbH ist zurzeit angespannt, ein Zahlungsausgleich innerhalb der Skontofrist ist nur durch eine weitere Überziehung des Bankkontos möglich. Prüfen Sie, ob die BPK GmbH eine Ersparnis erzielt, wenn die Bank einen Zinssatz in Höhe von 9 % p. a. berechnet.

Hinweis: Beachten Sie das Beispiel auf Seite 175 Ihrer Fachkunde.

Lernsituation 54
Ergebnisse von Geschäftsprozessen auswerten

FK ▶ LF 4, Kap. 12

LERNSITUATION

Die Geschäftsleitung der Cronos GmbH, einer Großhandlung für Bürobedarf, benötigt dringend die aktuellen Rentabilitätskennziffern für das zweite Quartal 20XX. Eine geplante Betriebserweiterung kann nur dann über ein weiteres Darlehen der Hausbank finanziert werden, wenn sich die Rentabilitätskennziffern im zweiten Quartal verbessert haben. Das zweite Kreditgespräch in der Bank soll morgen stattfinden. Wird die Cronos GmbH den Kredit bekommen?

Aktiva — Bilanzwerte der Cronos GmbH im Jahr 20XX — Passiva

Aktiva	1. Quartal	2. Quartal	Passiva	1. Quartal	2. Quartal
BGA	700.000,00	720.000,00	Eigenkapital	1.300.000,00	1.345.000,00
Warenbestände	400.000,00	380.000,00	Darlehensschulden	78.000,00	74.000,00
Forderungen a.L.L.	28.000,00	25.000,00	Verbindlichkeiten a.L.L.	22.000,00	21.000,00
Kasse	17.000,00	8.000,00			
Guthaben bei Kreditinstituten	255.000,00	307.000,00			
	1.400.000,00	1.440.000,00		1.400.000,00	1.440.000,00

Soll — GuV-Werte der Cronos GmbH im Jahr 20XX — Haben

Soll	1. Quartal	2. Quartal	Haben	1. Quartal	2. Quartal
Wareneingang	200.000,00	220.000,00	Warenverkauf	390.000,00	420.000,00
Personalkosten	120.000,00	119.400,00	Provisionserträge	8.000,00	8.500,00
Mieten, Pachten, Leasing	9.000,00	9.500,00	Zinserträge	2.000,00	1.500,00
Steuern, Beiträge, Versicherungen	3.000,00	3.500,00			
Energie, Betriebsstoffe	18.690,00	17.500,00			
Allgemeine Verwaltung	12.410,00	11.400,00			
Zinsaufwendungen	3.900,00	3.700,00			
Eigenkapital (Gewinn)	33.000,00	45.000,00			
	400.000,00	430.000,00		400.000,00	430.000,00

ARBEITSAUFTRAG

1. Ermitteln Sie die Rentabilitätskennziffern der Cronos GmbH für das 2. Quartal.

Rentabilitätskennziffern der Cronos GmbH

	1. Quartal	2. Quartal
Umsatzrentabilität	8,4 %	
Eigenkapitalrentabilität	2,6 %	
Gesamtkapitalrentabilität	2,7 %	

Aufgaben

1

Ein Großhandelsunternehmen hat in den letzten drei Jahren folgende Bilanz- und Erfolgswerte in Euro veröffentlicht.

	Geschäftsjahr 1	Geschäftsjahr 2	Geschäftsjahr 3
Gewinn	200.000,00	231.000,00	345.000,00
Zinsaufwendungen	120.000,00	124.800,00	115.200,00
eingesetztes Eigenkapital	1.500.000,00	1.500.000,00	1.500.000,00
eingesetztes Fremdkapital	2.500.000,00	2.600.000,00	2.400.000,00
Umsatz	10.000.000,00	10.500.000,00	11.500.000,00

a) Ermitteln Sie die Rentabilitätskennzahlen für alle Geschäftsjahre. (Hinweis: Alle Ergebnisse sind auf eine Nachkommastelle kaufmännisch zu runden.)
b) Beurteilen Sie die wirtschaftliche Entwicklung.
c) Beurteilen Sie die Lage der Unternehmung im 3. Geschäftsjahr, wenn folgende Branchendurchschnittswerte bekannt sind:
- Eigenkapitalrentabilität: 14 %
- Gesamtkapitalrentabilität: 7 %
- Umsatzrentabilität: 2 %

2

Folgende Unternehmensdaten eines Großhandelsunternehmens (in Euro) sind in den letzten drei Jahren ermittelt worden:

	Geschäftsjahr 1	Geschäftsjahr 2	Geschäftsjahr 3
Anlagevermögen	250.000,00	225.000,00	200.000,00
Umlaufvermögen	750.000,00	825.000,00	850.000,00
Summe Vermögen	**1.000.000,00**	**1.050.000,00**	**1.050.000,00**
Eigenkapital	500.000,00	500.000,00	550.000,00
Fremdkapital	500.000,00	550.000,00	500.000,00
Summe Kapital	**1.000.000,00**	**1.050.000,00**	**1.050.000,00**
Umsatzerlöse	600.000,00	750.000,00	850.000,00
weitere Erträge	100.000,00	125.000,00	125.000,00
Wareneinsatz	450.000,00	550.000,00	580.000,00
Zinsaufwendungen	50.000,00	54.500,00	45.000,00
weitere Aufwendungen	250.000,00	145.000,00	200.000,00

a) Ermitteln Sie den Gewinn oder Verlust des Unternehmens für die drei Geschäftsjahre.
b) Ermitteln Sie die Rentabilitätskennzahlen für die drei Geschäftsjahre. (Hinweis: Alle Ergebnisse sind auf eine Nachkommastelle kaufmännisch zu runden.)
c) Beschreiben Sie die wirtschaftliche Entwicklung des Unternehmens in den letzten drei Jahren.

3

Berechnen Sie aus den unten stehenden Angaben aus einer Gewinn- und Verlustrechnung eines Großhandelsunternehmens
a) den Rohgewinn
b) die Umsatzrentabilität auf den Rohgewinn,
c) den Reingewinn,
d) die Umsatzrentabilität auf den Reingewinn.

Aufwendungen für Waren	2.300.000,00 €
Personalkosten	1.050.000,00 €
Mieten	54.000,00 €
Werbung	109.000,00 €
Versicherungsbeiträge	18.000,00 €
betriebliche Steuern	15.000,00 €
Umsatzerlöse für Waren	2.990.000,00 €

Lernsituation 55
Einen einfachen Jahresabschluss nach Belegen erstellen und auswerten

LERNSITUATION

Das neue Geschäftsjahr hat gerade erst begonnen. Dr. Schönhauser, der Geschäftsführer der BPK, wartet auf den vorläufigen Jahresabschluss. Eine Saldenliste zum 26.12.20XX liegt schon für alle Konten vor. In der Buchhaltung der BPK sind jedoch einige, derzeit noch nicht gebuchte Belege des alten Geschäftsjahres vorhanden. Die Kontensalden werden sich also noch ändern!

Kontenplan (Hauptbuchkonten) mit Saldenliste zum 26.12.20XX — bpk Bergisches Papierkontor GmbH

Konto Nr.	Kontobezeichnung	Euro Soll	Euro Haben
020	Grundstücke, Gebäude[1]	475.500,00	
031	Technische Anlagen und Maschinen	7.456,75	
033	Betriebs- und Geschäftsausstattung	34.250,00	
034	Fuhrpark	57.500,00	
060	Eigenkapital		300.000,00
082	Darlehensschulden		500.000,00
101	Forderungen a.L.L	29.500,00	
131	Stadtsparkasse Wuppertal	142.000,00	
140	Vorsteuer	24.000,00	
151	Kasse	12.793,25	
171	Verbindlichkeiten a.L.L		20.000,00
180	Umsatzsteuer		32.608,00
210	Zinsaufwendungen	25.000,00	
242	Mieterträge (betriebsfremde Erträge)		12.000,00
250	Zinserträge		14.500,00
301	Wareneingang	4.031.700,00	
302	Warenbezugskosten	50.200,00	
306	Nachlässe von Lieferanten		30.000,00
308	Lieferantenskonti		24.000,00
390	Warenbestände	149.408,00	
401	Löhne	226.000,00	
402	Gehälter	989.000,00	
410	Mieten, Pachten, Leasing	120.000,00	
420	Steuern, Beiträge, Versicherungen[1]	102.000,00	
430	Energie, Betriebsstoffe	114.200,00	
440	Werbe- und Reisekosten	25.000,00	
470	Betriebskosten, Instandhaltung	92.000,00	
481	Bürobedarf	6.600,00	
482	Porto, Telefon, Telefax	1.900,00	
801	Warenverkauf		5.845.800,00
805	Rücksendungen von Kunden	12.900,00	
807	Kundenboni	22.000,00	
808	Kundenskonti	28.000,00	
	Saldensummen	**6.778.908,00**	**6.778.908,00**

[1] Sammelkonten

Offene-Posten-Liste Debitoren

bpk Bergisches Papierkontor GmbH

Konto	Debitoren	Belege	€ Soll	€ Haben
10101	Druckzentrum Bielefeld	AR: 696	8.925,00	
10105	Stadt Essen Beschaffungsamt	AR: 695	2.380,00	
10108	Verlags Bücher	AR: 691	11.900,00	
10109	Heinrich Kleist Druckerei	AR: 699	6.295,00	
Saldo Sachkonto Forderungen a.L.L			29.500,00	

Offene-Posten-Liste Kreditoren

bpk Bergisches Papierkontor GmbH

Konto	Kreditoren	Belege	€ Soll	€ Haben
17107	Hans Müller Feinpapiere AG	ER: 412		5.950,00
17109	Folien H. Schmied	ER: 418		5.712,00
17110	Harald Dubb KG	ER: 413		3.570,00
17199	Sonstige Lieferer	diverse		4.768,00
Saldo Sachkonto Verbindlichkeiten a.L.L				20.000,00

ARBEITSAUFTRAG

1. Buchen Sie die abgebildeten Belege im Grund- und Hauptbuch unter Beachtung der Saldenliste vom 26.12.20XX und ermitteln Sie den vorläufigen Gewinn und die Rentabilitätskennziffern für die BPK GmbH.

Hans Müller Feinpapiere AG ▪ Uhlandstraße 60 ▪ 51429 Bergisch-Gladbach

FEINPAPIERE HANS MÜLLER

Hans Müller Feinpapiere AG · Uhlandstraße 60 · 51429 Bergisch-Gladbach

Bergisches Papierkontor GmbH
Elberfelder Str. 85
42285 Wuppertal

Posteingang am 28.10.20XX

RECHNUNGSPRÜFUNG
Sachlich richtig Datum 28.10.XX Nz Seidlitz
Rechnerisch richtig Datum 28.10.XX Nz Seidlitz

Rechnung-Nr.: 456 Rechnungs-Datum: 27.10.20XX

Artikel-Nr.	Menge	Artikelbezeichnung	Einzelpreis in €	Gesamtpreis in €
2347	2000	Müllers Classic Briefkassette	20,16	40.320,00
		Nettorechnungsbetrag		40.320,00
		+ 19 % Umsatzsteuer		7.660,80
		Bruttorechnungsbetrag		47.980,80

Zahlungsziel: 8 Tage ohne jeden Abzug
Lieferung: frei Haus

Beleg 1

Beleg 2

SCHMIED FOLIEN

Posteingang am 28.12.20XX

H. Schmied-Folien GmbH, Eupener Str. 18, 32051 Herford

BPK GmbH
Elberfelder Straße 85
42285 Wuppertal
Germany

RECHNUNGSPRÜFUNG
Sachlich richtig Datum 28.12.XX Nz Seidlitz
Rechnerisch richtig Datum 28.12.XX Nz Seidlitz

Bankverbindung:
Herforder Stadtbank
BIC: SBHERFDE232
IBAN: DE84 2222 3322 6540 1212 03

Ihre Zeichen	Ihre Nachricht vom	Unsere Zeichen	Unsere Nachricht vom	Tel.:	Herford,
ha	22.12.20XX	wa/s	19.12.20XX	05221 51XX-0	27.12.20XX

Rechnung Nr.: 613
Für die Ausführung Ihrer Bestellung Nr. 312 stellen wir Ihnen folgende Positionen in Rechnung:

Menge/ Karton	Artikelbezeichnung	Einzelpreis in €	Gesamtpreis in €
200	Overheadfolien für alle Kopiergeräte, Format DIN A4, matt, Art.-Nr.: 234	12,90	2.580,00
600	Overheadfolien für Trockentonergeräte, Format DIN A4, glasklar, Art.-Nr.: 789	10,86	6.516,00
400	Overheadfolien für Farbkopierer, Format DIN A4, glasklar, Art.-Nr.: 122	22,08	8.832,00
400	Overheadfolien für Laser, Format DIN A4, glasklar, Art.-Nr.: 312, Kartoninhalt 100 Folien	16,05	6.420,00
	Warenwert		24.348,00 €
	+ 19 % Umsatzsteuer		4.626,12 €
	Rechnungsbetrag [1]		**28.974,12 €**

Zahlungsbedingungen: 8 Tage 2 % Skonto oder 60 Tage Ziel
Lieferungsbedingungen: Frei-Haus-Lieferung

Hinweis: Sie können den Beleggeschäftsgang manuell oder mit dem Finanzbuchhaltungsprogramm Ihrer Schule bearbeiten. Debitoren- und Kreditorenkonten können, müssen jedoch nicht geführt werden, falls Ihr Finanzbuchhaltungsprogramm dies zulässt.

Beleg 3

Bergisches Papierkontor GmbH • Elberfelder Straße 85 • 42285 Wuppertal

bpk Bergisches Papierkontor GmbH

Stadt Essen Beschaffungsamt
Hinterm Rathaus 1
45239 Essen

Rechnung Nr. 1773

Bearbeiter	Kundennummer	Ihre Bestellung Nr.	vom	Rechn.-Datum
Voss	45001	611	27.12.20XX	28.12.20XX
Versandart/Freivermerk		**Verpackungsart**	**geliefert am**	
LKW frei Haus		Kartons	28.12.20XX	

Pos.-Nr.	Artikel-Nr.	Warenbezeichnung	Menge	Preis/Einheit €	Gesamtpreis €
1	20221	Overheadfolien für Trockentonergeräte, DIN A4, glasklar	100	18,10	1.810,00
2	20241	Overheadfolien für Laser, DIN A4, glasklar	200	26,75	5.350,00
3	20211	Overheadfolien für alle Kopiergeräte, DIN A4, matt	200	21,50	4.300,00
		Nettorechnungsbetrag			11.460,00
		+ 19 % Umsatzsteuer			2.177,40
		Bruttorechnungsbetrag			**13.637,40**

Bitte überweisen Sie unter Angabe der Rechnungsnummer

Euro	bis	oder Euro	bis
13.228,23	07.01.20XY	13.637,40	27.01.20XY

Beleg 4

Bergisches Papierkontor GmbH • Elberfelder Straße 85 • 42285 Wuppertal

bpk Bergisches Papierkontor GmbH

Drogerie AG
Else-Lasker-Schüler-Str. 11
42107 Wuppertal

Rechnung Nr. 1771

Bearbeiter	Kundennummer	Ihre Bestellung Nr.	vom	Rechn.-Datum
Voss	42001	32	27.12.20XX	28.12.20XX
Versandart/Freivermerk		**Verpackungsart**	**geliefert am**	
LKW frei Haus		Kassetten	28.12.20XX	

Pos.-Nr.	Artikel-Nr.	Warenbezeichnung	Menge	Preis/Einheit €	Gesamtpreis €
1	10121	Müller Classic Briefkassetten	2000	34,80	69.600,00
		+ 19 % Umsatzsteuer			13.224,00
		Bruttorechnungsbetrag			**82.824,00**

Bitte überweisen Sie unter Angabe der Rechnungsnummer

Euro	bis	oder Euro	bis
80.339,28	07.01.20XY	82.824,00	27.01.20XY

Beleg 5

Bergisches Papierkontor GmbH GmbH • Elberfelder Stra

Druckzentrum Bielefeld GmbH & Co
Am Stiehl 109
33604 Bielefeld

Rechnung Nr. 1773

Bearbeiter	Kundennummer	Ihre Bestellung Nr.	vom	Rechn.-Datum
Voss	33001	741	27.12.20XX	28.12.20XX
Versandart/Freivermerk		**Verpackungsart**	**geliefert am**	
LKW frei Haus		Kartons	28.12.20XX	

Pos.-Nr.	Artikel-Nr.	Warenbezeichnung	Menge	Preis/Einheit €	Gesamtpreis €
1	20221	Overheadfolien für Trockentonergeräte, DIN A4, glasklar	500	18,10	9.050,00
2	20241	Overheadfolien für Laser, DIN A4, glasklar	200	26,75	5.350,00
3	20231	Overheadfolien für alle Kopiergeräte, DIN A4, matt	400	21,50	14.720,00
		Nettorechnungsbetrag			29.120,00
		+ 19 % Umsatzsteuer			5.532,80
		Bruttorechnungsbetrag			**34.652,80**

Bitte überweisen Sie unter Angabe der Rechnungsnummer

Euro	bis	oder Euro	bis
33.613,22	07.01.20XY	34.652,80	27.01.20XY

Beleg 6

BBDOP
Werbeagentur
Düsseldorf

Bergisches Papierkontor GmbH
Elberfelder Str. 85
42285 Wuppertal

RECHNUNGSPRÜFUNG
Sachlich richtig Datum 28.12.XX Nz Seidlitz
Rechnerisch richtig Datum 28.12.XX Nz Seidlitz

Posteingang am 28.12.20XX

RECHNUNG NR.: 221 **RECHNUNGS-DATUM: 27.12.20XX**

Sehr geehrter Dr. Schönhauser,

für unsere Bemühungen bei der Gestaltung Ihres Verkaufskataloges berechnen wir Ihnen wie vereinbart:

Beratungshonorar	7.500,00 €
+ 19 % Umsatzsteuer	1.425,00 €
Rechnungsbetrag	**8.925,00 €**

Wir erwarten die Überweisung auf unser Konto bei der Bank im Westen, IBAN DE40 0765 4002 0067 0700 86, ohne jeden Abzug innerhalb von 8 Tagen.

Beleg 7

Wolfgang Kleist
Büromaterial Geschenkartikel
Elberfelder Str. 105
42285 Wuppertal
Tel. 02 02/48 00 39

Käufer: *Papierkontor* Datum: *28. 12. 20XX*

Anz.	Artikel	Preis	Euro	Cent
10	*Schnellhefter*	*1,00*	*10*	*00*
2	*Heftklammern (100 Stück)*	*2,50*	*5*	*00*
20	*Tipp-ex fluid, weiß*	*1,25*	*25*	*00*
Nebenstehenden Betrag dankend erhalten			*40*	*00*

Im Betrag sind *19 %* = *6,39* Euro USt enthalten.

Verk. *Kl* | *37547-17* | Bei Irrtum oder Umtausch bitte diesen Kassenzettel vorlegen

Beleg 8

WORLD PETROL AG

Eckehard Ziebull
Im Graben 18
42097 Wuppertal

Stati. Nr. 0200817104 Tel. 0202 441255

Barverkauf
112394 28.12.20XX

*0005 ARAL SUPER			
*Zp 01	23,46 l	1,319 €/l	30,94 €*
		Gesamtbetrag	30,94 €
		USt 19 %	4,94 €

Kundennummer	km-Std.	SPL EC
79171748294840	0	0000 00

Kunde
Bergisches Papierkontor

Betrag dankend erhalten: *Ziebull*

DER VERKAUF VON KRAFTSTOFF UND SCHMIERSTOFF ERFOLGT IM NAMEN UND FÜR RECHNUNG DER WORLD PETROL AG

Beleg 9

Quittung

Netto EUR	*200 00*
19 % MwSt./EUR	*38 00*
Gesamt EUR	*238 00*

Nr.

EUR in Worten: *zweihundertachtunddreißig* — Cent wie oben

von: *Bergisches Papierkontor GmbH*

für: *Reparatur Personalcomputer Dr. Schönhauser*

Wuppertal, 28.12.20XX dankend erhalten.

Ort/Datum

Buchungsvermerke — Stempel/Unterschrift des Empfängers: *PC Schnelldienst Wagner*

Beleg 10

ROLE
ColorCopy und Printshop

Dortmunder Str. 224
42285 Wuppertal – Tel.: 0202/806539

QUITTUNG
für: Bergisches Papierkontor GmbH

Datum: 28.12.20XX 16:08

Pos.	Menge	Bezeichnung	Vk-Preis	Ges.-Preis	USt
1	228	s/w Fotokopien	0,075	17,10	1
		Endsumme	€	17,10	
		gegeben (bar)	€	20,00	
		zurück	€	2,90	

Umsatzsteuer-Anteil:
USt = 1 = 19,00 % = € 2,73

Betrag dankend erhalten: *Rollmann*

Beleg 11

TELCO – DIE TELEFONCOMPANY
Ihre Rechnung

TELCO

TELCO, Niederlassung
42285 Wuppertal
42 428561–112 12.XX 0,55
020200600113

Rechnungsdatum	28.12.20XX
Rechnungsmonat	DEZEMBER 20XX
Kundennummer	
Bitte immer angeben	
Buchungskonto	020200600113
Seite	
Bei Rückfragen Telefon	0202/13-222
Telefax	0202/13-4562

BERGISCHES PAPIERKONTOR
ELBERFELDER STR. 85
42285 WUPPERTAL

	Artikel oder Leistung	Menge bzw. Einheit	Nettoeinzel-betrag Euro	Nettogesamt betrag Euro	USt in %
	Monatliche Beträge				
10110	Telefonanschluss	5	10,94	54,70	19
11104	Telefonanlage	1	39,98	39,98	19
11194	mobile Nebenstellen	8	1,48	11,84	19
	Beträge für Verbindungen vom 19.11.XX bis 19.12.XX				
17386	Firmenflatrate	2298	–	122,48	19
	Nettobetrag			229,00	
	Umsatzsteuer 19 %			43,51	
	Rechnungsbetrag			271,51	

Den Betrag von Euro 271,51 bitten wir rechtzeitig zu begleichen.

Beleg 12

Deutsche Post AG
POSTDIENST

42285 Wuppertal
2251-0542 5162

28.12.20XX
***22,00 €**
Postwertzeichen

Beleg 13

TOPBANK
WUPPERTAL

Kontoauszug **EUR-Konto**

IBAN	erstellt am	Auszug	Blatt
DE24 1001 0700 0060 0521 98	28.12.20XX	274	1

Vorgang	Buchungstag	Wert	
Bareinzahlung	*28.12.20XX*	*28.12.20XX*	5.000,00 +
Harald Dubb KG, Bonn Re.-Nr. 413 vom 22.12.20XX abzgl. 2% Skonto	*27.12.20XX*	*27.12.20XX*	3.498,60 –
Kleist Druckerei Re.-Nr. 699 vom 22.12.20XX abzgl. 3% Skonto	*28.12.20XX*	*28.12.20XX*	6.106,15 +
Bergisches Papierkontor GmbH Elberfelder Straße 85 42285 Wuppertal		*alter Saldo*	**142.000,00 Haben**
		neuer Saldo	**149.607,55 Haben**

Beleg 14

Bahnhofsplatz 1 · 96444 Coburg

bei Vertragsangelegenheiten
0228/522-240
0228/522-270

24-Stunden-Notrufservice:
0 69 / 66 555 11

Beitragsrechnung Kraftfahrtversicherung: 508/162167-K

Herrn/Frau/Firma
Bergisches Papierkontor GmbH
Elberfelder Straße 85
42285 Wuppertal

Allgemeine Erste Hilfe
Versicherung

Sehr geehrte Versicherungsnehmerin,
sehr geehrter Versicherungsnehmer,

diese Rechnung weist den fälligen Versicherungsbeitrag aus. Bitte beachten Sie auch unsere Erläuterungen auf der Rückseite. Die Beträge werden frühestens zur jeweiligen Fälligkeit von dem uns bekannten Konto abgebucht. Dabei werden evtl. ein Saldovortrag oder ein Guthaben berücksichtigt.

Mit freundlichem Gruß
Ihre Haftpflicht-Unterstützungs-Kasse
Allgemeine Erste Hilfe

Hersteller: FORD Typ-Nr.: 909 Amtl. Kennz.: W-BP 209 KW: 85 Euro
Merkmal: Kilometer-Kl. 2

1. Kraftfahrzeug-Haftpflichtversicherung
   unbegrenzte Deckungssumme; bei Personenschäden
   Versicherungssumme je geschädigte Person 3.750.000,00 Euro

Regio-/	Typ-Kl.	SF-Kl.	%	Vers. Beitrag	
B6	16	20	30	Euro 133,00	133,00

2. Fahrzeugvollversicherung mit 325 Euro Selbstbeteiligung
   einschl. Fahrzeugteilversicherung mit 150 Euro Selbstbeteiligung

Regio-/	Typ-Kl.	SF-Kl.	%	Vers. Beitrag	
B5	17	20	30	Euro 96,25	96,25

Bitte für steuerliche Zwecke aufbewahren.

Coburg, 01.12.20XX **Halbjahresbeitrag fällig am 29.12.20XX** **229,25**
Betrag wird zum 29.12.20XX vom Konto IBAN DE24 1001 0700 0060 0521 98 abgebucht **229,25**

Beleg 15

Finanzamt Wuppertal 42283 Wuppertal 01-12-20XX
Unterdörnerstraße 96
Kraft-St.-Nummer 220 W-BP 209 Telefon: 0202/105-0
(Bitte bei Rückfragen angeben) Telefax: 0202/105-204

Finanzamt Wuppertal
Postfach 1351 42283 Wuppertal

Bescheid
über Kraftfahrzeugsteuer

612/--/81939186

Firma
Bergisches Papierkontor GmbH
Elberfelder Straße 85

42285 Wuppertal

Festsetzung
Diese Änderung Ihres bisherigen Bescheides beruht auf
§ 12 Abs. 2 Nr. 1 Kraftfahrzeugsteuergesetz.
Die Steuer wird für das Fahrzeug mit dem amtlichen Kennzeichen
W-BP 209 festgesetzt
für die Zeit ab 29.12.20XX auf jährlich . . . . 120,00 Euro
Abrechnung
nach dem Stand vom 29.12.20XX
Steuer für die Zeit vom 29.12.20XX bis 28.12.20XY . . . . 120,00 Euro
bereits gezahlt . . . . 0,00 Euro
zu wenig gezahlt . . . . 120,00 Euro
Bitte zahlen Sie
sofort . . . . 120,00 Euro
künftig jährlich
spätestens bis 29.12. . . . . 120,00 Euro
Die jeweils fälligen Beträge werden durch SEPA-Lastschrift eingezogen.

Grundlagen der Festsetzung

Fahrzeugart	Personenkraftwagen
Hubraum	1.998 cm
Erstzulassungsdatum	20XX-06-29

Beleg 16/1

TopBank Wuppertal

Kontoauszug — EUR-Konto

IBAN	erstellt am	Auszug	Blatt
DE24 1001 0700 0060 0521 98	29.12.20XX	275	1

Vorgang	Buchungstag	Wert	
S-Geldautomat	*Buchungstag* 29.12.20XX	*Wert* 28.12.20XX	500,00 –
Allgemeine Erste Hilfe Vers. Kraftfahrt-Versicherung Beitrag W-BP 209	*29.12.20XX*	29.12.20XX	229,25 –
Finanzamt Wuppertal Steuernr. 220/W-BP 209 Kraftfahrzeugsteuer	*29.12.20XX*	*28.12.20XX*	120,00 –
Dauerauftrag Lagerhallenmiete	*28.12.20XX*	*28.12.20XX*	2.100,00 –
Bergisches Papierkontor GmbH Elberfelder Straße 85 42285 Wuppertal		*alter Saldo*	**149.607,55 Haben**
		neuer Saldo	**Haben**

Beleg 16/2

TopBank Wuppertal

Kontoauszug — EUR-Konto

IBAN	erstellt am	Auszug	Blatt
DE24 1001 0700 0060 0521 98	29.12.20XX	275	1

Vorgang	Buchungstag	Wert	
Verlagshaus Bücher Re.-Nr. 691 vom 29.11.20XX	*Buchungstag* 28.12.20XX	*Wert* 28.12.20XX	11.900,00 +
Telekom 020200600113 Telefongebühren 12.XX	*28.12.20XX*	28.12.20XX	272,51 –
Bergisches Papierkontor GmbH Elberfelder Straße 85 42285 Wuppertal		*alter Saldo*	**149.607,55 Haben**
		neuer Saldo	**158.285,79 Haben**

Beleg 17

bpk Bergisches Papierkontor GmbH

Warenbestände des Warenwirtschaftssystems

Warengruppen	Werte der Lagerbuchführung in €
I. Hochwertige Feinpapiere	23.000,00
II. Kopierpapiere und Folien	31.000,00
III. Büropapiere	74.000,00
IV. Großformatige Druckpapiere	18.000,00
Summe = Inventurbestand	146.000,00
Werte geprüft am: 31.12.20XX	von: Wolf

Beleg 18

bpk Bergisches Papierkontor GmbH

Buchungsanweisung Nr.22

Die Zahllast ist zu passivieren. Konrad

Arbeitsblatt 55.1 Auswertung des Beleggeschäftsganges

1. Ermitteln Sie die für die Berechnung von Kennziffern notwendigen fehlenden Werte.

Daten der BPK GmbH	€
eingesetztes Eigenkapital	300.000,00
eingesetztes Gesamtkapital (Eigen- und Fremdkapital)	540.000,00
flüssige Mittel (lt. SBK)	
Forderungen a.L.L. (lt. SBK)	
kurzfristige Verbindlichkeiten (lt. SBK)	
Umsatz des abgelaufenen Geschäftsjahres (lt. GuV-Konto)	
Gewinn des abgelaufenen Geschäftsjahres (lt. GuV-Konto)	
Zinsaufwendungen des abgelaufenen Geschäftsjahres (lt. GuV-Konto)	

2. Geben Sie für nachfolgende Kennziffern jeweils die Formeln an und berechnen Sie die Ergebnisse für das abgelaufene Geschäftsjahr.

Kennziffer	Formel	Berechnung	Ergebnis
Eigenkapital-rentabilität			
Gesamtkapital-rentabilität			
Umsatz-rentabilität			
Liquidität 1. Grades			
Liquidität 2. Grades			

3. Ermitteln Sie den Grad der Zielerreichung, wenn folgende Werte angestrebt wurden:

Kennziffer	Zielwert	Zielerreichung in Prozent
Eigenkapitalrentabilität	11,0%	
Gesamtkapitalrentabilität	7,5%	
Umsatzrentabilität	1,0%	
Liquidität 1. Grades	80,0%	
Liquidität 2. Grades	125,0%	

4. Beurteilen Sie die Erreichung dieser ökonomischen Ziele der BPK GmbH.

5. Welche Werte würden sich ändern, wenn in der Inventur ein tatsächlicher Warenendbestand in Höhe von nur 142.500,00 € ermittelt würde?

Arbeitsblatt 55.2 Aufgaben und Bereiche des Rechnungswesens

1. Vervollständigen Sie nachfolgende Übersicht und ermitteln Sie die Wertschöpfung.

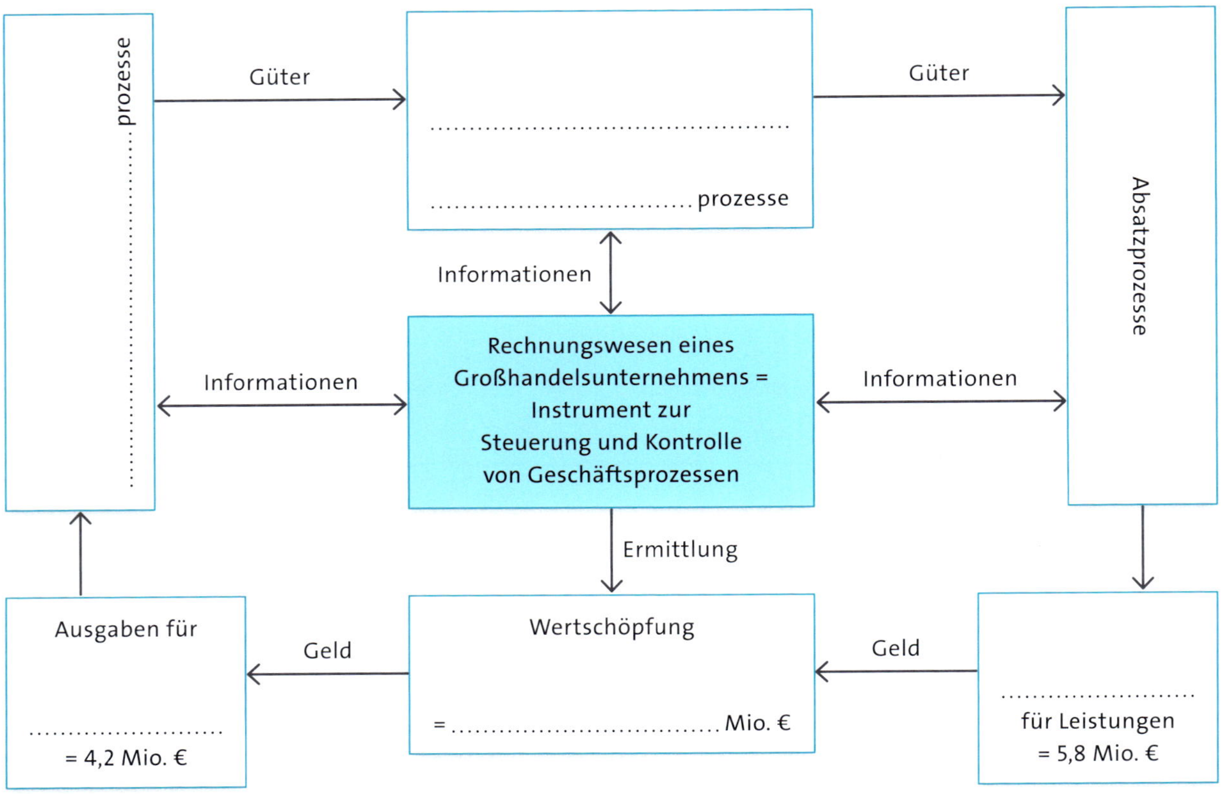

2. Ordnen Sie den Bereichen des Rechnungswesens ausgewählte Aufgaben in Wertschöpfungsprozessen zu, indem Sie den Bereichen 1–6 die richtigen Aufgaben a–f zuordnen.

Bereiche des Rechnungswesens	Zuordnung
1 Finanzbuchhaltung	
erfasst Basisdaten für	
2 Jahresabschluss	
und	
3 Kosten- und Leistungsrechnung	
und	
4 Planung	
und	
5 Controlling	
und	
6 Statistik	
zum Zwecke weiterer betrieblicher Entscheidungen	

Ausgewählte Aufgaben (Beispiele)
a Erstellen eines Produktionsplans
b Grafik „Einnahmen je Kunde“ erstellen
c Gegenüberstellung von Plan- und Istwerten
d Gewinn-und-Verlust-Rechnung aufstellen
e wertmäßige Erfassung der Ein- und Verkäufe
f Kosten für ein Produkt ermitteln

Bildquellenverzeichnis

Cover li.: shutterstock.com/Avigator Fortuner; **Cover re.:** shutterstock.com/nd3000

S. 4: Shutterstock.com/ThreeRivers11; **S. 18:** Cornelsen/Anette Schamuhn; **S. 19:** shutterstock.com/stockfour; **S. 28.2:** Verlagsgruppe Hüthig Jehle Rehm GmbH, München; **S. 34:** stock.adobe.com/Markus Bormann; **S. 35:** stock.adobe.com/karepa; **S. 40:** shutterstock.com/Sergiy1975; **S. 41/42:** shutterstock.com/Denis Belash; **S. 43:** shutterstock.com/Adisak Panongram; **S. 44:** Cornelsen/Anette Schamuhn; **S. 45:** dpa Picture Alliance/Globus; **S. 49:** shutterstock.com/Phovoir; **S. 50 li.:** mauritius images/alamy stock photo/Sergey Ryzhov; **S. 50 re.:** mauritius images/alamy stock photo/Anatolii Riabokon; **S. 54:** mauritius images/Martin Moxter; **S. 56:** shutterstock.com/M.KOS; **S. 79.1–4:** dpa Picture Alliance; **S. 81:** stock.adobe.com; **S. 86:** shutterstock.com/romakoma; **S. 88:** shutterstock.com/Ekaterina Iatcenko; **S. 96:** shutterstock.com/Simon Kadula; **S. 107:** Cornelsen/Joachim Gottwald; **S. 114:** Cornelsen/Joachim Gottwald; **S. 122:** mauritius images/alamy stock photo/Viacheslav Rashevskyi; **S. 124:** shutterstock.com/Lucky Business; **S. 137:** shutterstock.com/aldorado; **S. 138/139:** shutterstock com/JMiks; **S. 158.1:** stock.adobe.com/vaniato; **S. 158.2:** stock.adobe.com/.shock; **S. 158.3:** stock.adobe.com/hit1912; **S. 165:** stock.adobe.com/Dariusz T. Oczkowicz, ars digital media services/4th Life Photography; **S. 175.1:** shutterstock.com/StockLite; **S. 175.2:** Shutterstock.com/Maksim Toome; **S. 181:** shutterstock.com/Alberto Zornetta; **S. 188:** shutterstock.com/SARAH NGUYEN; **S. 208:** shutterstock.com/Darko Zivkovic; **S. 213:** shutterstock.com/Panchenko Vladimir; **S. 220:** mauritius images/alamy stock photo/YAY Media AS; **S. 224 + 255:** stock.adobe.com/pelzinger